Compreendendo as Cidades

©2011 Alexander Cuthbert

URBANIDADESFraturadas

Assessoria editorial LEANDRO MEDRANO

EQUIPE DE REALIZAÇÃO:

Coordenação de edição	Luiz Henrique Soares e Elen Durando
Edição de texto	Lia N. Marques, Luiz Henrique Soares, Malu Rangel, Manuela Penna, Marcio Honorio de Godoy, Rita Durando
Revisão	Marcio Honorio de Godoy e Elen Durando
Capa e projeto gráfico	Sergio Kon
Produção	Ricardo W. Neves e Sergio Kon

CIP-Brasil. Catalogação na Publicação
Sindicato Nacional dos Editores de Livros, RJ

C993c

    Cuthbert, Alexander R.
    Compreendendo as cidades : método em projeto urbano / Alexander R. Cuthbert ; tradução Anita Di Marco, Anita Natividade. - 1. ed. - São Paulo : Perspectiva, 2021.
    384 p. ; 25 cm. (Urbanidades fraturadas ; 1)

    Tradução de: *Understanding cities : method in urban design*
    Inclui bibliografia e índice
    Inclui posfácio
    ISBN 978-65-5505-066-0

    1. Cidades e vilas. 2. Planejamento urbano. 3. Sociologia urbana. 4. Urbanização. I. Marco, Anita Di. II. Natividade, Anita. III. Título. IV. Série.

21-72009   CDD: 307.1216
                      CDU: 316.334.56

Meri Gleice Rodrigues de Souza - Bibliotecária - CRB-7/6439
13/07/2021   14/07/2021

1ª edição
Direitos reservados em língua portuguesa à

EDITORA PERSPECTIVA LTDA.
Rua Augusta, 2445, cj. 1.
01413-100 São Paulo SP Brasil
Tel.: (55 11) 3885-8388
www.editoraperspectiva.com.br

2021

Compreendendo
método em projeto urbano
as Cidades

Alexander R. Cuthbert

Tradução:
Anita Di Marco e Anita Natividade

Sumário

Apresentação   XI   [por Leandro Medrano e Luiz Recaman]

Preâmbulo à Edição Brasileira   XIX

Prefácio   XXIX

Introdução

I	Compreendendo as Cidades
3	Sinopse dos Capítulos

1   Teoria/Heterologia

9	Introdução: Intuição, Experiência e Ciência
10	O Método da Ciência
15	O Método das Ciências Sociais
19	A Ciência e o Urbano
23	Heterologias do Projeto Urbano
31	Conclusão

2   História

33	Introdução: História, Verdade e Tempo
35	História e Progresso
37	Escrevendo a História
41	História e Projeto Urbano Convencional
43	Protótipos
56	A História do Futuro
57	Conclusão

3   Filosofia

59	Introdução: Origens
61	Influências
75	Fenomenologia
78	Semiótica
81	Economia Política
85	Conclusão

4   Política

87   Introdução: Ideologia e Capital
89   O Interesse Político nas Cidades
91   Renda Fundiária
94   O Estado e o Planejamento Urbano
99   A Esfera Pública e a Contrapública
105   Conclusão

5   Cultura

107   Introdução: Capital, Cultura e Signo
109   O Simbólico Urbano
118   Monumentos e Projeto
127   Heterologia e o Novo Urbanismo
136   Conclusão

6   Gênero

139   Introdução: O Componente Ausente
141   O Nexo Histórico
148   Sexo, Gênero e a Mente Feminina
151   Um Método Feminista?
155   "Flanêrie" Como Heterologia
160   Heterologia, Gênero e Projeto
165   Conclusão

7   Meio Ambiente

167   Introdução: Crise do Mercado, Densidade e Forma Urbana
168   Subúrbio-Urbes
172   Capitalismo Natural
177   Ecologia (Natural)
181   Densidade: Fundamentos da Forma
186   Arranha-Céus ou Arquitetura Vertical?
191   A Cidade Comestível
195   Densidade e o Novo Urbanismo
200   Conclusão

8   Estética

203	Introdução: As Questões do Julgamento Estético
207	Produção Estética, Arte e Cidade
217	O Método Contextualista e a Produção Estética
225	O Método Racionalista e a Produção Estética
230	Regulamentações e Controle de Projeto
234	Conclusão

9   Tipologias

235	Introdução: Forma e Processo
238	Globalização e Forma Urbana
244	O Megaprojeto e o Espetáculo
254	Espaço Icônico e Neocorporativismo
259	Espaços Ambíguos e Cidadãos
262	Espaço Invisível e o Migrante Global
267	Espaços de Favelas e Superfavelas
270	Conclusão

10   Pragmática

273	Introdução: O Poder da Polêmica
278	Linguagem e Comunicação
283	Origens
288	Urbanismo e os Manifestos
289	O Manifesto: 1900-1945
297	O Manifesto: Pós-1945
302	Conclusão

Posfácio	305
Bibliografia	315
Índice Remissivo	335
Ilustrações e Tabelas	339
Agradecimentos	343

Para Ayu

Apresentação

Qual seria o sentido de publicar no Brasil um livro de "projeto urbano" como o *Understanding Cities*? Um livro bastante único, não inserido claramente em nenhuma linhagem facilmente reconhecível do debate contemporâneo sobre arquitetura, planejamento urbano, urbanismo, desenho urbano e disciplinas afins. É uma aposta em organizar os fundamentos de uma nova abordagem para a configuração ou intervenção no espaço coletivo e urbano. Reforçando: o espectro de condicionantes para a imaginação espacial necessária frente à retração da vida coletiva no planeta. Como destaca o próprio autor na Introdução, não se trata de mais um livro sobre como desenhar o espaço público; tampouco de definir as tipologias que melhor funcionam nas cidades que "deram certo"; nem, principalmente, de discutir a gestão ou governança do "público". Todo o esforço é para trazer, para dentro do debate de uma disciplina exaurida pelo esteticismo e reificação das cidades, o debate crítico das ciências humanas, especialmente a crítica da economia política do espaço.

A sua transposição para o debate contemporâneo no Brasil exige um duplo esclarecimento. Em primeiro lugar, dialogar com uma tradição crítica, compreensível pelo processo local, à ideia de um campo específico do "desenho urbano", vinculando-o ao fracasso histórico do planejamento – em sentido amplo, desenvolvimentista – e à construção da "paisagem do capital", na influente formulação de David Harvey referida por Cuthbert no "Preâmbulo à Edição Brasileira". Em segundo lugar – e, neste caso, o mais importante – trata-se de uma contribuição para o enfrentamento da histórica precariedade disciplinar (em Arquitetura e Urbanismo) em relação às representações do espaço coletivo no padrão brasileiro de urbanização periférica. Nesse contexto, nunca prosperou a especificidade profissional à qual se refere o autor e, principalmente, destaque-se a grande dificuldade dos esquemas espaciais arquitetônicos hegemônicos no país de representar as espacialidades sociais locais. O projeto urbano não tem relevância nem profissionalmente nem como um problema projetual em nossa tradição disciplinar.

No Brasil, não se reproduziram as condicionantes que determinaram o surgimento de uma disciplina específica equidistante entre a arquitetura e o planejamento urbano/urbanismo. Internacionalmente, o movimento geral que deu sentido a essa especificidade está envolto pelas críticas ao planejamento moderno a partir do segundo pós-guerra, tanto aquelas dirigidas aos CIAM's quanto à prática profissional do planejador urbano, cada vez menos ocupada com as espacialidades e morfologias urbanas. Essa ausência indica o grau ideológico de que se revestiu o funcionalismo da arquitetura moderna ao racionalizar o *continuum* entre o *habitat* e a máquina produtiva urbana. A clivagem entre o projeto do edifício (arquitetura) e o planejamento urbano nos cursos universitários exigiu, nesse contexto crítico, a criação de uma nova disciplina ocupada do desenho das cidades sem as premissas de totalização territorial e *tabula rasa* do projeto moderno.

Tal nova disciplina – o projeto urbano – encontrou, desde seu surgimento na década de 1950 nos EUA, todo tipo de dificuldades. Desde a imprecisão de seu objeto, teoria e metodologia, até a sua vinculação ao esquema neoliberal no trato mercantil das cidades. Então, o problema colocado por Cuthbert – "desconstrução do projeto urbano a fim de garantir um novo nascimento" – deve ser considerado nesse contexto de crise disciplinar. O autor pretende fornecer instrumentos teórico-críticos que permitam "sugerir o conhecimento necessário para um profissional bem formado no início do novo milênio" (p. XXIX). Dessa maneira, insiste na necessidade de uma reflexão sistemática e uma prática profissional que deem conta do problema cada vez mais agudo da "sociedade urbana": a deterioração do espaço urbano, que é produzido *pelo*, e produtor *do*, sentido social e coletivo da vida. Um desenho urbano liberado criticamente, o quanto isso for possível, das estratégias de valorização e segregação hegemônicas no processo de produção do espaço contemporâneo.

O contexto original do livro *Compreendendo as Cidades* é o diálogo com a crise do projeto urbano associada a estratégias de valorização e gentrificação capitalistas, produtoras de segregação e degradação socioambiental; um problema de ordem global, com ocorrências locais. O autor procura renovar o escopo teórico da disciplina Projeto Urbano, a fim de introduzir, nas metodologias de intervenção, a dimensão crítica – da economia política – que poderia criar uma alternativa social a essa estratégia econômica de produção do espaço das cidades.

Apresentação

No caso brasileiro, essa crítica negativa ao projeto urbano teve rara formulação prática, que culminou com a ascensão de políticas sociais e urbanas em governos progressistas – ciclo dramaticamente encerrado nos últimos anos. Mesmo armados com essa perspectiva crítica traduzida em inovadora legislação, não nos foi possível responder de maneira instruída aos megaeventos como a Olimpíada do Rio de Janeiro (2016) e a Copa do Mundo da FIFA (2014), tampouco ao bilionário programa habitacional MCMV (Minha Casa, Minha Vida). No nosso caso, a lógica financeira que produziu esses eventos não encontrou resistência disciplinar ou formulação alternativa baseada em conhecimentos sedimentados segundo uma visão democrática do espaço urbano (que considerasse a sua dimensão social, material e cultural). Mesmo quando formuladas pela voz da A&U, seu conteúdo lhe era externo (sem horizonte de intervenção), próprio de outras metodologias, como as ciências sociais. Para essa crítica, o resultado espacial, no sentido das representações urbanas, é secundário em relação à sua temática social inclusiva, que não tem expressão urbana propriamente.

O curioso é que a tradição da arquitetura moderna brasileira tampouco formulou, ou formula, tal expressão de urbanidade, tendo, antes, se constituído em seu avesso. Não houve grandes diferenças espaciais entre essas posições apenas aparentemente antagônicas – arquitetura moderna e pós-moderna –, surgidas historicamente como resposta à precariedade do processo de urbanização subdesenvolvido. Ambos formulam um princípio de antiurbanidade que tem raízes profundas nas estruturas sociais herdadas da colônia, atualizadas em nosso contexto de globalização neoliberal. A peculiaridade local deve também ser enfatizada.

O processo urbano e social "desigual e combinado" que atingiu a modernização brasileira encontra correspondente em toda a América Latina. No entanto, são claras as diferenças disciplinares elaboradas no enfrentamento da questão social e urbana. Tendo constituído uma outra tradição de instrumentos de intervenção espacial, alguns países sulamericanos produziram reações disciplinares críticas e alternativas à produção do espaço periférico, em duplo sentido. O caso da Colômbia é exemplar de como as estratégias espaciais e sociais não podem ser entendidas separadamente. Essa concepção mais abrangente e totalizadora gerou respostas espaciais e arquitetônicas bastante distintas da reificação objetal do caso brasileiro.

Por aqui, para lograr os resultados espaciais ideologicamente desejados, se utilizou de esquemas "sujeito-objeto" que, se têm origem na estética das vanguardas, resultaram na simplificação da contemplação passiva da figura-fundo. Qualquer dinâmica relacional entre a polaridade esquemática do sujeito-objeto desaparece tanto socialmente quanto espacialmente. Mesmo quando ensaiadas, algumas tentativas revelam forte caráter retórico e estetizante, não enfrentando a questão do programa arquitetônico, tampouco a ativação das possibilidades de uso em escala próxima ou urbana (por meio de relações espaciais e construtivas). O contexto socioespacial brasileiro dificulta a apreensão das prováveis intenções estéticas das joias de nossa arquitetura; algumas delas elaboram essa contradição de forma crítica, ainda que aporética – como é o caso da obra de Vilanova Artigas –, outras elidem suas circunstâncias materiais, sociais e utópicas, à guisa de liberdade artística. Sabemos, no entanto, que essas circunstâncias são indeléveis, e sua obliteração é ilusória. Formam assim um paradoxal conjunto no qual a intervenção arquitetônica figura como contraste, e não como contradição – daí sua fragilidade crítica.

Um contraexemplo, não espacialmente aporético, é o projeto de Lina Bo Bardi para o Sesc Pompeia. Boa parte da potência e sucesso dessa intervenção vem de sua reação – instruída – ao esquema espacial hegemônico e às representações do "social" (uso, participação e temporalidades). Essa exceção amplamente reconhecida simboliza o avesso contra-hegemônico que sucumbiu, como possibilidade histórica, à cristalização do "popular" brasileiro a partir dos anos 1990. Essa potência de resistência em sentido amplo foi progressivamente exaurida pelo processo político-econômico deflagrado com a crise final do desenvolvimentismo e o hesitante projeto neoliberal que só hoje se consolida.

Mas qual o sentido do esquema simplificador hegemônico? Será apenas uma leitura equivocada do movimento moderno? Um alcançado grau de liberdade estética que impulsionaria uma liberdade geral a reboque? Claro que não.

A palavra-chave que dá fundamento à veleidade estética dessas joias arquitetônicas mundialmente reconhecidas é a *segregação*. Essa dimensão bastante característica de nosso processo histórico, no qual não se enraizaram os princípios de igualdade formal e ideológica da ética revolucionária burguesa, produz formações específicas em todas as dimensões da nossa experiência local. As cidades, a política, a educação, a cultura, os afetos, todos são atravessados por essa dimensão que, paradoxalmente, nos permitiu ser uma potência econômica, ao mesmo tempo que um prodígio de miséria social. Essa contradição, bastante bem explicada pelo pensamento social brasileiro, pode ser facilmente estendida à arquitetura e urbanismo produzidos no país.

Esse formalismo produziu uma crítica, desde os anos 1960, direcionada à arquitetura e ao urbanismo como "projeto urbano". O resultado prático foi uma separação entre pesquisa formal e dimensão social da A&U, ou seja, uma despolitização da forma arquitetônica e urbana. Dessa maneira, essa crítica não constituiu instrumentos para uma crítica radical totalizadora na qual tornam-se inseparáveis dimensões sociais e espaciais. O conteúdo "social" da arquitetura brasileira – mesmo em sua advogada variedade – não consegue frequentemente ultrapassar as formulações conceituais ou o programa arquitetônico (como é o caso da habitação social, programa socialmente justo e espacialmente segregador). Essa constatação neste momento da vida nacional tem consciência das fragilidades externamente incidentes nessas disciplinas. Todo o campo cultural e artístico está em grande transformação na conjuntura contemporânea, quer seja por causa de sua diluição e enfraquecimento quer seja por sua integração (ao mercado, ao sistema). Essas reflexões procuram fortalecer o campo da resistência artístico-cultural no qual a arquitetura e o urbanismo brasileiros historicamente se posicionaram. Não deixa de ver, no entanto, as dramáticas contradições desse processo no qual emancipação e alienação disputam, a cada movimento, vetores estéticos e sociais.

Apresentação

A tangibilidade do social acima reclamada pode ser aqui compreendida como o "urbano", exatamente a dimensão sistematicamente obliterada pela grande produção arquitetônica e urbanística local desde suas primeiras formulações nos anos 1940, período da grande difusão de sua matriz hegemônica. Especialmente nos anos 1950, quando as potentes formulações da arquitetura moderna brasileira se voltaram para as inevitáveis questões da metropolização – com o foco na capital paulista –, as dificuldades em formular um esquema espacial urbano que tivesse como base a arquitetura se evidenciaram. Uma retração em direção ao "morar" e à suficiência da unidade do lote urbano vai contraditoriamente ser formulada segundo as mais radicais estratégias formais. Nesse momento, qualquer imaginação social do espaço urbano definhava em direção a uma espécie de abandono da espacialidade geral das cidades como objeto possível de intervenção ou crítica, para além de sua completa anulação. Ou, na prática, a sua aceitação como pano de fundo das excepcionalidades formais.

Essa condição não deve ser encarada como idiossincrasia de um ou outro arquiteto, mas como uma espécie de denominador comum, resultado das contradições entre os avanços técnicos e artístico-culturais do capitalismo – mais facilmente disseminados pelo consumo – e o atraso intocado da nossa realidade social e produtiva. Mesmo posições políticas divergentes confluíam para uma solução espacial que rapidamente se mostrou inviável, baseada na liberdade do lote urbano. Em 1985, a defesa desse ponto de vista no contexto latino-americano pelo arquiteto Joaquim Guedes causou estranheza à pesquisadora e crítica argentina Marina Waisman, que considerou essa posição como uma "espécie de *laissez-faire* suicida". Parece que esse suicídio estético se confirmou no quadro de segregação e deterioração urbana brasileiro. A dupla planejamento-arquitetura excepcional, contra a lógica crítica pretendida de negação da cidade-mercadoria, parece ter antecipado o desastre urbano do neoliberalismo que posteriormente se instalaria em campo fértil.

A relação entre a pesquisa de Cuthbert e o quadro delineado acima não é ingênua. Não se trata aqui de opor a esse *laissez-faire* urbano (condenado na Europa desde o século XIX) um tratamento *estilístico* do espaço urbano. A aposta do autor, que acreditamos ter validade geral, é a necessidade de a crítica da economia política da cidade ser estendia aos processos de *projeto urbano*. Este livro pretende, conforme podemos aferir já em sua Introdução, contribuir para a reformulação e fortalecimento de uma disciplina prática, em crise no contexto anglo-saxão. No caso brasileiro, nossa aposta é que essa crítica contamine as estratégias ideológicas tanto da arquitetura quanto do urbanismo-planejamento. E permitir, assim, que a crítica social a elas dirigidas sejam incorporadas à sua lógica interna, e não apenas à sua negação vinda de fora (das ciências sociais).

■ ■

A principal característica desta obra – e do conjunto do qual faz parte – é o seu caráter teórico-metodológico e não diretamente normativo ou aplicável (ainda que em seu horizonte esteja a intervenção espacial). O autor pretende criar um elenco de temas sobrepostos que estariam na base de uma montagem teórica da disciplina abordada, o projeto urbano. Os fundamentos dessa discussão proposta, e que inclui seus dois livros anteriores, *Designing Cities* e *The Form of Cities*, foram encontrados na historiografia da arquitetura e urbanismo, bem como, com ênfase, nas reflexões realizadas nas margens e intersecções com as ciências sociais. Ao invés de pensar e sistematizar os conteúdos que orientassem uma recomposição teórica disciplinar, o autor se vale de uma diferente abordagem, emprestada mais especificamente do historiador Michel de Certeau. Dele, e seu *método heterológico*, Cuthbert procura, em relação à constelação de problemas e conteúdos, liberar a alteridade no passado e no presente, aquilo que ficou à margem da construção da história. Esses vestígios reconstituíram diferentes possibilidades no presente em direção a diferentes arranjos. Em suma, os desdobramentos teóricos da construção da *história a contrapelo*, de Walter Benjamin, e das *heterotopias* de Michel Foucault.

A oportunidade da presente edição provoca, então, uma extensão dessa lógica do *outro*, ao propor o debate em contexto de uma modernização conservadora, como é o caso brasileiro. Afinal, as aporias da modernidade sucederam-se em outras valências em sua transposição para os trópicos. Os desdobramentos do movimento moderno no Brasil permitem uma visada crítica à universalidade ideológica de sua formulação europeia. Na periferia, a utopia maquinista expôs seu formalismo e particularidade ao se chocar com realidades produtivas desiguais. Essa consciência pode ser disponibilizada para a crítica global à modernidade, tanto por meio da produção cultural quando pelas formulações do pensamento social brasileiro. O nosso seria um ponto de vista da alteridade, o qual inclui não apenas o problema do desenho esclarecido das cidades, mas a própria configuração social do espaço coletivo para além da urgência, da precariedade e do mercado. No nosso caso, não existiu a mediação de um pensamento e prática que se ocupasse do espaço coletivo, pelo menos enquanto capacidade de intervenção eficiente. Portanto, não se trata simplesmente de criticá-lo, mas de instituí-lo com um grau de autonomia – relativa – suficiente que permita sua distinção em relação aos processos imediatos de produção do "espaço público" (nos termos utilizados pelo autor).

A experiência brasileira em relação à arquitetura e ao urbanismo conflui, de maneira desconcertante, com o estado de coisas que motivou essa "refundação" do projeto urbano nos termos aqui discutidos. O mundo "pós-urbano" e pós-social que o neoliberalismo construiu, e que radicaliza no momento atual, equivale à iniquidade, violência e antiurbanidade que são as formas estruturais de nossa modernização. Assim, temos um encontro marcado para a revisão radical das contribuições disciplinares que nos levaram à ilusória ultrapassagem do urbano e do espaço social – a *revolução urbana*. Esse termo, cunhado por Henri Lefebvre no final dos anos 1960, pode muito bem indicar uma ausência no processo social brasileiro, como reclamado pelos analistas da "revolução brasileira". O mundo urbano, como um modo de vida atrelado à produção industrial e ao consumo, tornou-se uma deficiência nacional naquilo que tem de heterogeneidade, criatividade e "ordem social competitiva", para usar uma expressão de Florestan Fernandes.

Nesse sentido, ao propor a tradução desta obra, pretendemos sobretudo apresentar o seu método, ou "metamétodo", que se expande em direção aos temas que o autor define, em *Designing Cities*, como "categorias relacionadas aos principais elementos do conteúdo". Essas categorias devem ser analisadas em relação à nossa realidade urbana e social, que exige outras tantas, concernentes à especificidade do processo local. Isso não significa que elas não sejam pertinentes como estrutura crítica à modernização conservadora. Ao contrário, a pertinência está na medida da vinculação contraditória dos processos globais e locais. Mesmo discutindo o problema segundo uma perspectiva abrangente, esse método de análise encontra, em qualquer caso, processos históricos particulares – já que a própria ideia de universalidade está sendo questionada pelo autor. O objetivo aqui é introduzir o método crítico que é utilizado nas bases da "refundação" disciplinar do "projeto urbano" – e, no nosso caso, da arquitetura e do urbanismo – mediado pela nossa especificidade.

A proposta temática que é apresentada no primeiro volume da trilogia de Cuthbert (*Designing Cities: Critical Reading in Urban Design*) e estrutura os volumes seguintes (*The Form of Cities: Political Economy and Urban Design* e *Understanding Cities: Method in Urban Design*). Cada tema é acompanhado de uma questão proposta, que orienta a seleção de textos, teoria e métodos, como segue:

> TEORIA. Como devemos entender o projeto urbano como um esforço teórico?
>
> HISTÓRIA. O que podemos aprender com a história acerca do projeto das cidades?
>
> FILOSOFIA. Que sistema de significados informa o processo urbano?
>
> POLÍTICA. Quais sistemas de valores e compromissos estão envolvidos na concepção projetual de cidades?
>
> CULTURA. Como a sociedade e a cultura dão origem à forma urbana?
>
> GÊNERO. Que implicações tem o "gênero" para o projeto do espaço urbano?
>
> MEIO AMBIENTE. Quais são as principais implicações do mundo natural para o processo projetual?
>
> ESTÉTICA. Como devemos entender o domínio dos sentidos em relação à forma urbana?
>
> TIPOLOGIAS. Que formas de organização podem ser identificadas no desenho das cidades?
>
> PRAGMÁTICOS. O que os projetistas urbanos precisam saber?[1]

---

1 Theory. How are we to understand urban design as a theoretical endeavor? / History. What can we learn from history about the design of cities? / Philosophy. What system of meanings informs the urban process? / Politics. What value systems and compromises are involved in the design of cities? / Culture. How do society and culture give rise to urban form? / Gender. What implications does "gender" hold for the design of urban space? / Environment. What are the key implications of the natural world for the design process? /Aesthetics. How are we to understand the realm of the senses in relation to urban form? / Typologies. What organizational forms can be identified in the design of cities? Pragmatics. What do urban designers need to know? (*Designing Cities*, p. 14.)

O leitor não deve esperar desse roteiro uma reconstituição histórica ou sistemática dos temas acima apresentados. A estratégia é perscrutar temas conhecidos, próprios ou contíguos, procurando novas leituras e novidades, realinhadas segundo o eixo proposto de uma crítica política do espaço. Além do fato de esse debate aproximar reflexões de outros campos de conhecimento, eles próprios se sobrepõem, na medida em que a experiência totalizadora do espaço e da cidade só pode ser considerada por aproximações teóricas múltiplas. As perguntas que guiam a reflexão circunscrevem o debate que, se parte de uma multiplicidade aparentemente inextricável, se encaminha para um ponto de fuga que pode ser resumido como a aposta em uma determinação social na produção do espaço contemporâneo, economicamente determinado. Ou, pelo menos, em um esforço metodológico que crie condições de, por meio de uma ação parcial, atingir uma crítica totalizadora, como são o espaço e a cidade (uma totalidade aberta).

Por fim, cabe deixar claro que tanto a obra quanto a sugestão de sua tradução para o contexto brasileiro têm como hipótese de trabalho a possibilidade e a necessidade de configuração do mundo social segundo a dialética entre espaço e sociedade. Essa perspectiva transformadora deve considerar que tal horizonte só pode ser entrevisto nas frestas de uma opacidade dominante e aparentemente intransponível. Trata-se de uma construção coletiva sobre a qual o projeto urbano, ou, no nosso caso, a A&U, tem uma parcela de responsabilidade que, ao que tudo indica, não vem sendo suficientemente esclarecida. Não podemos desconsiderar o que a história moderna e contemporânea da arquitetura e urbanismo nos ensina: o que é aparentemente crítico torna-se intrinsecamente integrado, dado seu papel ideológico. Portanto, a crítica à sociedade moderna não é suficiente; é necessária uma crítica espacial, negativa, que busque contraditoriamente a formulação positiva de uma possibilidade. Aceitar, portanto, a dubiedade de um campo de conhecimento que deve se mover pela crítica radical e pela necessidade de imaginação.

LEANDRO MEDRANO
Professor livre-docente do Departamento de História da Arquitetura e Estética
da Faculdade de Arquitetura e Urbanismo da Universidade de São Paulo – FAUUSP.

LUIZ RECAMAN
Professor livre-docente do Departamento de História da Arquitetura e Estética
da Faculdade de Arquitetura e Urbanismo da Universidade de São Paulo – FAUUSP.

Preâmbulo à Edição Brasileira

Em primeiro lugar, gostaria de agradecer aos professores Leandro Medrano e Luiz Recaman, por introduzirem esta edição em português do livro *Understanding Cities*, publicado pela editora Perspectiva. Ambos foram muito gentis com meu trabalho e agradeço muito pelo apoio. Gostaria também de agradecer a Sergio Kon, meu editor, que generosamente me indicou para esta nova tradução. Há duas traduções anteriores, a primeira (dos três volumes) para o chinês, e o volume *Understanding Cities* para o russo. Fico extremamente feliz com esta tradução para o público brasileiro. Neste preâmbulo, gostaria de fazer quatro breves anotações. Em primeiro lugar, algo sobre mim. Depois, algumas informações internas sobre a trilogia. A seguir, uma atualização sobre o conteúdo e, finalmente, comentários sobre a pandemia que enfrentamos agora.

História

Como autor de numerosos artigos e livros, sempre senti que sou um fantasma para meus leitores. Para vincular o autor aos textos, vou me permitir escapar, por um momento, das limitações da escrita acadêmica para trazer um pequeno histórico da minha vida, de modo que o relato permita desviar o foco sobre alguém em algum lugar no éter, para uma pessoa de carne e osso, cuja história pessoal, de alguma maneira, afetou o texto escrito. Nasci na Escócia, numa família de mineiros e fui o primeiro a continuar estudando além dos quatorze anos. Consegui notas para cursar Arquitetura na Escola de Artes. Devo minha vida acadêmica a dois eventos distintos. Primeiro, a um governo socialista na Grã-Bretanha, que financiou minha educação universitária por seis anos, já que minha família não tinha condições financeiras para tal e, por isso, sou eternamente grato. O segundo, a um desenho. Naquela época, era preciso saber desenhar para entrar na Escola de Artes, a despeito de suas qualificações acadêmicas. Os candidatos eram levados ao museu local e lá lhes pediam para escolher um tema – desenhei uma águia, meu passaporte para a arquitetura.

Depois, estudei Arquitetura por seis anos e consegui duas bolsas de pós-graduação para estudar com Constantinos Doxiadis, no Instituto de Tecnologia de Atenas na Grécia. Naquela época, me dediquei a Islamabad, que estava em fase de projeto. Após dois anos, voltei para a Escócia, onde descobri então que as perspectivas de emprego eram limitadas e decidi emigrar para os Estados Unidos. Lá, trabalhei para um escritório de paisagismo chamado Lawrence Halprin and Associates, em São Francisco, um dos melhores do país. Cinco anos depois fui dar aulas na Cal Poly (California Polytechnic State University) e, a seguir, na Universidade Estadual do Arizona, em Phoenix, onde recebi uma bolsa de estudos para estudar arquitetura pré-colombiana nas Américas. Isso me permitiu viajar para México, Colômbia, Equador, Peru e Bolívia. Na época, decidi que, após dez anos, já estava farto dos Estados Unidos. Tinha vários amigos americanos dos quais gostava muito, mas a atmosfera política não se alinhava à minha visão. Devolvi o meu *green card* e voltei à Escócia para ser um desempregado.

Com minha experiência, logo consegui um emprego na antiga faculdade para lecionar Arquitetura e Projeto Urbano. Permaneci ali por cinco anos até que um colega me mostrou, no jornal *Scotsman*, um anúncio para um cargo em Hong Kong, no novo Centro de Estudos Urbanos e Planejamento Urbano. Era um emprego talhado para mim e, três meses depois, eu já dava aulas na Universidade de Hong Kong, onde permaneci por dez anos. Foi uma das melhores experiências educacionais da minha vida. A Universidade tinha um ótimo e bem financiado programa de professores visitantes e podíamos convidar os melhores profissionais. Trabalhei com alguns dos principais cientistas sociais do mundo – Manuel Castells, Allen Scott, Ivan Szelenyi, Brian McLoughlin e outros. Esses encontros mudaram totalmente minha visão de mundo quanto ao que era o ambiente construído. A nova abordagem era basicamente a economia política do espaço urbano, que vinha evoluindo por 250 anos, via Adam Smith, Karl Marx e David Harvey.

A disciplina era ritualmente ignorada pelas profissões vinculadas ao ambiente construído. Por um lado, isso fez com que me desiludisse quanto às qualidades da formação arquitetônica e de projeto urbano, formação que reduzia a experiência educacional a duas tradições teóricas – a estética e a tecnologia. A ideia de uma teoria social da arquitetura permanecia como um anátema na maior parte das escolas. Por outro lado, prometia substituir essas tradições com inovações, enriquecimento e teoria significativa. Respondia a uma pergunta que, há anos, girava na minha mente – qual era a função social dessas disciplinas e como deveriam ser entendidas a partir desse ponto de vista? Eu estava bem ciente de que responder a essas perguntas significava entrar em território perigoso, um tanto inexplorado e virtualmente ausente das profissões ligadas ao ambiente construído em geral. Após completar meu terceiro ano em Hong Kong, decidi explorar essas questões com um doutorado naquela que, talvez, seja a mais prestigiosa escola do tipo no mundo – a Escola de Economia e Ciência Política da Universidade de Londres.

Tinha apenas um ano para completar a tarefa antes de voltar a ensinar em tempo integral e, doze meses após a matrícula, coloquei o texto na mesa de meu orientador. Decidira analisar a ideologia colonial do imperialismo britânico em relação à estrutura socioespacial de Hong Kong. Após ter trabalhado de doze a quatorze horas por dia, durante um ano, sofri descolamento da retina nos dois olhos e fui salvo da cegueira por uma cirurgia a *laser*. Anos depois, recebi um convite para o cargo de professor na Universidade de New South Wales, em Sydney. Senti que já tinha experiência suficiente para reformar o campo do projeto urbano. Como faria isso? Como um estruturalista das antigas, eu acreditava que a estrutura era tudo e que o pós-modernismo era incapaz de oferecer, às forças opressoras, a resistência necessária para melhorar a sociedade. Minha luta nesse ponto não poderia ser explicitada de modo mais sucinto do que o preciso delineamento do editor Sergio Kon sobre minha intenção – criar um "método estruturado de planejamento e projeto urbano e um método que, em sua transversalidade, inclua as necessidades sociais e culturais das pessoas nas cidades". Como eu pretendia fazer isso, e como a trilogia surgiu, tomou os dez anos seguintes de minha vida.

Concepção

Penso que fui afortunado com a formação arquitetônica em Edimburgo. Na época, o arquiteto não era definido como um tecnocrata, mas apenas como alguém formado que projetava edifícios. Num sentido mais amplo, uma educação extensa em artes, literatura, filosofia e cultura precediam e determinavam o que era projeto. Assim, buscava-se uma imersão em pintura, escultura, desenho industrial, teatro, cinema, obras de ficção, música orquestral e outras formas de música, absorvendo o máximo possível. Incluí ainda o realismo mágico de autores mexicanos e latino-americanos, como Gabriel García Márquez, Jorge Luis Borges, Isabel Allende, Mario Vargas Llosa, a mexicana Elena Garro, mulher de Octavio Paz, e o pioneiro brasileiro Machado de Assis. Mantive e mantenho um interesse contínuo em literatura por toda minha vida e ainda hoje busco aquele que seria o romance dos romances.

XXII

Curiosamente, agora resido em um mundo de "realismo mágico", já que este preâmbulo está sendo escrito em Bali, onde vivo com minha bela esposa balinesa, Ayu. Aqui mergulhei no hinduísmo balinês, rituais e cerimônias, num mundo de danças em transe, magia negra e branca, reencarnação, pestes, erupções vulcânicas, conversas com os mortos e um panteão de deuses e deusas. Juntos, escrevemos artigos que envolvem antropologia, ciências sociais, economia política, arquitetura e desenvolvimento urbano. Logo, minha abordagem na estruturação da trilogia emergiu de um longo e duradouro interesse em como a vida surgiu e nas incríveis formas que adotou.

Paradoxalmente, nasci na mesma cidade do autor que trouxe as ciências sociais e a economia política ao mundo moderno, e recebeu crédito por seu nascimento – um escocês chamado Adam Smith, que escreveu o famoso tratado *A Riqueza das Nações*. Até aquele ponto, havia uma grande variedade de "economias", mas nenhum modo de entendê-las. Smith deu origem à economia moderna. Mas eu também estava ciente de que nenhuma disciplina deixava de ter as suas limitações e que a economia política, apesar de ser o arcabouço principal para a trilogia, precisava ser temperada com várias outras perspectivas, como, por exemplo, a psicologia, a antropologia, teorias da história etc. Desde o início, estava ciente de que a tarefa que me impusera seria, para todos os propósitos, impossível de realizar.

Avaliei que seriam precisos seis anos, mas levei quase dez. Além disso, embora não seja um cientista social, reconheci o enorme benefício que a ciência social poderia trazer para aclarar a teoria e a prática da arquitetura e do projeto urbano. Mas eu ainda precisava de um editor. Felizmente, uma das mais antigas e respeitáveis editoras acadêmicas, a de Basil Blackwell (Oxford), aceitou o desafio. Casas editoriais têm seus padrões e acabei descobrindo que as cem páginas que eu tinha escrito sobre teoria para o primeiro capítulo de *The Form of Cities* precisavam ser reduzidas a trinta. O restante foi depois publicado numa edição especial do *International Journal of Urban Design* (ver referências adiante, que também incluem alguns trabalhos recentes), publicação que forma uma parte necessária, porém excluída, da trilogia.

Decidi que para fazer corretamente o trabalho, um só livro seria inadequado. Ao menos três volumes seriam necessários e havia vários motivos para isso. Avaliei que precisaria de mil páginas de texto, que não poderiam ser encadernadas juntas. Em segundo lugar, ao que tudo indicava, deveria haver várias seções separadas. Em terceiro lugar, por razões práticas, a publicação deveria ser espaçada por vários anos. Nenhuma obra significativa é natimorta e devo muito a amigos e colegas. Assim, decidi que em *Designing Cities* iria esquematizar minha abordagem numa extensa introdução e incluir os exemplos que me pareceram essenciais para os dois volumes seguintes que eu queria criar. Isso incluía obras de Manuel Castells, David Harvey, Sharon Zukin, Paul Walter Clarke e Mark Gottdiener. *Designing Cities* seria a leitura de fundo, a base intelectual da trilogia que iria tratar de teoria e método. Finalmente, eu tinha os três volumes. Bastava que eu os reunisse, o que gerou outros problemas.

É claro que há muitas formas de fazê-lo com uma obra dessa dimensão. Na maior parte dos casos, de modo linear, uma palavra, um capítulo, livro após livro, cada um com sua própria organização e integridade, mas separadamente concebidos.

Preâmbulo à Edição Brasileira

Contudo, para integrar o conhecimento nos três textos, esse método universal precisava ser mais imaginativo e original. Em minhas leituras, sempre achei útil o uso de uma matriz para correlacionar conceitos. Minha ideia seguinte era abandonar a abordagem linear e integrar o conteúdo dos três livros usando um sistema matricial. Teria então três volumes tratando de contexto, teoria e método, e os capítulos teriam títulos iguais nos três volumes.

Como em qualquer matriz, isso permitiria que toda a obra fosse lida em série ou em paralelo. Por exemplo, o segundo livro poderia ser lido como uma obra puramente teórica. Por outro lado, se os três volumes fossem acessados, cada capítulo teria o mesmo título (história, por exemplo) e poderia ser lido de forma independente nos três livros. Se necessário, poderiam ser lidos em ordem inversa. Ter a obra completa, portanto, criava a síntese, mas cada volume teria sua própria integridade. Os títulos dos capítulos, então, representavam um problema. Optei por um formato coerente nos três volumes, usando um sistema de matriz em detrimento da linearidade do texto padrão, como dito.

Para escolher o título de cada capítulo, havia outra escolha a ser feita – como reduzir a complexidade do assunto em dez categorias, o que, mais uma vez, poderia ser feito de vários modos. O objetivo do exercício era criar uma forma abrangente e duradoura e, portanto, as categorias deveriam ser atemporais. Assim era necessário usar uma série universal de distinções que envolveria todo o material subsequente, dado que o texto ainda não havia sido escrito. Os títulos foram considerados em três grupos. Primeiro, no âmbito mais geral – Teoria, História e Filosofia; em segundo lugar, Política, Cultura e Gênero e, em terceiro, Ambiente, Estética e Tipologia. Por último, acrescentei o título Pragmática como o décimo capítulo, buscando amarrar os anteriores. Tinha, então, minha estrutura básica que, de algum modo, teria de vir à luz.

Conteúdo

Dada a natureza do constructo, várias questões se materializaram – será que deveria ter adotado outra estrutura? O sistema teria cumprido seu intento? O que precisa ser incluído para atualizá-lo? Dois curtos comentários parecem relevantes. Primeiro, uma pessoa tem limites de realização e, segundo, os livros não podem ser escritos de modo retrospectivo. Decisões não podem ser feitas olhando no retrovisor. No geral, a intenção da trilogia era criar um sistema total de conhecimentos que pudesse resistir ao teste do tempo, mas também à escolha do assunto. Muito do conteúdo não seria, em grande parte, reconhecido na literatura do projeto urbano, onde apenas fragmentos foram incluídos na educação desse campo. Portanto, cada capítulo busca tratar de fundamentos e universalidades, refletidos na natureza duradoura do constructo. Além disso, o formato adotado permanece único. Não há outro exemplo histórico desse tipo de análise na literatura das profissões ligadas ao ambiente construído e além. Obviamente, estou ciente de que os três textos podem ser vistos como totalmente inúteis, caso alguém busque soluções prescritivas para questões de projeto urbano/arquitetura e teoria do planejamento.

O enfoque era na compreensão de fontes complexas de produção, não na construção. Uma vez que centenas de textos já haviam sido publicados sobre "como fazer", nunca foi minha intenção ser prático, pois a maioria estava acostumada à ideia de que "projeto urbano é o que os urbanistas fazem" (ver 2010, 2016b abaixo). Apesar de satisfeito com todo o projeto, concebido para ser relevante por muitas décadas, qualquer defesa cabe aos meus leitores. O único acréscimo que faria seria acrescentar um quarto volume de estudos de caso. Mas o professor Jon Lang, colega e amigo de longa data, fez um maravilhoso trabalho sobre isso, em seu *Urban Design: A Tipology of Procedures and Products*, atualizado num texto complementar intitulado *Routledge Companion to Twentieth and Early Twentieth-First Century Urban Design*. Assim, grande parte dessa tarefa já está feita, aliviando-me de um esforço considerável.

Um estímulo básico para escrever a trilogia foi o que percebi como definições de Projeto Urbano sem conteúdo e sem base teórica ou empírica. A disciplina estava cheia de definições e opiniões sem fundamento e carentes de conteúdo, tais como: "a arte do projeto urbano é a arte de fazer ou formar paisagens urbanas" ou "o projeto urbano liga planejamento, arquitetura e paisagismo na medida em que preenche os vazios entre eles". Essas definições perpetuam o mito de que nosso entendimento do ambiente construído possa ser segmentado em interesses profissionais, e eu me recordo do *insight* de George Bernard Shaw dizendo que todas as profissões são conspirações contra o público. Elas representam outra prática monopolista no sistema capitalista global dedicado aos interesses próprios e à sobrevivência. David Harvey desmonta todas essas definições triviais em quatro palavras, quando diz que o projeto de desenho urbano é "a paisagem do capital".

Manuel Castells foi igualmente preciso ao dizer que projeto urbano é "a representação simbólica do significado urbano em formas urbanas distintas". Para entender o projeto urbano precisamos saber como essa paisagem é criada, como o significado urbano surge, quais ideologias estão por trás disso e como a conquista simbólica do espaço urbano acontece. Precisamos saber quem ganha e quem perde por meio desse processo e, mais importante, como a forma da cidade surge a partir dessas relações. Há muito eu me convenci que a base de tal entendimento deve vir da economia política do espaço, uma coalizão de três disciplinas urbanas – sociologia, geografia e economia. Coletivamente, elas são presença rara em qualquer literatura sobre projeto urbano, situação que permanece até hoje. Ficou claro que era necessário fazer uma reafirmação desmistificada e radical do projeto urbano, com base nos amplos *insights* obtidos a partir da economia política do espaço.

A economia política adota um arcabouço historicamente definido que evoluiu por 250 anos desde Adam Smith (1776), autor que, 75 anos mais tarde, foi descrito por Marx como tendo "a mentalidade tacanha de um escriturário de banco". Os antigos mestres do pensamento político – Marx, Durkheim, Simmel, Weber e outros – não se interessavam pelo tema "espaço" e foi somente com o surgimento da Ecologia Urbana da Escola de Chicago que o espaço se transformou em foco relevante. A escola era basicamente um método sem teoria e a economia política espacial só surgiu plenamente nos anos 1970, com a obra seminal de Manuel Castells, *La Question urbaine* (A Questão Urbana). Não há método padronizado na economia política que exista por si só. Basicamente constitui uma crítica radical do capitalismo, sua história, ideologias, práticas e efeitos. Não sustenta uma única teoria totalizante. Trata-se de uma união de conceitos que enfocam a mudança social movida por interesses econômicos e políticos que resultam nas relações socioespaciais que adotamos e nas paisagens simbólicas que habitamos. Se quisermos entender como o espaço urbano é formado, a economia política espacial deve ser o ponto de partida.

Quanto a atualizar a forma dos três livros, não consegui imaginar um modo melhor de realizar a tarefa adotada e permanecer comprometido com a forma geral e o conteúdo da trilogia. Os livros não foram feitos para seguirem um modismo, mas para durarem e, o quanto possível, serem atemporais. Mesmo a recente expansão da digitalização da vida urbana não requer que se repense a forma básica dos textos. A assim chamada "cidade inteligente" e sua progênie, por exemplo, são meras extensões do sistema capitalista e de seu avanço implacável para mercantilizar todos os aspectos da vida social e das relações humanas. A cidade inteligente é uma prática, não uma teoria. É simplesmente uma propaganda para melhorar a renda de umas poucas corporações multinacionais.

Infelizmente, muitos arquitetos, planejadores e urbanistas parecem ter devorado toda a ideologia, sem nunca parar para pensar se estávamos ou não contentes com nossos ambientes tal como estão, e não veem a necessidade de maior controle tecnológico sobre nossas vidas. Como urbanistas, somos compelidos, antes de tudo, a considerar as questões da vida e como estas devem ser promovidas, em vez de sermos substituídos por algoritmos de multinacionais. Contra esse plano de fundo de adoção acrítica de "progresso" técnico, deveríamos resistir aos chamados por mais tecnologia e nos atermos à instrução de Wittgenstein de que "mesmo se todas as questões científicas forem respondidas, os problemas da vida ainda não terão sido tocados".

Pós-Escrito

Concluo este preâmbulo na Austrália, onde a epidemia de coronavírus já cobrou seu preço. As consequências serão universais. Esperamos que o mundo nunca mais ignore o fato de que os limites de um capitalismo descontrolado e mesquinho foram alcançados. Será melhor para ele. Era um desastre pronto para acontecer, assim como a indústria do petróleo. Como declara a segunda lei de James O'Connor, "o capitalismo sempre destrói as fontes de seu próprio sucesso".

Vantagens sempre foram adquiridas com enormes custos para a natureza e para o homem. Mas a revolução necessária vem sendo imposta de formas que poucos poderiam prever. A natureza está reagindo, liquidando a globalização como prática econômica. Em todo o mundo, países têm sido forçados a aceitar que as cadeias globais de suprimento não funcionam mais. Estas vinham garantindo lucros para multinacionais ao custo de perpetuar a desigualdade social, a perda de empregos e, com isso, a identidade do trabalho. Paradoxalmente, em países como a Austrália, foram introduzidas políticas econômicas keynesianas, semelhantes às implantadas na Grã-Bretanha após a Segunda Guerra Mundial. Em outras palavras, práticas socialistas precisaram salvar o neocorporativismo de Estado de seu imenso fracasso.

De longe os mais afetados foram os Estados Unidos, onde o intervencionismo do Estado mínimo, no estilo de Thatcher e Reagan, fracassou e fracassou de forma catastrófica. O que está em voga agora é o Estado grande, em vez de um Estado mínimo. Os Estados Unidos vão emergir da crise tendo o pior desempenho do planeta; terão o maior número de infectados e mortos, já maior do que as baixas totais na Guerra do Vietnã. Além disso, os Estados Unidos são uma nação com dívidas, devendo hoje, ao resto do mundo, cerca de 20 trilhões de dólares. Um novo modelo de Estado-nação deve ser desenvolvido, um modelo que garanta a saúde e o bem-estar de sua população. Os negócios precisam ser mais humanos. Não se pode mais revisitar o "são apenas negócios".

Como escrito em um grafite em Hong Kong, "Não pode mais haver retorno ao normal, porque, em primeiro lugar, o normal era o problema". As desigualdades desse sistema foram destacadas de forma brutal. Orçamentos nacionais e estaduais, sistemas bancários e instituições privadas de sistemas de saúde e creches, todos perderam bilhões, se não trilhões de dólares. Viram décadas de lucros sumirem e a dívida nacional transformar-se na pior já vista. Na Austrália, residentes que retornam ficam isolados em hotéis cinco estrelas, pagos pelo governo; empréstimos e hipotecas foram adiados indefinidamente; custos associados ao tratamento de coronavírus são gratuitos; milhões estão sendo pagos pela seguridade social; o atendimento à infância é gratuito; os sem-teto estão sendo abrigados e a educação terciária está passando por uma revolução.

As respostas inerentes a essas consequências são óbvias se os governos e os grandes empresários ouvirem. Enormes transformações irão ocorrer, quer eles estejam surdos ou não. O que foi demonstrado com essa pandemia é o valor do social sobre o econômico. Amigos, famílias, organizações sociais e apoio mútuo floresceram. Foi vislumbrada a reestruturação de toda uma ideologia, onde atendimento universal à saúde, seguros para empregos, apoio maciço à educação e atenção maior sobre fracos, enfermos, socialmente abandonados e vulneráveis tornam-se fundamentais. O novo capitalismo deverá reconhecer todos esses requisitos e também seu novo papel, não como esmola, mas como direitos.

A reconstrução do Estado vai exigir uma nova ideologia, como a redistribuição igualitária, não a gestão da desigualdade por meio de parcos ou inexistentes auxílios do neocorporativismo de Estado. Será mais fácil, então, lidar com o próximo desastre ou pandemia, estando montada a infraestrutura social antes que algo ocorra. Tudo isso implica controlar os lucros das empresas através de impostos e permitir à população acesso justo à riqueza que cria. O capitalismo não precisa morrer nesse processo. Ele só precisa de anos de psicanálise para perceber que políticas humanas e de fato democráticas são do interesse de todos, agora e no futuro.

Publicações Selecionadas

2020   A New Moral Imperative: Smart Cities, Technology and Development. International, *Journal of Technology*. (Em Revisão.)

2020   Eliot's Insight. The Future of Urban Design. *The Journal of Urban Design*, v. 20, n. 1.

2019   Sleight of Hand: The Expropriation of Balinese Culture. Com G.A.M. Suartika. *Space and Culture*. (No Prelo.)

2018   Doors of Perception to Space-Time-Meaning: Ideology, Religion and Aesthetics in Balinese Development. Com G.A.M. Suartika e Zerby J. Z. *Space and Culture*, v. 21, n. 4, p. 340-357.

2017   Urban Design. The Wiley. *Blackwell Encyclopedia of Social Science*.

2017   Urban Decay and Regeneration – Context and Issues. *The Journal of Urban Design*, v. 22, n. 2.

2017   Revisiting Reuter – Symbolic and Material Economies in Bali Aga Society. Com G.A.M. Suartika. *Journal Kajian Bali*, v. 7, n. 1, p. 259-298.

2016   No More Michelangelo's – No More Art. *The Journal of Urban Design*, v. 21, n. 4.

2016(b) Emergent Pedagogy or Critical Thinking? *The Journal of Urban Design*, v. 21, n. 5.

2014   Alphaville and Masdar – The Future of Urban Space and Form? *Emergent Urbanism: Urban Planning & Design in Times of Systemic and Structural Change*. Eds. T. Haas; K. Olsson. Farnham/Oxford: Ashgate/Routledge. Capítulo 1.

2011   *Understanding Cities: Method in Urban Design*. Oxford: Routledge.

2010   Whose Urban Design? (Artigo de Revisão.) Alex Krieger; William S. Saunders (eds.). *The Journal of Urban Design*, v. 15, n. 3.

2007   Urban Design: Requiem for an Era – Review and Critique of the Last 50 Years. *Urban Design International*, v. 12, p. 177-223. (Todo o número.)

2006   *The Form of Cities: Political Economy and Urban Design*. Oxford: Blackwell. (Prêmio Austrália de Projeto Urbano.)

2006   *Home* (Editor; com G.A.M. Suartika). Sydney: Millennium.

2003   *Designing Cities: Critical Readings in Urban Design* (Editor). Oxford: Blackwell.

Outras Referências

CASTELLS, M. [1977]. *The Urban Question: A Marxist Approach*. Cambridge: MIT Press.

GREENFIELD, A. [2018]. *Radical Technologies: The Design of Everyday Life*. London: Verso.

LANG, J. [2005]. *Urban Design: A Typology of Procedures and Products*. New York: Routledge.

_____. [2020]. *Routledge Companion to Twentieth and Early Twentieth Century Urban Design: A History of Shifting Manifestoes, Paradigms, Generic Solutions, and Specific Designs*. New York: Routledge.

Prefácio

Este livro trata da desconstrução do projeto de desenho urbano a fim de garantir-lhe um novo nascimento e, nesse processo, sugerir o conhecimento necessário para um profissional bem formado no início do novo milênio. Como processo, isso ocorre, sobretudo, na imanência da imaginação e, apenas secundariamente, no conjunto do mundo material. Trata-se de esperança, amor, reflexão, monumento e mito, desejo, morte, espaço, escultura, ideologia, denominação de ruas, colunas e paralelepípedos, memória, arquitetura e compreensão. A partir desses elementos, entre outros, gera-se a química de onde emergem o caráter efêmero e transitório da forma urbana. Somente então o projeto das cidades torna-se objeto de troca, de desespero ou admiração e da produção social do imaginário urbano. Mas o projeto urbano do século passado esteve, por tempo demais, ao alcance apenas de um clube fechado e, agora, buscamos uma herança comum fora dos interesses particulares e da ingerência profissional.

Undestanding Cities encerra um longo projeto de pesquisa iniciado em 2001. A tarefa era completar três livros ou, mais precisamente, três volumes do mesmo livro, e explicar, à minha maneira, as características essenciais de um processo criativo chamado projeto urbano. Fiquei envolvido com esse processo durante a maior parte da minha vida, tanto na prática como na academia, na Escócia, na Grécia, nos Estados Unidos, em Hong Kong e na Austrália. O primeiro volume, *Designing Cities* (2003), oferecia uma posição filosófica e um arcabouço para o conhecimento do projeto urbano fora da teoria convencional predominante. Constituía um volume editado de leituras, mas com uma diferença. A intenção não era apenas reunir o maior número possível de textos sobre o tema, mas deixar que os textos falassem por si. Em *Designing Cities*, inverteu-se o processo. Os artigos foram selecionados em apoio a um modelo teórico cuja orientação básica era a economia política no espaço. Assim, o objetivo era apresentar uma crítica da teoria convencional predominante do projeto urbano e expressar a necessidade de mudança. Ao mesmo tempo, havia o apelo para um papel mais profundo e envolvente do projeto urbano dentro das ciências sociais, em geral, e da economia política do espaço, mais especificamente. Os dois volumes seguintes buscam trabalhar com essas implicações, o primeiro para a teoria e o seguinte para o método.

O segundo volume, *The Form of Cities* (2006), é um texto que cobre a maior parte das características estruturais do sistema apresentado no primeiro volume e preocupa-se com questões teóricas abrangentes dentro de dez componentes identificados, que representam o arcabouço inclusivo para um novo conhecimento. O terceiro, *Understanding Cities*, é um livro sobre método ou, mais exatamente, metamétodos. O propósito dos três volumes foi aumentar nossa compreensão sobre o projeto urbano, sugerindo um arcabouço de conhecimentos de modo a permitir que a disciplina tenha uma nova identidade. Confiamos que um novo sentido de respeito se seguirá, com maior profundidade teórica e prática. No processo, o projeto urbano assumiria, naturalmente, seu lugar ao lado da arquitetura e do planejamento urbano, em vez de ser absorvido pelos interesses dessas duas áreas. Além disso, expurgaria de nossa memória coletiva a inevitável ideia, na primeira, de que a cidade não passa de um edifício maior e, no segundo, de que basta gerar mais um conjunto de diretrizes de projeto para seguir adiante. No processo da escrita, assim como em grande parte da ciência, será preciso contradizer muitos dos pressupostos que, tradicionalmente, têm confundido a questão – ideologias e manifestos que tornaram impossível qualquer legitimação. Sustento que tal mistificação, proposital ou não, permite a utilização do projeto urbano pelas disciplinas vinculadas ao ambiente construído para atender a seus próprios propósitos. Remover tal confusão requer, por certo, que essas mesmas disciplinas passem por um processo semelhante de autoavaliação, já que perderam parte de seu poder/conhecimento. O mesmo vale para as profissões que as servem, e para as quais território significa existência. Esse processo geral de mudança enfrenta grande resistência, já que representa um ponto crucial no modo como todo um campo é visto. A ortodoxia é desafiada na teoria, na prática e na educação; as estruturas institucionais são questionadas nos três setores, e as crenças individuais, cultivadas talvez por décadas, são contestadas.

Apesar dessa clara resistência, como na ciência, o falseamento exigido pelo desenvolvimento de uma nova teoria não implica mais falta de respeito pelo conhecimento que nos trouxe ao presente do que a Teoria da Relatividade de Einstein pela Teoria de Gravitação de Newton. Entretanto, é fato que para que uma teoria evolua, a anterior deve ser falseada e, muitas vezes, destruída no processo. Essa desconstrução tampouco sugere que toda a constituição e os pressupostos do velho paradigma sejam necessariamente supérfluos. A nova teoria simplesmente evidencia nosso modo de ver o mundo. Porém, ao contrário da ciência, no projeto urbano não há muito a ser demolido, já que a existência de uma teoria substancial está nitidamente ausente. Assim, ao se destruir sua história, grande parte da antiga teoria precisa ser reordenada e não eliminada – apesar da ideia de que o fim da história já está aqui, ou mesmo "o fim do fim da história" (Fukuyama 2006; Kagan 2008). Em outras palavras, a teoria, simplesmente, redefiniu suas relações com o presente. O mesmo ocorre com o projeto urbano, embora em *The Form of Cities* eu tenha tentado mostrar que uma incoerência generalizada perpassa muito do pensamento do projeto urbano, já que há várias teorias isoladas nesse campo com níveis muito baixos de refutabilidade, mas nenhuma desse campo (Cuthbert 2006). Não há lógica unindo as partes. Após essa observação básica, os três livros, inclusive este, focalizaram certos postulados como orientação.

1. O primeiro é que o projeto urbano convencional é autorreferente e não é nem influenciado nem comprometido com qualquer autoridade externa em termos intelectuais.

2. O segundo postulado é que ele deve reorientar-se tendo em vista as ciências sociais como fonte, especificamente a sociologia, a geografia e a economia urbanas.

3. O terceiro diz que, para ser científica, uma disciplina deve ter um objeto real ou teórico de investigação.

4. O quarto afirma que seu objeto teórico é a sociedade civil e seu objeto real, o âmbito público.

5. O quinto postulado é que nosso entendimento da produção de resultados de projeto deve passar de uma obsessão modernista, da Beaux Arts, com a forma, o princípio eureca e o culto mestre/discípulo, para uma na qual a produção orgânica de formas e espaços urbanos seja inseparável dos processos econômicos e sociais (Cuthbert 2006.)

Ao considerar esses postulados em profundidade, concluí que a prática do projeto urbano estava perigosamente próxima de uma tecnologia social, sem os fundamentos desta que permitiriam o florescimento de uma autorreflexão crítica. Logo, ela também carece de uma consciência que garanta a existência de uma estrutura ética e moral, e eu me apresso a acrescentar que essa não é uma reflexão sobre os compromissos dos urbanistas. Se aceita, essa situação efetivamente coloca o projeto urbano como estando a vários campos de distância de qualquer teoria substancial.

Consequentemente, o projeto urbano apresenta grande confusão em sua base teórica, com um falso sentido de autoridade que prevalece na prática. Qualquer um pode denominar-se profissional da área ou urbanista e não ser questionado, caso tenha se envolvido, de alguma forma, na construção da cidade. Portanto, arquitetos, planejadores, engenheiros, paisagistas, advogados, agrimensores, todos podem se autodenominar, impunemente, de profissionais do projeto urbano, ou urbanistas. Não acredito que isso seja bom, e tal situação me motivou a escrever os livros acima mencionados. Também estava ciente do conhecido nó górdio que criaria ao criticar as profissões por seus imperativos territoriais e propor um conhecimento independente e mais livre de projeto urbano, de modo a aumentar o problema em vez de aliviá-lo. A resposta ao dilema é que, apesar de uma nova profissão ser dispensável, o novo conhecimento não é. Qualquer um que afirme pertencer à disciplina deve estar ciente das leis que a regem, das ideologias de controle, do conteúdo explícito construído ao longo de milênios e, mais importante ainda, do lugar que tal indivíduo ocupa dentro do esquema geral da disciplina em que afirma ter expertise. Permitir que cada um decida isso por si é promover o pior tipo de anarquia.

A trilogia foi realizada ao longo de nove anos e, nesse processo, aprendi muitas coisas que modificaram algumas das minhas opiniões e me trouxeram outras. Assim me declaro culpado de certas inconsistências nos textos que, devido ao meu processo de aprendizagem, não consegui eliminar. Neste volume, farei todos os esforços para corrigir algumas dessas reflexões, de modo que a obra consiga ser autocrítica com relação ao seu próprio conteúdo. Concluindo, dois itens são importantes. Primeiro, não diria que minha crítica do projeto convencional de desenho urbano não pudesse ocorrer de outras formas e, portanto, meu trabalho é apresentado como um possível conjunto de ideias a serem discutidas e refutadas de modo que todos possamos seguir adiante com base em uma teoria substancial. De fato, a escrita me tornou mais humilde, já que seu principal trunfo foi demonstrar, a mim mesmo, as limitações do meu conhecimento. Em segundo lugar, àqueles que afirmam que retirei por completo o projeto urbano das questões e do conhecimento de projeto, confesso-me culpado de exagerar minha defesa. Contudo, leciono projeto urbano há 25 anos e considero que, antes de mais nada, sou um projetista no verdadeiro sentido da palavra. Em tudo, um bom projeto está no topo da minha lista – mas preciso sentir que há mais em jogo do que meu talento individual, que há mais para partilhar no campo das ideias e que o projeto urbano como disciplina deve se fundamentar num conteúdo de teoria social e urbana que precisa servir de base e aclarar nossas decisões projetuais.

COMPREENDENDO AS CIDADES

Introdução

"Método" não é o nome de algum "kit de ferramentas", uma série de procedimentos ou protocolos a serem executados quando confrontados com um conjunto de objetos, mas é o nome que devemos dar à forma como apreendemos e compreendemos os objetos com os quais nos relacionamos [...] A maneira com a qual fazemos contato com o mundo, como o apreendemos e damos sentido a ele, vou argumentar aqui, não se trata de absolutos epistemológicos, mas de algo que está, ou deveria estar, aberto ao escrutínio em termos de ética, assim como de estética e política. O método fica do lado da forma e não do conteúdo. É o que chancela a produção intelectual.

BEN HIGHMORE

Compreendendo as Cidades

A pós ter esboçado um arcabouço teórico em *Designing Cities* e elaborado detalhadas implicações em *The Form of Cities*, o volume 3 desta trilogia, *Understanding Cities*, é a extensão lógica em direção à epistemologia de questões como *sobre o que devemos pensar* para o *como devemos pensar* ou, de forma mais crítica, *como devemos pensar sobre o pensar*. De início, devo esclarecer que estou empregando o mesmo princípio básico aplicado ao método que usei com a teoria em *The Form of Cities*. Aqui, não tenho intenção de abordar o método na qualidade de disciplinas funcionais de gestão de construção (Klein 2007), técnicas e padrões em projeto ou desenho urbano (Gindroz 2003; Eran e Sold 2005), métodos de pesquisa em planejamento urbano (Bracken 1981) ou mecanismos de controle de projeto urbano que implementam políticas de planejamento na regulamentação de projetos (Goodchild 1997; Sendich 2006) ou mesmo, especificamente, diretrizes de projeto urbano. Esse último é um tópico favorito de teses sobre projeto urbano e um filão já quase exaurido em termos de conteúdo.

Ao contrário, pretendo delinear aqueles *meta*métodos que organizam nosso pensamento em vez de estratégias inerentes à realização de um trabalho, processos que Michel de Certeau chama de heterologia – "uma metametodologia que se dedica a encorajar a heterogeneidade e a permitir a proliferação da alteridade" (Highmore 2006: 8). Assim, em termos de método, este livro não se preocupa com *o que fazer* em projetos de desenho urbano, mas em *como pensar* sobre o que fazer. Para distinguir metametodologia de metodologia, senti a necessidade de uma ruptura linguística clara e, para isso, tomo emprestado de De Certeau o uso do termo *heterologia*, em vez de metametodologia.

Para alguns puristas, o uso da palavra não seria satisfatório, já que De Certeau a define como um *discurso sobre o outro*. No sentido de que metametodologia é um discurso sobre um discurso, meu uso pode ser justificado e dirijo minhas desculpas aos fundamentalistas que, por algum motivo, expressassem desgosto com essa interpretação. Sempre que adequado, manterei o termo *métodos* para cobrir as abordagens convencionais de projeto e de *práticas* (ou tecnologias) assim como procedimentos usados pelas profissões de projeto para organizar projetos urbanos. Correndo o risco de confundir ainda mais a questão, usarei, quando apropriado, a palavra *método* genericamente, para abranger todas as variações do termo. Essas distinções ficarão claras com o uso.

Assim, minha trajetória continua a usar a diferenciação introduzida anteriormente, ou seja, enunciar a teoria e a heterologia *do* projeto urbano em vez de uma nova teoria *em* projeto urbano. Nesse esforço, tentarei me aproximar o mais possível do conteúdo de *The Form of Cities*, utilizando os conceitos e ideias ali empregados como pontos de partida para cada capítulo. No processo, o peso de cada assunto pode variar se houver um bom motivo para isso. Além disso, assim como na história da formação do capital, a teorização do projeto urbano também está sujeita a um desenvolvimento desigual. Isso vale para a aplicação da economia política espacial para todos os aspectos das heterologias. Em outras palavras, uma superfície consistente e homogênea para a ideia de método é tanto improvável quanto injustificada. Como estava claro durante a escrita de *The Form of Cities*, algumas áreas ficaram saturadas com ideias derivadas dessa fonte, como, por exemplo, história, cultura, preservação etc., enquanto outras como estética ou eram marcadamente mais difíceis de compreender ou tinham uma resistência muito maior ao arcabouço teórico escolhido. Naturalmente, isso foi previsto e não será diferente no texto a seguir. Então, para aqueles que estão procurando fórmulas ou processos estereotipados para melhorar seus projetos, digo: parem de ler agora. Os que estiverem preparados para aceitar um desafio, no qual a autorreflexão crítica é a pauta, continuem a ler.

Introdução

Sinopse dos Capítulos

O princípio-guia na organização deste livro é que cada volume foi estruturado de modo a poder ser lido de três modos – isolado, em série ou em paralelo. Assim, este volume não só completa a trilogia, mas também sua estrutura e seu foco derivam dos volumes anteriores. Os artigos apresentados em *Designing Cities* serão usados como dados e protótipos de fundo a partir dos quais as várias heterologias podem ser discutidas. Assim como em *The Form of Cities*, cada artigo citado receberá o código "DC", para *Designing Cities*, com número de seção e página, por exemplo, DC8: 275 significa Capítulo 8 (Estética), página 275.

Da mesma forma, a pletora de questões e debates teóricos contidos em *The Form of Cities* representa a fonte-guia a partir da qual derivam as várias heterologias a serem discutidas, embora meu próprio aprendizado desde o início do livro possa ter, em algumas ocasiões, modificado essa relação. A referência a *The Form of Cities*, portanto, adotará uma notação semelhante. Por exemplo, FOC8: 171 significa *The Form of Cities*, Capítulo 8 (Estética), página 171.

CAPÍTULO 1 – TEORIA. O capítulo tem um desvio mínimo da forma geral adotada, usando o cabeçalho Teoria/Método, já que várias questões teóricas essenciais, anteriormente mencionadas, mas não discutidas, estão no núcleo deste capítulo. O motivo ficará claro para a maior parte dos leitores. Nesse contexto, o *método de projeto urbano* começa com um paradoxo – não podemos simplesmente entrar em questões de método sem nos reconectarmos com as ramificações metodológicas de certas teorias. As mais importantes distinções são nitidamente aquelas traçadas entre as ciências naturais e as sociais, e o lugar do projeto urbano no contexto, ou talvez através de fronteiras, de modo criativo. Aqui os textos de Paul Feyerabend, filósofo da ciência, aparecem com destaque. Sua visão anárquica da ciência parece especialmente adequada, dada a situação atual da teoria do projeto urbano. Os debates, que ocorreram em torno de 1985, quanto à possibilidade de uma sociologia urbana, e para onde o conhecimento nos levou desde então, serão centrais nessa discussão. Depois observaremos as implicações para o método e examinaremos a principal teoria predominante em termos de sua incapacidade de lidar com outras considerações das heterologias do projeto urbano.

CAPÍTULO 2 – HISTÓRIA. Começa com uma visão geral do conceito de *progresso* que teve impacto fundamental na forma como a civilização moderna está concebida e estruturada. Sem ele, a vida seria, com certeza, ainda mais desarticulada do que é hoje. Das economias nacionais aos orçamentos familiares, estamos imersos na ideia de que estamos indo a algum lugar, mas será que estamos? Em segundo lugar, abordamos a ideia de *escrever* história, já que memória, artefatos e o texto constituem nossos recursos básicos para as heterologias da história. Para maior simplicidade, o conceito de *texto* será usado para incluir, por exemplo, arte e filme, assim como evidências documentais. Em terceiro lugar, o método de escrever a história do projeto urbano convencional será analisado para revelar heterologias empregadas por alguns de seus principais proponentes na construção daquilo que percebemos, hoje, como história do projeto urbano, contrastando-os com um exemplo seminal derivado da economia política, o de Manfredo Tafuri.

CAPÍTULO 3 – FILOSOFIA. O capítulo avança pelo método da análise histórica, incluindo todas as dificuldades inerentes quando se tenta separar as duas disciplinas. Aqui, serão discutidas heterologias da filosofia abrangidas pelas várias abordagens do projeto urbano, avançando na orientação metodológica implícita em cada uma. Escolas de pensamento particularmente influentes sobre os estudos urbanos e a forma urbana como as de Viena, Frankfurt, Weimar e Chicago serão estudadas, com mais ênfase nas escolas de Paris e de Los Angeles. Partindo de filosofias do espaço urbano enraizadas em geografias específicas, investigaremos aquelas baseadas na semiótica, na fenomenologia e na economia política, todas essenciais para qualquer filosofia do projeto urbano. Para embasar essas ideias, examinaremos algumas abordagens metodológicas dos mais influentes teóricos.

CAPÍTULO 4 – POLÍTICA. Os lugares da ação política, da sociedade civil e do âmbito público são considerados em termos de suas implicações metodológicas gerais para a forma urbana. Na tarefa, começamos com uma análise geral dos métodos através dos quais o capital é extraído do espaço, um processo essencial para o projeto urbano em todas as suas formas. Examina-se, então, o mecanismo principal através do qual esse processo é realizado, o da renda (*) da terra. A seguir, revisamos a legitimação do Estado, a ideologia-chave que legitima a extração do lucro do espaço urbano, para demonstrar seu impacto no desenho das cidades. Depois discuto os métodos reais disponíveis para analisar o que chamamos de espaço público, um conceito extremamente difícil de isolar e definir.

CAPÍTULO 5 – CULTURA. Começa com uma revisão geral da conexão entre representação cultural e produção de *mercadorias*, antes de analisar sua relação com os métodos empregados para vincular esses conceitos – a promoção do gosto e do estilo em relação aos signos, símbolos e criação de marca (*branding*). Como o projeto urbano é o método predominante pelo qual os valores culturais são erguidos no espaço, dois métodos-chave são exemplificados, a saber, o monumento como *signo* e o Novo Urbanismo como *marca*. As implicações projetuais da construção monumental são analisadas em relação a uma ampla série de exemplos que reforçam seu uso como mecanismo-chave de projeto, útil tanto na construção como na desconstrução de sistemas de signos representados pelos monumentos. O segundo método, usado para ilustrar o método da transmissão cultural através da *criação de marca*, é o programa do Novo Urbanismo, como a filosofia atual predominante de projeto, adotada globalmente por milhões de escritórios e agências.

capítulo 6 – gênero. Enfoca as implicações gerais do gênero para o método no projeto urbano. Aqui Henri de Saint Simon, Charles Fourier e Robert Owen foram exemplares. Estes e outros projetos tiveram um impacto pequeno, porém significativo, nas mudanças necessárias do espaço indicadas pela igualdade de gênero, um impacto que avançou pelo século xx. A partir desse contexto, a ciência mais recente vem pesquisando a relação entre natureza e criação, questionando se existe ou não uma mente feminina e, portanto, a questão incômoda se existe ou não algo como um método especificamente feminista de investigação e projeto. De qualquer modo, uma heterologia onipresente que ilustra o conceito de diferenças de gênero no contexto urbano (portanto, com implicações no projeto) é o *flâneur* de Baudelaire. Em seus vários aspectos, o conceito é examinado como uma metodologia útil para abranger a experiência subjetiva do projeto urbano e sua importância social para diferenças de gênero.

capítulo 7 – meio ambiente. Investiga as implicações metodológicas para a relação entre a natureza e o projeto urbano. A promessa do capitalismo natural emerge como uma heterologia altamente questionável, dado o estado do capitalismo (não) natural que hoje prevalece. A seguir, discuto a abordagem de ecologia natural e certos fundamentos da relação entre densidade e forma urbana, antes de um exame detalhado do conceito dentro de três heterologias de projeto urbano, quais sejam arquitetura vertical, a cidade comestível e o Novo Urbanismo. Várias conclusões são tiradas desse capítulo, que evita debates entre suburbanização versus consolidação urbana e, em vez disso, desafia nossa maneira de pensar sobre arranha-céus, subúrbios e tipologias da forma urbana.

capítulo 8 – estética. Discute as implicações gerais da estética para a forma e para a cultura urbanas dentro do contexto da globalização e de práticas urbanas transnacionais. Os dois principais movimentos que incorporam as principais posições estéticas do século xx, contextualismo e racionalismo, são explorados a fim de revelar o que possa ser inferido para o processo, incluindo o fracasso de ambos em gerar um vocabulário estético para aplicar aos problemas do urbanismo do século xx. As implicações heterológicas emergentes dominantes do capital simbólico, regulação e temática, dão continuidade ao conteúdo teórico de foc8 como exprimindo o discurso dominante no início do século xxi.

capítulo 9 – tipologias. Começa com o conceito de globalização como a forma predominante da empresa capitalista e examina como o capitalismo, na qualidade de um sistema de práticas, afeta o espaço de maneiras diferentes dos modos de produção anteriores. A seguir, descrevemos a produção formal do espaço urbano como produto comercializável, especificamente incorporando escritórios profissionais como cúmplices desse processo. Depois, segue-se uma avaliação geral dos tipos de empreendimentos e estruturas espaciais surgidos da globalização, concluindo com os espaços do espetáculo, como um ícone da produção capitalista de *mercadorias*. O capítulo termina com a outra metade do mundo, incapaz de alcançar os benefícios da riqueza acumulada expressa no capital fixo do ambiente construído – favelas, semifavelas e superfavelas, aquelas que Franz Fanon descreve em *The Wretched of the Earth* (Os Condenados da Terra, 1963) –, a florescente massa da humanidade onde o projeto urbano adota formas e espaços inconcebíveis que desafiam todos os nossos conceitos de espaço urbano e sua formação.

CAPÍTULO 10 – PRAGMÁTICA. O capítulo conclui este estudo com uma revisão crítica das heterologias que norteiam a prática projetual no projeto ambiental e de desenho urbano, concentrando-se no século XX. Seguindo a ideia de heterologia como "pensar sobre o pensar", o manifesto representa um conceito dominante através das disciplinas do ambiente construído. Examinamos os polêmicos poderes junto com os conceitos gêmeos de protesto e resistência que o manifesto incorpora. O âmbito do desenvolvimento urbano e da mudança social vem a seguir, diretamente investigando e envolvendo o uso extenso de manifestos na arte e na arquitetura. Finalmente, expomos a influência dos manifestos no âmbito do projeto urbano, um campo não conhecido por suas qualidades polêmicas, mas, mesmo assim, substancialmente afetado pelos manifestos que se concentram no âmbito público, na ideologia e na política.

Nota de Esclarecimento das Tradutoras
Anita Di Marco (arquiteta) e Anita Natividade (jornalista)

Mais que simplesmente traduzir palavras e frases de uma língua para outra, o tradutor tem a missão de transportar ideias e culturas, de modo que o leitor da língua de chegada possa compreender o pensamento expresso na língua de partida. No entanto, muitos termos têm acepções e usos diferentes, mais complexos e abrangentes em determinada língua.

No nosso caso, em relação ao tema deste livro, a expressão *urban design*, com certeza, enseja algumas considerações. O termo *design*, por exemplo, pode ser entendido como projeto, desenho, plano, intenção entre outras acepções. Associado ao termo *urban*, pode ser entendido como projeto urbano ou como desenho urbano (de acordo com o professor e arquiteto Vicente del Rio), sendo a segunda acepção talvez mais comum entre nós, referindo-se à ação prévia de pensar no conjunto da cidade antes da inserção de uma nova edificação no ambiente urbano. No entanto, mesmo entre pesquisadores, há muitas controvérsias e questionamentos quanto ao uso de cada um desses termos, seja projeto ou desenho urbano. Mesmo sendo desenho urbano a opção talvez mais usual no Brasil, as tradutoras optaram por usar projeto urbano, ou ainda projeto de desenho urbano, quando havia a necessidade de diferenciá-lo de projeto de arquitetura, porque, em vários momentos, o autor destaca a importância desse novo campo que, "mesmo como projeto, não diz respeito apenas a arquitetos". Na Introdução, por exemplo, o autor usa o termo *urban design projects* – projetos de desenho urbano. E continua "em termos de método, este livro não se preocupa com *o que fazer* em projetos de desenho urbano, mas em *como pensar* sobre o que fazer". O Posfácio ratificou nossa decisão na frase: "reconhecimento que o projeto de arquitetura lida com objetos (edifícios), e o projeto urbano lida com espaços e lugares".

Outro termo que demandou pesquisa e opção foi *rent*, especificamente quando usado junto com *land*. Embora traduzido, em geral, também como locação, as tradutoras optaram por renda fundiária, como em "ground rent from land", de acordo com conceito expresso encontrado no trecho abaixo, cuja referência original vem do livro de Karl Marx (*Teoria da Mais-Valia: História Crítica do Pensamento Econômico*. Trad. Reginaldo Santana. São Paulo: Difel, 1983, v. 2, p. 677):

> renda é o preço pago ao dono de forças naturais ou de meros produtos da natureza pelo direito de usar aquelas forças ou de apropriar-se (pelo trabalho) daqueles produtos. Essa é na verdade a forma em que toda renda [*rente*] aparece na origem.

Como se pode inferir em qualquer trabalho que dependa de escolhas, a exemplo das decisões projetuais do arquiteto, outros tradutores poderiam ter feito outras opções. Esperamos ter justificado as nossas.

1.
Teoria/Heterologia

*Se à primeira vista uma teoria não for absurda,
então não há esperança para ela.*
ALBERT EINSTEIN

*Não me sinto obrigado a acreditar que o mesmo deus que nos dotou de
sentido, razão e intelecto pretendia que renunciássemos ao uso desses dons.*
GALILEU GALILEI

Introdução:
Intuição, Experiência e Ciência

A ideia de método permeia todas as disciplinas e todas as áreas do conhecimento. Em muitos casos, supera a ideia de teoria. Avançar e conseguir fazer as coisas é o jeito do mundo e, em geral, esse processo significa mais do que ficar tentando entender por que as coisas acontecem como acontecem. Isso vale para as disciplinas do ambiente construído, especificamente arquitetura, paisagismo, projeto urbano e planejamento urbano. Todas são realizadas sob o âmbito de organizações profissionais consagradas em seus respectivos segmentos de prática, códigos de ética, ideologias e propostas, nobres ou não. Ao longo dos milênios e à sua maneira, cada uma se desenvolveu nas instituições que vemos hoje. Com a possível exceção do planejamento urbano, elas cresceram a partir de práticas artesanais, em que o processo de criação geralmente transcendia sua explicação. O método de produção era inerente ao processo de criação da forma a partir da matéria-prima da natureza, e a reflexão sobre a teoria era, em grande parte, irrelevante.

Entretanto, isso não quer dizer que o discurso metodológico e teórico estivesse completamente ausente do esforço humano nessas disciplinas. Herdamos toda uma série de textos da história, provenientes de observação, imaginação, intuição e experiência. Começando com Marcus Vitruvius Pollio e seu tratado *De Architectura* (aproximadamente 27 a.C.), muitos outros o seguiram, incluindo luminares como Sebastiano Serlio – *Regole Generali d'Architettura* (Regras Gerais da Arquitetura, 1537); Quatremère De Quincy – *Dictionaire d'Architecture* (Dicionário de Arquitetura, 1825); Gilbert Laing Meason – *On The Landscape Architecture of the Great Painters of Italy* (A Arquitetura Paisagística dos Grandes Pintores da Itália, 1828); e Camillo Sitte – *City Planning According to Artistic Principles* (Planejamento da Cidade de Acordo Com Princípios Artísticos, 1899). Mais recentemente, o livro de Bannister Flight Fletcher, *A History of Architecture on the Comparative Method* (Uma História da Arquitetura Usando o Método Comparativo, 1897), ainda é um clássico. O trabalho deles ainda influencia práticas e estudos em projeto urbano. Apesar dessa herança, essas obras-primas eram trabalhos ecléticos, brilhantes mas desconectados de qualquer campo documentado do conhecimento. Hoje, o projeto urbano ainda carece de uma explicação em si mesmo que permita que qualquer identidade social significativa legitime ações e processos. Até o momento, e apesar dos enormes debates sobre o progresso científico, houve pouca ou nenhuma tentativa, por parte dos principais teóricos do projeto urbano em geral, de situar a disciplina dentro desse esquema geral ou mesmo de propor um debate desafiador sobre o motivo pelo qual ele *não deveria ser* situado na esfera do progresso científico, isto é, dentro das ciências naturais ou sociais.

Em suas tentativas de explicar a natureza e o mundo em que vivemos, a ciência está na linha de frente da criatividade humana há milênios. A busca lógica do conhecimento em oposição à busca intuitiva começou nos primórdios da civilização: Suméria, China, Índia e África. Aqui, originaram-se os processos da razão e da racionalidade, uma constelação de descobertas que, por fim, permitiu que Nicolau Copérnico lançasse sua teoria sobre a posição correta do homem no universo, e seu estudante, Galileu Galilei, trouxesse a prova em seu *Diálogo* de 1630. Com esses dois homens, começou, na Europa, a grande revolução científica do Iluminismo, um movimento que domina a ideia de método desde aquela época. Então, é com a ciência que devemos começar nossa investigação sobre como surgiram a forma das cidades e a utilidade do processo científico nesse episódio.

O Método da Ciência

Já acabou o tempo de juntar, à já habitual separação entre Estado e Igreja, a separação entre Estado e ciência. A ciência é apenas um dos muitos instrumentos que o homem inventou para lidar com seu entorno.

Teoria/Heterologia

Não é o único, não é infalível e tornou-se poderoso, insistente e perigoso demais para ser deixado por conta própria.

PAUL FEYERABEND

O grande objetivo da ciência é cobrir o maior número de fatos empíricos por dedução lógica a partir do menor número de hipóteses ou axiomas.

ALBERT EINSTEIN

Para a maioria dos profissionais, a ciência representa racionalidade, verdade, lógica, fato, dedução e prova (Kuhn 1962). Ela fornece informações incontestáveis sobre o mundo ao nosso redor e representa o estado atual do conhecimento demonstrável que não deve ser refutado, exceto por outros cientistas. Considera-se que a ciência tenha um mérito especial em função de sua autoridade, por exemplo, na descoberta da base genética da vida, no progresso da civilização por meio de avanços tecnológicos e na capacidade de curar uma infinidade de doenças ou melhorar a qualidade de vida, entre muitas outras realizações. Portanto, não surpreende que outorguemos à ciência esse privilégio especial, nem tampouco que, desde o Iluminismo, a enxerguemos como salvação, usando conhecimentos científicos da química, biologia, física, astronomia e uma variedade de outros ramos da consciência para resolver problemas humanos. Extrapola-se o uso do termo "ciência" em outras áreas do conhecimento, acrescentando credibilidade por associação. Em seu sentido mais amplo, temos, portanto, uma divisão entre ciências naturais e sociais, em que o *social* adota um manto que pode não refletir, de fato, a complexidade e a adequação dos métodos das ciências naturais.

O que é, então, o método científico? Ou ainda, dada a imensa extensão dos fenômenos a serem abarcados, será que tal método existe mesmo? O que separa a ciência de outras formas de explicação (por exemplo, a religião em geral e o criacionismo em particular) é geralmente considerado como a diferença entre prova e crença, ou entre racionalidade e fé. A ciência começa observando uma parte do universo e, em seguida, gera uma hipótese consistente com as observações feitas. A hipótese pode ser formada tendo por base várias proposições-chave que lhe dão sustentação. A partir daí, prognósticos ou previsões são formulados e a hipótese pode ser testada e modificada, com base em sua habilidade de explicar o que foi observado. Testar as teorias com base em evidências e formar hipóteses passou a ser conhecido como método hipotético-dedutivo, e esse método foi ensinado como ferramenta universalmente válida, aplicável às ciências naturais e em todas as escalas da empreitada, para explicar o universo (ver Figura 1.1).

Essas concepções ortodoxas da ciência foram denominadas *positivistas* ou *empíricas*, com tal quantidade de associações e práticas que seria como usar o termo "capitalista" para descrever a economia global desde o fim da Guerra Fria. Apesar do ceticismo mais recente, os positivistas sustentaram que havia tal unidade representada no método científico, que ele seria igualmente válido tanto para o estudo da natureza como para o estudo do homem. Como o homem é parte da natureza, e era dever da ciência estudar a natureza, os mesmos métodos poderiam

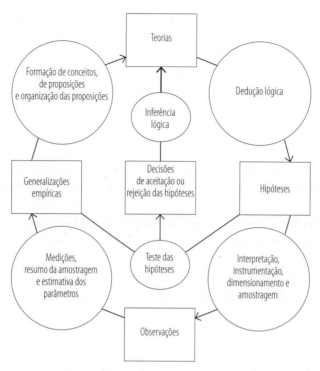

Figura 1.1 Modelo do processo científico. Fonte: J.C. Moughtin; R. Cuesta; C.A. Sarris, **Urban Design, Method and Technique**, Oxford: The Architectural Press, 2003, p. 7, Fig. 1.3.

ser aplicados em toda a gama da atividade humana, com alguma variação dependendo do assunto. O método adotado universalmente poderia, então, ser descrito como tendo seis fases principais, a depender de como for interrompido o processo:

- formulação de um problema;
- geração de proposição(ões);
- formação de hipóteses;
- teste das hipóteses (prognóstico/previsão);
- consolidação de uma teoria;
- aplicação a soluções do mundo real.

A mesma série pode ser reduzida para observação, formulação de hipóteses, previsão e experimentação, realimentando os resultados para modificar as premissas iniciais e, portanto, aperfeiçoar a teoria. Os resultados tornam-se, então, aceitos como "leis naturais" e são considerados universalmente válidos.

Paradoxalmente, enquanto para os positivistas uma qualidade vital da ciência era que ela falava a verdade passível de demonstração, a outra qualidade dizia que era passível de falseamento. Pela própria natureza do processo, esse fato deve ser transparente para todos. Sem isso, a ciência já teria descoberto tudo sobre um universo fixo e imutável. Várias regras vêm daí – que todas as teorias são apenas declarações temporárias, que as melhores são aquelas que resistem ao teste do tempo, pois são as mais difíceis de refutar, e que a "verdade" inteira é relativa. Dada essa relatividade, a importância da metafísica e da necessidade residual de exercitar a imaginação, toda ciência é limitada pelo ônus da prova. Sem isso, a ciência não pode aceitar nenhuma outra realidade. Porque é fato que a ciência tem sido muitas vezes falseada é, então, claramente discutível que as verdades científicas constituem apenas representações parciais do "mundo real".

Mesmo dentro dessa ampla visão de mundo (*Weltanschauung*), há considerável variação quanto à operação e à validade de metodologias específicas, nas quais ao menos três métodos adequados das ciências naturais podem ser usados:

1. A pesquisa científica começa com observações puras e, a partir delas, generalizações ou teorias são produzidas.

2. A pesquisa científica começa com uma teoria experimental que espera-se que explique algum fenômeno observado e, então, são feitas observações para testar se essa teoria pode ser aceita.

3. Como as irregularidades observadas são produzidas por mecanismos ocultos, é necessário construir modelos de mecanismos e, então, procurar por evidências de sua existência. (Blaikie 1993: 3)

No processo de demonstrar a verdade das afirmações, um conflito na relação entre indução ou dedução, no que tange ao raciocínio, tem sido enorme e sugere que, de fato, ambos fazem parte do mesmo processo de pesquisa. Além disso, podem ser identificadas seis posições clássicas, todas ditando mudanças na estratégia da pesquisa e/ou dos métodos usados nas análises como os descritos acima. (Blaikie 1993: 9). São eles:

positivismo	racionalismo crítico
negativismo	hermenêutica clássica
historicismo	interpretativismo

Apesar dessas variações, Blaikie afirma que, na verdade, só a posição central do positivismo permanece, sendo as outras reações a ela mais do que novas teorias. Em resposta à questão se os mesmos métodos das ciências naturais podem ser aplicados às ciências sociais, apenas o positivismo responde "sim". O negativismo responde "não". Tanto o historicismo quanto o racionalismo crítico, "sim" e "não" na mesma medida, e os últimos dois dizem "não". O interpretativismo não só diz "não" como também sustenta que as ciências naturais e as ciências sociais são atividades qualitativamente diferentes e, portanto, seus métodos exigem formas inteiramente distintas de ciência. Como se isso não fosse bastante complexo, Karl Popper observou que a *metafísica* também desempenha um papel importante na construção da teoria (Popper 1959, Simkin 1993).

Assim, um resultado da teoria recente é que, hoje, muitos estudiosos têm sérias reservas quanto ao uso da palavra *ciência* como descritor significativo da teoria/método em qualquer sentido útil: "Há pouca concordância sobre que tipos de métodos caracterizam a ciência, além do óbvio – ser sistemática, rigorosa e autocrítica –, e, nesse aspecto, a física e a química são exemplares." (Sayer 1984: 14) Além disso, e apesar de Popper alegar que a prova científica é impossível e que as teorias nunca podem ser provadas, apenas falseadas, Chalmers sugere que isso também é falso: "pode-se argumentar que o conhecimento científico não pode ser *provado* nem *revogado*, de forma conclusiva, com referência aos fatos, mesmo que se tenha acesso a esses fatos" (Chalmers 1999: 11; itálicos meus). Daí a famosa alegação de Feyerabend em relação a uma teoria fixa de racionalidade (ciência) que diz que "só há um princípio que pode ser defendido sob *todas as* circunstâncias e em todas as fases do desenvolvimento humano. É o princípio do 'vale tudo'" (Feyerabend 1975: 5). Entretanto, essa afirmação não é um apelo à total negação de responsabilidade, e a observação de Feyerabend é feita a partir da participação de uma vida inteira na filosofia e na história da prática científica (Feyerabend 1987, 1995). Nem é um chamado para que a total ignorância prevaleça; bem ao contrário, como ele demonstra em sua tese bem argumentada em *Contra o Método*, "é mais provável que o anarquismo humanitário incentive o progresso do que suas alternativas de lei e ordem" (Feyerabend 1975: 5). Outros textos similares adotaram, de tempos em tempos, o mesmo tema – *Abandoning Method* (Abandonando o Método; Phillips 1973), *Beyond Method* (Além do Método; Morgan 1983) e *After Method* (Depois do Método; Lay 2004). A pós-modernidade de Feyerabend também foi explorada em "Science as Supermarket" (Ciência Como Supermercado; Preson 1998).

Por conseguinte, pelo menos nos últimos cinquenta anos e, talvez, desde David Hume, as discussões sobre se haveria ou não uma ou muitas ciências têm se intensificado (Giddens 1974; Hacking 1983). No entanto, as ciências sociais tinham ampla aceitação e transformaram-se na terminologia comum. Todavia, o problema não para aí. Dentro disso, tem-se, por exemplo, a ciência econômica e a ciência política e, dentro desta última, descrições do materialismo histórico como uma ciência. Essa linha de raciocínio vai mais fundo, no marxismo, por exemplo, como um ramo do materialismo histórico, no qual o pensamento de Marx não é simplesmente restrito à filosofia política, mas também é visto por alguns (inclusive por ele mesmo) como uma ciência (Althusser 1965; Althusser e Balibar 1970). Nesse caso, há claramente um argumento a favor dessa ideia, já que *materialismo* abrange a matéria de forma implícita. O que constitui a *matéria* é um ponto focal da ciência e do marxismo desde suas concepções, e é indiscutível a dimensão histórica da ciência como agente causal no desenvolvimento social. Então, o desenvolvimento da ciência e da sociedade, como o materialismo científico lida com a forma como a realidade, foi definida de acordo com crenças científicas, inclusive sociais. O marxismo foca na ciência de duas maneiras: primeiro, em termos de uma reivindicação quanto ao processo real de análise, particularmente na esfera econômica, e, segundo, em termos de um tópico de pesquisa e investigação: "Para Marx, a prática social é uma condição, mas não o *objeto* das ciências naturais, visto que ela é, tanto do ponto de vista ontológico quanto do epistemológico, parte constituinte da esfera social." (Hacking 1983: 325). Embora compartilhando os problemas filosóficos que envolvem a matéria e a relação entre história e ciência, bem como a situação específica da ciência como parte da superestrutura ou da base econômica, parece que há certo acordo geral de que os métodos das ciências naturais e sociais devam tomar caminhos diferentes. Uma vez que o projeto urbano é o objeto de nossa investigação, com o foco na sociedade civil e no espaço urbano, devemos olhar para o avanço, um tanto recente, das ciências naturais dentro da ciência e da epistemologia do social.

O Método das Ciências Sociais

Os debates acima sugerem que a melhor visão sobre a ciência que podemos adotar é aquela que é um *continuum* a partir da "pura ciência" e do positivismo, por um lado, por meio de toda uma gama de possibilidades, até, por outro, alguns dos mais elaborados métodos de pesquisa nas ciências sociais. Essa divergência é bem ilustrada na Tabela 1.1, que mostra a diferença de abordagem entre metodologias realistas e construtivistas. No entanto, uma diferença aparente entre as duas é a extensão com que os métodos de pesquisa quantitativa, que caracterizam as ciências naturais, abrem espaço para abordagens mais qualitativas nas ciências sociais, apesar de muitos cientistas sociais insistirem na ampla quantificação dos "dados" para provar seu argumento.

Embora seja muito claro que o estudo da sociedade, em toda sua riqueza e objetividade, nunca pode ser significativamente reduzido ao simples ticar de um quadradinho em formulários de pesquisa, a redução do mundo a números ainda garante um ar de legitimidade para muitos estudiosos. No entanto, uma vez que se comece a olhar como a sociedade é construída, a natureza subjetiva das relações humanas requer uma ponderação completamente diferente (Millet 2004; Hay 2005). Por exemplo, a diferença entre aquilo que constitui o "econômico" e o que constitui o "político" é a razão de ser da economia política, que parte do pressuposto de que toda decisão econômica é simultaneamente política, já que não há decisão econômica que não afete politicamente e de imediato a vida das pessoas reais. Essas distinções também se aplicam a outros conceitos como o que constitui a classe social, o urbano etc.

Portanto, não há uma linha rígida entre as ciências naturais e as sociais, no que diz respeito ao método. Enquanto a teoria crítica, o realismo e a teoria de estruturação afirmam um tipo de conexão metodológica entre as duas, a hermenêutica e o feminismo rejeitam qualquer influência significativa. Dessas cinco metodologias, Blaikie (1993) observa que a passagem do natural para o social é facilitada em cada caso pela hermenêutica clássica, um campo que evoluiu para a hermenêutica contemporânea

Tabela 1.1.
Escolhas entre questões metodológicos: realismo e construtivismo

QUESTÕES	POSIÇÕES ALTERNATIVAS	
Natureza da realidade	Realista Simples	Construtivista Múltipla
Ponto inicial	Teoria Linguagem técnica Exterior	Observação Linguagem leiga Interior
Papel da linguagem	Correspondência 1:1 com a realidade	Constituição de atividade social
Relatos de leigos	Irrelevantes Corrigíveis Trans-situacionais	Fundamentais Autênticos Situacionais
Relatos das ciências sociais	Generalizáveis nos contextos sociais	Específicos no tempo e no espaço
Pesquisador	Sujeito-a-objeto Distante Especialista externo	Sujeito-a-sujeito Envolvido Parceiro Reflexivo
Objetividade	Absoluta Estática	Relativa Dinâmica
Teoria da verdade	Correspondência Política	Consenso Pragmática
Objetivo da pesquisa	Explicar Avaliar	Compreender Mudar

Fonte: N. Blaikie, **Approaches to Social Enquiry**, Cambridge: Polity Press, 1993.

e que atualmente ocupa um lugar especial na pesquisa urbana. A diferença básica é que "O interesse técnico humano usa métodos empírico-analíticos do positivismo para gerar o conhecimento instrumental das ciências naturais, enquanto o interesse prático humano usa o método hermenêutico para gerar conhecimento prático" (Demeterio 2001: 56). Como uma teoria da sociedade e como abordagem metodológica das ciências sociais, a hermenêutica não é o mais fácil dos assuntos, como evidenciado nos escritos de algumas de suas mais importantes figuras (Heidegger 1952; Ricoeur 1981; Thompson 1981; Bubner 1988; Gadamer 1989; Kogler, 1996). Ademais, a hermenêutica abrange tanto a fenomenologia quanto o interpretativismo, e todos dizem respeito à ideia de *textos* e de sua interpretação dentro de um particular meio cultural e consciência. Sem dúvida, o principal teórico no campo da hermenêutica fenomenológica é Paul Ricoeur, que dividiu com Jürgen Habermas (e Feyerabend) a ideia de que a ciência seria apenas uma narrativa de autolegitimação entre muitas, e, como tal, tinha de estar adequadamente situada e desconstruída a fim de revelar suas verdades (ver também FOC3: 69-72).

Segundo o *The New Oxford Dictionary of English* (Novo Dicionário de Inglês Oxford), o termo "hermenêutica" é definido como "relativo à interpretação, especialmente das Escrituras e dos textos literários". Portanto, o termo está intimamente vinculado à análise de textos, documentos que exploram as ideologias, experiências e eventos que constituem o depósito da história humana. Da mesma forma, interpretações hermenêuticas de textos também estão intimamente relacionadas a interpretações análogas da forma e da estrutura urbanas. O ambiente construído pode ser percebido como um "texto" que pode ser lido e acessado por meio de desconstrução, interpretação e revelação do significado. Enquanto a hermenêutica pode remontar a Hegel (que Marx amava tanto quanto desprezava Adam Smith) e mais tarde a Schleiermacher e Gadamer, o trampolim para a hermenêutica contemporânea tem origem em Jürgen Habermas, uma das forças mais significativas na Escola de Pesquisa Social de Frankfurt (veja o próximo capítulo e FOC3 56-58). Surgida em meados dos anos 1920, logo após o nascimento de Habermas, a instituição era, sem dúvida, a mais importante escola do gênero no século XX, assim como a Bauhaus o era para as artes e para a arquitetura. Contribuiu com duas importantes figuras que tiveram influência significativa nos estudos urbanos, a saber, Walter Benjamin e Theodor Adorno. Os trabalhos mais influentes de Habermas foram, sem dúvida, *Towards a Rational Society* (Mudança Estrutural da Esfera Pública, 1971) e *Knowledge and Human Interests* (Conhecimento e Interesse, 1972). A versão clássica da hermenêutica, baseada no trabalho de Schleiermacher, tentou estabelecer objetividade e uma compreensão comum dos processos sociais, enquanto a hermenêutica contemporânea derivada de Heidegger sustentava que tal objetividade era impossível, uma vez que todas as formas de interpretação estavam trancadas na história e na cultura. Ele considerou que textos constituíam discursos, cujo meio tomou uma forma escrita, e estavam ligados a conceitos de linguagem, significado, desconstrução e escrita. Como tal, a pesquisa hermenêutica tinha apenas uma tênue conexão histórica com as ciências naturais e a racionalidade.

Em grande parte, isso também é verdade para o feminismo, mas por diferentes razões, pelo simples fato de que, em primeira instância, tal diferença não se origina na *racionalidade*, mas no *gênero*. As quatro abordagens remanescentes à metodologia – teoria crítica (Habermas), realismo (Bhaskar), teoria da estruturação (Giddens) e hermenêutica contemporânea (Gadamer), todas emergem, *a priori*, das ciências naturais. Como tal, a teoria feminista é um radical afastamento do *continuum* teórico das ofertas androcêntricas, e tenho consciência de que, até agora, não consegui mencionar uma única colaboradora feminina do desenvolvimento das ciências sociais, cujas visões tenham o mesmo efeito numa prática científica dominada por homens. Inevitavelmente, a posição feminista é que a visão androcêntrica do mundo distorceu toda a experiência humana por causa de sua rejeição histórica da diferença de gênero, de qualquer maneira significativa para as ciências naturais ou sociais. Por exemplo, no excelente texto realista de Andrew Sayer sobre *Method in Social Science* (Método nas Ciências Sociais), o feminismo só é mencionado uma vez e em uma única linha que diz, "o marxismo está aprendendo com a teoria feminista" (Sayer 1984: 72). Isso foi há cerca de 25 anos. Mais recentemente, parece que não houve muita mudança. Por exemplo, no livro *Social Theory and Social Change* (Teoria Social e Mudança Social; Noble 2000), o feminismo simplesmente não aparece.

Essa omissão se deve, ao menos em parte, à ideia de que o feminismo constitui uma perspectiva, não uma *teoria* das ciências sociais. No livro *The Form of Cities* (foc6: 127), discuti longamente a posição feminista em termos de seu relacionamento com a teoria. Embora muitas metodologias se enquadrem em sua crítica e possam exigir uma adaptação mais séria, o feminismo permanece como aquilo que foi denominado "um paradigma de perspectiva" e não um paradigma propriamente dito (Fulbrook 2002: 40). No contexto da história feminista, por exemplo, ela afirma:

> Se olharmos um momento para a "história feminista", encontraremos uma infinidade de abordagens históricas diferentes: feministas marxistas, feministas psicanalistas que atuam na tradição lacaniana pós-estruturalista, feministas liberais etc. Todas poderiam estar se concentrando naquilo que, para um observador mundano externo, pode ser o "mesmo" tema: mulheres. Mas elas constroem esse tema de maneira muito diferente em termos de seus conceitos teóricos de gênero. (Fulbrook 2002: 4)

Portanto, o feminismo é definido mais pelas teorias que as feministas adotam e pelos métodos específicos que usam na análise, ainda que esses possam não diferir radicalmente daqueles usados por homens. O feminismo também é pego na armadilha de gênero, devido à instabilidade dos termos usados, por exemplo, *homens e mulheres*, e à identificação de indivíduos com esses papéis e como eles são representados na sociedade. A teoria feminista está inextricavelmente ligada à questão do gênero, e o problema de separar *mulheres* como categoria independente dos papéis e das definições de gênero é inevitável. Os principais ícones feministas apoiaram várias posições metodológicas diferentes: Simone de Beauvoir (1972) promoveu o feminismo marxista francês, no qual a opressão das mulheres era claramente vista como consequência do capitalismo patriarcal. Em outras palavras, a subserviência das mulheres poderia ser mais bem analisada por meio de seu papel não remunerado no modo de produção doméstico, todo um setor econômico que não é reconhecido, dentro da economia de mercado como parte do capital. Kate Millett vê as mulheres como uma classe social separada e, portanto, as políticas sexuais têm um papel central na sua análise da subordinação das mulheres (Millett 1971). Laura Mulvey está interessada em como o patriarcado sensualiza e estereotipa tanto homens como mulheres: "O objetivo de Mulvey é conscientemente político, buscando desconstruir as condições patriarcais fundamentais do *falocentrismo*... A análise de Mulvey tenta demonstrar como a ubiquidade e a centralização do olhar masculino sobre a forma feminina é decorrência de processos psicológicos significativos e, portanto, culturais." (Lewis 2002: 194; Mulvey 1996, 2006) Cada uma dessas posições constitui uma heterologia com implicações sobre como a liberação feminina deve ser alcançada e assumida no espaço social, e mesmo exemplos mais figurados do projeto feminista podem ser diferenciados, como o feminismo contraditório e socialista, feminismo pós-colonial, feminismo para uma plateia pós-moderna e pós-modernismo festivo (Lewis 2002: 212).

Assim, fica claro que, quando nos afastamos das ciências naturais em direção às ciências sociais, a mudança não é simplesmente a de método baseado na "natureza" do problema; no caso de questões de gênero e do feminismo, é também uma profunda mudança política (ideológica). Vistos em conjunto, tanto o feminismo quanto a ecologia nos dão ótimos exemplos dos problemas altamente complexos em torno da volátil combinação de ideologia com método protocientífico nas ciências sociais. São profundas as implicações de cada "pensar sobre o pensar" a respeito do ambiente construído, e a questão espacial no centro de nossas preocupações acrescenta toda outra dimensão ao problema do método: do que trata o espaço, um objeto central do projeto urbano.

A Ciência e o Urbano

Como vimos, a ciência ainda é "dividida por classes" em natural e social, no entanto, a ciência social também pode ser dividida em dois setores principais de interesse das profissões ambientais, a ciência social espacial e a aespacial. Em grande parte, essa divisão constitui uma evolução na história da sociologia, pois os grandes mestres da disciplina, como Marx, Durkheim, Weber e Simmel, não estavam preocupados com o espaço. De fato, eles abstraíram o social de sua forma, optando por estudar processos sociais enquanto negligenciavam qualquer relação direta com a forma da cidade, sem falar na organização e configuração de seus espaços. Mas, como Andrew Sayer observa:

> Os processos sociais não acontecem pontualmente, objetos têm extensão espacial e dois ou mais não podem ocupar o mesmo lugar ao mesmo tempo... Então, ainda que estudos concretos não estejam interessados na forma espacial em si, ela deve ser levada em consideração se o objetivo for entender as contingências do concreto e as diferenças que elas causam nos resultados... Ademais, a ciência social lida com sistemas cuja forma pode ser deliberadamente organizada para manipular e tirar vantagem dos mecanismos causais que a constituem, seja aqueles das novas cidades ou dos sistemas de comunicação. (Sayer 1984: 134-135)

A única preocupação que distingue as várias disciplinas ligadas ao ambiente construído, cujo foco central é o espaço, é o termo "urbano". Para a maior parte dos acadêmicos e profissionais atuantes, essa é uma palavra que não tem outro significado que aquele relacionado às cidades, e o termo é empregado de formas variadas para distinguir planejamento *urbano* de planejamento; projeto urbano de projeto e geografia urbana de geografia. A maioria dos urbanistas não está familiarizada com o texto clássico de Louis Wirth, "Urbanism as a Way of Life" (Urbanismo Como

Estilo de Vida, 1938a, 1938b), no qual o uso do termo "urbano" estava entre as primeiras tentativas de extrair da experiência humana o significado da palavra. O texto de Herbert Gans, "Urbanism and Suburbanism as Ways of Life" (Urbanismo e Suburbanismo Como Modos de Vida), provavelmente é mais conhecido (Gans 2005 [orig. 1962]). O texto de Castells, *A Questão Urbana*, retira muito de sua inspiração e precedência intelectual de Louis Althusser. O subtítulo da obra é *A Marxist Approach* (Um Enfoque Marxista), embora na introdução Castells observe que "essa preferência (ou empreitada) teórica traz problemas particularmente difíceis para a análise urbana. Pois aqui, a tradição marxista praticamente não existe e o desenvolvimento da teoria deve estar vinculada ao reconhecimento histórico dos novos problemas colocados pela experiência cotidiana" (Castells 1977: vii).

Mesmo assim, o método adotado por ele, desde o início, reflete uma imersão no estruturalismo marxista e seus temas da luta de classes, ideologia, opressão, política, desenvolvimento do capital e outras questões.

O método de aplicar os processos do materialismo histórico e da economia política aos problemas espaciais das cidades e da sociedade surgiu lentamente durante os anos de 1960 e foi inflamado pelos protestos de Paris de maio de 1968. Essa divisão entre ciências sociais espaciais e aespaciais foi mais tarde elaborada pelo acréscimo da palavra *urbana* à sociologia. A distinção foi primeiro adotada por vários teóricos, incluindo François Lamarche, Jean Lojkine, Manuel Castells e outros. Porém, sem dúvida, foi Castells, em seu texto seminal *La Question urbaine*, publicado primeiro em francês, em 1972, que condensou todas essas questões em um único trabalho, questionou o termo "urbano" pela primeira vez e efetivou a sociologia urbana como um ramo nascente da ciência social (Saunders 1976; Gottdiener 1995; Hashimoto 2002). Naquela época, as questões básicas eram: que tipo de ciência é essa? O que requer da teoria? Quais os seus objetos de estudo? O que constitui uma adequada análise urbana? O que realmente significa urbano? Castells formula o problema do método científico como descreve em Pickvance (1976):

> A Sociologia Urbana tem um objeto de estudo real?
> Se sim, esse objeto teórico é "urbano"?
> Se não, a sociologia urbana tem, contudo, um objeto real que poderia ser descrito como urbano?

Mais tarde, Pickvance observa que o método de Castells é examinar a questão da relação entre ciência e sociologia urbana, perguntando:

> A sociologia urbana teve um objeto teórico no passado?
> Poderia ter um objeto teórico urbano no futuro?
> A sociologia urbana tem um objeto urbano real?
> Se ela não tem objetos teóricos urbanos nem objetos urbanos reais, os objetos teóricos (não urbanos) e reais que ela tentou entender podem ser recuperados e constituírem a base da sociologia urbana científica? (Pickvance 1976: 4)

Em seu artigo "Is There an Urban Sociology?" (Existe uma Sociologia Urbana?), Castells afirma que a sociologia urbana não tem objeto teórico (Castells 1976). O termo "urbanismo", que constitui a base teórica da disciplina, não é uma definição teórica; pelo contrário, é um tipo sociocultural, e ele observa que isso também é verdade para o artigo de Wirth, já mencionado. Com isso, ele chega à conclusão de que a sociologia urbana não tem um objeto real específico. Sustenta que, por um lado, isso se deve ao *status* de guarda-chuva do termo "urbano" e, por outro lado, pela diminuição de sua importância quando em contraste com o termo "rural". Rural e urbano estão integrados dentro das relações produtivas do capitalismo moderno, e não há nenhuma diferença significativa que separe um do outro. Apesar disso, Castells observa que a sociologia *urbana* tende a enfrentar dois tipos de problema, a saber, a *relação com o espaço* e o que ele chama de *processo de consumo coletivo* (Castells 1976: 74).

A estratégia de Castells foi reverter o destaque habitual dado às forças produtivas e, ao contrário, reorientar o seu método de análise econômica da produção ao consumo. Contrastando com a prática de planejamento, que lida com o solo como uma matriz bidimensional sobre a qual podem ser dispostas as categorias formais de uso do solo (sem conteúdo), o método de Castells era integrar as funções econômicas, sociais e espaciais dentro de uma única economia política do espaço (FOC9: 226-229). Dessa forma, ele designou o *urbano* como o *locus* do consumo coletivo, o espaço da vida cotidiana onde as pessoas moravam, criavam seus filhos, relaxavam, festejavam e reproduziam a espécie. Essa função foi subdividida em reprodução simples – a saber, moradia e atividades mais correlatas – e a reprodução estendida – itens como instalações educacionais, parques e jardins, hospitais etc. O ponto crítico era que as atividades do urbano eram locais, do lugar, com pouca mobilidade e ancoradas na reprodução social e na família. O que as feministas agora chamam de modo doméstico de produção é mais ou menos equivalente à definição do urbano dada por Castells. Uma vez que Castells não reconhecia o termo "rural" como significando algo em particular, por definição, todas as outras funções econômicas tornaram-se não urbanas, atividades de mercado. Como o projeto urbano diz respeito, em primeiro lugar, ao âmbito público, sua tarefa principal na terminologia de Castells seria fazer as conexões necessárias entre as funções urbanas, por um lado, e as não urbanas, por outro. Sua outra tarefa, que acredito ter importância similar, é a construção de formas simbólicas, e aqui eu me refiro à definição que Castells faz de mudança social, planejamento urbano e projeto urbano, adotadas em FOC1: 17. No espírito deste trabalho, é claramente impossível separar o projeto urbano de suas funções sociais, as quais estão interligadas a outros processos, particularmente aos de planejamento urbano. Como já discuti, virtualmente todas as definições de projeto urbano hoje são tautológicas e não levam a lugar nenhum. As afirmações de Castells destacam-se como uma tentativa singular de integrar funções que escolhi como ponto de partida para os volumes 2 e 3 desta trilogia: "Chamamos mudança social urbana a redefinição do significado de urbano. Chamamos planejamento urbano a adaptação negociada das funções urbanas a um significado urbano compartilhado. Chamamos *projeto urbano* a tentativa simbólica de expressar um significado urbano aceito em certas formas urbanas." (Castells 1983: 303–304, grifo meu)

Castells alegou que os atributos espaciais de cada um deles eram particularmente importantes. A grande distinção entre as funções urbanas e as não urbanas era fundamental. Enquanto as funções urbanas eram ligadas a um lugar, as não urbanas ocorriam no espaço e no tempo. As indústrias tinham mobilidade global, e suas atividades poderiam se espalhar por dezenas de países, como é o caso, por exemplo, da indústria automobilística. Depois, isso erodiu o conceito de *rural*, já que as funções urbanas claramente aconteciam ali e, então, o *rural* tornou-se o principal *locus* da indústria – mineração, silvicultura, agricultura, geração de energia etc. Além disso, tais indústrias podiam ser desconstruídas e remontadas com mudanças das condições econômicas, mercado de trabalho etc., portanto, as definições tradicionais de urbano e rural ficaram vulneráveis, expostas pela total ausência de rigor analítico.

Acrescente-se a isso outra importante distinção metodológica que se refere à gestão do sistema urbano. Dada a perspectiva global que tinha o planejamento urbano como agente público para a regulação da oferta de terras e fornecimento de itens de consumo coletivo, e que isso era feito no interesse do capital, de fato a profissão de planejamento urbano se voltou para servir aos interesses do grande capital. Portanto, não poderia verdadeiramente representar o povo. Os interesses coletivos só poderiam se constituir naquilo que Castells denominou *movimentos sociais urbanos*, a reunião espontânea de populações para protestar contra aquilo que percebiam como indevido – ruídos de aeroporto, destruição do ambiente natural, poluição etc. Tudo isso exigia que as profissões ligadas ao meio ambiente repensassem seu papel social, em que seu trabalho realmente consistia e no papel da justiça social na construção da cidade. Os urbanistas não podiam ficar de fora desse ataque e fingir, como os planejadores no tempo de McLoughlin, que, no esquema geral das coisas, seu papel era neutro em termos de valor; hoje, essa posição é praticamente a mesma. Castells, então, enuncia o método de análise sociológica da produção do espaço e o ímpeto do planejamento urbano em direção à sociologia (que ele define como "uma forma de prática política de classe" [Castells 1976: 277]). De grande importância aqui para a ideia de projeto urbano, e por associação ao planejamento urbano, é a necessidade de ver formas e espaços *não* como um exercício de geometria, perspectiva e estética euclidianas, como definido pelos profissionais atuantes, mas levando em consideração que:

> As transformações do espaço devem ser analisadas como especificações das transformações na estrutura social. Em outras palavras, é preciso ver como, em relação à unidade espacial considerada, definida em termos das exigências da pesquisa, os processos sociais fundamentais que formam as estruturas sociais são espacialmente articulados e especificados. (Castells 1976: 31)

Essa articulação não só gera espaços e lugares funcionalmente diferentes para o novo; ela ao mesmo tempo reorienta o sistema de significados inerentes ao velho e os transforma para novos propósitos materiais e simbólicos. Tal transformação constitui um ponto fraco no método de Castells, embora ele seja muito consciente do simbólico urbano, das estruturas de significado, da semiótica e dos valores. Aquilo a que ele se refere mais tarde como *o simbólico urbano* não é bem trabalhado em sua totalidade, em uma frase que cobre toda a estrutura simbólica da forma e do espaço urbano. No entanto, sua contribuição foi imensa e coube a outros, incentivados pela sua obra, a possibilidade de abordar essa questão.

A intensidade das discussões começou a esfriar dez anos mais tarde, a partir de 1985, quando uma segunda crítica castradora da sociologia urbana começou a se formar em torno de um retorno a considerações de processos econômicos básicos (produção, consumo, administração e troca), bem como a conceitos de poder, designação de conflito social e necessidade de estudos interdisciplinares e comparativos (McKeown 1987; Milicevic 2001; Perry e Harding 2002). No entanto, metodologicamente, a nova sociologia urbana continuou, por exemplo, na procura de Castells por movimentos sociais urbanos no livro *The City and the Grassroots* (1983), enquanto a tendência às análises e as metodologias pós-modernas se tornaram mais difundidas. Milicevic sugere que o período pós-1985 também foi caracterizado pelo fato de muitos dos protagonistas do movimento terem que definir seu radicalismo, como a extensão de sua simpatia pela esquerda ou a filiação a grupos políticos como o Trabalhista (Harloe, Pickvance e Paris) ou comunista (Lojkine e Preteceille). Milicevic também sugere que Harvey e Castells abandonaram a abordagem marxista. Ainda que a posição de Castells definitivamente tenha se distanciado do paradigma estritamente marxista, David Harvey manteve essa dedicação a Marx até o presente, e sua perspectiva materialista permanece bem palpável (Harvey 2003, 2007). Harvey se dedicou ao materialismo histórico mesmo em seu trabalho mais "pós-moderno", *The Condition of Posmodernity* (A Condição da Pós-Modernidade; Harvey 1989), que teve impacto significativo nos membros das profissões ligadas ao ambiente que eram mais conscientes da profundidade da pós-modernidade do que de sua contribuição fantasiosa às formas arquitetônicas. Mais recentemente, Castells fez avanços numa nova perspectiva teórica para a sociologia urbana (Castells 2000).

Heterologias do Projeto Urbano

Neste capítulo, examinamos três fontes heterológicas que são, coletivamente, responsáveis por uma grande parcela do conhecimento humano, a saber, as ciências naturais, as ciências sociais, as observações e as insinuações científicas da sociologia urbana. Todavia, tal conhecimento é parcial, simplesmente porque não abrange ou mesmo reconhece as formas mais enigmáticas de aprendizagem que não são baseadas em provas, como o misticismo, a religião, o vodu, os mitos e a magia. Mostra ainda uma distinta parcialidade, porque as fontes anteriores foram simpáticas à ideia da ciência como padrão de racionalidade, em que a noção de hipótese e método tem validade. Entretanto, temos de nos lembrar do *imprimatur* "que não há conhecimento fora da ciência – *extra scientiam nulla salus* – que não é nada mais do que um conveniente conto de fadas" (Feyerabend 1975: 113).

Como sabemos, o desenho urbano é uma prática social realizada há milênios, pelo menos desde a construção das grandes pirâmides de Gizé, no Egito, há 5000 anos. Os antigos egípcios acreditavam que dar nome a algo trazia esse algo à vida, e o projeto urbano só se tornou uma disciplina reconhecida através do processo de denominação durante o século xx (Cuthbert 2007: 180-181). No entanto, diferentemente da arquitetura, do planejamento, do paisagismo, da engenharia e de outros campos como a medicina e o direito, não foi reconhecido como uma profissão. Uma das razões pode ter sido a dificuldade em dizer exatamente o que era, além de grande *arquitetura de grife*, e poucas tentativas foram feitas nesse sentido. Parece mais fácil viver com a confusão do que resolver o problema que, aliás, permanece até hoje. Quando tentamos decompor o nome *projeto urbano*, percebemos que o termo "urbano" não tem significado atrelado a ele que seja remotamente útil e, em combinação com projeto (*design*), resulta em uma frase que pode ser usada para qualquer propósito, desde que tenha alguma conexão com urbanização, ainda que mínima.

O fato de o projeto urbano ser reconhecido ou não como uma profissão, um campo ou uma disciplina definível não impediu conexões diretas com a ciência nos três aspectos observados acima. Ao expandir essas epistemologias anteriores, é possível sugerir que as ciências naturais tenham oferecido funcionalidade em termos de processo, métodos quantitativos e neutralidade política. As ciências sociais ofereceram legitimidade, em termos de conteúdo e métodos de pesquisa qualitativa, e a sociologia urbana ofereceu-se para juntar as duas em uma região definida de estudo anteriormente inexistente. Além disso, combinar o projeto de desenho urbano com arquitetura e planejamento, em função de sua sobreposição próxima e estável com essas disciplinas, será inevitável nesse contexto. Se começarmos com o processo científico racional, pode-se imediatamente identificar conexões significativas. Já em 1953, mesmo antes dessa abordagem ter atingido a comunidade do planejamento, Karl Popper, em *The Poverty of Historicism* (A Pobreza do Historicismo), já previra alguns dos problemas com os quais os planejadores teriam de lidar, bem antes de um estreito e distorcido funcionalismo aparecer em 1969:

> Mas a dificuldade de combinar um planejamento holístico com métodos científicos é ainda mais fundamental do que indicado até agora. O planejador holístico negligencia o fato de que é fácil centralizar poder, mas é impossível centralizar todo o conhecimento distribuído em muitas mentes individuais, cuja centralização seria necessária para um uso judicioso do poder centralizado. Porém, esse fato tem amplas consequências. Incapaz de determinar o que está na mente de tantos indivíduos, ele deve tentar simplificar seus problemas eliminando diferenças individuais; deve tentar controlar e estereotipar interesses e crenças por meio da educação e da propaganda.

> No entanto, essa tentativa de exercer poder sobre as mentes deve destruir a última possibilidade de descobrir o que as pessoas realmente pensam, já que isso é claramente incompatível com a livre expressão do pensamento, sobretudo o pensamento crítico. (Popper 1957: 89-90)

Da afirmação de Popper, pode-se prever que, longe de estar envolvido em uma atividade neutra regida por leis e por práticas universais, a ciência está inextricavelmente ligada a outras estruturas e a ideologias sociais não quantificáveis, como a política, o conhecimento, a liberdade, as crenças, a propaganda e o pensamento crítico. Já se conjecturou que uma abordagem científica às metodologias em planejamento e nas disciplinas ambientais teve alguns problemas conexos. As disciplinas ambientais, entretanto, estavam em um caminho um pouco diferente, e o uso da teoria geral dos sistemas difundiu-se nos anos de 1970 e 1980, especificamente por meio da profissão de planejamento urbano. Como toda a epistemologia do planejamento e do esforço científico está ligada ao conceito de prognóstico, ela se ajustou admiravelmente ao planejamento para adaptar o método científico ao seu próprio uso na projeção de estados futuros, antecipando avanços e avaliando suas possíveis consequências. Era óbvio que, em algum momento, planejamento e ciência teriam que se cruzar, o que ocorreu em 1970, quando Brian McLoughlin escreveu seu clássico *Urban and Regional Planning: A Systems Approach* (Planejamento Urbano e Regional: Uma Abordagem de Sistemas). A teoria sistêmica, originada com o cientista Ludwig von Bertalanffy, logo se tornou o santo graal do planejamento urbano, já que sua relação com a ciência agora parecia assegurada: "De imediato, vemos que o problema da previsão, do prognóstico, está intimamente ligado com o método científico em geral e com a construção da teoria em particular. Pois dificilmente é possível fazer previsões na ausência de alguma ideia geral sobre os fenômenos em questão." (McLoughlin 1970: 167)

A base para essa visão de heterologia do planejamento foi, sem dúvida, a construção de banco de dados, que ele identifica como a parte mais crítica do processo de planejamento. A segunda era a construção de modelos ou simulações de características específicas de cidades e regiões. Com essas duas ferramentas, parecia garantido o *insight* científico no processo de causa e efeito. Na falta dessas características centrais, toda a estrutura de planejamento iria fraquejar, já que um prognóstico errado poderia implicar um desastre nas mais variadas formas. A ciência também ofereceu certeza bem como um processo politicamente neutro, já que a ciência e a política eram vistas como regiões completamente separadas da ação humana. O santo graal estava à vista. Os planejadores poderiam eliminar sua própria parcialidade, já que a racionalidade do modelo permitiria que transformassem opinião (subjetividade) em quantificação (objetividade). A racionalidade iria prevalecer. As decisões podiam ser feitas sem preconceito ou favorecimento. Pelo menos, o modelo democrático de mudança poderia ser apresentado ao processo de planejamento, que iria se livrar da subjetividade caótica de eras anteriores, à qual McLoughlin se referiu como "regulação controlada por erro" (ver Figura 1.2). Aí ocorreu o erro fatal, algo que

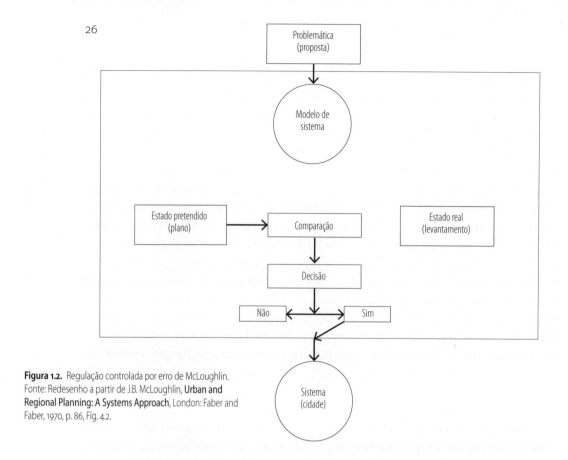

Figura 1.2. Regulação controlada por erro de McLoughlin. Fonte: Redesenho a partir de J.B. McLoughlin, **Urban and Regional Planning: A Systems Approach**, London: Faber and Faber, 1970, p. 86, Fig. 4.2.

McLoughlin tentou corrigir pelo resto de sua carreira profissional. Seis anos mais tarde, em 1976, Andrew Sayer iria revelar a falibilidade da abordagem sistêmica em seu artigo "A Critique of Urban Modelling" (Uma Crítica da Criação de Modelo Urbano), seguido de perto por Scott e Roweis (1977), que fizeram uma crítica fulminante da ideologia convencional de planejamento em "Urban Planning in Theory and Practice: A Reappraisal" (Planejamento Urbano na Teoria e na Prática: Uma Reavaliação). Logo depois, sugeriu-se uma definição mais realista de planejamento urbano, não como algum processo quase científico que oferecesse infalibilidade aos planejadores ao abnegarem de sua subjetividade, mas como "a mediação profissional da política territorial" – sem criação de modelos (Roweis 1983: 139).

Então, pelo menos desde 1970, a ideia da racionalidade vem impulsionando a orientação da prática do planejamento urbano e, como o funcionalismo na arquitetura, permanece conosco até hoje, ainda que em fragmentos, muitos anos depois do fim de sua utilidade (Baum 1996). Nesse período, sustentando a abordagem sistêmica, uma ciência racional abrangente também gerou o *modelo racional abrangente* para o planejamento, um modelo que formou a base do projeto e planejamento urbano nos últimos cinquenta anos (Chapin e Kaiser 1979). O modelo tem sido uma das principais âncoras de qualquer crítica à teoria do planejamento até o presente momento, para que os planejadores possam aprender com seus erros (Saarikoski 2002; Stein e Harper 2003). Até 1984, ainda havia declarações de apoio ao modelo racional abrangente, o qual, "embora amplamente atacado nos círculos acadêmicos, ainda permanece a única metodologia substantiva de resolução de problemas com a qual se pode contar" (Blanco 1984: 91). Para ser justo, o modelo já foi alvo de críticas importantes diante de outras abordagens emergentes de planejamento (Dalton 1986). Entretanto, dez anos depois, o enfoque do modelo iniciado por McLoughlin e amplamente criticado em Sayer (1976), ainda era promovido ao novo milênio (Knaap et al. 1998; Guhathakura 1999). Outro comentário sobre o modelo racional abrangente tem várias origens, demonstrando até que ponto o conceito de racionalidade científica prevaleceu sobre uma ampla gama de disciplinas, por exemplo, ecologia política (Harrill 1999), prática de planejamento (Saarikoski 2002) e planejamento participativo (Alexander 2000; Huxley 2000).

Outras formas de teoria e metodologia de planejamento são expostas em Mandelbaum et al. (1996). Além disso, Dalton (1986), Baum (1996) e Alexander (2000) forneceram, individualmente, visões gerais significativas dessa persistência da racionalidade, que teve impacto no projeto urbano, tanto pela associação quanto pela aplicação. A aplicação direta da racionalidade, criação de modelos e pensamento sistêmico prevaleceu, igualmente, no gerenciamento e no projeto de desenho urbano. Recentemente, foram publicados dois livros sobre o problema do método no projeto urbano (Roberts e Greed 2001; Moughtin et al. 2003). Isso também reforça que um deles foi executado por mulheres, que precisam reivindicar uma participação bem maior no processo do projeto urbano. Apesar de valiosa contribuição para o setor, por cobrirem ampla gama de informações para estudantes, os dois livros têm dois defeitos principais.

O primeiro é que ambos se fundamentam na ortodoxia dominante do projeto urbano. Não revelam nenhum caminho novo. Em outras palavras, praticamente todo o material já foi publicado em algum lugar em textos mais abrangentes. O segundo erro é que, apesar de ambos terem sido publicados no ano 2000, a ideia mais importante do milênio – a da sustentabilidade – é totalmente ignorada em ambos. Então, para se ter noção dos fatos reais em projetos urbanos sustentáveis, é preciso olhar outros trabalhos publicados, como os de Jenks e Burgess (2000), e Thomas (2003). Em Moughtin et al. (2003), a metodologia do desenvolvimento sustentável é mencionada na introdução, brevemente na conclusão e esquecida entre ambas. Não há nenhum capítulo sobre "Projeto urbano sustentável". O conceito é ainda menos visível em Roberts e Greed (2001). Então, uma das exigências mais significativas das cidades para nossa sobrevivência futura, a saber, a de um projeto urbano sustentável, foi eliminada de qualquer conexão com qualquer método. No entanto, parece haver uma omissão ainda maior nos dois textos que é a capacidade de falar sobre método e técnica de forma completamente divorciada da teoria. Paradoxalmente, e dada a situação do planejamento dentro do aparato estatal, essa é provavelmente a única posição realista a ser adotada. Em Moughtin et al. (2003), o projeto urbano é vinculado a cinco práticas de planejamento tiradas de Hudson (1979), a saber:

- planejamento sinóptico (*synoptic planning*)
- planejamento incremental (*incremental planning*)

- planejamento transativo (*transactive planning*)
- planejamento de assistência (*advocacy planning*)
- planejamento radical (*radical planning*)

Logicamente, faria sentido dar ao livro alguma consistência demonstrando o efeito que cada estratégia de planejamento teve na forma urbana. A dificuldade é delineada na Figura 1.3, que tenta capturar a relação entre o processo científico discutido acima e o processo científico de projeto, como se esses métodos fossem vistos como reflexos diretos um do outro. Portanto, é útil, dada a discussão anterior, que a estrutura do capítulo derive diretamente das ciências naturais, perdendo qualquer hipótese sobre como as coisas realmente acontecem – levantamento, análise, geração de alternativas, avaliação de projetos etc. –, o que os autores chamam *de processo integrado de projeto* para planejamento que, coincidentemente, inclui tudo, desde arquitetura a desenvolvimento regional. Tudo passa pela mesma sequência (Moughtin et al. 2003: 6, 8, 77; ver Figura 1.4). Da introdução ao capítulo final, sobre gestão do projeto, o projeto urbano está diretamente integrado no modelo científico racional, sem o qual o texto desmoronaria. Isso também vale, em grande parte, para Roberts e Greed, e o único diagrama sobre método de projeto urbano se cruza com aqueles de Moughtin et al. (Roberts e Greed 2001: 55; ver Figura 1.5). Em um texto mais recente (Lang 2005: 26, 31), busca-se um modelo superior do processo racional de projeto, com aplicação de uma das tipologias que ele denomina de "projeto urbano completo" (*"all-of-a-piece" urban design*) (ver Figuras 1.6 e 1.7).

Assim, dos vários textos recentes (e outros mais antigos), pareceria que o método corrente de projeto urbano exibe pelo menos seis características-chave:

1. Há uma dependência abrangente do modelo racional científico derivado das ciências naturais.

2. As metodologias de projeto urbano também exibem a maioria das características estruturais das ciências naturais na adoção da teoria sistêmica, do pensamento hierarquizado e da criação de modelos.

3. A disciplina também está substancialmente ligada em uma visão não teórica de planejamento e adota a ideologia do planejamento em relação às várias tipologias da prática.

4. Sua autoconcepção é não teórica, tornando virtualmente impossível a autor-reflexão de qualquer teor.

5. As exposições de metodologia de projeto são quase inteiramente construídas por meio da reciclagem de conhecimento preexistente do tema em diferentes modos.

6. Alguns dos mais importantes termos/descritores dos impactos do projeto urbano contemporâneo, como a globalização (econômico), pós-modernismo (cultura) e o Novo Urbanismo (prática), não são mencionados no sumário de nenhum livro. (Roberts e Greed 2001 ou Moughtin et al. 2003)

Teoria/Heterologia

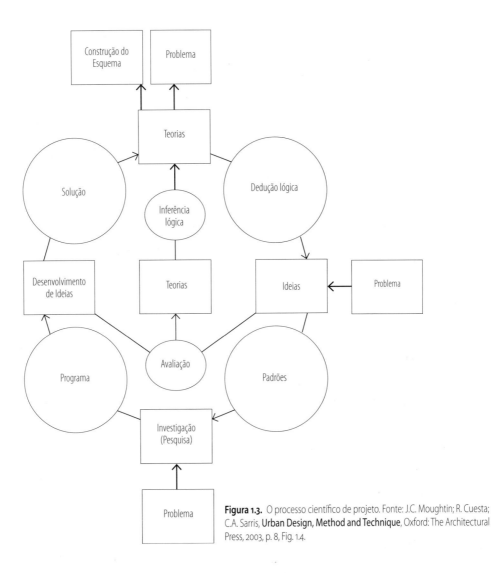

Figura 1.3. O processo científico de projeto. Fonte: J.C. Moughtin; R. Cuesta; C.A. Sarris, **Urban Design, Method and Technique**, Oxford: The Architectural Press, 2003, p. 8, Fig. 1.4.

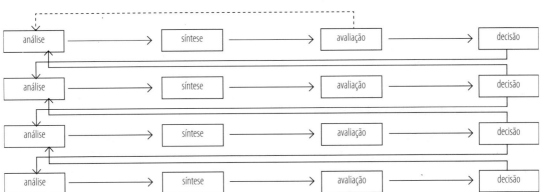

Figura 1.4. O processo integrado de projeto. Fonte: Redesenhado a partir de J.C. Moughtin; R. Cuesta; C.A. Sarris, **Urban Design, Method and Technique**, Oxford: The Architectural Press, 2003, p. 6, Fig. 1.2.

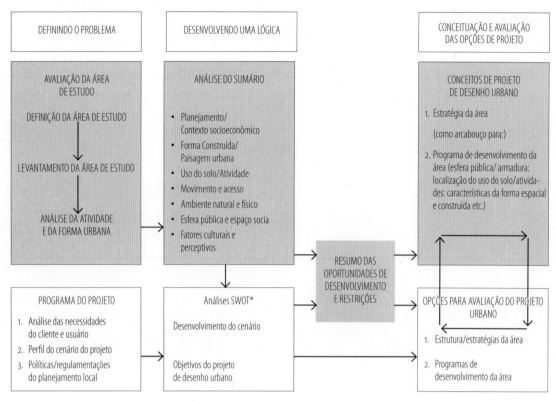

Figura 1.5. Estratégia e lógica de área de projeto urbano. Fonte: T. Lloyd-Jones, A Framework For the Urban Design Process, em M. Roberts; C. Greed, **Approaching Urban Design: The Design Process**, Harlow: Longman, 2001, p. 55, Fig. 5.1.

Boxes em cinza mostram principalmente atividades com base em desenho.

* SWOT é a sigla em inglês para Forças, Oportunidades, Fraquezas e Ameaças – FOFA, em português. (N. da T.)

Figura 1.6. Um modelo do processo racional de projeto. Fonte: J. Lang, Urban Design: A Typology of Procedures and Products, New York: Elsevier, 2005, p. 26, Fig. 2.2.

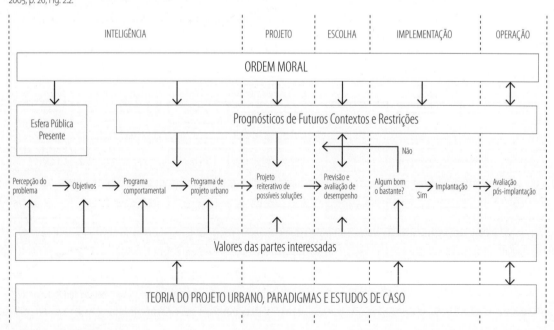

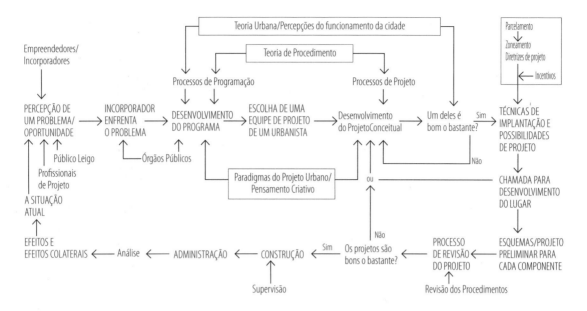

Figura 1.7. Os principais passos em um projeto urbano completo (*all-of-a-piece urban design*). Fonte: J. Lang, Urban Design: A Typology of Procedures and Products, New York: Elsevier, 2005, p. 31, Fig. 2.6.

Entretanto, se olharmos os avanços das ciências sociais, percebe-se que, a cada dia, a pesquisa atual vem abrindo novos caminhos para a teoria e a prática do projeto urbano. Muito disso é obtido por meio de metodologias de pesquisa qualitativa derivadas de substancial e significativa teoria (Silverman 2001; Weinberg 2002; Neuman 2003). A continuação dos novos estudos urbanos em inúmeras e diferentes trajetórias tem demonstrado, igualmente, uma capacidade única para ver a forma da cidade derivada e construída de forma diferente.

Conclusão

A questão de saber se os mesmos métodos usados nas ciências naturais são transferíveis para as ciências sociais permanece não resolvida. No entanto, há um argumento convincente de que o positivismo domina, apesar do fato de a própria ciência ser suspeita como descritor útil do método derivado. Nada disso impediu a ciência social de estabelecer seu próprio território, com uma mudança para metodologias mais qualitativas. A trajetória também reconhece a importância de um gênero feminista, que segue todas as outras formas de interpretação. Para o projeto urbano, o problema intratável permanece, ou seja, temos uma teoria parcial e insatisfatória *no* projeto urbano, mas nenhuma *do* projeto urbano. Portanto, nossa visão de mundo tem sido totalmente autorreferencial, ou seja, projeto urbano

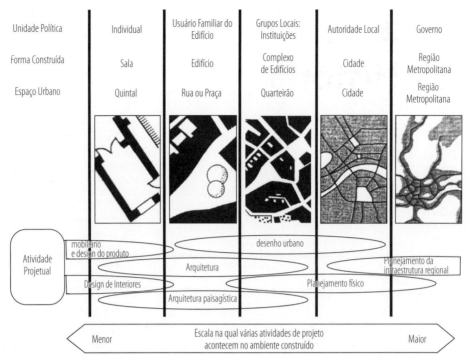

Figura 1.8. Percepção da natureza hierárquica do ambiente construído.
Fonte: B. Ericson; T. Lloyd-Jones, Design Problems, em M. Roberts; C. Greed,
Approaching Urban Design: The Design Process, Harlow: Longman, 2001,
p. 5, Fig. 1.3.

ou urbanismo é o que os profissionais do desenho urbano fazem. Na mesma linha, o que fazemos geralmente depende de nossa origem como profissionais, por exemplo arquitetura, engenharia, direito etc. Ao passo que cada uma dessas disciplinas possui sua própria integridade, o projeto urbano passa a ser definido como um satélite de cada uma, sem qualquer possibilidade de síntese. Enquanto a situação persistir, a questão de saber se as metodologias de projeto urbano devem se originar nas ciências naturais ou nas sociais é irrelevante – elas serão derivadas do que parecer apropriado na época.

Também vimos que as metodologias de projeto urbano continuam bastante vinculadas ao racionalismo como a metodologia do favorecimento, aquela na qual linearidade, hierarquia e criação de modelos dominam (ver Figura 1.8). Assim, a sugestão para que o projeto urbano adote um contexto derivado das ciências sociais, particularmente a economia político-espacial, entra em contradição com a contínua posição racionalista nas metodologias de projeto urbano. Como suplantar um processo racionalista de olhar o próprio umbigo, com metodologias de projeto contextuais e abrangentes, que são qualitativas, feministas e sustentáveis? Para preservar nossas habilidades de projeto e confirmar seu uso de forma significativa, somos forçados, portanto, a olhar para a condição humana em um mergulho mais profundo se quisermos desenvolver um conhecimento sobre projeto urbano que seja corajoso, humano e relevante. Sustento que tal compreensão só pode vir de práticas baseadas nas ciências sociais, hoje solenemente ignoradas (pela maioria), começando com alguns dos princípios e ideias denotados acima e elaborados nos próximos nove capítulos.

2.
História

A história, disse Stephen, é um pesadelo do qual estou tentando acordar.
JAMES JOYCE

A História torna-se o mito da linguagem.
MICHEL DE CERTEAU

A distinção entre passado, presente e futuro é somente uma ilusão, conquanto persistente.
ALBERT EINSTEIN

Introdução:
História, Verdade e Tempo

De início, chamo a atenção do leitor para trinta textos históricos que apresentei em FOC2: II, os quais dão uma boa mostra da forma como os urbanistas tradicionais "veem" a história. Cada uma delas faz parte do material de referência padrão da maior parte dos currículos universitários, e todas serão usadas como foco de exame e crítica de heterologias no projeto urbano. Primeiramente, porém, devemos recuar ainda mais, para a natureza da própria história – o que é, como a interpretamos e como escrevemos sobre ela?

Ao examinar os métodos usados para entender o passado, não podemos evitar os fundamentos de tempo, progresso e escrita. Como veremos, passado, presente e futuro são conceitos relativamente recentes, pelo menos com os valores vinculados a eles. Isso também se aplica à ideia de progresso – qual o nosso destino e por quê? Será que essa mesma ideia atrapalha nosso desenvolvimento no presente? Se a história está seguindo adiante, para onde vai? Da mesma maneira, o que é a história se, de fato, ela não for a lugar algum? A história pode *acabar*, como alguns estudiosos sugerem? Tampouco as epistemologias emergentes são necessariamente resultados de uma teoria ou teorias. Em outras palavras, e dependendo do assunto, é possível demonstrar uma teoria de muitas formas diferentes, todas válidas. A epistemologia pode representar o início de um processo, tendo a teoria como seu destino e não como origem. É provável que isso seja verdade mais para as ciências sociais do que para as ciências naturais, mas é nessas últimas que o projeto urbano está enraizado de forma mais firme. Se tomarmos como exemplo a história da forma urbana, há poucas epistemologias em comum, apesar do fato de a história ser normalmente concebida de forma cronológica. Para a maior parte dos historiadores, tentar escapar do conceito de tempo como um processo absolutamente linear para um outro de relatividade, o primeiro – o processo linear – parece ser a ideia mais difícil de abandonar.

Em relação direta, estão os métodos usados pelos historiadores para analisar a história em geral, as heterologias usadas em diversas formas de interpretação. Fica claro que aquilo que constitui a história está intimamente ligado a métodos embutidos no processo analítico. De muitos modos, eles definem o que é a história. Esta se torna o objeto da epistemologia em vez de uma sequência cronológica duradoura e, se examinarmos muito do material recente sobre pesquisa em história, a ideia de teoria não parece preocupar a maior parte dos estudiosos. Por exemplo, num texto recente, *What Is History Now?* (O Que É a História Hoje?), não há menção à palavra *teoria* no índice e nem títulos no texto (Cannadine 2002). Dá-se preferência semiótica a perspectivas, posições, formas de conhecimento, análises textuais etc., evitando-se o termo "teoria" com a suspeita de que foi distorcido por sua relação com as grandes narrativas do modernismo. Em consequência, a irresistível orientação predominante da pesquisa atual é na direção dos métodos por meio dos quais a história é revelada – grandes ou pequenas narrativas, desconstrução, vozes individuais, foco disciplinar e outros meios.

A postura de que a história pode ser concebida como uma ideia abstrata que possui sua lógica e valores inerentes já foi abandonada há muitos anos. Logo, qualquer comprometimento com a proposição de que a história é meramente a soma de eventos cronológicos, guiada por registros exatos e memória perfeita, está virtualmente extinta. Eventos não acontecem como resultado lógico de alguma verdade autoperpetuada e duradoura. Essa ideia aceita, fica claro que a história não pode ser entendida, no sentido de que nunca há uma grande história esperando para ser acomodada por aqueles que tentam explicar ou interpretar o tempo. Em vez disso, precisamos interrogar como o passado foi experimentado por uma miríade de atores, intérpretes e agentes executores, tendo em vista que qualquer conceito absoluto de *fatos* e de *verdades* deve ser, antes, abandonado para que interpretações válidas possam surgir: "Por esses motivos, o passado que estudamos como historiadores não é o passado 'como realmente aconteceu'. Ao contrário, é o que estar nele parecia ser. A crescente bibliografia da história das paixões, sentimentos, sensibilidades, ansiedades e similares é um reconhecimento mensurável desse fato." (Fernandez-Armesto 2002: 155)

Portanto, hoje a história emerge de um verdadeiro universo de partículas, em que qualquer "verdade" verificável ou objetiva está em qualquer conexão ou similaridade que possa ser feita entre elas.

Como resultado dessa relatividade, é evidente que a história somente pode ser vista ou experimentada através de algum tipo de lente, já que não tem existência absoluta na geografia, tempo, ciência ou religião. As grandes narrativas do passado, apesar de ainda serem dissecadas para se obter "fatos", não são mais reconhecidas como tendo qualquer tipo de valor para a interpretação. Para citar três dos maiores historiadores, Darwin via a evolução das espécies em termos de sua teoria da seleção natural. Apesar de manter seu extraordinário poder explanatório para a teoria da evolução, esta não tem nada a dizer sobre subjetividade. Marx analisou a produção da sociedade em termos de materialismo histórico. Embora sua preocupação principal com exploração, classe social, imperialismo, ideologia e outros conceitos ainda seja parte do conjunto de ferramentas de muitos estudiosos, suas ideias não abrangem o âmbito da experiência humana com a qual a interpretação histórica tanto conta. Freud via o desenvolvimento das espécies em termos da estrutura da mente humana e suas origens na psicologia das experiências existenciais e consciência coletiva – suas formações simbólicas, arquétipos, psicologia e descontentamentos. Contudo, as diferenças entre essas visões de mundo se tornam insignificantes quando comparadas a epistemologias históricas contemporâneas, abrangendo uma imensa gama de estruturas, funções e subjetividades, de indivíduos e suas visões de mundo à complexidade de um mundo globalizado.

História e Progresso

É evidente que história e o que chamamos progresso estão intimamente ligados. Enquanto a modernidade era a forma cultural do industrialismo, a pós-modernidade é a forma cultural das sociedades pós-industriais. Em segundo lugar, apesar de essas ideias serem teleológicas, implicando um desenvolvimento linear, necessário e a ser mensurado, em termos de produto interno bruto (PIB), a globalização também exige que recuperemos nossas ideias de história e progresso, que podem ou não coincidir com certas visões contemporâneas sobre para onde vai a história. Por exemplo, o cristianismo vê a história como um processo linear e finito que começa com uma semana de atividade criativa e termina com o segundo advento (parúsia) em algum momento no futuro. O Iluminismo considera que a história tinha um final em aberto, mas com o resultado lógico de uma sociedade perfeita no futuro. Nenhuma dessas visões difere muito da de Marx de um estado socialista perfeito no comunismo, mas somente depois que os estragos do capitalismo tivessem sido domados pela revolta popular e por uma ampla transformação das relações de produção. É significativo que a modernidade fosse o primeiro período a conceber a si mesmo e, portanto, conceber outros períodos históricos como épocas, numa tentativa fútil de controlar o destino. A modernidade foi tanto a primeira como a última época.

Com o surgimento da globalização e da pós-modernidade surgiram vários livros lidando com nossa própria extinção histórica – *The End of Capitalism* (O Fim do Capitalismo, 1996), de Gibson e Graham, *The End of History* (O Fim da História, 2006), de Francis Fukuyama, *The End of the Third World* (O Fim do Terceiro Mundo, 1990), de Nigel Harris, *The End of Work* (O Fim dos Empregos, 1995), de Jeremy Rifkind e outros. Por que aconteceu isso? Michel Foucault, que morreu em 1984, poderia ser descrito como o primeiro historiador da descontinuidade. Ele defendia que, como nosso conceito de "humano" é condicionado historicamente dentro de várias epistemes ou discursos históricos, o conceito de um "ser humano" finito não existia (Schöttler 1989). Tampouco qualquer história que tivesse esse pressuposto, o que profeticamente incluía todas as interpretações da história até hoje. Isso deu margem à ideia de *pós-história* como a forma apropriada de interpretação para um mundo globalizado. Jean Baudrillard argumenta que o período da pós-história em que vivemos hoje é um mundo no qual imagem e realidade estão tão interligadas que vivemos numa era de hiper-realidade. A globalização nos transforma de consumidores de mídia em seus produtos. A "vida real", assim, desaparece e surge a simulação, como no metaverso do romance *Snow Crash* (Nevasca), de Neal Stephenson (1992). Graças ao ritmo da mudança histórica, Baudrillard argumenta que a história simplesmente desaparece, junto com qualquer destino ou resultado necessário, negando a história como tendo qualquer valor epistemológico já que, ao desaparecer, nada resta a ser entendido.

Isso gera um enorme (global) paradoxo. Por um lado, todas as economias e as instituições nacionais definem história/progresso como a crescente produção de mercadorias medidas pelo produto interno bruto – PIB. No planeta Terra, somente o Butão tem como objetivo declarado a felicidade interna bruta (FIB). Por outro lado, alguns filósofos e historiadores nos dizem que não estamos indo a lugar nenhum. Por exemplo, num livro estimulante, *Straw Dogs* (Cachorros de Palha, 2002), John Gray afirma que "os humanos não podem viver sem ilusão. Para os homens e mulheres de hoje, uma fé irracional no progresso pode ser o único antídoto para o niilismo. Sem a esperança de que o futuro será melhor do que o passado, eles não podem prosseguir" (Gray 2002: 29). Poderíamos acrescentar que os governos estão na mesma situação: sem o conceito de PIB, simplesmente não poderiam governar, pois toda sua estratégia econômica está baseada nesse único princípio.

Gray argumenta que a própria noção de progresso depende de duas ideias básicas. A primeira é que o pensamento ocidental nos ensina que somos diferentes dos outros animais, que simplesmente reagem às circunstâncias em que se encontram. Em teoria, deveríamos poder controlar nosso destino, o que naturalmente não é possível, mas acreditamos nisso mesmo assim. A segunda é que essa postura se deve ao que chamamos de "consciência", que permite especular que o lugar "onde estamos" pode ser substituído por "onde poderíamos estar", em algum tempo futuro. Pode-se discutir se isso tem ou não valor. Ele aponta para a ideia de que todas as interpretações de modernidade acabaram por ser fantasias, e que os "campos de extermínio são tão modernos quanto uma cirurgia a laser." (Gray 2002: 173). Afirma ainda que há uma relação direta entre morte violenta, eficientemente administrada, e nossas ideias de progresso. Apesar de o conhecimento ter avançado, a ética permanece estática. Ele sugere que pouco é apreciado pelo que *é*, mas sim pelo que *pode* tornar-se. Como resultado, vivemos nossa vida como simulacros de algum estado futuro inatingível. Essa postura hipotética também coincide com a felicidade terminal e duradoura, uma vez que tudo tenha sido atingido, e o significado de nossas vidas tenha sido percebido. Mas, como ele sugere, "a busca pelo significado da vida pode ser uma terapia útil, mas não tem nada a ver com a vida do espírito. A vida espiritual não é a busca de significado, mas uma libertação dele" (Gray, 2002: 197).

Escrevendo a História

Até o início do século XX, a história tendia a ser definida como história política, em que conquistas, guerras, Estados, ações de ditadores, generais e toda uma gama de demagogos dominavam a análise histórica, combinando-se para criar um simulacro. Em outras palavras, a forma adotada de interpretação era política, ideológica, uma versão distorcida da realidade, com o campo organizado em torno de conceitos lineares de tempo. Como reação a isso, Marc Bloch e Lucien Febvre fundaram os *Annales d'histoire economique et sociale* em 1928, cuja influência persiste até os dias de hoje. Atualmente, a Escola dos *Annales* é tão importante para o desenvolvimento da história como a Escola de Frankfurt para as ciências sociais ou a Bauhaus para a arquitetura e o projeto urbano. A Escola dos *Annales* começou por rejeitar o positivismo (empirismo) e, com ele, a ideia que norteava muito do discurso anterior, ou seja, a busca pela "verdade". Assim, a Escola era radical e tinha objetivos amplos. Seu foco era uma visão mais abrangente da história. Como veremos adiante, estudar história é basicamente uma investigação ateórica, e é elucidativo que a instituição histórica dominante no século XX seja normalmente descrita no contexto de novas abordagens metodológicas, na ausência de qualquer teoria abrangente ou substancial. Até a Segunda Guerra Mundial, a Escola dos *Annales* ainda era definida em termos de sua resistência às ideologias dominantes. Desde então, emergiu como uma escola de pensamento em si, cujas principais figuras incluem Émile Durkheim, Ferdinand Braudel e Roland Barthes. Depois da revolta estudantil de 1968 em Paris, a *Annales* novamente desloca seu foco das histórias totais caracterizadas pelos métodos quantitativos de Braudel para uma orientação mais qualitativa com subjetividade, psicologia, consciência e cultura humanas, assim como noções marxistas de ideologia (O método de Braudel aparece refletido em *O Longo Século* xx, de Giovanni Arrighi, publicado em 1994). Todavia, com a última fase da Escola dos *Annales,* o método/conceito de historiografia tornou-se o principal método de escrever história, o que permanece até hoje.

Como disciplina, a historiografia desvia o foco sobre o que está sendo registrado ou interpretado para o método de sua realização. Mais exatamente, sugere que a *emballage* trazida pelo historiador ao processo de fazer história deve ser considerada como parte integral do ato de contar a história. Jordanova define historiografia como "escrever a história e o estudo dos escritos históricos: mais amplamente, uma percepção de diferentes modos de fazer a história" (2000: 213). Michel de Certeau, por outro lado, observa que, apesar de as narrativas falarem de história, elas também são situadas historicamente. A produção ocorre na relação estabelecida entre ambas. Como ele observa: "Discursos (ou narrativas) não são corpos flutuando 'dentro' de um todo abrangente, que pode ser simplesmente chamado de história (ou mesmo contexto). São históricos, porque são vinculados a operações que são definidas por funções. Assim não podemos entender o que dizem, independentemente da prática da qual resultam."

Em outro lugar, ele diz que "a historiografia usa a morte para articular uma lei do presente" (De Certeau 1988: 20, 101).

Em termos mais amplos, a história, em geral, não aceita bem a teoria e há relativamente poucos teóricos da história, em contraste com a grande quantidade de disciplinas que a formam: "Apesar de (alguns) historiadores trabalharem em proximidade com perspectivas teóricas, essas não tendem a tomar a forma de produção de teorias de história, pelo menos não no século xx." (Jordanova 2000: 55) Inversamente, podemos também dizer, à maneira de McLuhan, que *a mensagem é o método* – que o processo de escrever de fato a história, a historiografia, modifica a necessidade de intervenção teórica com a intensidade usada em outras disciplinas. Assim, em princípio, quaisquer teorias abrangentes da história tornam-se impossíveis e, possivelmente, impedem uma compreensão significativa, sobretudo considerando-se os 4,6 bilhões de anos de evolução humana. Uma vez que sempre há um número infinito de interpretações e uma variedade semelhante de assuntos, a generalização se torna impossível. Mesmo a contribuição de Darwin, apesar de colossal, abrange somente a biologia, dando liberdade para que um grande número de outras disciplinas prospere com suas próprias histórias especiais. Ao acomodar as diferenças, foi preciso um distanciamento das formas estruturalistas de explicação, agora plenamente reconhecidas por suas limitações e deficiências.

Assim, a rejeição do estruturalismo e o abandono do conceito de *longue durée* (longa duração), a busca pela autenticidade e pelos conceitos lineares de tempo, todos abriram as comportas para uma infinita combinação de bases disciplinares, ideologias, tecnologias e epistemologias. Seu uso em análises históricas contemporâneas é tão vasto que aqui só cabe citar. Ao mesmo tempo, o recurso à possibilidade de maior intervenção teórica surgiu com o movimento em direção à pesquisa interdisciplinar. Por exemplo, trabalhos oferecidos ao Instituto de Pesquisa Histórica em Londres, em 2001, foram apresentados como capítulo de *What Is History Now?*

(O Que É a História Agora?), uma atualização do famoso trabalho do historiador inglês E.H. Carr, *What Is History?* (O Que É a História?), apresentado à Universidade de Cambridge, em 1961. Esses trabalhos foram agrupados por disciplina, como, por exemplo, história social, política, religiosa, cultural; ou pelo enfoque principal – história de gênero, de classe, intelectual e imperial (e.g. Thompson 1963; Scott 1999). Por definição, isso exclui história como uma disciplina *em si*, já que não tem significado relevante a não ser quando ligada a outra forma de interpretação, ou, em outras palavras, a um método derivado. Junto com a ausência de uma teoria significativa, ela então se torna uma abstração, definida somente pela relação entre escrita e discurso, entre o processo de escrever história e seu objeto. Highmore trata do impenetrável problema da relação entre história e historiografia quando diz "não há contato direto com o passado, certamente, somente uma relação com seus traços... – historiografia (escrita da história), deixando que a palavra história signifique o terreno inalcançável do passado" (Highmore 2006: 23).

Tentando simplificar alguns desses problemas referentes a fronteiras, vários tipos de história foram identificados, assim como muitos critérios através dos quais a disciplina alcança formas específicas. Estas foram reduzidas a seis categorias principais (Jordanova 2000): *Período,* que trata de noções de casualidade e tempo; sob *Métodos,* ela usa exemplos de história oral e história demográfica; *Lugares,* que aborda história urbana no sentido de geografia e escala – regiões, países etc.; *Teorias,* que abrangeria conceitos como materialismo histórico, darwinismo e psicologia. *Tipos de seres humanos,* que podem ser classificados por gênero, raça, demografia (crianças, idosos etc.) e *Instituições,* nas quais ela inclui políticas públicas, estados de bem-estar social etc. Entretanto, esse é um conjunto extremamente simplista de agrupamentos, que pode ser mais bem colocado como uma matriz, em que as relações importantes podem ser estabelecidas como, por exemplo, a relação entre teorias e métodos (se houver), a relação entre disciplinas como ciência e arte etc. – embora ela, de fato, identifique sociologia, antropologia, cultura, filosofia e literatura com contribuições importantes para o projeto geral de se escrever história. Michel de Certeau trata dessa confusão, não impondo uma estrutura arbitrária que poderia ser convincente nessas circunstâncias, mas seguindo a ideia de que é necessário algum quadro de referência que permita que contradições permaneçam suspensas em suas relações, sem ter a necessidade de resolvê-las. Ele afirma que "a função mista da historiografia pode ser especificada por várias características que tratam, antes de tudo, de seu *status* numa tipologia dos discursos e, em segundo lugar, da organização de seus conteúdos" (De Certeau, 1988: 92). Posteriormente, ele discute o que chama de "conceitos" ou categorias históricas equivalentes aos métodos das ciências naturais:

> Assim, "o período", "o século" etc., mas também "a mentalidade", "a classe social", "a conjuntura econômica", ou "a família", "a cidade", "a região", "o povo", "a nação", "a civilização" ou mesmo "a guerra", "a heresia", "o festival", "a peste", "o livro" etc., sem falar de noções como "o antigo regime",

o "Iluminismo" etc. Essas unidades muitas vezes expressam combinações estereotipadas. Uma montagem previsível oferece padrões familiares: a vida – o trabalho – a doutrina; ou seu equivalente coletivo: vida econômica – vida social – vida intelectual. Os "níveis" se sobrepõem. Os conceitos são empacotados. Cada código tem sua lógica. (De Certeau, 1988: 97)

Como se não bastasse essa complexidade, é preciso também tratar da passagem do tempo, no seu nível mais básico, ao lidar com estudos sincrônicos *no* tempo e diacrônicos *ao longo do tempo.* Resta determinar quão "volumoso" um estudo sincrônico precisa ser antes de se tornar diacrônico, e quão longo um estudo diacrônico pode ser em termos de periodização (quando algo supostamente começa e termina). Por exemplo, Jordanova (2000) usa 25 páginas de seu livro discutindo o tempo só em termos de periodização, provavelmente o método mais básico e funcional de lidar com o conceito – taxonomias, calendários, formas institucionais, estilos culturais etc.; mesmo o potencial na ideia da metáfora é reduzido a fins puramente funcionais, por exemplo. "Outra forma de delinear períodos, por temas, também requer reflexão cuidadosa. Entre os exemplos estão 'a era da ansiedade', 'a era do equilíbrio', 'a era de ouro', ou 'o século aristocrático'. O princípio subjacente agora já é familiar: é o desejo de dar unidade a um período, no caso por uma combinação de descrição e metáfora." (Jordanova 2000: 134)

Por outro lado, em vez de ver a história como coletividades temporais distintas (seja como forem descritas), a obra de De Certeau emprega o método de múltiplos quadros de imagens coexistindo no presente, no que hoje em dia é chamado de tempo *policrônico* (Serres e Latour, 1995). Essa é uma abordagem muito mais sofisticada do tempo do que a insistência de muitos historiadores de que o tempo tem somente uma dimensão, a da periodização. Highmore usa a modernidade e o pós-colonialismo como exemplos para explicar a abordagem de tempo de De Certeau, na qual ele sugere que a modernidade não é "passado" ou "incompleta", explicando que se trata de uma "sutura dinâmica do passado e do presente" – a natureza onipresente do passado e a acomodação permanente do presente na história. Assim, "modernidade é o nome para vida contemporânea criada a partir de estilhaços que, simultaneamente, buscam o futuro e olham para trás, para o passado, por sobre os ombros" (Highmore 2006: 82). A abordagem do tempo de De Certeau talvez possa ser mais bem explicada recorrendo a outras mídias, tais como o cinema como, por exemplo, *Last Year at Marienbad* (Ano Passado em Marienbad, 1961), de Alain Resnais, ou a literatura, *The Rings of Saturn* (Os Anéis de Saturno, 1995), de W.G. Sebald. Todavia, para ver até que ponto essas ideias estão embasadas (ou não) na história da forma urbana, é preciso voltar-se para alguns dos discursos que as definem.

História e o Projeto Urbano Convencional

Para situar a discussão acima, abordarei a taxonomia de trinta textos históricos (Tabela 2.1) anteriormente mencionados em *The Form of Cities*, enfocando alguns exemplos-chave. Dessa lista, o que primeiro ressalta é que a maioria usa o mesmo método de análise cronológica linear usando uma periodização semelhante (antiga, egípcia, grega, romana, medieval etc.). Porém, mesmo dentro dessa visão majoritária, existe uma ampla gama de possibilidades de interpretação, por exemplo, pode-se adotar uma perspectiva materialista ou liberal, optar por enfocar arranjos domésticos ou institucionais, ou investigar a base econômica ou social das civilizações estudadas. No espírito deste texto, não estamos principalmente preocupados com *o que* algum historiador está falando, e sim em *como* ele está falando – as heterologias que sustentam a base de seu pensamento.

Assim, como princípio geral, este capítulo não pergunta, por exemplo, "sobre o que Lewis Mumford falava em *The City in History* (A Cidade na História)?" Ou "que período ele cobriu"? Ou então, "como esse método de pesquisar a história contribuiu para nossa compreensão?" O que queremos revelar são respostas a questões como: "como ele concebeu a história e quais métodos usou para isso?"; "De onde vieram suas ideias?"; "até que ponto ele considerou que a cronologia era útil e por que usou essa abordagem?"; "quais foram os fundamentos da sua metodologia?"; ou, refletindo sobre nosso tema "sobre o que ele estava pensando quando pensava na urbanização da Grécia clássica?"; ou, em última análise, "para começar, o que guiou seu pensamento?" Ao responder a essas questões, o processo da história apresentado por Mumford e outros é contextualizado por vários fatores que qualificam o que está sendo apresentado como uma exposição do desenvolvimento urbano nos últimos dez mil anos.

Podemos embasar essa ideia num único exemplo. A maior parte dos estudantes de projeto deve saber que, em 480 a.C., na Ásia Menor (atual Turquia), Hipódamo criou um plano para Mileto, que é universalmente saudado como uma obra de arte em forma urbana, um dos mais perfeitos planos de projeto urbano que o mundo já viu. Em geral, esse plano é interpretado a partir de perspectivas puramente formais – é famoso devido ao domínio da forma e do espaço urbano, sua perfeição geométrica e ortogonal, sua adaptação às condições do terreno, o uso da grelha como estrutura organizacional e o uso da perspectiva, visão em série e outros recursos. No entanto, poucos vão além dessas tecnologias para apreciar o que ele estava pensando quando concebeu o projeto, ou seja, as heterologias derivadas do pensamento grego clássico, tais como matemática (série Fibonacci), medicina (óptica) e filosofia (harmonia, equilíbrio etc.), que fundamentaram sua arte. Caso um projeto semelhante fosse solicitado para outro lugar, simplesmente copiar a forma seria algo superficial e inadequado, provavelmente até desastroso. Teríamos que acomodar os mesmos princípios usados pelo autor e aplicá-los a diferentes geografias e tipologias, possivelmente a diferentes circunstâncias econômicas e sociais. A solução resultante poderia não se parecer com Mileto, já que a forma não foi copiada

Tabela 2.1.
Trinta histórias clássicas sobre projeto urbano

Geddes, P.	(1915)	*Cities in Evolution* (Cidades em Evolução)
Childe, G.	(1935)	*Man Makes Himself* (O Homem se Faz por Si)
Gibberd, F.	(1953)	*Town Design* (Desenho de Cidades)
Korn, A.	(1953)	*History Builds the Town* (A História Constrói a Cidade)
Tunnard, T.G.	(1953)	*The City of Man* (Cidade do Homem)
Hilberseimer, L.	(1955)	*The Nature of Cities* (A Natureza das Cidades)
Mumford, L.	(1961)	*The City in History* (A Cidade na História)
Gutkind, E.A.	(1964)	*The International History of City Development* (A História Internacional do Desenvolvimento da Cidade)
Sprieregen, P.	(1965)	*Urban Design* (Projeto Urbano)
Reps, J.W.	(1965)	*The Making of Urban America* (A Criação da América Urbana)
Bacon, E.	(1967)	*Design of Cities* (Projeto de Cidades)
Benevolo, L.	(1967)	*The Origins of Modern Town Planning* (As Origens do Planejamento Urbano Moderno)
Moholy-Nagy, S.	(1968)	*The Matrix of Man* (A Matriz do Homem)
Rykwert, J.	(1976)	*The Idea of a Town* (A Ideia de Cidade)
Rowe, C. e Koetter, F.	(1978)	*Collage City* (Cidade Colagem)
Morris, A.E.G.	(1979)	*The History of Urban Form* (A História da Forma Urbana)
Benevolo, L.	(1980)	*The History of the City* (História da Cidade)
Boyer, C.	(1983)	*Dreaming the Rational City* (Sonhando uma Cidade Racional)
Roseneau, H.	(1983)	*The Ideal City* (A Cidade Ideal)
Fogelson, R.E.	(1986)	*Planning the Capitalist City* (Planejando uma Cidade Capitalista)
Hall, P.	(1988)	*Cities of Tomorrow* (Cidades do Amanhã)
Kostoff, S.	(1991)	*The City Shaped* (A Cidade Moldada)
Kostoff, S.	(1992)	*The City Assembled* (A Cidade Montada)
Benevolo, L.	(1993)	*The European City* (A Cidade Europeia)
Boyer, M.C.	(1994)	*The City of Collective Memory* (A Cidade da Memória Coletiva)
Lang, J.	(1994)	*Urban Design: The American Experience* (Projeto Urbano: A Experiência Americana)
Hall, P.	(1998)	*Cities in Civilisation* (Cidades na Civilização)
Eaton, R.	(2001)	*Ideal Cities* (Cidades Ideais)
Gosling, D.	(2003)	*The Evolution of American Urban Design* (A Evolução do Projeto Urbano Americano)
Robbins, E. e El Khoury, R.	(2004)	*Shaping the City: Studies in Theory, History and Urban Design* (Moldando a Cidade: Estudos em Teoria, História e Projeto Urbano)

Fonte: o autor.

História

nem reaplicada; copiamos e reaplicamos seu conteúdo, mas, certamente, com um esforço bem maior. Em outras palavras, como urbanistas, tendemos a julgar e reinventar produtos, não os padrões de pensamento usados pelo autor do projeto como substância de seu processo criativo. Até que possamos enfrentar algumas das questões ligadas a esse problema, não saberemos como sabemos. Seremos incapazes de ligar nosso aprendizado à prática, porque estaremos tratando apenas da forma e do estilo, sem entender a substância do próprio pensamento.

Começando pelas histórias clássicas de projeto urbano, a maior parte segue a sequência cronológica, por exemplo, Childe, Gutkind, Sprieregen, Bacon e Morris. A mais influente delas provavelmente foi *The City in History* (A Cidade na História, 1961), de Mumford, seu 23º livro. As poucas exceções a essa regra são Moholy-Nagy, Rowe e Koetter, Fogelson, Boyer e Tafuri. O livro de Peter Hall, *Cities of Tomorrow* (Cidades do Amanhã), dá a impressão de uma história urbana diferente, mas seu tema principal continua ordenado cronologicamente, apesar do fato de usar títulos de capítulos como "Cidades da Imaginação", "A Cidade da Noite Horrível" etc. Assim, para explorar as diferenças, irei discutir brevemente Mumford, Moholy-Nagy, Rowe e Koetter, e Tafuri. Além disso, as obras enciclopédicas de Hall, bem como o enfoque de Boyer sobre a memória, são leituras essenciais. Childe, Fogelson e Tafuri, apesar de produzirem obras muito diferentes, usam o método da economia política em análise, e Tafuri servirá de exemplo desse método. A limitação central desse processo é evidente – não poderei demonstrar como as visões de um determinado teórico mudaram ao longo do tempo (por exemplo, Tafuri e Mumford). Portanto, usarei cada discurso como representativo de uma epistemologia e não de um processo de desenvolvimento.

Protótipos

Lewis Mumford: **The City in History** (1961)

Para os profissionais do urbanismo, Lewis Mumford é provavelmente o mais reverenciado dos historiadores, e sua obra *The City in History* (A Cidade na História) é a mais popular, apesar de *The Origins of Modern Town Planning* (As Origens do Planejamento Urbano, 1967), de Benevolo, chegar a sete volumes. Devido à sua importância na teoria convencional, tratarei mais da epistemologia de Mumford do que dos outros, pela simples razão de que ela é de longe a mais complexa e interessante. O fato de ele ser filho ilegítimo, criado pela mãe e nunca ter conhecido o pai, pode indicar o motivo de seu zelo por justiça social e democracia, e esses são temas que perpassam toda sua obra. Da mesma forma, já em seus primeiros textos, ele expressa seu apoio à causa dos direitos das mulheres e da promoção do feminismo. Podemos especular ainda que o amplo interesse de Mumford por ciências sociais, política, geografia, regionalismo, cultura, ecologia e arquitetura também se deva ao fato de ele nunca ter conseguido uma graduação acadêmica, uma realização que traz consigo tanto restrições quanto oportunidades na vida intelectual. Assim, apesar de sua inegável importância para as disciplinas ligadas ao ambiente construído, seus métodos adotados e foco não advêm do treinamento acadêmico em nenhuma dessas disciplinas associadas. Ao contrário, a metodologia de Mumford foi profundamente afetada pelo filósofo escocês Patrick Geddes, que influenciou seu anseio de estabelecer um território intelectual próprio – uma ciência social regional que ele chamou *sociografia*. Ele politizou esse interesse ao se tornar membro fundador da Associação de Planejamento Regional da América (RPAA, na sigla em inglês). Apesar de Mumford ser mais reconhecido como historiador da cidade, o termo "cidade" aparece como parte do título em somente cinco de seus livros. Fica claro, portanto, que sua principal visão de mundo vem de uma combinação de ciências sociais e cultura por um lado, e das possibilidades da tecnologia como exemplificado em seu *Art and Technics* (Arte e Técnica, 1952), por outro.

Lucarelli ressalva que, apesar do comprometimento de Mumford com a tecnologia, os interesses dele sempre foram temperados por objetivos humanos, refletindo a pergunta do próprio Mumford, "O que importa se a sociedade industrial funciona de modo mais eficiente, se entrar no mesmo beco sem saída no qual a humanidade está hoje?" Lucarelli prossegue dizendo que, apesar do comprometimento de Mumford com a política, "Sua crítica (de Mumford) é estética e moral, não política. É importante porque ele mantém sua atenção sobre o *self* e sobre a conexão entre o *self* e a natureza. E isso o ajudou a reintroduzir sua preocupação com arte e literatura, como necessárias para uma percepção imaginativa da vida: um entendimento necessário para a renovação da vida interior." (Lucarelli 1995: 39)

Estéticos ou não, os escritos de Mumford estão cheios de comentários políticos. Apesar de não ser marxista, ele definitivamente adotou um socialismo particular e tinha coisas muito duras a dizer sobre o capitalismo. Por exemplo, seu método de implantar sua ética organicista era revolucionar o capitalismo. O poder do Estado deveria ser mobilizado através de um monopólio estatal sobre os meios de produção na área da energia. Entre outros princípios, ele acreditava:

1. na descentralização de comunidades, junto com a descentralização do poder político;

2. no uso de monopólios do Estado em contraposição à ganância do setor privado;

3. na reumanização do processo de trabalho para combater a alienação da classe trabalhadora;

4. na definição de limites para o consumo de bens de luxo (limitar o desejo) e se concentrar em satisfazer as necessidades humanas básicas.

Ao estudar a civilização ao longo do tempo histórico, sua epistemologia era entretecer uma arqueologia de peso, com base nos arcabouços institucionais do poder do Estado, do capital, da ideologia e da cultura, e então dissertar sobre a condição humana que emergia para a massa do povo, junto com comentários morais que alinhavavam tudo. Sem dúvida, seu socialismo era promovido pela amizade com intelectuais de esquerda como Patrick Geddes, Thorsten Veblen, Clarence Stein, Frederic Osborne e outros. Ele também mostrava singular admiração por Thoreau (um anarquista) e Kropotkin, a quem Mumford descreve diplomaticamente como "um geógrafo" (1961: 514). Mais significativo ainda, Kropotkin era sucessor de Bakunin e reconhecido por moldar a teoria do comunismo anarquista na Rússia. A análise de Mumford se adéqua, em muitas maneiras, a uma forma pouco ortodoxa de materialismo histórico, a qual mostra um incrível controle sobre as maquinações da ideologia capitalista e do desenvolvimento urbano. Em *The City in History*, o método de abordagem de Mumford era, até certo grau, bastante eclético, já que não começou por pressupor um ataque frontal ao capitalismo; em vez disso, ele o lacerou, tal qual uma piranha, ao longo de todo o livro, com milhares de pequenos cortes; por exemplo, em relação à Amsterdã do século XVII. "Nesse momento, o sucesso comercial mostrou-se como era e ainda é: miséria cívica. Do ponto de vista de uma economia capitalista em expansão, de fato, as perspectivas de lucro, que repousavam sobre o volume de negócios, exigiam a contínua destruição de velhas estruturas urbanas, em função da lucrativa substituição por aluguéis e rendas ainda mais altos." (Mumford 1961: 444)

Pode-se comparar essa afirmação, que antecedeu aos comentários de David Harvey em *The Urbanization of Capital* (A Urbanização do Capital), 25 anos depois: "O desenvolvimento capitalista, portanto, precisa manobrar em um caminho muito estreito entre preservar os valores de troca de antigos investimentos do capital, no ambiente construído, e destruir esses investimentos para abrir novos espaços para a acumulação." (Harvey 1985: 25)

Não tem sentido tentar reduzir a obra da vida de Mumford a um método principal, e podemos até dizer isso de uma única obra como *The City in History*. Por outro lado, é possível sugerir cinco componentes de sua análise, assim como três mecanismos que ele usa para elaborar suas ideias. A arqueologia, a partir da qual sua epistemologia foi construída (mas não exclusivamente), incluiria: em primeiro lugar, seu comprometimento com o organicismo, que Lucarelli define como "a restauração da influência da natureza sobre a cultura através da arquitetura, da literatura e do ambiente construído" (1995: 22); segundo, uma abordagem ecológica holística do desenvolvimento urbano; terceiro, os políticos são onipresentes em sua análise e intimamente relacionados ao quarto componente, qual seja, a importância de arranjos institucionais como blocos formadores das relações sociais e, dentro disso, a dominância do Estado e do capital; e quinto, por mais improvável que seja, a importância da cultura como expressão triunfal do espírito humano prevalece em toda sua obra, apesar de forte resistência por parte de forças das trevas e do desespero.

A interação desses principais componentes é, em geral, modificada por três mecanismos que Mumford emprega, assim como um artista usa a cor para realçar sua composição. Primeiro, temos seu uso frequente da metáfora, muitas vezes combinada com o que já chamei de "sua prosa gótica", como na sua transferência do uso do termo "cidadela" (antigo) para o que ele chama de "cidade subterrânea" (dos vitorianos). De fato, toda a passagem abaixo é metafórica: "Os senhores da cidadela subterrânea estão comprometidos com uma 'guerra' que eles não podem terminar, com armas cujos efeitos não podem controlar e objetivos que não conseguem atingir. A cidade subterrânea ameaça, portanto, tornar-se a mais acabada cripta funerária de nossa civilização incinerada." (1961: 481)

O segundo mecanismo é o uso da analogia biológica e do antropomorfismo quando, por exemplo, descreve Roma como "Parasitópolis" sofrendo de "elefantíase megalopolitana" (1961: 237). Ele também tende a usar termos biológicos tais como predação, simbiose, embriônico, aborto, protozoários etc., todos usados na descrição de fenômenos urbanos ou estados. Assim, ao se mover do corpo para a mente, a Mesopotâmia tinha uma "estrutura psíquica paranoica" (1961: 39) e Roma decaiu na degradação catastrófica de "Pathópolis" (de *Páthos*) para "Psicopatópolis" (1961: 23). Conceitos da psicologia como "sublimação" e "regressão" também são muito usados como descritores. Em terceiro lugar, e mais sugestivamente, ele usa a terminologia do socialismo humanista como sua bússola filosófica moral geral.

Sibyl Moholy-Nagy: **The Matrix of Man** (A Matriz do Homem, 1968)

Em *The Form of Cities* (FOC2: 30), fiz um breve resumo da contribuição de Moholy-Nagy para a teoria convencional predominante e afirmei: "No espírito da época, como Mumford, sua visão de crescimento urbano é novamente orgânica, antropomórfica e voltada para a morte e dissolução." Mesmo sendo verdade que os textos de Mumford frequentemente tenham um ar de *Eldritch Horror*[1], isso somente constituía uma pequena parte de sua produção, enquanto a frase abrange quase a totalidade do livro de Moholy-Nagy, *The Matrix of Man* (A Matriz do Homem).

Desde o início, o método de análise de Moholy-Nagy pressupõe que a organização das cidades assuma certas formas arquetípicas com base nas "eternamente recorrentes constelações de matriz e conteúdo" (1968: 18), que ela descreve como:

- Geomórfica: Machu Picchu (Figura 2.1)
- Concêntrica: Viena (Figura 2.2)
- Ortogonal-conectiva: Teotihuacan (Figura 2.3)

---

[1] *Eldritch Horror* é um jogo cooperativo, com até oito jogadores, de investigação e horror, inspirado nos contos do escritor estadunidense Howard Philips Lovecraft (1890-1937). Este revolucionou o gênero de terror ao acrescentar elementos de fantasia e ficção científica. Cada jogador/investigador viaja pelo mundo enquanto tenta solucionar mistérios, defender a humanidade de horrores e eliminar o Ancião, um ser atemporal de grande poder de destruição. (N. da T.)

- Ortogonal-modular: A Cidade Real de Kyoto (Figura 2.4)
- Policêntrica: Camberra, Austrália (Figura 2.5)

Portanto, desde o início, ela tem absoluta clareza quanto ao método: "O objetivo dessa investigação sobre origens urbanas é buscar exemplos e definir essas cinco configurações, que ocorrem em todo o mundo, e montar um caleidoscópio giratório de imagens." (1968: 18) O objetivo foi de fato atingido, e o livro está repleto de figuras e desenhos interessantes. A questão real, porém, é saber se há algo de substancial a ser aprendido ao longo das trezentas páginas seguintes. Moholy-Nagy aplica o método que ela escolheu reunindo uma gama diversa de imagens ilustrando as várias tipologias. Apesar dos exemplos fascinantes e dos comentários, em muitos casos, esclarecedores, as diferenças entre eles em termos de tempo, localização, clima, topologia etc. são tão imensas que qualquer comparação entre assentamentos é inútil. Na melhor das hipóteses, saímos de cada capítulo sabendo que, por exemplo, no capítulo 1, muitos assentamentos, principalmente antigos, adaptavam-se bem às circunstâncias naturais, e muitas cidades são circulares.

A maior parte das deficiências de método resulta de crenças básicas apresentadas pela primeira vez na introdução, e quatro ideias básicas e bem equivocadas são significativas. Primeiro, a citação acima pressupõe o resultado antes do início do estudo. A classificação geomórfica não é resultado de um estudo prolongado, nem mesmo uma hipótese a ser testada. Somos levados a crer que as categorias escolhidas representam fatos comprovados e a suspender qualquer julgamento quanto à sua validade. Segundo sua afirmação, "de forma certa ou errada, pressupõe-se que, na construção de comunidades, assim como em muitas outras iniciativas humanas, as soluções mais fortes e mais convincentes foram alcançadas no início" (1968: 18). Essa ideia reflete uma falha amplamente difundida na maior parte do urbanismo arquitetônico, a de que, de algum modo, as cidades têm "soluções", refletindo um determinismo físico abrangente e uma inadequada crença no projeto. Aceitar a ideia é o mesmo que dizer que o plano romano para Londinium era superior a tudo o que veio depois – e como vamos julgar isso? Todavia, o princípio de que essas soluções fossem inventadas "no início" é absurdo, assim como a proposição de que qualquer "ideia inicial" fosse a melhor. A maior parte das cidades, assim como o restante da vida, evoluiu gradativamente com base em tentativa e erro, e o que temos hoje, em todos os casos, é a *melhor* solução para o problema, pelo simples motivo de que especular sobre outras soluções, apesar de divertido, constitui um mal direcionado utopianismo/essencialismo, que simplesmente evita os fatos básicos do desenvolvimento urbano.

O terceiro exemplo direcionando uma abordagem tipológica para "soluções" urbanas também está ligado à crença de que "a 'crise urbana' atual, e seu diagnóstico pessimista e autodestrutivo, difere das revoluções ambientais anteriores em sua desorientação contextual. Desenvolvemos uma imensa capacidade para fazer comparações incompatíveis" (1968: 12). Sem considerar o fato de essa comparação ser

Figura 2.1. Exemplo de um assentamento geomórfico: Machu Picchu. Fonte: o autor.

em si mesma incompatível, e que a assim chamada "crise urbana" seja uma característica permanente do desenvolvimento urbano dentro do capitalismo, a ideia de que cidades sejam contextualmente dirigidas também é absurda. Tal ideia pressupõe que o contextualismo poderia ter sido mais adequado, ignorando tanto a realidade do crescimento urbano, como também a impossibilidade de uma escolha retrospectiva. Quarto, provavelmente a afirmação mais contestada de todo o livro é que "a história das origens urbanas é a história da imaginação projetual". Apesar da possibilidade de interpretar mal essa afirmativa, já que "imaginação projetual" é um conceito contestável, Moholy-Nagy não deixa dúvidas de que ela se refere a arquitetos quando cita a afirmação de Marx sobre abelhas, colmeias, imaginação e arquitetos. Deixando de lado questões previamente levantadas sobre o que é *urbano*, *projeto*, *história* etc., certamente ninguém acreditaria que devemos agradecer (ou maldizer) a profissão arquitetônica pela origem das cidades.

Finalmente e concluindo, Moholy-Nagy oferece uma série de opções sob cada título, sem qualquer comentário a respeito de por que estão ali. Entre eles estão

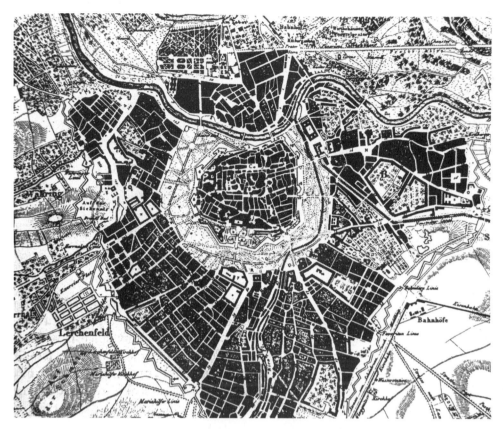

Figura 2.2. Exemplo de planejamento concêntrico. Viena 1860. Fonte: S. Moholy-Nagy, **The Matrix of Man**, London: Pall Mall, 1968, p. 79, Fig. 79.

Figura 2.3. Exemplo de assentamento ortogonal-conectivo: Teotihuacan. Fonte: ☻ Creative Commons.

exemplos como o conjunto habitacional linear de Pedregulho, por Affonso Reidy, nos subúrbios do Rio, "conjunto que foi abandonado antes de ocupado", núcleos piramidais habitacionais para a Sibéria (nunca construídos), a escultura de Luis Barragan perto da Cidade do México e o plano diretor do centro de compras subterrâneo em Montreal. Podemos fazer com isso o que quisermos.

Rowe e Koetter: **Collage City** (Cidade Colagem, 1978)

> *Para todos os movimentos de vanguarda – e não somente no campo da pintura – a lei da montagem era fundamental. E como os objetos reunidos pertenciam ao mundo real, a imagem tornou-se um campo neutro no qual se projetava a experiência do choque sofrido na cidade. O problema agora era ensinar que não se deve "sofrer" o choque, mas absorvê-lo como uma condição inevitável da existência.*
>
> TAFURI 1980: 179

Paradoxalmente, a breve citação de Manfredo Tafuri resume com perfeição a abordagem de *Collage City* de Rowe e Koetter, uma obra que tem *status cult* dentro da comunidade arquitetônica, desde que foi publicada em 1978, apesar de seus autores mencionarem que, de fato, ela foi escrita em 1973. Não sabemos por que se passaram cinco anos antes de sua publicação. *Collage City* é notável, pois difere radicalmente da maioria de outras histórias arquitetônicas e, talvez, eu esteja prestando a ela um desserviço ao incluí-la como um texto cujo foco principal seja uma exposição de história urbana. Por outro lado, nosso interesse é no método, e a obra definitivamente traz um contraste a outros que estão em discussão, oferecendo uma crítica do movimento moderno na arquitetura do século xx, com outras referências históricas significativas. *Collage City* adota a ideia de Utopia como seu tema guia, e o motivo de eu ter incluído acima a citação de Tafuri é que sinto que ela contém as intenções de Rowe e Koetter melhor do que os próprios autores. Como método, eles afirmam que sua intenção é produzir: "Uma proposta para uma des-ilusão construtiva, que é simultaneamente um apelo para ordem e desordem, para o simples e o complexo, para a existência conjunta da permanência e dos eventos aleatórios, para o público e o privado, por inovações e tradições, tanto para a retrospectiva como para o gesto profético." (Rowe e Koetter 1978: 8).

Collage City é um texto desafiador, que fica ainda mais difícil pelo fato de os autores usarem *collage* como método, uma palavra francesa com dois níveis de significado. Primeiro, em seu nível mais simples, significa uma coleção, entretanto mais frequentemente uma coleção artificial de coisas não relacionadas. Em segundo lugar, a palavra denota uma técnica usada em pinturas modernistas, como no dadaísmo, no surrealismo, no cubismo, em que vários materiais diferentes são reunidos numa tela e organizados de modo a se tornar uma única obra de arte. Relacionado a ele, está o termo *bricolage*, que vem do verbo francês *bricoler* (faça você mesmo), usado

História

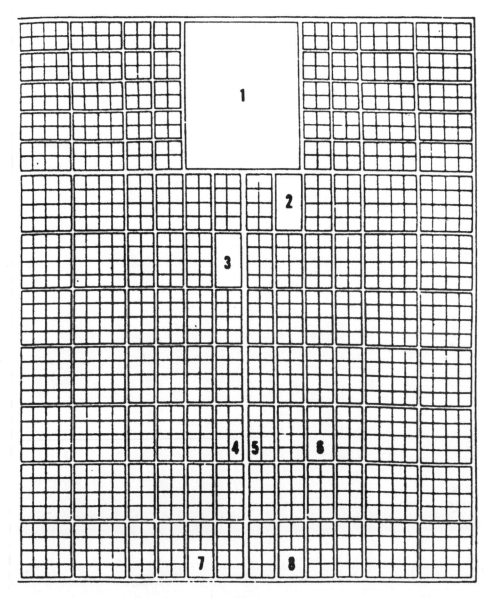

Figura 2.4. Exemplo de planejamento modular-ortogonal: A Cidade Real de Kyoto, 792 a.C. Fonte: S. Moholy-Nagy, **The Matrix of Man**. London: Pall Mall, 1968, p. 162.

para descrever uma abordagem de projeto baseada na tentativa e erro, e não numa metodologia fundamentada na ciência. Portanto, o método empregado por Rowe e Koetter é usar uma multiplicidade de imagens para transmitir complexidade e diferença nos significados, que podem estar associados ao conceito de Utopia, no caso a Utopia (ou mais exatamente *distopia*) da arquitetura e do urbanismo modernos. Ao reler o livro, senti que o conceito de colagem dominava em excesso. Não somente as imagens gráficas fazem uma *mélange* da história, mas também o texto. No espírito da colagem, os significados são produzidos tanto pelas próprias associações do

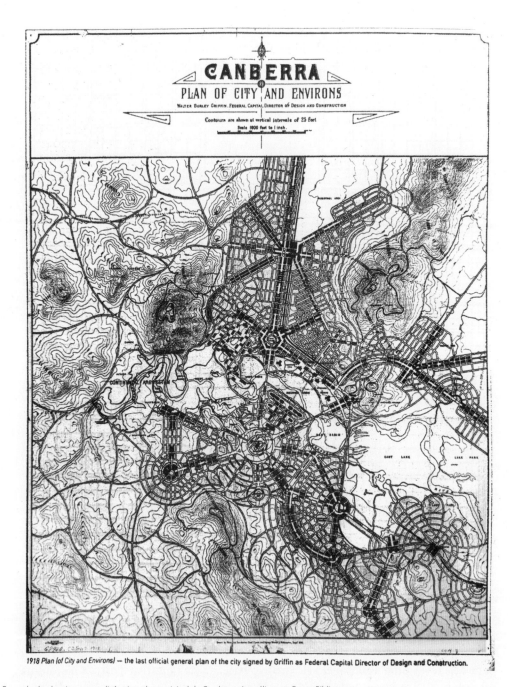

Figura 2.5 Exemplo de planejamento policêntrico: plano original de Camberra, Austrália, 1918. Fonte: Biblioteca Nacional da Austrália.

História

53

leitor como pela erudição do texto. Muitas vezes, só temos a nos guiar as estruturas semânticas e sintáticas da língua inglesa. As ideias lotam todas as páginas e, apesar de muitas serem estimulantes e inspiradoras, no espírito da colagem, não há praticamente nenhuma estrutura à qual o leitor possa se agarrar. De fato, teria sido melhor numerar cada parágrafo, como fez Debord em *The Society of the Spectacle* (A Sociedade do Espetáculo, 1983), ou adotado o método de Baudrillard em sua série *Cool Memories*, na qual o volume 3 é intitulado *Fragments* (Fragmentos, 1990, 1996, 1997). Nos três volumes, as ideias de Baudrillard são colocadas aleatoriamente em parágrafos para que os leitores assimilem como quiserem. Usando esse estratagema, Rowe e Koetter poderiam ter permanecido fiéis à ideia original.

Assim, o método é a colagem, o assunto é história, e o conteúdo é o movimento moderno. O comentário de Tafuri sobre absorver o choque da cidade em vez de sofrê-lo não é bem assimilado pelos autores e, no texto, há sinais de considerável angústia: "A cidade da arquitetura moderna [...] permanece ou como um projeto ou como um aborto: e cada vez mais, parece não haver nenhum motivo convincente de que as coisas serão diferentes, algum dia [...] [e] [...] tanto como modelo físico quanto psicológico ficou tragicamente ridícula." (Rowe e Koetter, 1978: 3, 4)

O método do texto corre paralelamente à natureza um tanto aleatória do processo de projeto, que todos os arquitetos reconhecem como parte fundamental de sua criatividade. Essa aleatoriedade caracteriza a diferença entre arquitetura e engenharia. Porém, ocorrem problemas quando o mesmo método é aplicado à escrita, sem alguma transformação da natureza subconsciente do processo projetual ao texto. A colagem chega até ao nível de sentenças individuais e fica difícil achar o sentido, por exemplo, de:

> A Parúsia da arquitetura moderna. Um pacote de fantasias escatológicas sobre catástrofes iminentes e apocalípticas combinadas a outras sobre o milênio instantâneo. Crise: a ameaça da danação, a esperança da salvação. Mudança irresistível que ainda exige cooperação humana. A nova arquitetura e o novo urbanismo, como emblemas da Nova Jerusalém. As corrupções da alta cultura. A fogueira das vaidades. (Rowe e Koetter, 1978: 32)

Como ocorre em qualquer trabalho criativo, Rowe e Koetter tomam algumas liberdades com as regras, ficando a cargo do leitor decidir se há algo mais a ser comunicado pelos processos aleatórios da colagem ou das histórias mais lógicas de outros autores. Mesmo na parte final "*Excursus*", no local normalmente chamado de "conclusão", os autores afirmam: "acrescentamos uma lista resumida de elementos estimulantes, atemporais e necessariamente transculturais, como possíveis *objets trouvées* na colagem urbanística" (1978: 151), que é tão inconclusiva e enigmática como a conclusão anterior de *The Matrix of Man*. O que vem a seguir é uma seleção aleatória de imagens que são ainda mais desconexas do que a colagem do texto, agrupadas em ruas memoráveis, elementos estabilizadores, conjuntos potencialmente intermináveis, esplêndidos terraços públicos, conjuntos ambíguos de edifícios, instrumentos que causam nostalgia e um jardim, como conclusão. Apesar de fascinantes, as imagens são também incoerentes e não nos informam nada de significativo a respeito de projeto urbano. Fica claro que a história convencional exigia, pelo menos, algum tipo de esclarecimento sobre seus fundamentos, e isso só viria com a economia política de Manfredo Tafuri, alguns anos depois.

Manfredo Tafuri: **Arquitetura e Utopia** (1976)

> *O destino da sociedade capitalista não é de todo alheio ao projeto arquitetônico. A ideologia do projeto é tão essencial à integração do capitalismo moderno, em todas as estruturas e supraestruturas da existência humana, como é a ilusão de ser capaz de se opor a esse projeto com instrumentos de um tipo diferente de projeto, ou de um "antiprojeto" radical.*

TAFURI 1976: 179

> *A primeira das ilusões intelectuais a ser descartada é aquela que, apenas por meio da imagem, tenta antecipar as condições de uma arquitetura "para uma sociedade liberada". Quem propõe tal lema evita questionar-se, descontando o óbvio utopismo, se esse objetivo é examinável sem uma revolução da linguagem, método e estrutura arquitetônicos que vá bem além da simples vontade subjetiva ou da simples atualização da sintaxe.*

TAFURI 1976: 179-180

Redigido como uma versão ampliada do trabalho intitulado *Per una critica dell'ideologia architettonica*, o livro *Architecture and Utopia* (Arquitetura e Utopia, 1976), de Manfredo Tafuri, é um dos mais profundos escritos no século XX sobre arquitetura e projeto urbano. É ao mesmo tempo polêmico e, em certa medida, messiânico no tom, e foi recebido com expressiva violência e resistência quando de sua primeira publicação, já que indicava o fim da arquitetura como era então conhecida. O livro também é um dos mais difíceis de entender, embora, num certo nível, sua mensagem seja brutalmente simples – arquitetos como profissionais do urbanismo estão funcionalmente integrados na estrutura ideológica da empresa capitalista, cujos resultados eles pretendem alterar. Assim, todas as propostas utópicas desses profissionais foram em grande medida rejeitadas ou adaptadas para outros propósitos.

Tafuri retoma essa ideia de Laugier e do Iluminismo, por meio do socialismo utópico do século XIX, até os planos visionários de Le Corbusier e os problemas da aglomeração urbana do final do século XX. Mas apesar de cronológico, o método de Tafuri está vinculado não ao desenvolvimento de formas urbanas, mas a ideias que modificaram e alteraram essas formas. Seu método segue essa progressão integrando mudanças na forma urbana com o desenvolvimento ideológico da empresa

História

capitalista como um todo. Logo no início, ele afirma: "Para discutir esses princípios, é preciso entrar no campo da teoria política já que este se desenvolveu, nos estudos mais avançados do pensamento marxista, desde 1960 até o presente. A crítica ideológica não pode ser separada desse contexto, é uma parte integral dele e, com mais razão, quando está ciente de seus limites e esfera de atuação." (Tafuri, 1976: xi)

Tafuri adota várias importantes trajetórias que se entrelaçam em uma metodologia muito bem elaborada. Primeiro, suas principais ideias dispõem de uma análise marxista progressista com base na economia política, utopismo e ideologia. Ele começa com o Iluminismo e as ideias de projeto urbano de Laugier contidas em *Observations sur l'architecture* (Observações Sobre a Arquitetura, 1985 [orig. 1763]), e avança daí. Sua temática mais abrangente é a da utopia. O utopismo não é meramente tomado como um objetivo prático de produção, como era para Howard, Owen, Stein e outros, mas um grande desafio filosófico e intelectual que se coloca entre o desenvolvimento capitalista e algo mais humano. Estando integrado ao processo, ele está convencido de que, como consequência do papel ideológico do arquiteto, as tarefas da arquitetura, em primeiro lugar, não se relacionam à forma, mas ao processo político. "O que interessa aqui é a identificação precisa das tarefas que o desenvolvimento capitalista tirou da arquitetura" (também é interessante observar que, por volta da mesma época, Manuel Castells se referia a um processo semelhante em planejamento urbano, em *The City and the Grassroots*). Assim, Tafuri vê essas tarefas com supraestruturais, em oposição a superestruturais, apesar de parecer que ambas estão de fato corretas. Tafuri, portanto, concentrou-se numa análise do arquiteto como ideólogo, fortemente envolvido na formação das mesmas estruturas das quais ele busca libertar-se.

Além do marxismo e do utopismo, um segundo tema que fundamenta o método de Tafuri envolve conceitos desenvolvidos a partir das ciências sociais, incluindo, mas não se limitando a Max Weber, George Simmel, Peter Marcuse, Karl Manheim, Walter Benjamin e outros, e teorias de economia – Marx, Keynes, Pareto e Schumpeter – e frases como "(arquitetura) estando diretamente relacionada à realidade da produção" (p. 48) são frequentes. Ele também emprega a terminologia básica da economia política fundamentalista por todo o livro, como parte de seu vocabulário analítico básico – produção, consumo, troca, ideologia, alienação, classe trabalhadora, pensamento burguês etc. Terceiro, o fato de recorrer à arte em paralelo à arquitetura, como método de compreender as contradições inerentes do capitalismo, é onipresente. Muito do movimento moderno em arte é explorado para esclarecer o pensamento crítico do período – a criação e a destruição de valores, a abertura de novas formas de resistência ou opressão, a geração de manifestos políticos ou a possibilidade de libertação de uma forma exploradora de trabalho e alienação etc. Por exemplo, ele descreve o objetivo específico do futurismo e do dada como uma "dessacralização de valores", usando a descrição de Walter Benjamin desses movimentos artísticos com um maravilhoso mas chocante trocadilho, "o fim de uma aura" (p. 56). Apesar de seu uso da arte como esclarecedora, ele também está ciente da inevitabilidade da arte como um resultado da produção industrial.

A História do Futuro

A história do futuro sempre foi uma obsessão para os urbanistas e, em *The Form of Cities* (FOC2: 32-37), delineei uma ampla cobertura das utopias. No geral, os utopistas deveriam dar ouvidos à afirmação de que "nunca se deve escolher a cidade ideal, o ambiente ideal ou a mulher ideal já que, se tudo der errado, a responsabilidade será infernal" (Baudrillard, 1997: 32). Mas a preocupação com uma história do futuro realista (e não imaginada) provavelmente começou com dois livros de Lewis Mumford: primeiro, *The Story of Utopias* (A História das Utopias, 1962 [orig. 1922]) e segundo, *Utopia, the City and the Machine* (Utopia, a Cidade e a Máquina, 1965). Isso prosseguiu até hoje com livros como os de Downey e McGuigan, *Technocities* (Tecnocidades, 1999) e *Cities in the Third Wave* (Cidades na Terceira Onda, 2000), de Ruchelman. Os dois últimos tratam inteiramente do impacto das tecnologias modernas, em uma crescente perda de sentido de lugar e de identidade nas cidades estadunidenses, e do papel dos arquitetos na configuração da paisagem cultural. Uma questão central na futurologia é o impacto das telecomunicações na reestruturação urbana. Cidades centrais podem ser ameaçadas de extinção devido a novas geografias emergentes geradas pela falta de forma das tecnologias digitais e de fibra óptica, entre outros impactos. O urbanismo tecnológico, entretanto, é uma estratégia conservadora de crescimento, preferindo retornar ao racionalismo científico a fazer escolhas mais humanas e arriscadas. Kevin Robbins ecoa esse sentimento quando afirma: "a noção de comunidade virtual... vai logo escapar do mundo real da diferença e da desordem para um âmbito mítico de estabilidade e ordem" (Downey e McGuigan 1999: 47).

Um amplo comprometimento com a tecnologia, sem conteúdo social e com a aceitação cega de "progresso" orientando o desenvolvimento, muito provavelmente irá nos levar a um mundo de duas arquiteturas, uma de profusão e outra de desespero, já que as diferenças econômicas da "Sociedade do Espetáculo" são amplificadas num mundo neocorporativo global de desigualdade e competição crescentes. Como imagem, podemos especular que a experiência pode não estar longe do que Umberto Eco chama de "Nova Idade Média" (Eco 1986). Isso poderia ser facilmente alcançado através da erosão dos conceitos medievais e modernistas da cidade, destruindo significantes historicamente definidos, reduzindo densidades e eliminando distritos comerciais centrais, conforme o espaço de fluxos acabar por dominar. As novas estruturas de poder da globalização serão ocultas e multivalentes, notáveis por sua ausência. O poder não será exercido através da expressão arquitetônica do Estado ou do poder corporativo, e sim por meio da natureza das próprias mercadorias, que significam a expressão material de relações sociais específicas. O império não projetará símbolos visíveis da nova ordem política e, mais provavelmente, fará sua presença ser sentida em estruturas neobenthamianas de vigilância e controle (Hardt e Negri, 2000, 2005).

A propriedade da imagem provavelmente dominará os processos de consumo, conforme o projeto urbano torna-se o agente da tematização ambiental em um mundo de fetichismo de mercadorias. Cidades que tentarem projetar imagem e oportunidades singulares, reais ou simbólicas, provavelmente irão fazê-lo com base em sua capacidade de transformar a história em mercadoria, simular autenticidade, fornecer locais para espetáculos ou conservar exóticos cenários naturais. Centros reconstruídos para espetáculo e fetichismo de mercadorias, agora constituindo um objetivo central nas estratégias de crescimento urbano, já fazem parte da ansiedade de *status* urbano na maior parte dos centros metropolitanos (De Botton, 2004). O parque olímpico de Sydney, por exemplo, foi adaptado para receber corridas de Fórmula Um. Aeroportos já estão se transformando em *aeroportos temáticos* – destinos em vez de pontos de transferência, onde todos os benefícios da cultura local podem ser artificialmente reproduzidos sem passar pela imigração. Para aqueles que não querem viajar para ter experiências "originais", o simulacro pós-turismo anulará a viagem e fornecerá um substituto satisfatório já que a simulação transcende a realidade. Por que deveríamos ir a algum lugar? Para parafrasear a personagem Duc Des Essentes no romance de Huysman, *À Rebours* (Às Avessas, 1833), Alain de Botton sugere que "a imaginação poderia proporcionar um substituto mais do que adequado para a realidade vulgar da experiência real" (De Botton, 2002: 27). Num sentido bastante real, não precisamos olhar para o futuro – ele já está aqui.

Conclusão

Na análise histórica contemporânea, o sentimento geral parece ser de que a teoria é mais um obstáculo que um auxílio. Como podemos observar dos exemplos acima, não há método padrão para denotar a história urbana. Apesar de não haver uma teoria geral da história, esquecemos, muitas vezes, que os objetos da análise histórica (ciência, economia, cultura etc.) têm uma teoria própria expressiva, de modo que a escassez de teoria não é uma ordem para esquecê-la. Pelo contrário, isso reforça a ideia de que é crucial a conexão entre análise histórica e estruturas teóricas adotadas das disciplinas ambientais. De modo geral, as histórias de projeto urbano refletem a negação de qualquer teoria significativa e com poucas exceções, como Tafuri, permanecem fascinantes em seu isolamento mútuo. Isso, porém, não sustenta a recusa de responsabilidade, por parte dos teóricos e profissionais práticos de projeto, de desafiar essa situação e fazer o conhecimento avançar de novas maneiras. Um tema abrangente exemplificado por Rowe e Koetter, assim como por Tafuri, é a posição ideológica do arquiteto/profissional do urbanismo/ urbanista desde o nascimento do modernismo. Todos nós estamos envolvidos na produção do próprio sistema ideológico que queremos mudar. Buscar uma saída é como tentar seguir os contornos de uma fita de Moebius até um destino final. A resposta de Tafuri é inculcar uma forma precisa e incisiva de *ver* a fita de Moebius pelo que ela é, a trajetória geral do desenvolvimento capitalista e o lugar do profissional do projeto urbano dentro dele. Ele nos oferece uma das poucas abordagens heterológicas ao projeto urbano no século xx, um metamétodo que pode ser reaplicado a outras situações, infelizmente mais detalhado numa tradução inglesa quase incompreensível de sua *The Sphere and the Labyrinth* (A Esfera e o Labirinto). Contrariamente, as abordagens mais convencionais de projeto, apesar de interessantes, não trazem nem grandes *insights* nem qualquer método além do superficial, ampliando a necessidade de deslocarmos a ênfase de método histórico *em projeto* urbano para uma heterologia *do* projeto urbano, que Tafuri claramente demonstra.

3. Filosofia

Sentimos que quando todas as perguntas científicas possíveis já foram respondidas, os problemas da vida continuam intactos. É evidente que, então, não restam mais perguntas, e esta é a própria resposta.

WITTGENSTEIN APUD FANN, 1969

Introdução: Origens

A palavra *filosofia* vem de dois termos gregos: *philos* (amor por algo) e *sophia* (sabedoria). Então, pode-se ter uma ideia aproximada do que é filosofia aceitando que o termo tem algo a ver com amor à sabedoria (em oposição ao conhecimento). Felizes certezas, no entanto, param por aí e, então, começa um mundo de especulações. A filosofia contém uma paradoxo essencial, indicado na citação acima de Wittgenstein, isto é, ela permite fazer perguntas que não têm respostas (Wittgenstein 1967, 1974). A clareza conceitual, então, depende daquilo que é revelado no processo de debater ideias e esclarecer proposições. A reação de Wittgenstein à ideia de que a filosofia é inútil era declarar que, embora as ideias não possam ser ditas, ou seja, faladas, elas podem ser *mostradas*. Essa é uma observação altamente significativa para o entendimento do tema do capítulo a seguir. Embora eu não consiga afirmar qual *é* a filosofia de um determinado indivíduo, sua filosofia pode ser vista em seu trabalho e revelada por aquilo que ele faz – é inerente ao seu método.

Desde os filósofos gregos antigos, a ênfase sobre a definição do que constitui a filosofia muda continuamente. O matemático grego Pitágoras a chamou de filosofia, e Aristóteles definiu a atividade como *pensar sobre o pensar*. Mas desde o tempo dos helênicos, Descartes, Locke, Hegel, Marx, Heidegger, Russell, Spencer, Quine e inúmeros outros exploraram progressivamente várias regiões da filosofia, investigando o significado de nossa existência (Lechte 1994). A filosofia, portanto, aborda todos os aspectos possíveis do pensamento humano, incluindo-se aí a ciência, a religião, a arte, a linguagem, a ética, o misticismo etc. Claramente, a filosofia não se limita ao mundo ocidental. A China, por exemplo, tem seus próprios filósofos como Confúcio, Lao Tsé e Mêncio, que tiveram profundo impacto na cultura chinesa, e também a Índia com as escolas Astika, Nastika, Carvaka, budistas e jainistas.

A filosofia principia com curiosidade e imaginação. Qual é o sentido da vida? O que é a beleza? O que existe depois da morte? O que é o tempo? Se exerço meu livre-arbítrio, o que, de fato, estou exercendo? A negação de deus é o mesmo que não acreditar nela? A filosofia é o árbitro das respostas a essas perguntas. É também uma atividade especulativa – não se pode obter satisfação na filosofia se a resposta já está fixada na mente de alguém. Até certo ponto, a filosofia se compara à ciência, porque formula perguntas, produz hipóteses, enuncia soluções e chega a certas respostas. A diferença fundamental, se aceitarmos a posição de Wittgenstein, é que a filosofia não tem provas. Ainda que a ciência avance refutando hipóteses, ela ainda depende de provas para avançar. A filosofia se baseia na comparação entre diferentes posições ou pontos de vista. Comte-Sponville diz que: "A filosofia não é uma ciência, nem sabedoria, nem mesmo conhecimento: é uma meditação sobre o conhecimento disponível." (2005: xii) Pode-se ainda dizer que toda filosofia é uma crítica da linguagem, no sentido de que qualquer que seja o objeto de nossa atenção, devemos recorrer à linguagem para expressá-lo. Assim, Wittgenstein articulou muitas de suas ideias naquilo que chamou de jogos de linguagem, desenvolvendo o que denominou "a teoria pictórica do significado" para explicar o que era impossível de ser explicado com palavras. Ou seja, "Por que não se ensina uma criança o jogo da linguagem, 'parece vermelho para mim', desde o início? Porque a criança ainda não é capaz de entender a distinção sutil entre parecer e ser? A impressão visual vermelha é um novo conceito." (Wittgenstein 1970: 422-423)

A filosofia é a heterologia da qual todas as outras surgem, como se, sem ela, os significados não pudessem ser vinculados à natureza e explorados no contexto. No capítulo 1, mostrei a importância do empirismo lógico para o desenvolvimento de uma filosofia contemporânea da ciência e para a teoria social em geral (ver também FOC3: 53). Mencionei também a importância da filosofia para seis influentes escolas de urbanismo, apesar do fato de quanto mais alguém procura nessas escolas por uma filosofia amplamente aceita, mais ela se fragmenta para uma questão de método individual ou para os tipos de tópicos a serem investigados.

Influências

As principais escolas de pensamento que influenciaram as nossas reflexões sobre a forma e o conteúdo urbanos estão em *The Form of Cities* (A Forma das Cidades, 3: 55-65). Essas escolas situavam-se em lugares específicos, embora, em certas situações, os indivíduos tinham a possibilidade de se associar a uma escola específica, sem de fato morar em seu epicentro (a atual Escola de Los Angeles é, hoje, o melhor exemplo). As seis escolas são as de Viena, Frankfurt, Chicago, Weimar e Dessau, Paris e Los Angeles.

Viena

O período conhecido como *fin-de-siècle* (virada do século) testemunhou uma explosão da atividade criativa em Viena e o nascimento das duas heterologias de projeto urbano que continuam conosco até hoje, a saber, o funcionalismo, cujo principal proponente foi o engenheiro vienense Otto Wagner, e o contextualismo, cuja figura central era o arquiteto vienense Camillo Sitte (1945). Embora esses paradigmas permaneçam vivos e bem, sua importância original se perdeu. A produção material de formas urbanas surge da economia política da época, e a lógica que exigiu esses dois estilos, por volta de 1900, desapareceu. Eles existem agora como uma estética intangível, implantada por arquitetos e urbanistas onde as origens econômicas, políticas e culturais que as legitimavam não mais atuam. Então, até que ponto o debate entre contextualismo e funcionalismo modernista parece anacrônico, diante da pós-modernidade e de uma nova economia global, permanece uma questão em aberto. O Estado neocorporativo e as empresas de hoje estão gerando novos relacionamentos na estruturação formal das cidades. Portanto, o uso, seja do funcionalismo ou do contextualismo, para resolver problemas espaciais, representa uma tentativa inegável de enxertar padrões históricos numa economia que, provavelmente, requer sua própria lógica arquitetônica e espacial. Por isso, a heterologia convencional é a da produção globalizada e suas implicações para um funcionalismo/modernismo ultrapassado. É sempre mais fácil projetar para o passado que para o presente. Apesar disso, dificilmente as tradições desaparecem, e uma dose crônica de modernismo ainda continua a embasar muito da nossa produção arquitetônica.

Embora o funcionalismo e o contextualismo possam, agora, ser considerados formas estéticas superestruturais e produto de um historicismo ultrapassado, no final do século XIX, eles representavam escolhas sérias entre diferentes formas de sociedade. A explosão da atividade intelectual que acontecia em Viena estava levando toda a Europa a um território desconhecido, e a forma da cidade para aquela nova era não era simplesmente uma questão de escolha estética. Constituía nada menos que a manifestação simbólica de uma nova era. Em nível ainda mais profundo, o método adotado para reestruturar Viena representava uma nova forma de consciência. Junto com a economia, a mente humana também estava sendo reformada – Freud revelava estruturas psicológicas escondidas, Gustave Klimt e Egon Schiele retratavam a desintegração do império dos Habsburgo e Arnold Schoenberg reinventava até mesmo a forma de criar música, com uma escala musical de doze tons que resultava em composições totalmente novas. Nas palavras de Mies van der Rohe, se a arquitetura fosse, de fato, "música congelada", então ela também estava sendo inteiramente reconceituada.

Por sua vez, o método de Sitte de abordar o contextualismo desenvolveu-se de interesses na arqueologia, na fisiologia da visão e na percepção do espaço, no darwinismo e, mais importante, até um senso de nacionalismo vivido intensamente:

> ele era intensamente germânico ou teutônico no geral e sentia que qualquer arte verdadeira deve ter uma base no impulso nacional de um povo [...] todo sentimento subjetivo sério, toda aspiração espiritual mais elevada deve ser e só poderia ser *nacional* [...] Por sua vez, Sitte usou como padrão para si mesmo os heróis germânicos de Wagner, envolvendo-se em batalhas, como Siegfried, cujo nome ele deu ao seu filho mais velho. (Collins e Collins 1986: 32)

Tais compromissos, combinados com um nacionalismo e um romantismo intensamente vividos, levaram claramente a uma heterologia onde as formas históricas eram adoradas. Isso se refletiu no seu amor pela cidade medieval e pelas tradições históricas do urbanismo e do espaço público da Alemanha. Sua obra-prima, *Der Stadtebau nach Seinen Kunstler ischen Grundsatzen* (A Construção das Cidades Segundo Princípios Artísticos), contém dezenas de exemplos de ruas, praças e outros espaços cívicos alemães – Freiburg, Munique, Ulm, Stettin, Frankfurt, Wurzburg, Regensburg, Colônia, Lübeck e muitas outras. O método de Sitte emergia dessas influências como o mais poderoso exemplo do pensamento contextualista na história da forma urbana, não como mera escolha estética, mas como escolha que, para ele, expressava suas mais profundas convicções sobre a redenção dos ideais nacionais por meio da regeneração cultural e do desenho urbano.

O concurso para o projeto do *Ringstrasse*, o anel viário de Viena, em 1893, foi vencido pelo engenheiro-arquiteto Otto Wagner e, com isso, desapareceram as aspirações nacionalistas de Sitte, pelo menos nas formas contextualistas que ele tinha idealizado. Poucas vezes, em concursos arquitetônicos, foram tão pronunciadas as diferenças nas metodologias de projetos para requalificação da área central da cidade. Para piorar as coisas, Wagner consagrou sua própria proposta com a frase em latim *Artis sola domina necessitas*, significando "a necessidade é a única amante da arte" (Schorske 1981: 73). O método de Wagner era a abordagem totalmente funcional do engenheiro e da régua de cálculo e, de fato, as claras preocupações de Sitte com princípios artísticos e embelezamento não tiveram nenhum espaço no programa do concurso. "Onde Sitte tentou expandir o historicismo para redimir o homem da tecnologia e funcionalidade modernas, Wagner trabalhou na direção

Filosofia

oposta. Ele desejava reverter o historicismo no interesse dos valores de uma civilização urbana consistentemente racional." (Schorske 1981: 74)

A atitude de Wagner era, portanto, adotar a função como único embasamento possível para a arte e para a arquitetura e, sobre essa base, executar seu plano para o anel viário e para a grande Viena. Se acontecesse, a Arte seria um subproduto de outras exigências mais elementares, e sua abordagem refletia isso. Da mesma forma, a economia capitalista introduziu a ideia de que a cidade deveria ser administrada como uma empresa produtiva; sua função era puramente utilitária. Transporte eficiente para a produção e circulação de mercadorias reificava a necessidade de monumentalidade no traçado viário e, com isso, o lugar secundário do cidadão. Intervenções barrocas, sob a forma de praças e largos, tornaram-se a resposta para a anomia induzida pelas fachadas lineares ao longo das principais avenidas. A História era algo a ser projetado, não evocado; o urbanismo deveria se basear em formas espaciais modulares; o espaço urbano era pensado para aumentar o poder do Estado e de suas instituições; a vegetação e o plantio de árvores nas ruas eram puramente decorativos, como cobertura de bolo. Assim, Viena preparou o cenário para o projeto urbano no século xx.

Frankfurt

O Institut für Sozialforschung (Instituto Para Pesquisa Social) de Frankfurt (1923-1944) foi provavelmente a maior escola de pensamento do século xx, apesar de limitar-se a cinco teóricos de peso, a saber: Horkheimer, Theodor Adorno, Herbert Marcuse, Leo Lowenthal e Friedrich Pollock. Mas outros nomes conhecidos também se associaram à escola, como Walter Benjamin, Wilhelm Reich, Jürgen Habermas e Erich Fromm. Para quem quiser estudar a Escola com mais profundidade, são indispensáveis os trabalhos de Slater (1977), Held (1980) e Arato e Gebhart (1982). Cada um desses teóricos tem muitos livros publicados, e os de Walter Benjamin e Theodor Adorno têm uma particular relevância para nosso projeto. Também vale destacar que muitos desses teóricos eram judeus e tiveram de fugir da Alemanha antes do Holocausto, sendo que Benjamin foi forçado a cometer suicídio para não ser pego pelos alemães no lado errado da fronteira espanhola.

A Escola de Frankfurt concentrou-se em torno da filosofia e de epistemologias daquilo que denominava *teoria crítica*, a heterologia para a maior parte do seu trabalho, e é tentador descrevê-la como um simples casamento entre os métodos do marxismo e do freudismo, em uma tentativa de reunir o indivíduo inteiro, que possuía uma existência tanto psicológica quanto material (Marcuse 1962). A psicanálise construiu as bases para uma nova forma de ação comunicativa (Habermas) e agressão sublimada (Marcuse). Também adotou a ideia marxista da dialética, ou a simbiose contínua entre a teoria e a práxis. Entretanto, o extenso paradoxo que, por muitos anos, impulsionou a Escola de Frankfurt, foi questionar como a promessa do Iluminismo, com todas as suas tendências civilizatórias, de emancipação e aprendizado, poderia ter resultado em um declínio tão diabólico em direção ao holocausto. A resposta dada pelos membros dizia que o responsável era o próprio Iluminismo: "Foi a dominação da cultura e da sociedade modernas por aquilo que eles chamaram razão técnica, a difusão da racionalidade instrumental e burocrática para todas as esferas da vida, produzindo o que chamaram de sociedade inteiramente administrada – ou a sociedade do totalitarismo – que mutilou e distorceu a promessa do Iluminismo." (Hall e Gieben 1992: 266)

O principal problema era que a racionalidade se transformara em racionalidade técnica, excluindo assim outras formas de raciocínio que não eram científicas. As fundamentadas discussões sobre moralidade, política e cultura foram reduzidas a uma que era técnica e, portanto, um pouco cruel. Usando o marxismo como seu *alter ego* intelectual, os teóricos da Escola de Frankfurt acrescentaram temas de Weber e Freud – por exemplo, as divisões internas do Estado moderno; a onipotência emergente das burocracias; a relação entre o indivíduo e o pluralismo de valores; a alienação causada por uma nova divisão de classes do trabalho; um expressivo envolvimento com a esfera pública; e a relação entre a vida subconsciente e a vida social. Até esse ponto, eles estavam envolvidos na exploração de novas formas de ação política que poderiam resultar na realização do indivíduo inteiro atuando dentro de uma economia política inconsciente – uma, ao menos, parcialmente livre de sua própria dissonância e inconsistências internas.

Apesar de muitos considerarem que a Escola de Frankfurt de Teoria Social seja a origem da teoria crítica, Turner é da opinião de que os teóricos da Escola de Frankfurt não inventaram a teoria crítica, nem retiveram direitos de propriedade nessa empreitada. Tiveram, sim, um papel crucial ao reunir suas principais tradições intelectuais e também ao desenvolver uma visão de como uma teoria social séria poderia promover o discurso na esfera pública (Turner 2000: 462). Essa tradição foi desenvolvida, sobretudo, no trabalho de Jürgen Habermas e seus colegas, mas também por outros trabalhando dentro da tradição pós-estruturalista, nas questões de gênero e estudos de mídia, história da arte e outras áreas.

Das seis escolas descritas aqui, a de Frankfurt pode ser facilmente descartada como a menos relevante para a compreensão do projeto urbano, pela simples razão de que lá praticamente não existia a discussão da forma urbana (talvez a única exceção fosse Walter Benjamin). No entanto, seu crescimento incluiu todo o período da Bauhaus e sua orientação para a função social da arquitetura e da produção urbana, sobre a qual ela teve uma influência singular. Não se pode separar facilmente a interação entre as duas escolas de pensamento, em especial porque os membros da Escola de Frankfurt eram grandes críticos da arte e da sociedade, uma relação fundamental para a ação da Bauhaus e sua filosofia. Por essa razão, pode-se dizer que a Escola de Frankfurt era heteróloga em relação à inteira existência da Bauhaus – representava muito daquilo que os membros estavam pensando quando consideravam seus manifestos, relações sociais e da arte. Enquanto a última lidava com a teoria crítica sob o disfarce da arte e da arquitetura, a primeira lidava com a teoria crítica na forma de textos e outros trabalhos literários.

Ambas teceram duros comentários sociais à República de Weimar, até que foram silenciadas pelo fascismo.

Weimar e Dessau – a Bauhaus

A Bauhaus em Weimar foi estabelecida em 1919. Por toda sua sofisticação, sua heterologia de base promoveu um retorno à relação medieval entre mestre e aprendiz, em vez de avançar nas novas direções disciplinares ditadas pela teoria. Felizmente, o novo conhecimento não parou lá e, além das escolas de Frankfurt e da Bauhaus, dois outros institutos influentes foram fundados na Alemanha mais ou menos na mesma época. Em 1920, também foram criados o Instituto Psicanalítico de Berlim e a Universidade Alemã de Política (Deutsche Hochschule für Politik). Em quatro anos, quatro instituições foram montadas para investigar a sociedade, a política, a psicanálise, a arte e a arquitetura, todas interagindo de várias maneiras, mas, em especial na Bauhaus, onde a interdisciplinaridade era uma atividade essencial de todo o aprendizado.

Apesar do fato de ter sido originada na tradição e habilidade de trabalhos manuais, rapidamente a Bauhaus teve de se adaptar às novas formas de industrialização e adotar as tecnologias de produção em massa, cujas tendências ela deveria contestar. Embora seus diretores fossem todos arquitetos, a Bauhaus teve enorme impacto no desenvolvimento das disciplinas ligadas ao ambiente construído e das Belas Artes, incluindo, mas não se limitando, a: arquitetura, planejamento e projeto urbano, pintura, escultura, fotografia, teatro e outras formas de arte. Foi uma das maiores fontes de inspiração artística em todo o século XX e era verdadeiramente visionária em sua postura (FOC3: 60-63). Muitos mestres do século XX estavam ligados à Bauhaus, incluindo Mies van der Rohe, Walter Gropius, George Grosz, Ludwig Hilberseimer, Paul Klee, László Moholy-Nagy, Joseph Albers e Vassíli Kandínski. Ainda que a Bauhaus pudesse ser chamada de "escola de arte", como muitas outras pelo mundo, o que a tornou tão diferente? Por que, ao longo de todo o século XX, a Bauhaus se destaca como totalmente única e singular, uma instituição tão acima de todas as outras?

A resposta a isso reside em nossa busca por heterologias. Mesmo que a Bauhaus ainda represente o santo graal para muitos arquitetos e urbanistas, como a fonte do modernismo no projeto, o paradoxo é que poucos aprovariam sua mudança de orientação em direção ao comunismo, marxismo, socialismo e ideologia soviética em geral, perspectivas políticas que não podem ser facilmente descartadas como determinantes de seu sucesso. Além disso, um poderoso estímulo para o estabelecimento da Bauhaus está no trabalho do inglês William Morris, também socialista. Na verdade, o primeiro diretor da Bauhaus, Walter Gropius, apoiava o bolchevismo, ainda que mais tarde ele tivesse que moderar sua política. O segundo diretor, Hannes Meyer, era comunista declarado, e Mies van der Rohe, o terceiro diretor, fez o melhor que pôde para parecer apolítico. Antes de sua indicação como diretor fundador da

Bauhaus, Gropius também tinha pertencido a um grupo revolucionário expressionista chamado Novembergruppe, cujos membros eram todos de extrema esquerda: a associação incluía o dramaturgo Bertolt Brecht, o compositor Alban Berg e outros.

Portanto, não é de surpreender que a ideologia soviética também dominasse, uma ideologia na qual o construtivismo, em especial, permeava todas as artes de forma indiscriminada. O construtivismo era a forma de arte dos soviéticos socialmente sancionada naquela época, e sua orientação filosófica de integrar arte e sociedade teve enorme influência na ideologia coletiva da Bauhaus por meio de artistas como Malevitch, El Lissítzki e Tatlin. Após 1925, o foco na aprendizagem com base artesanal mudou radicalmente para abranger as tecnologias do industrialismo. Depois do manifesto de Oskar Schlemmer para a primeira exposição da Bauhaus, declarando que a missão da Bauhaus era construir a "Catedral do Socialismo", o trabalho foi esvaziado antes de ser lançado e, como ironicamente observa Conrads, "várias cópias completas chegaram ao público e deixaram a Bauhaus *sob suspeita* de ser uma instituição que se envolvia em política" (Conrads 1970: 69; itálico meu).

A Bauhaus foi pega em um período crucial na História, no qual o deslocamento dos ofícios manuais (baseados sobretudo na pedra e na madeira) para a produção em massa (usando materiais novos e manufaturados) era tanto inesperado como iminente. A confusão é claramente demonstrada nos vários manifestos escritos por seus membros e diretores. Em 1919, Gropius dizia: "Arquitetos, escultores, pintores, todos nós devemos retornar aos nossos ofícios artesanais! Porque a arte não é uma profissão [...] vamos criar uma nova guilda de artesãos sem as distinções de classe que erguem uma barreira arrogante entre artesãos e artistas!" (Conrads 1970: 49) Apenas cinco anos depois, em 1924, em um manifesto a respeito da construção industrializada em relação às novas tendências da arquitetura, Mies van der Rohe afirmava que: "Isso vai nos levar à total destruição do ofício de construir da forma que ele existiu até hoje; mas aqueles que se lamentam que a casa do futuro não pode mais ser construída por artesãos da construção devem ter em mente que o carro a motor não é mais construído pelo construtor de rodas." (Conrads 1970: 82)

Embora não existisse um único método ou filosofia Bauhaus, é claro que as heterologias foram prevalentes na criação de produtos, pinturas, esculturas, tapeçarias, arquitetura, projetos de planejamento e projeto urbano etc., muitos dos quais ainda hoje permanecem como obras-primas. Seu foco original numa abordagem medieval de ensino, rapidamente adequou-se às realidades da produção em massa socializada. Para lidar com esse e outros fenômenos, o pensar sobre o pensar era central à sua existência e, desde aquela época, a visão de mundo da Bauhaus (Bauhaus *Weltanschauung*) nunca foi seriamente desafiada por qualquer outra escola de arte ou arquitetura em termos de suas conquistas. O *éthos* da Bauhaus era saturado de ideologias políticas, conceitos e métodos extraídos da psicanálise, da literatura e da teoria social. Combinados abertamente com todas as formas do novo conhecimento, atividade revolucionária e mudança social, seu brilho criativo estava garantido. Esse *éthos* geral é aquele que os programas de projeto urbano em toda a academia bem poderiam ressuscitar hoje.

Filosofia

Chicago

Na teoria estritamente urbana, a Escola de Sociologia de Chicago foi, sem dúvida, a mais importante instituição de seu tipo no século xx (FOC3: 58-60). Também foi importante já que desenvolveu uma variedade de modelos de crescimento urbano revelados na teoria concêntrica (Burgess 1925; Ilustrações 3.1 e 3.2), na teoria setorial (Hoyt 1933, 1939; Figuras 3.3 e 3.4) e na teoria polinuclear de Harris e Ullman (1945). Para o projeto urbano, mais importante foi o conceito biótico de comunidade, retraduzido em termos físicos como vizinhança, *quartier*, *barrio* e outros. Mais tarde, a teoria urbana iria demonstrar a total inadequação de usar modelos como esses, sendo Los Angeles um caso sério nesse aspecto. Fundada por Park e seu aluno Louis Wirth, a Escola produziu muitas figuras importantes e dominou a teoria urbana por mais de trinta anos. As influências originais de Park foram os filósofos John Dewey e George Simmel, com quem ele manteve contato durante seu doutorado na Universidade de Berlim. Seu método de estudar a vida urbana, na época, era "empregar os mesmos modelos etnográficos usados por antropólogos para estudar os povos nativos dos Estados Unidos" (Lin e Mele 2005: 65). Recentemente, Michael Dear (2002) designou Chicago e Los Angeles como os arquétipos da cidade estadunidense no século xx. Ambas têm universidades nacionais, teóricos internacionalmente importantes no campo urbano e um sério debate intelectual em torno dos problemas de crescimento e desenvolvimento urbanos. A comparação de Dear é esclarecedora e será usada aqui e abaixo no contexto da Escola de Los Angeles.

As Escolas de Chicago e de Los Angeles representam métodos de explicar a forma e o crescimento urbanos e se basearam em cidades totalmente divergentes em seu desenvolvimento. Portanto, não é de surpreender que o desenvolvimento físico dessas cidades seja comparado ao trabalho intelectual necessário para compreendê-las. A força motriz por trás da Escola de Chicago era Robert Park, cujo método fundamentava-se no exame e na classificação sistêmica dos fenômenos sociais e suas interações. Seu estímulo original, ao menos em parte derivado do naturalista evolucionário John Dewey, era o conceito de darwinismo social, que orientou a Escola de Chicago por décadas, na qual a ordem biótica e os princípios evolucionários observados por Darwin foram, indiscriminadamente, aplicados a populações humanas.

Para Park e seus seguidores, as propriedades características da organização biótica representavam o modelo básico para estudar a vida urbana – *habitat*, territorialidade, competição, conflito, simbiose, acomodação e assimilação. Representavam ainda o modelo básico de comunidade derivada da complexidade resultante entre suas várias formas associadas. Além disso, as formas de relação poderiam, igualmente, ser caracterizadas como predatórias (prejudiciais aos outros), comensais (convivendo sem danos) ou simbióticas (apoio mútuo). Park também usou dois outros princípios fundamentais de dominância e sucessão para indicar o desenvolvimento do processo biótico, sobre cujas bases ele justificou tais fenômenos como

1. **Distrito Financeiro Central**
2. **Zona de transição.** Grupos recentes de imigrantes, habitações e fábricas deterioradas, edifícios abandonados.
3. **Zona da classe trabalhadora.** Cortiços unifamiliares.
4. **Zona residencial.** Habitações individuais.
5. **Zona de passageiros.** Subúrbios (bairros afastados).

Figura 3.1. Modelo de crescimento urbano por zonas concêntricas, de Burgess, 1925. Fonte: Redesenhado pelo autor a partir do desenho original de Burgess.

I   DFC (Distrito Financeiro Central)
II Zona em transição
III Zona interna de casas de trabalhadores
IV Zona de casas de trabalhadores prósperos
V a Zona de residências de melhor classe social (classe média)
V b Classe média alta (aspecto favorável)
VI a Zona de passageiros – alto **status**
VI b Zona de passageiros – heterogêneo
VI c Zona de passageiros – baixo **status**

- Atacado
- Indústria leve
- Indústria pesada
- Habitação pública
- Distrito de gentrificação

[Growth Corridor:]
[Public Housing Estates:]
[Exurban Heterogeneous:]
[Heterogeneous Belt:]
[Regional Centre/Micro Transition Zone:]
[Flats:]

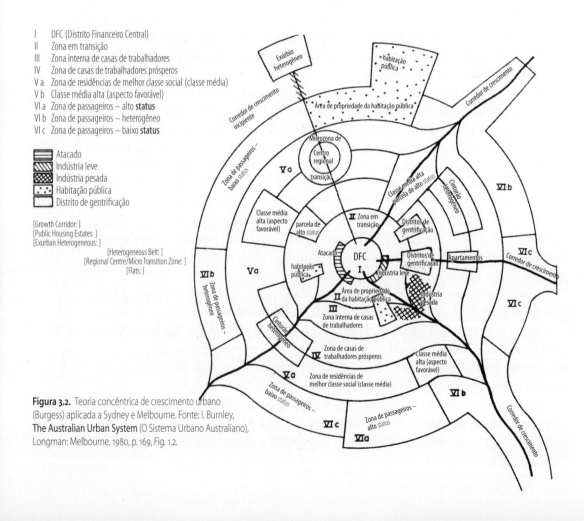

Figura 3.2. Teoria concêntrica de crescimento urbano (Burgess) aplicada a Sydney e Melbourne. Fonte: I. Burnley, **The Australian Urban System** (O Sistema Urbano Australiano), Longman: Melbourne, 1980, p. 169, Fig. 1.2.

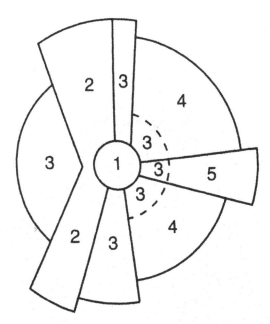

Distrito Financeiro Central (DFC)
Atacado, manufaturas leves
Zona residencial de classe baixa
Zona residencial de classe média
Zona residencial de classe alta

Figura 3.3. Teoria Setorial de Crescimento Urbano, de Hoyt. Fonte: M. Pacione, **Urban Geography: A Global Perspective**, London: Routledge, 2009, p. 142, Fig. 7.3.

Figura 3.4. Teoria de crescimento urbano setorial de Hoyt e sua aplicação a Sunderland. Fonte: M. Pacione, **Urban Geography: A Global Perspective**, London: Routledge, 2009, p. 142, Fig. 7.3.

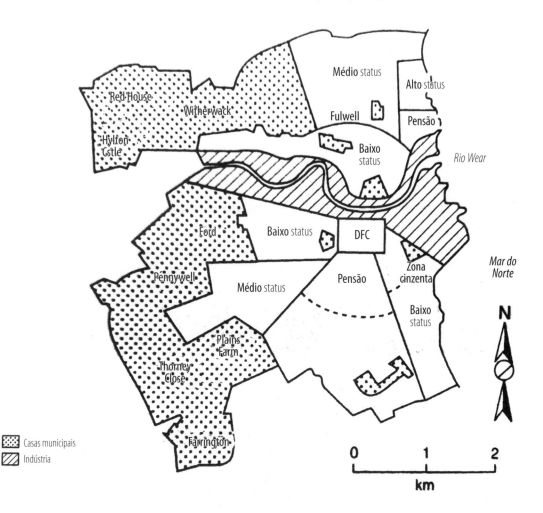

desigualdades urbanas e funcionamento livre dos princípios de mercado. Tomando emprestado de Darwin sua estrutura metodológica-chave, a Escola de Chicago foi criticada pelo seu papel como sistema de apoio à vida para metodologias sem qualquer teoria significativa própria. Por si só, a pesquisa dominou, e era pequeno ou inexistente o desenvolvimento de qualquer teoria social emergente, além de suas origens darwinianas, dependente que era de modelos espaciais cuja influência se estendia muito além do seu prazo de validade.

Além de Darwin, Park colheu informações de outros evolucionistas, como Ernst Haeckel e Julian Huxley. Portanto, ele se inspirou grandemente na ideia de que os processos existentes nas comunidades bióticas geraram sistemas espaciais análogos àqueles dos humanos e, portanto, poderiam ser pesquisados da mesma forma. O conceito de comunidade tornou-se, então, a peça central dos esforços de Park para dar forma à ação humana, apesar de ter reconhecido o papel desempenhado, na vida social humana, por uma ordem política e moral que não existia na natureza. Isso criou uma série de problemas que nunca foram resolvidos, resultando no desaparecimento da Escola de Chicago:

> A tensão entre a ecologia humana, como uma abordagem dentro da sociologia urbana, e da ecologia humana como disciplina distinta e básica das ciências sociais percorre todo o trabalho da Escola de Chicago. É basicamente uma tensão entre definir a perspectiva em termos de um objeto de estudo concreto, visível e físico – a comunidade – e defini-la em termos de um problema teoricamente específico – a adaptação das populações humanas ao seu ambiente. Sempre que Park se referia a essas questões metodológicas (o que não era muito frequente) ele adotava, como Wirth sugerira, a última posição, argumentando que a ciência era definida pelo objeto teórico que propunha e não pelo objeto concreto que estudava. (Saunders 1986: 53)

A mesma tensão existe até hoje com conceitos de "comunidades" vindos da Escola de Chicago, implantadas dentro de projetos de planejamento e projeto urbano como unidade socioespacial fundamental, mas sem a credibilidade que Darwin lhe outorgava. O conceito de comunidade, embora generalizado, nunca resolveu a relação entre formas espaciais e formas sociais, apesar da enorme quantidade de pesquisas realizadas – por exemplo, na ideia de *The Human Community* de C.A. Doxiadis – há quase trinta anos mais ou menos, a partir do final da década de 1960, com vestígios ecoando no presente (FOC9: 208-211).

Paris

Em 1968, Paris não era só um fulcro de mudanças sociais. Era também um lugar específico (*locus*) de atividade intelectual em estudos urbanos e desenvolvimento regional, produzindo grandes teóricos como Henri Lefebvre, Alain

Touraine, Manuel Castells, Alain Lipietz, Michel Crozier e Fernando Cardoso. Muitos deles trabalharam juntos na Universidade de Nanterre, no final dos anos 1960 e início dos anos 1970. Mas, sem dúvida, foram Lefebvre e seu aluno Manuel Castells que revolucionaram os estudos urbanos a partir da década de 1970, usando métodos radicalmente abalizados e, portanto, radicalmente diferentes das débeis metodologias da ecologia humana. Lefebvre tinha noventa anos quando morreu em 1991. Teve uma criação católica jesuítica, viveu duas guerras mundiais e lutou na Resistência Francesa contra os alemães e o governo de Vichy. Politicamente, ele era tanto marxista como membro do Partido Comunista, até ser expulso em 1958 (provavelmente por sua crítica ao stalinismo). Lefebvre foi intensamente influenciado pela filosofia de Hegel e escreveu mais de trezentos artigos e sessenta livros, embora poucos tenham sido traduzidos para o inglês (Merrifield 2002: 62). Como seguidor de Hegel, teve contato direto com a fenomenologia no livro *Fenomenologia do Espírito* (Hegel 1977), mas, apesar disso, o tema não parece ter afetado substancialmente seus principais trabalhos. Estudou na Sorbonne em 1920 e teve contato com intelectuais e pintores do dadaísmo, surrealismo e do movimento situacionista.

Lefebvre foi essencial ao transportar o estudo teórico do desenvolvimento capitalista para o campo do espaço. As referências são seus livros *The Survival of Capitalism* (A Sobrevivência do Capitalismo, 1976) e *The Production of Space* (A Produção do Espaço, 1991). O último é, sem dúvida, o mais popular entre urbanistas, arquitetos e *designers*, apesar de o foco básico do intelectual francês ser a produção social do espaço dentro do capitalismo. Ele mesmo admite isso, embora possa parecer tautológico: "Muitos vão achar difícil endossar a noção de que o espaço assumiu, no atual modo de produção, na sociedade como ela é de fato, um tipo de realidade própria, distinta, porém muito parecida com as assumidas no mesmo processo global pelas mercadorias, pelo dinheiro e pelo capital." (Lefebvre 1991: 26)

Na metade do *A Produção do Espaço*, Lefebvre muda da produção social para a arquitetura espacial. Aqui, seu método de examinar o espaço mudou de acordo com a ideia de espaço como uma realidade concreta. A diferença entre espaço e poder é então contida no conceito de uma "unidade fragmentada". Embora reconheça a diferença entre redes de práticas espaciais, do nível micro da arquitetura ao nível macro do planejamento urbano e regional, ele ainda alerta que "redes desse tipo ainda estão confinadas à classificação de fragmentos no espaço, enquanto o conhecimento autêntico de espaço deve abordar a questão de sua produção" (1991: 388).

Conquanto parecesse não haver nenhuma discordância com relação a esse ponto por parte de seu ex-aluno Manuel Castells, este, em sua obra seminal *The Urban Question* (A Questão Urbana, 1977), atacou o trabalho de Lefebvre durante a década de 1960 e, embora Lefebvre fosse o orientador de sua tese, Castells declarou publicamente que: "Touraine, historiador por formação, buscava fundar uma nova escola de teoria sociológica, e me ensinou tudo que sei, em sentido fundamental. Touraine tornou-se, e continua, meu pai intelectual. Toda minha história intelectual, minha carreira e minha vida foram moldadas e protegidas por Touraine. Sem ele, eu jamais teria sobrevivido à repressão da academia francesa." (Ince 2003: 12)

A partir de Lefebvre, Touraine, Nicos Poulantzas e do filósofo francês Louis Althusser, o brilhantismo de Castells veio à tona em *The Urban Question*, publicado na França, em 1972, e que lançou os alicerces intelectuais da nova sociologia urbana. Alguns anos depois, ele reconheceu sua dívida intelectual com Touraine publicando *The City and the Grassroots* (1983), um extenso estudo dos movimentos sociais urbanos que levou o trabalho de Touraine a um novo patamar para estudos urbanos.

Los Angeles

Desde o desaparecimento da Escola de Chicago entre 1950 e 1980, a teoria urbana nos Estados Unidos não se consolidou em nenhum grande centro populacional, e a Escola permaneceu como a influência mais bem-sucedida no século XX. Antes de 1980, Los Angeles era vista mais como um desvio, uma cidade que, de alguma forma, evitara o crescimento normal das cidades como proposto nos modelos da Escola de Chicago (Conzen e Greene 2008). Mas, durante os anos de 1980, um grupo de teóricos começou a se juntar em torno de um novo tipo de cidade que seria visto como paradigmático da urbanização no início do século XXI (Scott e Soja 1986). A cidade era Los Angeles, onde uma forma inteiramente nova de urbanização estava se desenvolvendo (Garreau 1991; Dear e Flusty 1998; Soja 2000). Assumiu a forma de uma região metropolitana polinucleada, completamente diferente do modelo proposto por Harris e Ullman, no qual inverteu-se o processo histórico do centro da cidade ditar a natureza centrífuga do crescimento urbano (Gottdiener e Klephardt 1991).

Entretanto, Los Angeles era completamente diferente de Chicago, sendo grandemente ignorada como um não lugar caótico, descentralizado e espalhado. Era tão desorganizada física e politicamente, que era vista como um buraco negro unido pelas autoestradas. Claramente tiveram pouca relevância aqui os pequenos e elegantes modelos da Escola de Chicago, com seus anéis de crescimento identificáveis e unificados, ou zonas previsivelmente ordenadas de atividades alinhadas em setores ao longo de grandes eixos de transporte. Ao longo dos últimos trinta anos, Los Angeles transformou-se em uma vasta metrópole de cerca de dezoito milhões de habitantes. Se incluirmos as comunidades adjacentes, a cidade é agora o maior porto dos Estados Unidos, somando, à sua população, cerca de quatro mil pessoas por semana:

> Até 2020, segundo estimativas, a região irá somar mais seis milhões de pessoas – como alguns teóricos dizem, o equivalente a duas ou três cidades de Chicago. A grande pergunta é: como a região irá acomodar as novas multidões em uma área ambientalmente delicada, socialmente instável, economicamente imprevisível e politicamente fragmentada? De certo modo, Dear e seus colegas estão tentando exorcizar um fantasma das ciências sociais: a teoria urbana da

Escola de Chicago, que dominou os estudos urbanos por quase todo o século xx, ainda influencia o pensamento sobre a natureza das cidades. (Miller 2000: 15)

O desaparecimento da Escola de Chicago, a conscientização crescente de que algo traumático estava acontecendo em Los Angeles e a reunião de sérios trabalhos teóricos, tudo isso contribuiu para o conceito da Escola de Los Angeles (Cenzatti 1993; Dear 2002; Molotch 2002). O que exatamente constitui uma Escola – como vimos – é um fenômeno difícil de definir; se ela se baseia em um espaço mental ou físico compartilhado, por exemplo, pode resultar em conceitos totalmente diferentes com relação ao que é uma escola, os métodos que a distinguem e como ela deve atuar.

Dear (2003) sugere que os primeiros três critérios abaixo são aspectos necessários para uma escola e os demais, aspectos de 4 a 7, são secundários, mas mesmo assim significativos:

1. os membros estão envolvidos em um projeto comum (definido de alguma forma);
2. os membros estão em locais próximos geograficamente (definidos de alguma forma);
3. os membros são conscientemente colaborativos (até que ponto);
4. é externamente reconhecido (em qualquer patamar);
5. há um amplo acordo com relação ao programa de pesquisa;
6. os aderentes se identificam voluntariamente com a escola e seu programa de pesquisa;
7. há focos organizacionais para as atividades da escola (como revistas científicas, reuniões ou séries de livros).

Dear sustenta que Los Angeles exibe essas características e registra as origens da Escola a uma edição especial da revista *Society and Space* (Sociedade e Espaço) de 1986. Era dedicada exclusivamente a Los Angeles e se referia à cidade como a capital do século xx e o paradigma de desenvolvimento de outras cidades estadunidenses, como Houston, Miami e Phoenix, bem como tendência no nível global (Soja 1986; Dear 2002; Portes e Stepick 1993). Na sequência, outros trabalhos importantes foram publicados, como *Technopolis* (Scott 1993), *City of Quartz* (A Cidade de Quartzo; Davis 1990); *Thirdspace* (Terceiro Espaço; Soja 1996); *Los Angeles: Globalisation, Urbanisation and Social Struggles* (Los Angeles: Globalização, Urbanização e Lutas Sociais; Keil 1998); *The Postmodern Urban Condition* (A Condição Urbana Pós-Moderna; Dear 2000); e *From Chicago to L.A.* (De Chicago a L.A.; Dear e Dishman 2002). Muitos outros títulos poderiam ser acrescentados, mas o que se infere é que os mesmos tipos de fenômenos que aconteceram em Chicago, em 1930, a saber, a coincidência do crescimento urbano paradigmático com importantes pesquisas em suas origens, deslocaram-se para a Califórnia até 1980 e ficaram seriamente entrincheirados, até o início do terceiro milênio. A Escola de Los Angeles, discutida aqui, constitui-se principalmente no campo da geografia urbana, com algumas personagens rebeldes, como acrescentou Mike Davis. Mas, além disso, e apoiada por ela, há também a Escola de Arquitetura de Los Angeles, onde o historiador Charles Jencks desempenhou um papel importante, com seu livro sobre a cidade: *Heteropolis: Los Angeles, the Riots, and the Strange Beauty of Heteroarchitecture* (Heterópolis: Los Angeles, os Tumultos e a Estranha Beleza da Heteroarquitetura; Jencks 1993). No geral, o texto reforça a posição da Escola de Los Angeles, estendendo o discurso pós-moderno em relação ao desenvolvimento urbano e suas consequências para a forma urbana.

Ainda que seja impossível resumir as diversas contribuições de uma escola sob um único método de pesquisa, ou qualquer outro termo guarda-chuva, Dear observa que um dos mais importantes traços da Escola de Los Angeles gira em torno da ideia de reestruturar (o espaço) em todos os níveis, do bairro ao nível global. Isso também é complementado por (e até certo ponto é a consequência de) uma agenda política de centro-esquerda. Ele cita Mike Davis, que descreve os participantes como "uma nova onda de geógrafos marxistas ou, como um amigo meu sugeriu, economistas políticos em seus trajes espaciais" e pergunta: "A Escola de Los Angeles é como a Escola de Chicago foi a Escola de Chicago, ou como a Escola de Frankfurt foi a Escola de Frankfurt?" (Dear 2003: 19) Com honestidade, podemos ainda dizer que as epistemologias orientadoras lidam com a reestruturação espacial em três principais regiões de escala, aglomeração e identidade, e os métodos usados para estudar esses problemas refletiam esses focos. Dear ainda destaca que os fenômenos observados pela Escola de Chicago eram de uma ordem inteiramente diferente daqueles de Los Angeles no século xxi, e sugere que as principais diferenças são:

- os conceitos tradicionais da forma urbana imaginam a cidade organizada em torno de um núcleo central; em uma teoria revisada, as periferias urbanas estão organizando o que resta do centro;

- uma conectividade global, dominada por corporações, está equilibrando e até compensando os organismos centrados no indivíduo nos processos urbanos;

- um paradigma urbano linear e evolucionista foi usurpado por um processo caótico e não linear que inclui formas patológicas como os empreendimentos de interesse comum (CIDs, na sigla em inglês) e degradação ambiental com risco de vida (por exemplo, aquecimento global). (Dear 2003: 23)

Apesar de a Escola de Los Angeles estar unida sob o conceito de reestruturação, descrito por Dear como um processo *proto pós-moderno*, característico da abordagem dessa Escola como método, ela também tem uma tendência de inventar novos termos para descrever novos fenômenos, que variam de um discurso a outro, dependendo do ponto de vista. Embora isso possa ser interpretado como excentricidade de seus membros, parece perfeitamente razoável, uma vez que a velha terminologia não parece referir-se, de forma adequada, a formas urbanas emergentes. Então, os bairros étnicos (*ethnoburbs*) de Dear, as cidades periféricas ou à margem (*edge cities*) de Garreau, as tecnópolis de Scott, a cidade de quartzo de Davis, a heteró-polis de Jencks com sua população de heterofílicos, e as zoópolis de Wolch; mas Soja leva o prêmio com as suas *prototopos, mesocosm, exopolis, flexcities, carceral cities* e *simcities*, todas unidas dentro dos *labirintos fragmentados* de Los Angeles e Condado de Orange. Como Miller destaca na introdução de seu artigo, "Os teóricos de Los Angeles usam sua região e suas ideias para acabar com o domínio da Escola de Chicago" (Miller 2000). Ainda que a invenção desses termos possa parecer mero exibicionismo, num exame mais detalhado, todos eles têm singular relevância no contexto, com implicações significativas no desenho das cidades. Até o momento, a Escola de Los Angeles tem se mostrado um projeto de notável sucesso.

Apesar de sua aparência insípida, comparada com o suntuoso exibicionismo de Viena em 1900, Los Angeles exibe, igualmente, uma imensa gama de atividades na arte e na cultura, juntamente com as habilidades artesanais e tecnologias de suporte. Acrescente-se a isso a enorme diversidade na etnicidade e na diferença, o que levou Jencks a descrever os habitantes de Los Angeles como *heterofílicos* – uma população viciada nas diferenças que a cidade oferece. Após considerar as implicações metodológicas das diferentes Escolas de pensamento urbano, desenvolvidas a partir da História do século XX, examinamos agora as filosofias predominantes que são heterológicas para a compreensão geral da forma e do desenho urbanos.

Fenomenologia

> *A mensagem de Norberg-Schulz representa não só uma síntese daqueles objetivos opostos (o contraste entre internacionalismo e sentido de enraizamento), mas também um protótipo para uma abordagem metodológica em oposição àquela sistemática.*
>
> PAOLO PORTOGHESI

A afirmação acima, do prólogo do livro de Christian Norberg-Schulz *Architecture Meaning and Place* (Arquitetura: Significado e Lugar), refere-se à heterologia que inspira Norberg-Schulz em grande parte de seu trabalho, a saber, a fenomenologia. Norberg-Schulz constrói seu método a partir de três vertentes intelectuais, também observadas por Portoghesi: a psicológica, a existencial e a tradicional (Norberg-Schulz 1965, 1971, 1979, 1985, 1988). Junto com Rykwert e Siegfred Gideon, Norberg-Schulz foi um dos mais reconhecidos historiadores da arquitetura do século XX. Ao longo da vida, escreveu dezenas de livros, muitos considerados obras de referência. O arquiteto norueguês Norberg-Schulz foi o primeiro a apresentar a fenomenologia de Martin Heidegger e Maurice Merleau--Ponty ao mundo da arquitetura, em especial, o texto do primeiro sobre espaço e moradia (ver o texto *The Concept of Dwelling* [O Conceito de Habitação], de 1985, do próprio Norberg-Schulz). Em seu trabalho anterior, ele apoiava uma abordagem semiótica (preferindo a terminologia de Peirce, semiologia), que logo trocou por fenomenologia e existencialismo. Era também admirador de Kevin Lynch, em especial de sua análise dos fenômenos urbanos no livro *Image of the City* (A Imagem da Cidade, 1960). Norberg-Schulz homenageia a fenomenologia na introdução da maioria de seus livros, com outras referências ao longo de cada trabalho. Qual deles tem primazia é uma questão a ser debatida, mas sua obra magna (*opus magnum*) é, sem dúvida, *Genius loci*, cujo subtítulo é *Towards a Phenomenology of Architecture* (Rumo a uma Fenomenologia da Arquitetura, 1979). Como já me debrucei sobre a base teórica da fenomenologia (FOC3: 69-72, DC: 8), vou me debruçar brevemente sobre o problema da definição e me concentrar em como a heterologia se transforma em metodologia na obra de Norberg-Schulz.

O mundo da fenomenologia começa com a famosa frase de Descartes "Penso, logo existo". Mas, para além disso, o termo "fenomenologia" é angustiante e evasivo em sua definição, e é preciso explorar opções que vão do absolutamente simples ao totalmente incompreensível. O termo contrasta fenômeno significando aparência, o que na filosofia de Immanuel Kant (1724-1894) se refere à maneira como algo aparece na consciência do sujeito, em contraste com o *noumenon*, a coisa-em-si (Husserl 1969; Lyotard 1991). Junto a isso, existem duas divisões principais da fenomenologia hermenêutica (Heidegger) e da fenomenologia existencial (Sartre 1992; Merleau-Ponty 1962). Juntas, elas ajudam a reforçar o final incompreensível do espectro e ao menos um teórico teve a experiência existencial de estar "irremediavelmente perdido num mar de discursos estranhos, em um vasto e profundo oceano de conhecimento" (Latham 2001: 43). Mais simples é a ideia de que "o tema central do trabalho de Heidegger é que, para entender a natureza dos fenômenos, devemos prestar atenção à relação entre as coisas e nós mesmos" (Barnacle 2001: 10). Em outras palavras, o aspecto da relação dos fenômenos é muito importante. Mais adiante, no caso da epistemologia de Norberg-Schulz, vou revisitar essa ideia. No caso da fenomenologia existencial, temos o objetivo metodológico que:

> O objetivo existencialista é caracterizar a experiência comum dos seres humanos vivendo no mundo [...] Para revelar o caráter do sujeito e o significado do mundo, a fenomenologia deveria começar descrevendo as atividades humanas comuns, e não pensamentos, cognições ou percepções daquela palavra, nem reflexões sobre atividades comuns. (Hammond et al. 1991: 97)

No geral, a melhor maneira de compreender a fenomenologia é por meio do discurso e do trabalho com ideias na prática. No caso do existencialismo, de longe, o romance é o melhor método de entrar no mundo do existencialista, por exemplo, nos romances *Náusea* (1949), de Sartre, ou *O Homem Revoltado* (2000), *A Peste* (1965), ou *A Queda* (2006), de Albert Camus. As contribuições de Norberg-Schulz são únicas nas disciplinas de projeto, e o *Genius loci*, significando o "espírito do lugar", nos dá uma oportunidade única de ver a teoria da fenomenologia aplicada na prática.

Um aspecto que caracteriza seu método de escrita é sua necessidade de destacar palavras individuais em cada página, como se sugerisse que o significado delas fosse confuso, escondido ou de algum modo obscuro. Esse estilo percorre o livro todo, reforçando a ideia de que palavras são totalmente inadequadas em si mesmas para descrever a natureza da arquitetura e do espaço, mas também para sugerir que os significados são basicamente inacessíveis para nós, exceto na esfera dos sentidos. Em uma página aleatória, 32 palavras estão entre aspas, dentre elas: "coisa", "coisas", "natureza," "usos", "ordem cósmica", "mentalidades", "tempo", "aspecto", "dados", "luz", "clima", "tende", "descarta", "amizade" e "força", em apenas uma coluna das três existentes, um hábito que torna o processo sem sentido (Norberg-Schulz 1979: 168).

Sua posição com relação à arquitetura revela seu nítido viés fenomenológico: "Que não há diferentes tipos de arquitetura, mas somente diferentes situações que exigem diferentes soluções para satisfazer as necessidades físicas e psíquicas do indivíduo." (Norberg-Schulz 1979: 5) Essa postura basicamente inverte a obsessão tradicional do arquiteto com estilo e aparência, abandonando-as em favor das experiências do indivíduo nos ambientes onde habita. Ele comenta que, em trabalhos anteriores, tentou analisar arte e arquitetura usando o método científico, de acordo com as regras das ciências naturais, mas considera o conceito de espaço existencial mais adequado às relações pessoa-ambiente (DC8: 116).

Norberg-Schulz se utiliza de vários grupos de conceitos, por meio dos quais define seu uso de fenomenologia como práxis e como um retorno às "coisas", em oposição a "abstrações e construções mentais" (Norberg-Schulz 1979: 7). Em *Genius loci*, ele primeiro apresenta seu emprego da fenomenologia em termos de quatro componentes – lugar, estrutura, espírito e identidade, em que o foco não é a arquitetura em si, mas o modo como a experimentamos e como podemos construir e analisar essa experiência. A arquitetura é secundária em relação à existência. Cuidadosamente, ele define cada um: por exemplo, "um lugar é um fenômeno qualitativo total que não podemos reduzir a nenhuma de suas propriedades, como as relações espaciais, sem perder de vista sua natureza concreta" (Norberg-Schulz 1979: 12). A estrutura, por outro lado, é definida como paisagem e assentamento, para ser analisada por meio do uso de sua definição de espaço bem como caráter ou atmosfera. A paisagem tem quatro tipologias – romântica, cósmica, clássica e complexa. Por espírito, ele se refere ao título do livro e ao conceito romano de *Genius loci*, usando a ideia de Louis Khan quando este dizia que o importante não é o que um lugar *é*, mas *o que ele quer ser*. Usa então o mesmo método para analisar e distinguir entre os lugares naturais e os construídos pelo homem, movimentando-se em três cenários urbanos – Praga, Cartum, no Sudão, e Roma – como exemplos concretos que confirmam seus dois últimos capítulos sobre "lugar como significado" e "lugar como urbanismo contemporâneo".

Após introduzir, brevemente, o tema em *Genius loci* (Norberg-Schulz 1979: 22-23), alguns anos mais tarde em *The Concept of Dwelling* (1985), ele aplica seu método de investigar e elaborar significados ao termo "habitar". O termo tornou-se essencial em seu trabalho – no qual sua definição de "habitar" constitui um ponto de apoio existencial sinônimo da palavra "habitação", que ele designa como o propósito da arquitetura. Tal insistência na definição dos termos (na medida do possível) e na busca de significados mais profundos na linguagem é, por isso, um pilar básico de sua metodologia. Para Norberg-Schulz, "habitar implica estabelecer uma relação significativa entre o homem e um determinado ambiente [...] e esse relacionamento consiste em um ato de identificação, ou seja, no sentido de pertencer a determinado lugar. O homem, portanto, se encontra quando se instala e seu estar-no-mundo é, então, estabelecido" (1985: 80).

Ele enuncia quatro modos da arquitetura, a saber: a habitação (como existência), o assentamento ou habitação natural, espaço urbano ou habitação coletiva, e instituição ou habitação pública. Esses quatro acordes da metodologia adotada tornaram-se os quatro primeiros capítulos de seu livro. Habitar tem dois aspectos: identificação e orientação. Os modos de habitar, então, são estudados no que "podemos chamar de os três elementos interdependentes que constituem a linguagem da arquitetura – morfologia, topologia e tipologia" (Norberg-Schulz 1985: 26). Os capítulos 5 e 6 são chamados "Casa" e "Linguagem", respectivamente. Se a simplicidade dessas estruturas oculta a intensidade do texto, não há dúvidas de que ler Norberg-Schulz é um processo muito mais fácil de entender o método fenomenológico do que ler aqueles mestres cuja filosofia ele segue – e ele conclui em *Genius loci* que "Hoje, o homem é educado no pensamento pseudoanalítico e seu conhecimento consiste nos chamados 'fatos'. Sua vida, entretanto, está se tornando sem sentido e, cada vez mais, ele compreende que seus 'méritos' não contam se ele não for capaz de 'habitar poeticamente'" (Norberg-Schulz 1985: 202).

Semiótica

As estruturas e o vocabulário da linguagem são permanentemente utilizados em analogia com o espaço urbano e arquitetônico, e o termo "sintaxe" é a forma favorita de expressão usada para se falar da relação entre as partes do ambiente construído. Assim, "linguagem da arquitetura" é uma expressão convencional. Ainda que para mostrar configurações físicas espaciais e *layouts* a ideia de sintaxe seja útil, como metodologia, ela não vai além das relações materiais entre objetos. Isso significa que, em arquitetura e projeto urbano, podem ser identificadas certas relações genéricas entre elementos espaciais, e mesmo essas relações são específicas em termos culturais e de desenvolvimento. Os textos "Space Syntax" (Sintaxe do Espaço, 1976), de Hillier e Leaman, *A Pattern Language* (Uma Linguagem Padrão, 1977), de Alexander, e seu clássico "A City Is Not a Tree" (A Cidade Não É uma Árvore, 1973), são exemplos desse tipo de pensamento. Se quisermos descobrir significados como oposição às relações, devemos usar um ramo diferente da linguagem, a saber, a semiótica.

O trabalho de Mark Gottdiener é emblemático quanto ao uso da semiótica na análise da forma urbana. Seu primeiro grande livro é *Planned Sprawl: Public and Private Interests in Suburbia* (Expansão Planejada: Interesses Públicos e Privados nos Subúrbios, 1977), seguido por *The Social Production of Urban Space* (A Produção Social do Espaço Urbano, 1985). O primeiro concentrou-se no desenvolvimento regional e o segundo resumiu os principais movimentos da teoria urbana. A semiótica não foi mencionada em nenhum desses livros, mas, no ano seguinte, ele produziu uma coleção, editada com Lagopoulos, chamada *The City and the Sign: An Introduction to Urban Semiotics* (A Cidade e o Signo: Uma Introdução à Semiótica Urbana, 1986). Um dos capítulos do livro, "Recapturing the Centre: A Semiotic Analysis of the Shopping Mall" (Recapturando o Centro: Uma Análise Semiótica dos Shoppings) é reproduzido no DC8: 128. Naquele momento, o pós-modernismo era um fenômeno relativamente novo, talvez com apenas quatorze anos, se aceitarmos o ponto de origem de Jencks às 15h32min do dia 15 de julho de 1972. Desde aquela época, e em grande parte como resultado do pensamento pós-estruturalista, a semiótica e a pesquisa sobre a construção e a desconstrução do significado urbano desempenharam um papel destacado na tentativa de escapar da esterilidade da arquitetura modernista. Há vinte anos, as referências à semiótica em estudos urbanos eram extremamente esparsas, e seu texto trouxe uma nova dimensão para o desenvolvimento da teoria progressiva, em especial na questão do projeto urbano. Em 1994, Gottdiener deu sua contribuição ao debate no livro *The New Urban Sociology* (A Nova Sociologia Urbana), com outro texto definitivo que resumia a história do desenvolvimento de uma nova disciplina, que se originou com Lefebvre. Em 1995, seu livro *Postmodern Semiotics* (Semiótica Pós-Moderna) trouxe um texto que iria criar um padrão no tema. Alguns anos mais tarde, outra publicação aplicava a teoria à paisagem urbana – *The Theming of America: Dreams, Visions and Commercial Spaces* (A Tematização da América: Sonhos, Visões e Espaços Comerciais, 1997). Dois anos depois, ele publicou *Las Vegas: The Social Production of the All-American City* (Las Vegas: A Produção Social da Cidade Americana; Gottdiener et al. 1999). Como já repassei a teoria no FOC3: 65-69, mais abaixo, vou citar Gottdiener (1986, 1995) para ilustrar o método da semiótica como heterológica para a prática do projeto urbano.

A semiótica permite compreender o conceito de significado, como ele surge, como passa por modificações, como é ampliado ou eliminado. Além disso, não é necessário implantar a teoria semiótica de forma consciente para usá-la, da mesma forma que não é preciso compreender a ideologia para agir de forma ideológica, já que todos nós nos comportamos de acordo com a doutrinação social e a experiência vivida. Por exemplo, a partir da discussão de Norberg-Schulz, exposta anteriormente, pode-se perceber que, em grande parte do tempo, ele atua de acordo com a metodologia semiótica, usando, por exemplo, as relações entre significantes e significados para chegar à raiz das conotações em arquitetura. Apesar disso, pode-se argumentar de forma bastante convincente que muito de sua busca por significado é mais *semântica* que semiótica – seu uso de aspas em centenas de palavras mostra isso.

Em FOC5: 118-122, dei um exemplo da minha própria experiência em Beirute, e como os significados ligados à Praça do Mártir evoluíram com o tempo. O processo envolveu não só uma modificação física do ambiente construído, mas também como as pessoas veem a praça com base na própria experiência, particularmente, da guerra civil – muçulmanos ou cristãos, autores ou vítimas da violência, crianças ou avós, banqueiros ou investidores. Para cada um deles, a experiência da memória humana e do envolvimento com o passado cria infinitas associações que, de alguma forma, permanecem trancadas no espaço físico e em sua renovação. A semiótica nos permite penetrar nesse processo, de forma a conseguir efetivamente a transformação do espaço físico por meio do projeto.

Fauque indica uma abordagem para a metodologia semiótica urbana quando pergunta:

> Se alguém parte do pressuposto de que uma cidade, como veículo para significados, é um texto que fala [...], quais são os significantes que constituem o tecido urbano no nível da expressão (isto é, no modelo de Hjelmslev)? Qual a natureza deles? Servem de suporte aos significados, como no caso de objetos de consumo? Do ponto de vista metodológico, como podemos esperar situar esses significantes? Qual é a ordem da relação entre os elementos, primeiro no nível paradigmático e depois no nível de sintagma? (Fauque 1986: 139)

A seguir, com certo nível de detalhe, ele proclama as hipóteses e os métodos para a prática de uma análise semiótica, e Lagopoulos sugere um enfoque metodológico para gerar vários modelos urbanos semióticos que usam uma abordagem marxista dos modos de produção (Lagopoulos 1986: 176-201). Isso fica claramente demonstrado no livro *The City and the Sign* (Gottdiener, 1986). Não há um único método semiótico, assim como não há uma única abordagem fenomenológica, o que é frustrante para qualquer um que deseje extrair respostas previsíveis do processo. Entretanto, no seu artigo sobre centros de compras e com referência ao ambiente construído em geral, Gottdiener sugere um método genérico de decomposição semiótica baseado nos signos ubíquos do capitalismo e seus significados em um mundo regido pela produção de bens.

$$\frac{Sd}{Sr} = \frac{\text{substância}}{\text{forma substância}} = \frac{\begin{array}{c}\text{propósito ideológico subjacente}\\ \text{projeto como conceito/sintagma}\\ \hline \text{paradigma/projeto arquitetônico}\\ \text{forma material /objeto}\end{array}} = \frac{\text{conteúdo}}{\text{expressão}}$$

Figura 3.5. Uma decomposição semiótica do ambiente construído. Fonte: M. Gottdiener; A. Lagopoulos (eds.), **The City and the Sign: An Introduction to Urban Semiotics**, New York: Columbia University Press, 1986, p. 294.

No livro *The Theming of America* (1997), Gottdiener analisa um artifício essencial para toda a estratégia de projeto urbano e forma urbana dentro do capitalismo, algo que é continuamente impactado, a cada ano, com o aprofundamento das relações

Filosofia

e práticas de produtos. Por exemplo, o conceito do parque temático costumava ser uma novidade, mas estava dissociado de toda a força do *merchandising*. Hoje, são muito comuns a temática e a divulgação como marca (*branding*) de edifícios, espaços, eventos e cidades. De modos diversos, estão vinculadas a uma política de planejamento urbano, da vizinhança à nação, e frequentemente ligadas a estratégias de preservação e da comunidade. No supermercado neocorporativo de hoje, um código de barras, uma marca ou um tema é vital, de preferência todos eles ao mesmo tempo. Gottdiener usa ambientes com uma temática específica, como cassinos, restaurantes, *shopping centers* e aeroportos, para demonstrar a metodologia do processo temático. Este inclui tudo, desde arquitetura corporativa padronizada até a implantação de galpão decorado com símbolos como o precursor do restaurante moderno, do Burger King, Wendy's, KFC, McDonald's ao Hard Rock Café e inúmeros outros (Yakhlef 2004; Sklair 2005; McNeill 2005).

Nada disso tem valor neutro, e o significado controlado do domínio urbano, como método da cultura de mercadorias, fica bem evidente em locais onde o centro de compras urbano e outros ambientes temáticos reduzem o cidadão ao jogo final da empresa capitalista. Por fim, o objetivo final é transformar tudo em mercadoria, produto, a perfeita expressão de uma economia de mercado totalizadora. O papel tradicional da cidade como lugar de debate, discurso, política, livre expressão e interação social no domínio público sem o peso da programação comercial, é usurpado pelo *shopping center*. Ele transforma o espaço social da cidade tradicional em um espaço completamente mercantilizado, junto com as relações sociais que desaparecem, junto com o espaço social. Apesar disso, Gottdiener não considera que o método de circulação de mercadorias e a semiótica envolvida precisem necessariamente transformar o cidadão em um sistema de suporte à vida para processar mercadorias.

> Cada usuário individual do espaço temático comercial tem a oportunidade de buscar uma forma de autorrealização por meio do consumo criativo. Se esses lugares podem ser vistos como modos de dominação, pela sua ênfase específica na realização do capital, também podem ser considerados espaços para o exercício da resistência do consumidor. (Gottdiener et al. 1999: 158)

Vamos torcer para funcionar.

Economia Política

A fundamentação teórica da economia política de Marx foi amplamente discutida em FOC3: 72-78, e nesta sessão final vou me concentrar em suas implicações para a prática. Para isso, é preciso reconhecer, em primeiro lugar, que a estrutura heterológica tem cinco principais regiões de envolvimento e terminologia. Primeiro, o materialismo histórico fincou suas raízes em três situações: a filosofia alemã (Hegel, Feuerbach e Marx), a economia política britânica (Locke, Hume e Smith) e o socialismo francês (Voltaire, Rousseau). Em segundo lugar, temos a economia política (radical, política de esquerda) em oposição à economia neoclássica (burguesa, política de direita), mesmo que essa distinção exija mais refinamento. Em terceiro lugar, a economia política marxista inclui igualmente o empresário industrial inglês Frederick Engels, que apoiou Marx tanto financeira quanto intelectualmente. Em quarto lugar, temos o recente desdobramento do que é geralmente chamado economia política do espaço (Castells, Harvey, Scott, Urry, Sayer, Massey e outros), que se desenvolveu especificamente para contrapor-se à concentração aespacial dos processos políticos e econômicos. Em quinto e último lugar, temos as disciplinas intimamente relacionadas, a sociologia e a geografia urbanas que, frequentemente, parecem homólogas entre si. Dado esse conjunto básico de relações, qualquer tentativa de sintetizar métodos genéricos envolve uma *reductio ad absurdum* (redução ao absurdo). Para evidenciar tudo isso, Walton observa que a economia política sozinha tem seis áreas de contribuição à sociologia urbana, ou seja, explicação histórica, estudos comparativos, processos socioeconômicos, relações espaciais, etnicidade e movimentos políticos e comunitários (Walton 1993: 301). Uma vez que nosso foco é o planejamento e o projeto urbano, vou me concentrar nas relações espaciais, especificamente na abordagem metodológica geral ao planejamento como um aparato estatal, concentrando-me no livro de Castells, *A Questão Urbana*, mas incluindo exemplos de Allen Scott, Michael Dear e outros.

O método deve operar dentro de algum sistema de referência e, na economia política espacial, os componentes básicos comumente usados na análise incluem as várias formas de capital (industrial, comercial, financeiro etc.), a forma política adotada pelo Estado, a posição da força de trabalho e sua reprodução social e o instrumento conhecido como planejamento urbano (Stillwell 2002). As interações entre esses elementos, nos vários níveis da escala física e do engajamento político, são circunscritas por metodologias adequadas aos tópicos sob observação (conjuntos habitacionais, projetos de remodelação, infraestrutura, preservação etc.). Uma das razões pelas quais o planejamento urbano tem sido um alvo específico da economia política espacial é sua função de mediador entre o Estado e o capital na produção e na reprodução do trabalho e do espaço. O Estado, entretanto, é um camaleão que muda de forma e de cor, dependendo das circunstâncias históricas e da intervenção política em suas práticas. Omitindo as perspectivas liberais, pelo menos seis categorias apoiam qualquer análise metodológica do Estado e do planejamento urbano dentro dele – o Estado, como instituição parasitária, como um epifenômeno, como um fator de coesão, como instrumento da dominação de classe, como um conjunto de instituições ou um sistema de dominação política (Clark e Dear 1984; Figura 3.6). Então, quaisquer métodos usados na análise são primeiramente determinados por um enfoque ideológico específico ao aparelho estatal e de lá procedem.

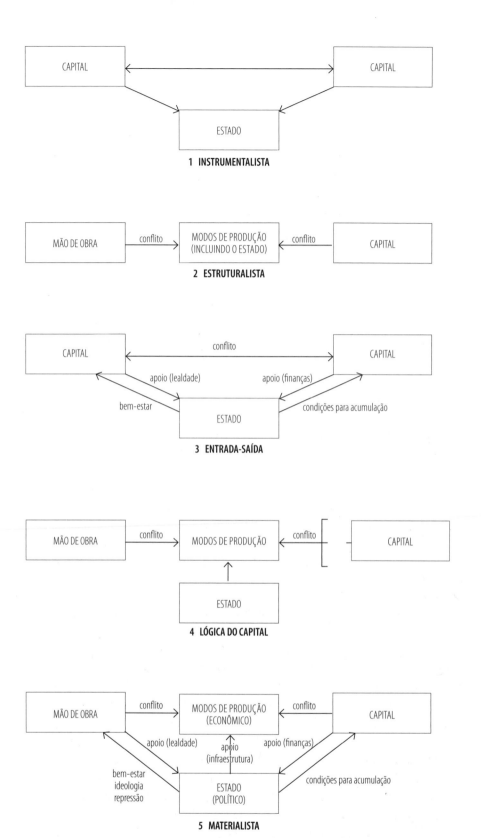

Figura 3.6. Classificação ideológica das teorias do estado. Fonte: Redesenhado pelo autor a partir do livro de M. Dear e A. Scott, **Urbanisation and Urban Planning in Capitalist Societies**, New York: Methuen, 1981, p. 15.

A produção e a reprodução do espaço são eventos profundamente políticos e ideológicos. O espaço não é simplesmente uma substância inerte organizada por urbanistas. De modo geral, o planejamento urbano decide o processo como agente do intervencionismo estatal, em nome da reprodução social, da acumulação de capital e da circulação de mercadorias. Portanto, ele está totalmente envolvido na gestão de um fator-chave da produção, a saber, a terra (e como tal, na geração de renda fundiária, lucro e mais-valia). O espaço faz a mediação entre as relações capitalistas de propriedade em relação ao desenvolvimento da terra, com base nas vantagens diferenciais de localização que se situam no centro da especulação e do lucro. Entretanto, é preciso também reconhecer a posição do urbanista em nossa metodologia.

Embora o conceito de espaço arquitetônico possa ser um instrumento útil que permite o florescimento da imaginação criativa, o fato é que todas as formas de espaço, projetados ou não, são socialmente reproduzíveis dentro de formas específicas da empresa capitalista, em um dado momento histórico, e dentro da exata geografia física de ambientes construídos preexistentes. Então, a ideologia convencional do projeto urbano, que defende que a forma urbana é produto material da imaginação do projeto, pode ser revertida. Na realidade, as relações materiais são as do empreendimento capitalista, e o ambiente construído é uma projeção efêmera e transiente desses valores. David Harvey expõe isso de forma contundente:

> Para superar as barreiras espaciais e anular o espaço com tempo, criam-se estruturas espaciais que agem como barreiras à posterior acumulação [...] Os efeitos das contradições internas do capitalismo, quando projetados no contexto específico de investimento fixo e imóvel no ambiente construído, estão, portanto, gravados na geografia histórica da paisagem resultante. (Harvey 1985: 25)

A metodologia de Harvey, portanto, é analisar a realização e a transformação da forma urbana, com base no fato de que ela é uma forma de capital cuja singularidade vem de sua própria imobilidade. Diferentemente de ações, dinheiro ou bens, ela não pode ser movida à vontade e, enquanto está temporariamente no lugar, precisa de um gestor na forma do planejamento urbano. Buscando essa última função, nossa metodologia deveria, então, examinar o papel que ela desempenha em relação ao gerenciamento de crises resultantes do desempenho crrático do grande cassino – a bolsa de valores, os capitais associados e seu efeito no desenvolvimento do solo. Também deveríamos olhar para a forma como o planejamento intervém para estabilizar as inconsistências resultantes, e analisar como o planejamento serve de mediador em caso de agitação civil, fornecendo adequadamente a reprodução prolongada da força de trabalho (Harvey 1985).

Um dos principais críticos do planejamento urbano, que pesquisa e teoriza essas intervenções, sobretudo em seus primeiros textos, é Manuel Castells. Sua metodologia é apresentada com detalhes em *The Urban Question* (1977) e em *The City and the Grassroots* (1983). A suposição aqui é que, ao executar sua função como um organismo do Estado, o planejamento se torna incapacitado como instrumento na gestão democrática e equitativa da mudança social. Como parte dessa instrumentalidade do Estado, o planejamento não pode servir ao interesse público e representar o grande capital, ao mesmo tempo. Já que as ações do planejamento urbano estão comprometidas por suas conexões com vários tipos de capital, isto é, é uma forma de prática da classe política, Castells segue o bordão de Alain Touraine que diz que o único e verdadeiro representante das massas contra as exigências do capital é o que ele chama de *movimentos sociais urbanos*. Estes podem ser amplamente definidos como qualquer levante social espontâneo e organizado contra o que é percebido como injusto. Uma diferença fundamental entre o planejamento urbano e os movimentos sociais urbanos é que os chamados "problemas de planejamento" tendem a se fixar em classes sociais. Diferentemente, os movimentos sociais urbanos, por sua própria natureza, tendem a transpor as fronteiras de classe.

Assim, os movimentos sociais urbanos se juntam em torno de questões como ruídos em função da proximidade de aeroportos, construção de rodovias, apropriação de terra, divisões étnicas e vários outros problemas. Em torno de um ponto, eles podem reunir diferentes classes sociais e grupos étnicos, e podem dividir os mesmos grupos em outro. Touraine sugeriu três princípios para a análise dos movimentos sociais urbanos: a identidade do movimento, seu adversário e seu objetivo social. Em *The Urban Question*, Castells propõe uma profunda pesquisa sobre os movimentos sociais urbanos no capítulo 14, onde sua metodologia é usada na análise, por exemplo, do desafio para reconquista urbana de Paris – a luta pelo realojamento na Cidade do Povo (*Cité du Peuple*); as reivindicações urbanas dos comitês de cidadãos de Montreal; e a luta urbana e revolucionária no movimento dos *pobladores* no Chile. Vinte anos mais tarde, em *The Power of Identity* (O Poder da Identidade, 1997), ele dá exemplos mais recentes de como os movimentos sociais urbanos descobriram novas formas de resistência contra a nova ordem global, nem todos construtivos, a saber: os zapatistas do México, o primeiro movimento de guerrilha informacional; a milícia estadunidense e o movimento patriota nos anos 1990; e Aum Shinrikyo – que Castells denomina de "The Lamas of the Apocalypse" (Os Lamas do Apocalipse, 1997: 97). Inevitavelmente, isso nos leva a concluir que a criação da forma urbana por meio da função do planejamento urbano é um ato profundamente político, e é sobre a dimensão política que vamos nos debruçar no capítulo 4.

Conclusão

A origem de toda explicação está na filosofia, que é tão importante para o projeto urbano como para qualquer outra disciplina. O projeto urbano convencional sugere apenas duas grandes influências no século XX: a do contextualismo derivado de Camillo Sitte e a do racionalismo derivado de Wagner (ver FOC: 179-184). Entretanto, como vimos, a influência da filosofia pode ser dividida, para fins didáticos, em escolas que tiveram influência coletiva, como também nas singularidades de poderosos indivíduos. Por isso, decidi ampliar essa influência um tanto breve sobre o projeto urbano para incluir outras cinco grandes escolas de pensamento – as de Frankfurt, Weimar e Dessau, Chicago, Paris e Los Angeles e, além disso, três singularidades na forma da semiótica (Saussure), da fenomenologia (Norberg-Schulz) e da economia política de Marx. Embora nenhum desses pontos de vista lide diretamente com a questão do projeto urbano como *objeto*, algo que pode incomodar a corrente convencional, como *filosofias e heterologias* a influência deles no campo do meio ambiente e do projeto urbano foi profunda e é discutível, sem dúvida, se a influência predominante tenha sido a economia política, claramente demonstrável na Bauhaus e nas escolas de Frankfurt, Paris e Los Angeles. Mas, se a corrente convencional predominante quiser permanecer como o principal *modus operandi* no projeto urbano, então um conceito de projeto urbano como um óbvio projeto de construção será suficiente, junto com as implicações heterológicas do racionalismo e do contextualismo. Caso contrário, cinco outras heterologias do desenvolvimento urbano e três singularidades talvez precisem ser inseridas no vocabulário do profissional de projeto. Felizmente, as consequências serão uma prática de projeto de desenho urbano mais fundamentada, em que será possível resistir às funções mais opressivas da urbanização capitalista.

4.
Política

A linguagem política… é concebida para fazer com que as mentiras soem como verdade, o assassinato pareça respeitável e para dar uma aparência de solidez ao que é puro vento.

GEORGE ORWELL

Introdução:
Ideologia e Capital

Neste capítulo, ampliarei a dimensão teórica explorada em *The Form of Cities*, ao indagar "qual é o *método* da política em relação ao projeto urbano". Na qualidade de urbanistas, "como podemos reconhecer a dimensão política do que fazemos e como ela nos afeta mesmo se nunca fizermos essa pergunta?" Parte da resposta está na definição de ideologia de Gramsci como um *sistema de valores vivido*. Na Alemanha de Hitler, por exemplo, era fácil ser um bom fascista sem nem mesmo *saber* o que era o fascismo. Ideologias não precisam ser entendidas para serem vividas. Quando se trata de política urbana, poucos urbanistas se identificariam como parte de um conflito ideológico sobre a propriedade de (e o acesso a) um espaço. Henri Lefebvre nota a homologia entre ideologia e política na produção do espaço quando afirma:

> O espaço social apresenta-se como *politicamente instrumental*, já que facilita o controle da sociedade […]

[e] sustenta a reprodução das relações de produção e de propriedade (ou seja, propriedade da terra, do espaço; ordenamento hierárquico dos lugares; organização de redes como função do capitalismo; estruturas de classe, requisitos práticos); equivale, em termos práticos, a falar de um conjunto de superestruturas institucionais e ideológicas que não são consideradas pelo que são (e nessa qualidade, o espaço social vem completo e junto com simbolismos e sistemas de significado – às vezes uma sobrecarga de significados); ou então, assume uma aparência exterior de neutralidade, insignificância, destituição semiológica e vazio (ou ausência). (Lefebvre, 1991: 349)

David Harvey retoma a mesma afirmação de maneira mais sucinta: "As cidades são formas criadas a partir da mobilização, extração e concentração geográfica do excedente de produção socialmente designado." (1973: 238) No epicentro desse sistema está o princípio fundamental segundo o qual, em sua diversidade, o capital se apropria do excedente coletivamente produzido e de outras formas de lucro, garantindo sua supremacia *ad aeternum*. Existem duas classes sobre essa base: os que têm capital e os que têm seu trabalho. Dentro desse sistema, o espaço é uma forma de capital e, assim como outros recursos, é mercantilizado e vendido como qualquer mercadoria. O espaço é, portanto, profundamente ideológico, já que permite que todas as formas de capital funcionem e controlem as condições de acumulação e reprodução social. Vistas em conjunto, as afirmações de Lefebvre e Harvey chegam ao coração da dimensão política – é ideológica, relaciona-se com o espaço e é, portanto, ao mesmo tempo profundamente simbólica num nível mas vazia no outro, do ponto de vista semiológico. Assim o invisível se torna heterológico para o visível. Se, como urbanistas, quisermos entender o mundo material de cuja criação participamos, primeiro é preciso entender a realidade do invisível sobre cujas fundações, historicamente, erigimos ambientes evanescentes. Esse sistema ideológico do capitalismo já dura muito mais do que quase todas as suas criações físicas.

Entretanto, como urbanistas, podemos ainda indagar "por que precisamos saber disso". E, é evidente, a resposta é: "não precisamos". Como demonstrei, podemos agir perfeitamente como veículos de práticas ideológicas sem entender o que elas são, de fato. Como urbanistas, podemos continuar a agir como servomecanismos para a mão invisível do mercado, mas cegos às suas implicações. Nesse processo, contudo, escolhemos perceber o espaço como vácuo semiológico, com todas as consequências. Ou então, podemos abraçar a dimensão de política/ideologia e aceitar que esta envolve e penetra tudo o que fazemos, da produção social do conhecimento que usamos para resolver problemas aos métodos de inocular conteúdo semiótico no espaço e em seus elementos – monumentos, edifícios, arte pública, formas espaciais, nomes de ruas e outros elementos do âmbito urbano. Como vimos no processo histórico sugerido em *Collage City*, arcabouços políticos e ideológicos subjacentes não podem ser entendidos apenas a partir do exame desses fragmentos, mas somente com um exame claro e inequívoco dos métodos usados pelo capitalismo (ou socialismo, na China e na Rússia) em relação ao uso do espaço social (Low 2000). Com certeza, a infusão da política no tecido urbano é planejada, mas não por arquitetos. Os métodos de projeto empregados envolvem as instruções subjacentes do sistema como um todo – ideologia e política, a matriz institucional que legitima a ação política e o sistema de planejamento urbano que garante o processo de legitimação, assim como do projeto urbano de seus espaços e lugares.

Abaixo, começo com um breve exame do *método da política urbana* dentro das economias capitalistas, enfocando as subcorrentes que fundamentam nossos (aparentemente neutros) conceitos e ideias de projeto. Isso se refere às ideologias que fundamentam a urbanização capitalista *como um todo*, e os métodos usados para extrair valor e mais-valia do espaço urbano. Não considero que isso se refira a como partidos políticos são formados, os conselhos eleitos etc., mas ao modo pelo qual o capital estabelece as condições para sua própria expansão, usando a via do ambiente construído. Com isso, ainda lidamos com as interações entre os componentes básicos e os processos do sistema capitalista, a seguir:

- a ação de várias formas de capital (financeiro, industrial etc.);
- os métodos usados para explorar os três fatores de produção na formação e transformação material das cidades (terra, trabalho e capital);
- os processos econômicos básicos necessários para realizar essa exploração – produção, consumo, circulação, troca e o simbólico urbano, além de um sistema efetivo de administração urbana;
- o sistema institucional e ideológico que legitima e reforça a apropriação privada dos meios de produção (recursos, fábricas, armazéns etc.) assim como a extração de valor do ambiente construído;
- o sistema semiótico que determina o significado urbano em formas urbanas específicas.

Para explicá-los em contexto, decidi, por enquanto, limitar meus comentários ao funcionamento oculto do capital, deixando para o próximo capítulo as manifestações concretas de suas ações. Devido a restrições de espaço, certas sutilezas irão necessariamente se perder. Assim, para os que desejarem investigar mais a fundo esses tópicos, farei referência a algumas obras fundamentais nesse assunto (Cohen 1978; Berman 1982; Therborn 1980; Althusser 1984; Balaben 1995).

O Interesse Político nas Cidades

Dentro das economias de mercado do sistema capitalista, a terra e suas benfeitorias, assim como o trabalho, representam mercadorias a serem compradas e vendidas como quaisquer outras. Consideradas em conjunto, elas agregam uma grande proporção do produto interno bruto que provém da propriedade da terra. Portanto, para uma extensão da vida do capital, é necessário que tanto a terra como suas benfeitorias sejam não só produzidas, mas também reproduzidas continuamente dentro do sistema urbano. Esse processo exige a contínua destruição e modificação do ambiente construído segundo os interesses da acumulação do capital advindo da terra e suas benfeitorias. Não se trata de simples acréscimos mínimos, mas da contínua reestruturação de todo o sistema de desenvolvimento do solo (por exemplo, através de ampliação, reabilitação, recuperação, eliminação de favelas, renegociação de fronteiras políticas e administrativas; oficialização de ocupações; implantação de novas cidades, e construção e desconstrução da infraestrutura urbana, sem falar da reinvenção da história através da preservação urbana). Como princípio geral, aceito a afirmação de Lefebvre de que o espaço é tanto um constructo material quanto ideológico que emana da relação dinâmica entre sociedade civil, Estado e o capital (Poulantzas 1973; Miliband 1973; Frankel 1983). As contradições, posteriormente geradas, refletem a colisão de interesses humanos que surgem da alocação de terras no mercado, por um lado, e sua alocação política por outro. Como intervenção do Estado, o planejamento tenta mediar os conflitos resultantes, nos quais a lógica estrutural do sistema de capitais não permite uma distribuição equitativa do produto excedente, nem a justa resolução de conflitos de classe. Como resultado, "a corda sempre arrebenta do lado mais fraco".

O capital social pode ser dividido em três tipos, cada um com uma função específica dentro do sistema de capitais (Lamarche 1976). Primeiro, o capital industrial controla o processo da produção e a criação da mais-valia. Depois, o comercial (ou de mercado) controla a circulação do capital em forma de mercadorias. E finalmente, o financeiro controla a circulação do capital monetário. Lamarche defende a existência de um capital adicional, especializado – o capital imobiliário –, cujo propósito principal é planejar o espaço, objetivando reduzir os custos indiretos da produção capitalista. Pode-se também argumentar que reduzir a quatro o número de capitais envolvidos simplifica demais a realidade. De fato, há tantos capitais como há empresas, cada uma com sua própria dinâmica e modo de operação. Na divisão do capital social em vários capitais especializados, ao capital imobiliário compete tanto o planejamento do solo como as melhorias nele feitas e, portanto, é um capital central para o processo de projeto urbano. A função dos vários atores dentro de iniciativas públicas ou privadas foi claramente descrita por Harloe et al. (1974) e Short (1982). Apesar de ser tentador presumir que o capital imobiliário aumente a partir de lucros derivados da mais-valia extraída durante o processo construtivo, na verdade, a principal fonte de lucro provém da locação/cessão de espaço durante a vida útil do edifício. Portanto, a receita real do incorporador é representada não tanto pela diferença entre custo de construção e preço de compra de um conjunto de edifícios, (ou entre o preço de compra e o de revenda), quanto pela diferença entre o preço de compra e o de locação da área útil.

A morfologia urbana que daí decorre reflete a forma pela qual o capital fixo é entendido nas estruturas físicas e no delineamento do espaço urbano. Vantagens e comodidades espaciais refletem o preço da terra e a densidade urbana e, em larga medida, a aparência funcional da maior parte dos edifícios, assim como sua condição física. Todos sabemos o que significam os termos *upmarket* (sofisticado) e *downmarket* (inferior). Assim, o capital é refletido, semioticamente, na manifestação física da riqueza e da pobreza da forma construída, e seus métodos refletem o que Marx chamou de "formas transmutadas da mais-valia" – monopólio e renda diferencial do espaço útil, juros sobre empréstimos e lucros de investimento de capital. Então, existem os dois fundamentos – renda fundiária e mais-valia do processo de trabalho. Se dividirmos o dia de trabalho em duas partes, o trabalho *necessário* se refere à parte do dia durante a qual o trabalhador cobre o custo de seu salário, isto é, o que é consumido. No resto do dia, o trabalhador está envolvido com o trabalho excedente exclusivamente em benefício do capital, ou seja, quando o valor produzido pelo trabalho excede o que ele/ela consome. O valor desse *excedente* (mais-valia) é apropriado de forma privada como um dos processos mais básicos do sistema capitalista.

Dadas essas considerações, se levarmos em conta os fatores básicos de produção – terra, trabalho e capital –, é axiomático que o ambiente construído seja reproduzido de forma coletiva, mas, no geral, apropriado de forma privada. Além disso, os benefícios desse ambiente tão manufaturado são extraídos, de várias maneiras, da ocupação da terra e da propriedade. Muito disso tem por base as vantagens diferenciais de localização, dadas pela distribuição geográfica das formas e estruturas construídas. A única exceção a essa regra é o conceito de domínio público e, mesmo assim, os valores de uso desse ambiente que resultam em trabalho não são intocáveis e estão, cada vez mais, abertos à privatização. Assim, ao construir a cidade, uma grande quantidade de mais-valia é criada pelo trabalho na indústria da construção civil, e a reprodução da mais-valia fruto dessa atividade é produto da contínua transformação do espaço físico. No ambiente assim gerado, a renda diferencial do espaço útil é, obviamente, uma das principais formas de receita, mas isso deve ser entendido através do conceito de renda fundiária. As formas "transmutadas" de mais-valia são exatamente isso e, portanto, é sobre a última que pretendo ponderar, como ponto de origem de todo o sistema de especulação, já que "renda é a forma econômica das relações de classe com a terra. Daí resulta que a renda é uma propriedade – não da terra, apesar de esta poder ser afetada por suas qualidades variáveis e disponibilidade, mas das relações sociais" (Bottomore 1983: 273).

Renda Fundiária

O conceito de "renda" ocupa uma posição central em relação ao uso do solo e, em particular, aos edifícios em altura, já que implica a conexão entre economia política, localização espacial e forma urbana. No caso, pode-se ainda definir renda como o pagamento feito aos proprietários da terra pelo privilégio de ocupar e usar a terra. Representa juros pagos seja sobre o fundo de consumo (dinheiro gasto na reprodução social), ou sobre o investimento em capital fixo. Enquanto a teoria neoclássica simplesmente considera terra, trabalho e capital como os fatores básicos da produção, não fazendo juízo qualitativo sobre eles, Marx fazia uma distinção cuidadosa entre cada elemento e seus efeitos. "Capital – Lucro (lucro da empresa, juros); Terra – renda fundiária; Trabalho – salários. Essa é a fórmula tríplice que contém todos os segredos do processo de produção." (Marx 1959: 814) Esses termos asseguram o sistema de classe – que um trabalhador sempre irá produzir mais do que consome, e que esse excesso é expropriado de forma privada e reinvestido para reproduzir mais capital.

Marx faz distinção entre três formas de renda que representam as principais vias ou métodos através dos quais o lucro pode ser retirado da urbanização. São elas: renda de monopólio, renda absoluta e renda diferencial. Todas ocorrem dentro do ciclo secundário do capital e são responsáveis por criar formas urbanas específicas, e dentre estas os empreendimentos de alta densidade são dos mais importantes, já que maximizam os lucros do proprietário e refletem os preços da terra em localizações centrais. A renda de *monopólio* beneficia os proprietários já que estes podem cobrar uma taxa de monopólio sobre qualquer característica especial daquela terra. Harvey acredita que a renda de monopólio no sentido marxista surge somente através de "imperfeições espaciais na competição espacial" (1973: 179). A renda *absoluta* é mais difícil de definir e, de fato, a definição de Harvey é um tanto nebulosa (Harvey 1982: 349-353). A renda absoluta considera a questão da escassez (uma condição socialmente produzida) e a capacidade do proprietário de extrair capital apenas com base nisso, impedindo a exploração da terra e capitalizando nos lucros futuros da especulação. Ao discutir a formação da renda absoluta, Lamarche afirma que: "O direito de propriedade do empreendedor permite que ele extraia uma renda pelas vantagens reais que beneficiam os locatários, enquanto o [direito] do proprietário de terra permite que ele obtenha uma renda das potenciais vantagens que o empreendedor realizará." (1976: 85)

A renda *diferencial* pode ser dividida em duas categorias. O tipo 1 refere-se a vantagens específicas do local de uma propriedade, embora o proprietário-empreendedor não crie esses benefícios. Essa forma de renda é função de vantagens espaciais, diferencialmente produzidas, que se acumulam em favor do proprietário, mas externas à sua propriedade. Estas podem vir de outros investidores do setor privado em localizações adjacentes, ou de melhorias governamentais referentes à infraestrutura, sistemas de transporte rápido, espaços públicos abertos etc. Assim, a habitação, que representa a concentração de salários como mercado potencial para a obtenção de mercadorias, atende a função principal de aumentar o tipo 1 de renda diferencial, maximizando as oportunidades de usos comerciais e afins. O tipo 2 de renda diferencial é cobrado com base na capacidade proximal de diferentes empresas, localizadas dentro de um empreendimento específico para gerar lucros excedentes. É óbvio que o tipo 1 pode ser transformado em tipo 2, caso um proprietário aumente seus poderes adquirindo propriedades adjacentes. Também é claro que o principal nexo do tipo 1 origina-se do investimento público em transporte. A ampliação de áreas de captação de negócios e a maior acessibilidade dentro do sistema urbano permitem crescentes densidades, preços de terras e lucros para os empreendedores, sem custo pessoal. As melhorias diferenciadas espacialmente e criadas a partir de recursos públicos são, no final, capitalizadas no preço da terra e, depois, apropriadas na forma de renda. Os impostos diferenciais cobrados pelo Estado sobre lucros, salários e renda diminuem, efetivamente, cada uma dessas quantias. Da mesma maneira, aluguéis mais baixos cobrados dos trabalhadores em conjuntos habitacionais subsidiam, de fato, a produção de mercadorias, reduzindo o valor dos salários.

Portanto, o aluguel de habitação social não é necessariamente um grande benefício para os trabalhadores; constitui um subsídio ao capital por reduzir o salário necessário para a sobrevivência. Entretanto, é claro que tal renda não se enquadra em nenhuma das quatro categorias discutidas anteriormente. O motivo principal é que, como a habitação social é um contexto politicamente fabricado e não advém diretamente das forças do mercado (cobrindo os custos de capital, mão de obra e lucro), o dinheiro pago para ocupar tal habitação deve ser considerado como *preço administrativamente criado* e não renda real. Assim, representa juros pagos sobre o próprio fundo de consumo (dinheiro alocado para a provisão de habitação social, serviços e outros itens de consumo coletivo). É o princípio que sustenta o desenvolvimento de lugares como Hong Kong e Singapura, e é essencial para o fenomenal crescimento econômico, bem como para os projetos urbanos e formas peculiares dessas duas economias. Habitação social em edifícios em altura, na mais impressionante densidade populacional já vista, demonstra como o lucro e a mais-valia foram extraídos, no último meio século, por industriais e incorporadores, bancos, seguradoras e instituições financeiras.

A fim de maximizar a retirada de lucros do sistema urbano para o capital, a habitação social não deve interferir no processo e, portanto, é imperativo que ela possua algumas qualidades necessárias. Por exemplo:

- A habitação social não deve ocupar terrenos que interfiram com a expropriação das várias formas de renda como definido acima.

- Em relação à renda absoluta, acrescenta-se a cláusula de que a existência de ocupações em todo o mundo, habitações precárias e áreas de reabilitação podem ser usadas como justificativa para reter terrenos fora do mercado, aumentando assim o potencial de renda absoluta. Em Hong Kong, por exemplo, áreas de ocupação irregular têm sido usadas em apoio à política governamental de alto preço dos terrenos, em que as potenciais agitações políticas são usadas como desculpa para reter terras de incorporação. Nos países em desenvolvimento, autoridades públicas acabam contribuindo com essa situação através da "praga" do planejamento, por meio do qual as terras adjacentes a uma área, alvo de um tipo de planejamento, são afetadas pelo "fator" incerteza na própria ação de planejamento, como, por exemplo, melhorias propostas para o sistema viário, as quais, devido a fatores políticos, econômicos ou outros, alcançam um *status* indeterminado, afetando, portanto, o preço de toda a terra adjacente.

- Habitação social de alta densidade em edifícios em altura tende a ocorrer onde as três formas básicas de renda provavelmente poderiam ser reduzidas abaixo da margem de lucro, e onde desvantagens da localização urbana são reproduzidas.

- A oferta de habitação social, nesse caso particular, maximiza o potencial do sistema urbano para gerar renda em suas várias formas. Os custos de infraestrutura e outros custos são reduzidos, enquanto os benefícios dos investimentos públicos no sistema urbano podem ser capitalizados dentro do setor privado através de rendas diferenciadas. A força de trabalho é gerida, de forma eficiente, e os custos majorados de transporte são inevitavelmente passados para o consumidor em termos de crescentes custos de viagem.

Mais importante ainda é observar que a habitação em edifícios em altura, pelo menos ideologicamente, representa um "remendo" tecnológico para uma endêmica e profunda constelação de problemas sociais. Pelo que se vê, essa abordagem política parece falhar de forma catastrófica em todos os níveis, quando se trata de resolver o assim chamado "problema" habitacional. Não é bem-sucedida nem em termos de eficiência técnica, na melhoria dos padrões de saúde, para resolver problemas de uso do solo no núcleo central das cidades, nem em proporcionar maior segurança psicológica e comodidades para os moradores desses conjuntos, um fracasso simbolizado pela implosão do premiado conjunto habitacional Pruitt-Igoe em St. Louis, em 1972 (Baum e Epstein 1978; Dunleavy 1981). Apesar de tais tipos de habitação não serem desejados pelos futuros inquilinos, o acesso a essas moradias sociais é bastante politizado durante o processo de seleção dos moradores, indo contra membros mais desfavorecidos da sociedade e privilegiando outros. Com vistas a investigar como essa situação se insere dentro de um sistema de instituições que legitimiza a total politização do espaço social, devo agora me voltar para a relação entre capital, legitimação do Estado e legislação de planejamento urbano.

O Estado e o Planejamento Urbano

Dentro do sistema que chamamos de capitalismo, a sociedade é dividida em classes. Essa divisão é reforçada por ações do Estado e de aparatos ideológicos que sustentam todo o sistema (Figura 4.1). Consequentemente, o sistema judiciário, seu encargo legal e a legislação de planejamento urbano (por extensão) podem ser vistos como constructos ideológicos. Em sua concepção mesma, eles legitimam as relações sociais e de propriedade do capitalismo, as consequentes divisão de classes e desigualdades que a acompanham, a alocação desigual de recompensas

Política

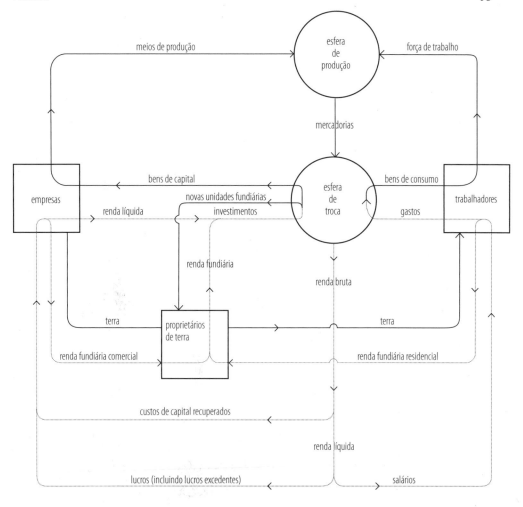

──────▶ fluxo de insumos físicos **Figura 4.1.** Produção de mercadorias: esquema simples da inter-relação entre capital, trabalho e terra. Fonte: A.
- - - - -▶ fluxo de dinheiro Scott, **The Urban Land Nexus and the State**, London: Pion, 1980, p. 29, Fig. 3.1.

e benefícios e a fabricação artificial de escassez em torno da qual o sistema floresce. Em relação ao comprometimento ideológico do planejamento e do projeto para com a ideia de harmonia social, em seu capítulo "Planning the Ideology of Planning" (Sobre Planejar a Ideologia do Planejamento), David Harvey diz: "Os limites dessa postura progressista estão, porém, claramente estabelecidos pelo fato de que as definições de interesse público, desequilíbrio e desigualdade são determinadas pela necessidade de reprodução da ordem social que é, queiramos ou não, uma ordem social distintamente capitalista." (Harvey 1985: 177)

Assim, um hiato fundamental que afeta todo o aparato de planejamento é o conflito *entre* os vários capitais do espaço urbano, com a capacidade do planejamento de mediar o conflito. Como visto no capítulo 3, os movimentos sociais urbanos constituem uma reação na busca de algum grau de honestidade nessa equação geral, uma reivindicação reforçada pela crescente penetração de agendas neocorporativas no tecido do Estado e crescente privatização das políticas e práticas de planejamento.

Dessa forma, o Estado inventa e reinventa o servomecanismo do planejamento urbano de acordo com seus próprios interesses (tema abordado, de forma seletiva, em FOC4: 83-89). Tudo isso significa que, em Hong Kong, por exemplo, o Estado terá uma estrutura diferente daquela de Singapura e, necessariamente, o planejamento irá atuar de modo distinto (Castells, 1990). Como a função dominante do planejamento é a regulamentação, a instituição do planejamento será configurada de modo diferente em cada local, dependendo da especificidade do sistema ideológico. Por exemplo, em Singapura, a locação de habitação social está ligada a benefícios de aposentadoria como um método de marginalizar a controvérsia política e a agitação social que afetam 80% da população. Em Hong Kong, onde a chamada ideologia do laissez-faire prevalece, um máximo de 50% da população vive em habitação social, reduzindo assim o preço dos salários para industriais e desenvolvedores. A economia política vê o planejamento como uma intervenção nos processos globais de produção e circulação de mercadorias e na reprodução eficiente da força de trabalho. O planejamento também é chamado a gerenciar os conflitos emergentes da distribuição desigual do excedente gerado socialmente. No cerne da prática de planejamento está a gestão de um do grande cassino que é o mercado urbano de terras, em que a terra e as construções são mercantilizadas e vendidas como qualquer outra mercadoria (Figura 4.2). Mas, em seu estado natural, a terra tem pouco ou nenhum valor dentro do capitalismo, que é forçado a "melhorá-la" através da conversão a outras funções contidas no fato da urbanização:

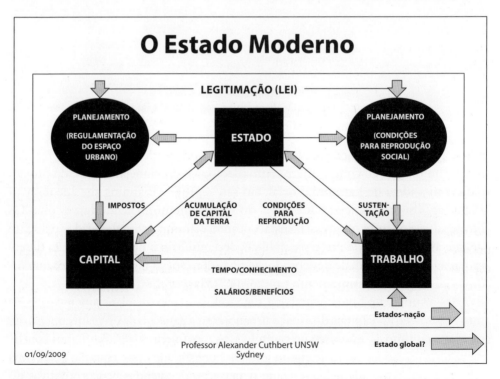

Figura 4.2. Planejamento e o Estado moderno. Fonte: o autor.

> A terra urbana compõe-se de apenas parte de terra virgem. Mais ainda, é terra cujo valor de uso foi dramaticamente majorado pelas melhorias representadas pelas construções e infraestrutura (meios coletivos de produção e consumo). Dessa forma, a terra urbana assume sua qualidade essencial como sistema de vantagens locacionais distintas produzidas coletivamente [...] Em sua inquebrantável busca por localizações economicamente vantajosas, esses usuários forçam um conjunto de resultados do uso do solo tal que (pelo menos em princípio), qualquer local específico só é liberado ao usuário que tiver a maior capacidade de pagamento naquela localização, e tal que o excedente de lucros advindos dos benefícios diferenciais do local sejam ofertados sob a forma de renda fundiária. (Scott 1980: 29)

Renda é o método preferencial do capitalismo na extração de lucro da terra. Como o princípio da "renda" é uniforme em todo o sistema de gestão da terra, ele é afetado e afeta todas as ações de planejamento, que estão intimamente ligadas à sua administração. Dentro das cidades, as maiores rendas vêm das localidades mais centrais que, invariavelmente, correspondem às maiores densidades de construção. Para recriar e melhorar de contínuo as circunstâncias para a extração dessa renda em suas várias formas, o planejamento é limitado por dois mecanismos – a crescente disponibilidade de espaço útil através do aumento da densidade e, ao mesmo tempo, aumento da acessibilidade para tornar esse aumento lucrativo. O fenômeno dos empreendimentos de alta densidade e sua distribuição geográfica em áreas urbanas parece passar por processos cada vez mais intensos em relação ao espaço útil, à acessibilidade, aos sistemas de transporte, às ações de planejamento, à crescente densidade de empreendimentos e aos investimentos de capital. Como observado acima, rendas diferenciais são extraídas de acordo com o espaço que o empresário tem disponível. Essa mercadoria é afetada, em sua capacidade de venda, por fatores externos e internos (localização, comodidades, eficiência, configuração, preço etc.) e também pela relação com o sistema de transporte como parâmetro-chave na equação. As intervenções realizadas por meio do planejamento para "melhorar" a acessibilidade, através de investimentos públicos na infraestrutura, aumentam o potencial de expropriação de rendas diferenciais e absolutas. Como o governo e o setor privado obtêm, cada um à sua maneira, benefícios mútuos do desenvolvimento fundiário, o planejamento é pressionado, de ambos os lados, para permitir maior adensamento (ou seja, mais espaço útil) através do relaxamento de controles e restrições de planejamento (taxa de ocupação, limitações de altura, padrões espaciais e técnicos, conservação etc.). O paradoxo da contínua expansão da infraestrutura para atender à demanda é que todo novo capital fixo, na forma de ambiente construído, representa uma barreira à reprodução do capital. Paradoxalmente, os próprios meios para atender à maior acumulação, na forma de transporte e construção, também constituem um arcabouço físico de resistência aos lucros e à especulação. Citamos aqui uma afirmação já histórica de David Harvey:

> O capital se representa sob a forma de uma paisagem física criada, à sua própria imagem, como valor de uso para aumentar a acumulação progressiva do capital. A paisagem geográfica resultante é o coroamento do desenvolvimento capitalista anterior. Mas, ao mesmo tempo, expressa o poder do *trabalho morto* sobre o *trabalho vivo* e, assim, aprisiona e inibe o processo de acumulação dentro de um conjunto de restrições físicas específicas. Estas só podem ser removidas lentamente, a não ser que exista uma substancial desvalorização do valor de troca contido nesses ativos físicos. (Harvey 1985: 25)

A necessidade de intensificar os empreendimentos em áreas urbanas, e de criar diretrizes de planejamento para reforçar esse processo, contribui para fazer da acessibilidade um problema ainda maior. Novas demandas são feitas para que o planejamento intervenha e mobilize maiores quantias de fundos públicos, com soluções técnicas cada vez mais sofisticadas para o deslocamento de materiais, mercadorias e indivíduos (trânsito rápido, calçadas rolantes etc.), aumentando, assim, a acessibilidade, as demandas por espaço útil, o potencial para mais acumulação de capital e empreendimentos cada vez maiores, mais densos e mais altos, e assim por diante. Esse cenário se desenrola *ad absurdum* em áreas metropolitanas em todo o mundo.

Em vez de ser visto como um ato facilitador de soluções no sistema de planejamento urbano, planejar pode ser visto nesse contexto como o meio pelo qual esse processo é acionado no interesse da especulação, e onde toda ação de "melhoria" coincide com oportunidades para novas rodadas de lucratividade. Diante das incríveis demandas por espaço útil, essa série de eventos também ajuda a explicar o paradoxo segundo o qual muitas áreas centrais das cidades ficam vazias, degradadas, com equipamentos de baixo padrão ou pouca manutenção. Na maior parte dos casos, os proprietários ainda podem extrair algum tipo de pagamento pelo uso do local, enquanto aguardam o momento adequado para maximizar a renda absoluta que virá da retenção da terra urbana para incorporação.

De forma consciente ou não, o planejamento estimula esse processo de dois modos: primeiro, como mostrado acima, ao permitir densidades sempre crescentes nas áreas centrais das cidades, o que encoraja a retenção de solo urbano; em segundo lugar, ao dedicar vastas reservas de mão de obra e recursos para "resolver" o problema do transporte urbano, que até hoje não foi resolvido. Como se observa em incontáveis exemplos mundo afora, o "problema" do transporte é insolúvel em função da conexão direta com o crescimento populacional, produção de mercadorias e práticas de planejamento urbano não sustentáveis. No processo, os organismos de planejamento tornam-se tão esvaziados de recursos que, inevitavelmente, não conseguem desapropriar terras ou garantir o capital necessário para projetos de reabilitação urbana. A crise fiscal subsequente, então uma condição permanente, força o planejamento a acomodar as necessidades de incorporação em bases desiguais. Dessa forma, torna-se vítima de interesses neocorporativistas e é coagido a buscar a eutanásia voluntária do interesse público.

Quer optemos por ver o planejamento como representante do capital, promotor do interesse público ou alguma combinação entre eles, podemos distinguir quatro campos do espaço que o planejamento administra. O primeiro é o espaço da *produção*, onde interesses do setor privado exploram a natureza e o trabalho para manufaturar mercadorias. Nesse âmbito, o trabalho é vendido em troca de um salário que representa somente uma fração da mais-valia derivada do processo produtivo. O segundo é o espaço da *circulação*, que permite que mercadorias e populações circulem via sistemas de transporte. O terceiro é a esfera da *troca* ou consumo pessoal, que garante uma congruência espacial entre a mercadoria e o comprador. A importância da mercadoria como símbolo de diferenciação de classe é, assim, expressa no mundo material. Ao mesmo tempo, o excedente do salário é reinvestido nas mercadorias criadas, permitindo assim a contínua evolução do sistema. O quarto é o espaço do *consumo coletivo*, onde o trabalho é reproduzido e qualificado por meio de algum tipo de moradia, saúde, instalações para educação e bem-estar, entretenimento e outras funções. Crenças ideológicas, como religiões organizadas, afiliações políticas ou esportivas, por exemplo, também são introduzidas como elementos homeostáticos na matriz geral. Entretanto, precisamos de um quinto espaço adicional para permitir a movimentação humana no que se chama de âmbito público. O que deve ser considerado quando se pensa nesse *quinto espaço* é assunto do próximo item, no qual este termo e âmbito público serão usados como sinônimos.

A Esfera Pública e a Contrapública

A esfera pública é o lugar onde as lutas são decididas por outros meios que não a guerra.

NEGT E KLUGE 1993: IX

No intuito de conectar o projeto urbano convencional a algo maior do que ele próprio, precisamos alargar nossa obsessão em projetar espaços urbanos para incluir as forças que, em primeiro lugar, os ocasionam. Para isso, devemos investigar a palavra "público" antes de compreendermos seu método de implementação. Aqui, é preciso distinguir entre processos urbanos e os espaços nos quais se materializam. O *New Oxford Dictionary of English* define *sphere* (esfera) como um "campo de ação, influência ou existência", e *realm* (âmbito) como "reino ou domínio". Manterei o primeiro termo para a delineação social do público, e o segundo para os impactos espaciais e associações que tal público implica (âmbito público, quinto espaço). Universal, porém questionável, o pressuposto de que esse quinto espaço tem existência concreta encontra paralelo no insolúvel problema da definição. Sem dúvida, é muito difícil definir o âmbito público, devido a complexidades de propriedade, forma, gestão, transformação e substância (FOC: 89-100). Usarei os termos "espaço público" na forma hoje aceita pelas ciências sociais, para incluir não apenas ruas, largos, parques, centros comerciais, "áreas" para pedestres, bairros etc., mas também o espaço virtual da internet.

Conforme indicado no capítulo anterior, para aqueles que trabalham em profissões ambientais, o termo "urbano" é muito pouco explorado em profundidade e, no máximo, significa "algo a ver com cidades". Considerando-se que o termo está na base da conexão com o projeto urbano, essa ausência de exploração representa uma grave omissão da prática de e da formação em projeto. Infelizmente, o mesmo vale para "âmbito público", onde o termo "público" e seu congruente *espaço público* são pressupostos, e não analisados. Por exemplo, em *Architecture Theory Since 1968* (Teoria da Arquitetura desde 1968), um volume de oitocentas páginas, a referência ao espaço público ocupa apenas uma página, em um artigo de Kenneth Frampton (2000: 364). Assim, o projeto arquitetônico do âmbito público pode avançar sem nenhum conhecimento do que ele é de fato. Ainda que o quinto espaço seja urbano, sua heterologia é a esfera pública, a arena do engajamento político e do conflito.

Na implantação de comunidades de qualquer escala, da *village green* aos grandes *boulevares* de Paris, o âmbito público é um conceito tipicamente usado para descrever um espaço onde os indivíduos devem se comunicar livremente, dentro da lei, com todos os outros. Em sociedades democráticas, deve ser ainda o *locus* onde todas as opiniões, da política à religião, são livremente expressas, e onde as pessoas se comportam sem censura ou medo, desde que a lei seja respeitada. Dificilmente, porém, o hipotético quinto espaço é definido ou explicitado. Os indivíduos estão tão acostumados à ideia de âmbito público que mal vão além do pressuposto de que esse espaço existe de fato ou, mais ainda, que influência eles teriam, se é que teriam, sobre acesso, propriedade, uso ou eliminação desses espaços. Isso vale, sobretudo, para as profissões ligadas ao projeto, e o termo "âmbito público" é usado no dia a dia como se fosse implícito que todos entendem o seu significado, o que quase nunca acontece.

Assim como o termo "urbano" discutido acima, o "âmbito público" tem ainda menor realidade definida. Em geral, não há muito esforço no sentido de rastrear as formas sociais adotadas pela esfera pública para suas implicações de projeto e eventuais estruturas espaciais, apesar de não haver uma homologia necessária e direta entre ambas. Da *polis* grega ao espaço virtual da internet, é claro que não há conceito de âmbito público que seja útil, além de uma economia política específica de lugar e de cultura. Em todas as eras, a livre movimentação dos indivíduos no espaço social ocorre dentro de um sistema transitório de regras imposto por múltiplas autoridades que, raramente, sancionavam o direito de livre movimentação na legislação. Hoje vivemos uma era de política neoliberal e governança corporativa, em que o terror é empregado como sistema de controle sobre populações dominadas, supostamente para sua própria proteção, de modo que:

> Uma insidiosa ocupação, nos anos anteriores, transformou-se, nas duas últimas décadas, numa marcante mudança culminando em múltiplos fechamentos, apagamentos, inundações e transfigurações do espaço público sob comando de estratégias corporativas e do Estado [...] De parques urbanos a ruas, de noticiários de redes abertas e a cabo a blogs na internet, os ataques aos espaços públicos, em nome da segurança pública e nacional, têm sido dramáticos. O comportamento

público, antes visto como excêntrico, ou mesmo protegido pela Constituição, é rotineiramente tratado como potencial ameaça terrorista. (Low e Smith 2006: 1-2)

Os autores também observam que a política de tolerância zero de Nova York, que foi estendida a outras cidades mundiais, foi chamada de "Recuperando os espaços públicos de Nova York", um exemplo da conexão entre ação política e comportamento social aceitável (ver também Katz 2006). Sanções do Estado sobre o espaço público estão em contínuo estado de fluxo e, com elas, qualquer ideia que possamos ter de um âmbito público inalienável e consistente. Em função da proteção do Estado ao espaço privado, via legislação e práticas de planejamento urbano voltadas a proteger investimentos através de infraestrutura, controle de densidade e de altura, direito à luminosidade, procedimentos compensatórios etc., o âmbito público assume a oportunidade. Em termos de economia política, isso representa um grande obstáculo à acumulação de capital, especificamente do capital imobiliário. Em todo o mundo desenvolvido, testemunhamos um esforço continuado e incansável para absorver o âmbito público em sua abrangência, com grau de sucesso crescente. Como parte da empresa capitalista, toda propriedade deve ser transformada em mercadoria, e a erosão universal do espaço público em cidades é um significante desse processo (Kayden 2000).

No nível mais básico, o quinto espaço tem a função de conectar as quatro formas de espaço indicadas acima, assim como também a função ideológica de consolidar formas particulares de representação – história, poder, arte, ciência, religião etc. – no ambiente construído. Assim, a dificuldade em se perguntar "onde está o quinto espaço?" é uma questão de definição e complexidade significativas. Se acrescentarmos, ainda, as questões "a quem pertence e quem o controla" (o Estado, o setor privado ou "o povo"), chegamos a um ponto ainda mais profundo. Se colocarmos, também, a pergunta "para que serve", podemos facilmente ficar paralisados diante da impossibilidade do problema. Outros conceitos também entram em jogo, tais como direito, liberdade e justiça social. Some-se a isso que até a propriedade torna-se problemática, já que, em teoria, o "público" pertenceria a todos, portanto a ninguém. No âmbito do projeto, a questão espacial é mais importante, começando com a ideia de que as outras quatro formas de espaço são meras categorias descritivas, e não se deve supor qualquer homogeneidade em termos de unidades espaciais. Os espaços da produção, consumo, circulação e troca se cruzam entre si e com o âmbito público, na segunda dimensão em milhares de usos do solo, na terceira dimensão nas formas de construir e, na quarta dimensão, na taxa de dissolução e substituição. A analogia mais básica a ser usada aqui é a de um jogo de xadrez tridimensional. Mas, contrariamente ao xadrez, onde as peças em jogo têm apenas uma função espacial, o xadrez urbano contém significados, valores, autoridade, poder, diferenças etc., tudo associado aos elementos do jogo.

Nos últimos cinquenta anos, o texto clássico sobre o tema do público em geral é, sem dúvida, *The Structural Transformation of the Public Sphere* (A Transformação Estrutural da Esfera Pública, 1989), de Habermas, publicado pela primeira vez em

1962, em alemão. Dez anos depois, Oskar Negt e Alexander Kluge escreveram outra obra seminal sobre o tema, *Public Sphere and Experience: Toward an Analysis of the Bourgeois and Proletarian Spheres* (Esfera Pública e Experiência: Por uma Análise das Esferas Burguesas e Proletárias). O texto de Habermas é um discurso sobre a evolução do conceito de esfera pública e emprega o método da economia política para analisar mudanças no desenvolvimento desse conceito, usando uma abordagem cronológica aos modos de produção até hoje. Negt era aluno de Habermas e Kluge, de Theodor Adorno e, por isso, a linha de ambos incorpora acréscimos à posição original de Habermas com as preocupações de Adorno com a cultura e com os impactos dos meios de comunicação de massa, aos quais eles se referem como *indústria da consciência*. Agora, o texto de Habermas mostra sinais do tempo, devido aos extraordinários avanços havidos na teoria e na vida social desde que a obra foi escrita. Assim, em contraste com a apresentação metódica de Habermas sobre a esfera pública, Michael Warner apresenta o conceito de esfera contrapública, em *Publics and Counterpublics* (Pública e Contrapública, 2002). Ele traz uma abordagem mais heterogênea e inclusiva à grande diversidade dos públicos não incluídos na tradicional análise da esfera pública. Além desses textos, outras contribuições são significativas, sobretudo as de Arendt (1958), Sennett (1986), Fraser (1990) e Calhoun (1992).

O método de Habermas é abordar a questão da multiplicidade de públicos como um problema semântico, com o uso de terminologia específica relevante para momentos históricos determinados. Com frequência, ele toma emprestados termos do francês e do alemão para refletir os avanços nesses países que, de alguma maneira, redefinem o termo "públicos", notando que termos semelhantes em cada língua (*publicité*, *Offentlichkeit* e *publicity*) deram origem à ideia de públicos já no início do século XVIII. Marx era da opinião que a desconstrução das relações sociais medievais e a evolução da sociedade feudal para a burguesa, em que se estabeleceram modernas relações de propriedade, permitiram o surgimento da chamada sociedade civil. Ele definiu a esfera pública como a quarta dimensão junto ao Estado, ao mercado e ao que ele chamou de esfera íntima da família. Talvez o melhor exemplo da distinção entre *esfera pública* e *âmbito público* seja o da *polis* e da *ágora* da Grécia clássica de 500 a.C., embora o espaço ainda não tivesse sido mercantilizado e, portanto, carregasse uma relevância muito maior como público. Contudo, a relação entre a *polis* e a *ágora* demonstra a relação entre direitos na esfera pública e acesso espacial ou uso concedido no âmbito público.

> Os direitos na *polis* eram bem restritos a uma classe social muito estreita e privilegiada, reconhecida como cidadãos livres, e muitas outras eram excluídas – mulheres, escravos e uma multidão de pessoas comuns. Da mesma maneira, o caráter público da *ágora* era também circunscrito (mas de forma diferente) e estratificado como expressão das desigualdades e das relações sociais predominantes [...] O espaço público surge, de fato, com a diferenciação entre um Estado nominalmente representativo de um lado, e a sociedade civil e o mercado de outro. (Low e Smith 2006: 4)

Em sua introdução a *Public Sphere and Experience*, Negt e Kluge afirmam que a clássica esfera pública burguesa de propriedade precisa incluir uma contraesfera que não se limite exclusivamente a interesses burgueses e inclua outras dimensões públicas. Eles notam ainda o persistente hiato do trabalho que, ao resistir à esfera pública, também permanece em conflito consigo mesmo, já que a esfera pública é constituída igualmente por ele. Além disso, a esfera pública tradicional (burguesa) era indicada na persistente relação entre as esferas públicas e privadas, e a esfera pública burguesa da propriedade de bens foi superada por uma grande quantidade de esferas públicas industrializadas, "que tendem a incorporar âmbitos privados, em particular o processo de produção e o contexto da vida […] e então a esfera pública não tem nenhuma substância homogênea" (Negt e Kluge 1993: 13). Eles elaboram essa nova esfera pública da seguinte maneira:

> A esfera pública clássica dos jornais, chancelarias, parlamentos, clubes, partidos, associações, repousa em um modo de produção quase artesanal. Em comparação, a esfera industrializada dos computadores, os meios de comunicação de massa, os cartéis da mídia, os departamentos jurídicos e de relações públicas de conglomerados e grupos de interesse e, finalmente, a própria realidade, como esfera pública transformada pela produção, representam um nível de produção superior e mais bem organizado. (Negt e Kluge 1993: 14)

Uma coisa de que se tem certeza é a relação, em contínua evolução, entre as esferas pública e contrapública, e o âmbito público. Em termos espaciais, isso toma múltiplas formas, desde a privacidade da vida doméstica à apropriação privada da terra e dos meios de produção, à compra e venda de bens no espaço virtual. Em muitas cidades, o âmbito público representa os últimos espaços livres sem construções e, assim, está contínua e incessantemente sob pressão dos incorporadores, ao ponto de não parecer tão absurda a ideia de eliminação dos espaços públicos. Essa penetração de interesses corporativos ocorre em pelo menos cinco instâncias: primeiro, em áreas como praias e lagos, parques, jardins, instalações esportivas, canais fluviais, aeroportos e docas sem uso, reservas agrícolas ou de animais, áreas de conservação etc., anteriormente consideradas de domínio público. O processo não é de nenhuma forma limitado a países desenvolvidos, e prossegue a extorsão do mundo em desenvolvimento. Um artigo recente no *Guardian Weekly* mostrou a inacreditável progressão desse processo, por exemplo, no Camboja, onde vem ocorrendo uma repetição das políticas de Pol Pot de deslocamento social, mas sem o genocídio a ele associado. Em dezoito meses, quase metade do país foi vendida a interesses privados "causando o esgarçamento do tecido social do país". Isso começou através de ativos líquidos oriundos da crise das hipotecas *subprime* dos Estados Unidos no final de 2008, que fez com que o *venture capital* procurasse outras oportunidades. Entre estas estavam enormes trechos do litoral do cambojano que, de hábito, seriam considerados espaços públicos (apesar de terem sido anteriormente designados como "terras públicas do Estado") que não poderiam ser negociados nem incorporados.

Em segundo lugar, o espaço urbano doado ao "público" por interesses corporativos em troca de uma série de bônus, trocas ou direitos de construir, fica cada vez mais sob o controle desses mesmos interesses, mesmo depois dos benefícios recebidos (Cuthbert e McKinnell 1997). Esse princípio também se aplica a direitos aéreos, passagens subterrâneas, passarelas e outras ligações entre edifícios usando espaços públicos. Em terceiro lugar, em todos os centros de produção de mercadorias, tais como centros comerciais e áreas para pedestres, os espaços públicos são, muitas vezes, controlados ou colonizados, de alguma forma, por interesses de investimentos. Quarto, as áreas de ligação dentro e entre os assim chamados "edifícios públicos" são sempre ocupadas por exposições, mostruários, estandes de venda e outras funções não públicas do setor privado. Por fim, todo o processo de vigilância e controle do espaço público de interesse privado, na forma de mídia eletrônica e policiamento físico, é uma indústria em expansão com todo um novo vocabulário arquitetônico ligado à questão da segurança, surgido após os eventos de 11 de Setembro. Michael Warner observa que o significado, muitas vezes contrastante, dado aos termos "público" e "privado" pode adotar inúmeras formas e, com essas distinções, múltiplos públicos poderão surgir. (Tabela 4.1)

Tabela 4.1. A relação do público com o privado

PÚBLICO	PRIVADO
1. Aberto a todos	Restrito a alguns
2. Acessível mediante pagamento	Fechado mesmo para quem pode pagar
3. Ligado ao Estado, hoje chamado setor público	Não estatal, pertencente à sociedade civil, hoje quase sempre chamado setor privado
4. Político	Não político
5. Oficial	Não oficial
6. Comum	Especial
7. Impessoal	Pessoal
8. Nacional ou popular	Grupo, classe ou local
9. Internacional ou universal	Particular ou finito
10. À vista de outros	Oculto
11. Fora do lar	Doméstico
12. Divulgado por impresso ou meio eletrônico	Divulgado oralmente ou em manuscrito
13. Amplamente conhecido	Conhecido por iniciados
14. Reconhecido e explícito	Tácito e implícito
15. "O próprio mundo, na medida em que é comum a todos nós e diferente do lugar privado de nossa propriedade" (Como disse Arendt em *A Condição Humana*)	

Fonte: M. Warner, *Publics and Counterpublics*, London: Zone, 2002, p. 29.

Em publicações anteriores sobre Hong Kong, investiguei essas distinções em relação ao âmbito público e comentei que, em seu ponto central, a problemática do âmbito público referia-se ao princípio de *direito*, que remonta à questão de quais são os direitos fundamentais que as pessoas podem esperar da sociedade, em oposição àqueles que de fato possuem (Cuthbert 1995; Cuthbert e MacKinnell 1997). Por sua vez, tudo isso está ligado a outros conceitos afins como liberdade, igualdade, justiça, responsabilidade etc. Apesar de sempre esperarmos que a liberdade de circulação, reunião e espaço para essas atividades seja um direito humano básico, é óbvio que nem sempre é o caso. A Magna Carta (1215) foi o exemplo seminal de uma Declaração de Direitos seguida pela França (1789) e pelos Estados Unidos (1791). Desde então, somente Finlândia (1919), China (1949), Índia (1950), Canadá (1960), Nova Zelândia (1990) e África do Sul (1996) criaram uma Declaração dos Direitos, nove países dentre todos. Assim, não se pode presumir que a realidade ou a forma do âmbito público sejam uma questão de direito ou legado.

Conclusão

Considerando-se o contexto acima, fica claro que quando urbanistas, paisagistas, arquitetos, planejadores e outros participam do projeto do espaço público, o exercício de suas habilidades projetuais deve ser a última das considerações. Primeiro, é preciso lidar com as heterologias que estruturam nosso conceito de forma e espaço, para que possamos ter ideias mais bem fundamentadas quanto às proposições de projeto. É preciso entender que, no quinto espaço, existem muitas esferas contrapúblicas e que sua representação é uma questão de equidade e justiça social. Apesar de existir uma correspondência entre espaço público e espaço urbano, o reflexo de um no outro não é necessariamente idêntico. Portanto, há uma relação condicional entre os vários tipos de público e contrapúblico, e tipos de espaço e formas de representação que estruturam o âmbito público. Todavia, algumas generalizações são válidas, como os cinco tipos de espaço indicados acima – produção, consumo, troca, administração e o quinto espaço, visto como âmbito público – apesar de mesmo estes serem coletivamente fraturados e integrados de diversas maneiras. Dado importante para os urbanistas, embora o quinto espaço seja considerado o âmbito público de particulares também representa um grande cenário ideológico para a esfera pública burguesa, para o capital e para o Estado. Ao contrário das outras quatro formas de espaço, o quinto espaço tem uma propriedade única – é onde a política, a ideologia e a cultura estão física e simbolicamente condensadas no campo dos monumentos, que abordaremos a seguir.

5.
Cultura

Os estudos culturais podem ser definidos como uma pesquisa interdisciplinar, crítica e histórica de aspectos da vida cotidiana, com particular ênfase no problema da resistência, ou seja, o modo com que os indivíduos e grupos praticam a estratégia da apropriação em resposta a estruturas de dominação.

BEN HIGHMORE

Introdução:
Capital, Cultura e Signo

Desde 1975, temos visto mudanças drásticas na, antes confortável, separação entre cultura e produção, e alguns argumentaram que a distinção marxista entre a base econômica e a superestrutura já desmoronou por completo. A cultura está sendo rapidamente reabsorvida no âmbito da produção, junto com um novo sentido concedido à indústria cultural (Scott 2000). No entanto, "uma das mais desconcertantes características incorporadas organicamente na lógica da produção cultural contemporânea é que ela é agnóstica – de qualquer modo, até certo ponto – com relação a valores e predileções culturais, desde que a lucratividade seja garantida" (Scott 2000: 212). Tal atividade fornece a base por meio da qual a mercantilização de todos os aspectos da vida humana é afetada. Como consequência, gera-se um conceito de cultura que, na esfera da personalidade, "raramente significa algo mais que dentes brancos brilhantes e a ausência de emoções e odores corporais" (Adorno e Horkheimer 1979: 167).

O espectro da cultura integrada com a produção – mudanças essenciais nas classes sociais e na substituição de necessidades por desejo – anuncia a ideia de Debord de que: "Tudo o que foi diretamente vivido transmutou-se em uma representação." (Debord 1983: 2) Aos poucos, os processos de mercantilização estão suplantando os da cultura tradicional, nos quais o social torna-se um sistema de signos deslocando as necessidades das emoções humanas para aquelas de atitudes, valores, objetos e símbolos mercantilizados. Signos, portanto, tornam-se o método principal de comunicação, o meio vivo das relações sociais. Como já mencionei, a mercadoria não é uma coisa material, porém uma relação social. O valor de uso do objeto é claramente material, mas a mercadoria em si é simbólica, constituindo um código que faz a mediação entre várias relações, entre comprador e vendedor, entre os valores de uso e os valores de troca, entre marca e imagem e entre signo, significante e significado.

Examinei esses conceitos no livro FOC3: 65-69, mas, em resumo, a cultura e seus componentes, como a linguagem, a arquitetura, a comida, o vestuário etc., podem ser interpretados como formas de comunicação, cuja materialidade representa um signo para outras coisas (emoções, ideias, desejos, filosofias etc.). Como os signos são sistêmicos, eles podem ser decodificados, ou seja, estão circundados pela cultura (During 1993). O signo constitui a união da forma (significante) com a ideia (significado). Reaproveitando um exemplo de Roland Barthes, o Parthenon, em Atenas, pode ser usado para significar democracia. Quando isso acontece, o Parthenon é o signo mediador da relação entre o edifício real (objeto) e a democracia (o significado). Essa relação está contida no Parthenon como um signo que compreende tanto o meio (edifício) quanto a mensagem (democracia). Já que a cultura pode ser definida como uma "coleção de imaginações e significados", onde "o capitalismo se volta mais para a troca de significados, os produtos são mais intensamente simbolizados pela publicidade e pelo discurso social do 'gosto'". Outorga-se valor aos produtos de acordo com seu *status* social, seu custo e raridade. Produtos e serviços começam a atrair valor simbólico que, então, pode ser anexado ao proprietário. Com crescente frequência, adquire-se o valor simbólico e não o valor de uso (Lewis 2002: 6; Jensen 2007). Esse processo pode transformar-se em autoconsumo, como marca e, no âmbito da cidade, começa a definir políticas e estratégias urbanas (Greenberg 2003; Kumic 2008). Sem essas relações aprisionadas nas mercadorias, o capitalismo, como o conhecemos, iria desmoronar. Por isso, Baudrillard acabou por concluir que, em nenhum lugar, os signos organizam a realidade mais do que na cultura e, por esse motivo, tudo agora pode ser entendido como cultural. De fato, ele observou que "cultura é a produção e o consumo de signos até o ponto em que os signos começaram a produzir culturas" (Kumic 2008: 122). Ele continua argumentando que, por isso, ocorre uma inversão da função entre o objeto e o signo, ou marca. Onde normalmente pressupõe-se que a marca e o signo estão em posição de vender objetos, na verdade, é a marca que está sendo consumida. Resume-se o "até que ponto o objeto desaparece" por uma descrição recente de "uma das modelos mais bonitas do mundo". Ela foi descrita

Cultura

pela Seafolly, fabricante de trajes de banho, como "a mais importante *embaixatriz da marca* a assinar com a fabricante nos 33 anos de história da empresa, e representa uma *conquista internacional da marca*" (Hoyer 2008: 9; itálicos meus). Assim sendo, o indivíduo desapareceu para ser substituído por um mero significante de produtos e como simulacro de uma marca. Aplicado no contexto urbano, a lógica espacial do capitalismo tardio é tal que espaços e lugares também são formados para dar apoio à marca e à produção geral de uma cultura mercantilizada.

Bourdieu argumenta que o consumo material de produtos se liberta dos objetos em uma troca simbólica, na qual uma vasta coleção de signos é encerrada dentro de produtos materiais e serviços. Logo, "a escolha e o consumo de produtos são usados como distintivos sociais para privilégio de indivíduos e grupos específicos. A seleção de um produto e a exposição de seu valor, necessariamente, associam consumo na posição simbólica das pessoas e suas práticas e estilos cotidianos" (Lewis 2002: 268; Tolba *et al.* 2006). Reduzido ao básico, isso significa que uma comunidade é também uma construção simbólica, em que o gosto, a marca e a imagem abrangem tudo e constituem um simulacro – a imitação de uma imitação, na qual o valor do signo compete com ou mesmo se sobrepõe ao valor de uso. Isso vale, em especial, para as comunidades do Novo Urbanismo, onde a marca autentica o signo. Baudrillard sugere que a mediação dos signos se transforma, então, na realidade dominante.

O Simbólico Urbano

No capítulo precedente, abordamos a dimensão ideológica da política urbana. Mas a ideologia não é apenas representada, por extensão, nas propriedades formais tridimensionais do ambiente construído, nos edifícios, espaços e monumentos como elementos, mas também em uma síntese de vinculações muito mais complexas. Embora sobrem interpretações sancionadas das conquistas nacionais, o lado negro dos aspectos patriarcais, racistas, xenofóbicos e manipulativos das sociedades geralmente é marcado por sua ausência.

Todos os Estados tendem a exibir representações higienizadas e ideológicas de sua própria história; algumas, como os incas, vão além, recontando sua história como versões idealizadas dos eventos. Geralmente, a história é escrita da forma que a autoridade dominante gostaria que ela fosse e não como foi, de fato, experimentada por aqueles coletivamente envolvidos na sua criação. Como regra geral, homens e valores masculinos também dominam. Quando aparecem, as mulheres são, em geral, representadas como apoio e reforço aos valores masculinos, como, por exemplo, no monumento à contribuição das mulheres para a Segunda Guerra Mundial, perto de Downing Street, em Londres (Figura 5.1). Mulheres e crianças raramente são vistas, e são convenientemente eliminados aqueles monumentos

Figura 5.1. Monumento às Mulheres da Segunda Guerra Mundial. Escultura adjacente a Downing Street, em Londres. Fonte: ⊜ Creative Commons.

reconhecendo a resistência à opressão do Estado ou a violência contra grupos e indivíduos. O mesmo ocorre com relação a atos externos de guerra, os horrores do colonialismo ou os massacres contra minorias cuja religião, filosofia ou simplesmente cor da pele, de alguma forma, desagradam às elites dominantes. Na guerra, massacres do próprio povo são tratados como atos heroicos. Portanto, raramente é visto o imaginário transcendente da igualdade social, política e de gênero ou, para citar o famoso dito de Jean Paul Sartre: "O inferno são os outros." Podemos ir além, em outra citação que relaciona intimamente cultura ao conceito de morte e transfiguração:

> Para Marx, então, para a revolução ser bem-sucedida, deve ser estabelecida uma relação com a morte – com os mortos. Olhando em volta de nossas cidades, somos continuamente confrontados com figuras dos mortos: as figuras oficialmente lamentadas e famosas de políticos, inventores, heróis, guerreiros e afins. Há também memoriais para aqueles que morreram nas guerras.

Cultura

> E, no entanto, estão ausentes os mortos não lamentados, os não reconheci-
> dos, os mortos que podem estragar a imagem do orgulho cívico. (Highmore
> 2006: 170)

O mesmo vale para os anti-heróis não reconhecidos da sociedade – ditadores cruéis, responsáveis por fraudes empresariais, políticos corruptos, autores litigantes, gângsteres, assassinos em série e outros réprobos. Então, nosso quinto espaço é habitado apenas pelos bons, pelos bem-sucedidos, os justificáveis, os brilhantes, os santos e os que têm moral. É um espaço amplamente higienizado da culpa e autorreflexão crítica e, portanto, em grande medida, livre da responsabilidade e do correto julgamento moral. O que os monumentos retratam não transmite, necessariamente, o que sabemos e experimentamos. É evidente, isso é bem compreensível, mas, ao mesmo tempo, é um retrato profundamente ideológico e desonesto da sociedade.

Por essa razão, e para compreender todas as representações contidas no quinto espaço, eles devem ser desconstruídos em vários níveis para revelar seu conteúdo semiótico – desde o desenvolvimento histórico, poder e valores preponderantes, ao subterfúgio político do Estado e seus inimigos, e até rede de representações associadas em todo o espaço urbano. Portanto, a regra geral no projeto do quinto espaço como uma totalidade é que ele constitui um verdadeiro campo minado de discursos declarados e não declarados sobre as sociedades, em particular, e sobre a civilização, em geral.

A cornucópia das formas monumentais abrange uma enorme diversidade, desde imensos edifícios até pequenos elementos esculturais, em que a dimensão física do monumento não tem necessariamente relação com a sua importância. Exemplos poderiam incluir palácios, igrejas, memoriais de guerra, arcos triunfais, crescentes, bulevares, obeliscos, torres, esculturas, fontes e obras artísticas monumentais, bem como elementos específicos em composições arquitetônicas grandiosas. Intimamente ligado a isso é o conceito de arte pública, que vejo como amplamente apolítica e, portanto, não monumental no sentido que adoto do termo. Se a arte pública é financiada pelo setor privado, geralmente é para o engrandecimento do próprio setor ou para apresentar uma versão distorcida da realidade. Se for financiada pelo Estado, geralmente é por seu valor como entretenimento, servindo como soporífero para as massas. Vejo a arte pública como diferente da arte monumental em dois aspectos importantes, embora claramente as fronteiras estejam diluídas. Em primeiro lugar, a arte pública difere da monumental por ter seus significados amplamente desentranhados, como em qualquer outra forma de mídia de massas. Por exemplo, a arte pública ou é doada ou demandada pelo setor privado como compensação por privilégios em empreendimentos, como no caso da política de "1% para a arte", da Califórnia, em que 1% do custo dos principais edifícios das áreas centrais foi doado para fins artísticos como decoração e entretenimento. Segundo, a arte monumental tem, antes de tudo, uma função ideológica na construção da nacionalidade, no apoio a engajamentos religiosos, promovendo valores éticos e

Figura 5.2. Escultura **A Pequena Sereia**, na entrada do porto em Copenhague, Dinamarca. Fonte: ⓒ Creative Commons.

Figura 5.3. Monumento a Sir Walter Scott, Princes Street, Edimburgo. Fonte: ⓒ Creative Commons.

morais, respeitando os avanços da ciência e da tecnologia etc. Um bom exemplo da situação dos limites entre ambas, em que a diferença entre arte monumental e arte pública é difícil de ser definida, é a escultura de Richard Serra, *Tilted Arc* (FOC4: 98). No caso, como arte pública, a escultura gerou tanta discussão que, por fim, foi removida de seu local original em Manhattan.

Por essa razão, vou adotar uma definição do conceito de monumento como qualquer objeto usado para estruturar o mundo material do quinto espaço, mas cuja função principal é ideológica. Imediatamente vêm à mente exemplos como a Torre Eiffel em Paris, a Coluna de Nelson em Londres, a Pequena Sereia em Copenhague (Figura 5.2), o monumento a Walter Scott em Edimburgo (Figura 5.3), a estátua de Ossip Zadkine em Roterdã (Figura 5.4), o monumento a Vittorio Emanuele II em Roma (Figura 5.5) e inúmeros outros. Entretanto, métodos de classificar os monumentos têm os mesmos problemas que qualquer outra taxonomia, seja pela forma, substância, posição histórica, projeto, conteúdo ou outros atributos. A ampla variedade de monumentos desafia qualquer simples categorização que fosse expressiva em si mesma, e isso raramente foi tentado de forma significativa. A maior parte se relaciona com o âmbito da arqueologia ou dos monumentos antigos, e são puramente funcionais em termos de alcance.

Figura 5.4. Escultura de Ossip Zadkine, A Cidade Destruída, Roterdã. Fonte: ⓒ Creative Commons.

Figura 5.5. Monumento a Vittorio Emanuele II, Roma. Fonte: ⓒ Creative Commons.

Provavelmente, a mais conhecida tentativa de uma taxonomia geral é a da Classificação de Monumentos de Viena, baseada no Acordo de Viena de 1973, e dentro do título *O Manual de Classificação Figurativa Para Harmonização no Mercado Interno*, de 2002. A Seção 7.5.1 aponta dez categorias de monumentos, um pequeno fragmento do acordo geral. Esse sistema de classificação geral, de 66 páginas, trata de direitos de propriedade intelectual e marcas registradas. Todo seu foco, portanto, é econômico e não há nenhuma tentativa de inserir qualquer sistema qualitativo de valores, julgamento etc. Em vez de classificar os objetos para preservação estética ou cultural, na verdade ele mapeia os potenciais limites da riqueza mercantilizada com os mundos físico e mental. Virtualmente todas as fontes de acumulação de capital do mundo material foram classificadas sob um único termo guarda-chuva. Da mesma forma, a Unesco inclui monumentos a serem protegidos, dentro da categoria patrimônio da humanidade, conforme o acordo de 1972. Incluem-se aí ícones como Veneza, Mohenjo Daro, Borobodur, Persépolis, Delfos, Abu Simbel (Figura 5.6) e outros. As categorias gerais são florestas, monumentos, montanhas, lagos, desertos, edifícios, complexos ou cidades. Antes de 2005, eram estabelecidos critérios separados para cultura e natureza, sob um amplo e abrangente conceito de valores universais excepcionais, separação que não é mais reconhecida. A partir daquela data, foram criados dez critérios para dissipar a separação artificial entre as duas qualidades e, além disso:

- exibir um importante intercâmbio de valores humanos, em dado período de tempo ou dentro de uma área cultural do mundo, sobre avanços na arquitetura ou na tecnologia, nas artes monumentais, no planejamento urbano ou no paisagismo;
- garantir testemunho único, ou pelo menos excepcional, de uma tradição cultural ou de civilização viva ou já desaparecida;

Cultura

Figura 5.6. O Grande Templo de Abu Simbel, Egito. Fonte: ⓒ Creative Commons.

- ser um exemplo notável de um tipo de edifício, conjunto arquitetônico ou tecnológico, ou paisagem que represente etapas significativas na história da humanidade;
- ser exemplo notável de um assentamento humano tradicional, uso da terra ou do mar que seja representativo de uma cultura (ou culturas), ou interação humana com o meio ambiente, em especial quando fica vulnerável sob o impacto de mudança irreversível;
- estar associado, direta ou concretamente, com acontecimentos ou tradições vivas, ideias, crenças, trabalhos artísticos ou literários de importância universal (o comitê considera que, preferencialmente, esse critério deve ser usado junto com outros);
- conter fenômenos naturais extraordinários ou áreas de excepcional beleza natural e importância estética;
- ser exemplos notáveis representando as principais fases da história da Terra, incluindo registro da vida, processos geológicos em andamento no desenvolvimento de formas de relevo, ou significativas características geomórficas ou fisiográficas;
- ser exemplos notáveis representando processos ecológicos e bioecológicos em andamento na evolução e desenvolvimento dos ecossistemas marinhos, costeiros, da terra, de água doce e comunidades de plantas e animais;

- conter os mais importantes e expressivos *habitats* naturais para conservação, no próprio local, da diversidade biológica, incluindo aqueles que contêm espécies ameaçadas de notável valor universal do ponto de vista da ciência ou da conservação. (<www.answers.com/topic/world-heritage-site>.)

Deixando de lado a questão da conservação, a motivação principal é, de novo, econômica, já que se acredita que a honra de ser declarado patrimônio mundial promova o turismo e o desenvolvimento. Paradoxalmente, entretanto, é uma proposição dúbia, já que os benefícios não são totalmente garantidos e, em vários casos, os sítios registraram perdas (Tisdell 2010; Tisdell e Wilson 2011). Existem muitas outras formas de classificação, mas são, em geral, altamente especializadas, lidando, por exemplo, com sítios arqueológicos, fortificações medievais, formações geológicas, lugares de significado eclesiástico etc.

Possivelmente, o melhor método de classificar documentos, e que tem resistido ao teste do tempo, seja o de Alois Riegl em seu estudo seminal dos monumentos em 1903 (Riegl 1982). Ele distinguiu monumentos intencionais dos não intencionais, a diferença estando entre a memória perspectiva ou retrospectiva. Monumentos intencionais são aqueles relativos à memória histórica ou lembrança, comemorando algum evento histórico. Estes contêm o que ele chamou de valor comemorativo. Riegl considerava que esse tipo de monumento era o único conhecido até o Renascimento. Monumentos não intencionais eram aqueles cujos significados eram determinados mais pelas percepções do observador do que pelo escultor, arquiteto ou outro criador. Tais monumentos continham valor de idade, valor histórico da arte e valor de uso. Embora superficialmente pudessem parecer os mesmos, o valor da idade se refere aos conceitos de aura e autenticidade, enquanto o valor artístico-histórico combinava qualidades estéticas com sua representação do desenvolvimento humano. O valor de uso se refere a quaisquer atributos funcionais do objeto. Riegl considerava que a diferenciação entre o valor da arte e o valor histórico foi rejeitada durante o século XIX, quando ficou evidente que os monumentos possuíam as duas qualidades simultaneamente. Apenas ao lidar com algumas dessas associações é que o impacto cultural, político e psicológico do monumento pode ser entendido, já que elas abrangem todos os aspectos da história e da consciência humanas.

Assim, pode-se considerar que o conteúdo semântico dos monumentos constitui uma forma de apreensão da memória, cuja evocação é continuamente retraduzida na experiência humana e em circunstâncias históricas mutáveis. Com isso, quero dizer que não só o objeto tem uma função política, mas também que ele é parte de um sistema semiótico interconectado por todas as áreas urbanas das cidades. Os monumentos raramente estão dissociados do espaço e da cultura no qual se inserem (ainda que a Estátua da Liberdade, em Nova York, seja uma exceção clara). Entretanto, um aspecto predominante dentro desse sistema geral é que os monumentos, tradicionalmente, aceitam valores burgueses e os apresentam como uma falsa representação das aspirações correntes da maioria. Paradoxalmente, isso não

Cultura

Figura 5.7 Memorial ao Exército Soviético, Praça Principal, Budapeste, Hungria. Fonte: ⓒ Creative Commons.

implica nenhuma conspiração, já que é da natureza de qualquer forma simbólica que a multiplicidade das interpretações possa ser dada e recebida, de modo que o princípio da comunicação distorcida prevaleça (Canovan 1983). Desnecessário dizer que tal distorção também pode ser usada para vários efeitos. Além disso, está na natureza do indivíduo apoiar o próprio sistema que o mantém cativo. A definição de ideologia, como um sistema de valores vivido, tem limites bem nebulosos. Essa situação é ainda mais complexa pelo fato de que, repetidas vezes, os edifícios mentem para nós e as normas aceitas, aparentes na forma arquitetônica, podem apresentar, frequentemente, uma realidade falsa, como no exemplo dado da arquitetura grega. Tal é a natureza de todos os monumentos no âmbito público das cidades. Tanto os monumentos como os processos de preservação estão profundamente relacionados, como os mesmos sistemas de valores e práticas ideológicas quase sempre nos mostram. Com certeza, isso vale nas principais economias, mas ainda tem um maior significado para povos colonizados. Ao pesquisar um artigo sobre a preservação em Hong Kong, a substância política daquilo com que eu estava envolvido foi enfatizada em artigo do jornal *South China Morning Post*. Um expatriado com sentimento de culpa sugeriu "que os melhores exemplos de arquitetura colonial são relíquias de uma cultura bárbara e seria melhor que os preservacionistas fossem advertidos para concentrar seus esforços na estação Euston ou no Foro Romano, e deixar os chineses decidirem sobre o que é ou não parte de sua cultura".

Algumas semanas mais tarde, um guru chinês local aceitou o desafio, decidindo que "deveriam ser demolidos todos os edifícios que fizessem as pessoas se lembrarem de seu passado colonial" (Cuthbert 1984: 102-112). O mesmo parece ser verdade com relação aos monumentos; o mesmo sentimento ecoou na Hungria depois da partida dos russos: "Em Budapeste, o Conselho Municipal removeu mais de vinte monumentos incluindo os de Marx e Engels. Os veteranos da revolução de 1956 estavam entre os que pediam a remoção. O monumento ao Exército Vermelho, entretanto, foi mantido em uma das principais praças da cidade, mas está constantemente sob a proteção da polícia." (Johnson 1994: 51)

Conquanto seja o lugar onde indivíduos se comunicam e vivenciam a cidade em toda sua complexidade, o quinto espaço é também o epicentro dos conflitos urbanos e o lugar principal para a expressão desses conflitos. É o espaço onde a ideologia adota uma forma material e concreta. Não existe nenhum trecho do tecido urbano, não importa quão pobre ou fragmentado esteja, que seja incapaz de atender a propósitos ideológicos. As formas urbanas constituem os meios através dos quais os valores dominantes são guardados e transmitidos, onde as histórias são contadas, os indivíduos exaltados, a nacionalidade é estabelecida e onde o poder institucional do Estado, os militares e a religião organizada são reificados. O sítio, o local do monumento e sua extensão a outros monumentos e espaços são tão essenciais quanto os próprios monumentos. Estes podem indicar eventos acontecidos em qualquer lugar do mundo ou naquele mesmo local. Como também carregam memória histórica, podem ser reproduzidos em infinitas formas nas vilas, cidades e nações, comemorando, por exemplo, a Segunda Guerra Mundial (1939-1945). Ruas e praças também podem marcar o local de incontáveis lutas políticas internas, nas quais governos foram derrubados, a resistência foi esmagada, indivíduos foram massacrados e edifícios foram destruídos. O âmbito público é, portanto, o local da consciência coletiva, da tradição, da associação e do conflito, um universo simbólico das aspirações e do desenvolvimento histórico da sociedade.

Monumentos e Projeto

Embora o monumento seja uma parte essencial do portfólio do urbanista, a importância e o significado dos monumentos raramente são explorados. Eles tendem a existir como pontos de referência em um exercício euclidiano de geometria bidimensional. A ideia do eixo, que geralmente começa e termina em um monumento como seu ponto focal, é fundamental à metodologia do projeto urbano. Originada na antiguidade, a ideia é implantada há séculos. Eixo, grelha, rua, praça e monumento são os principais componentes do projeto urbano no mundo ocidental. O plano de Christopher Wren, em 1667, para reconstruir Londres depois do grande incêndio de 1666 (Figura 5.8), o plano de Thomas Holme para a Filadélfia, em 1683, e o plano de James Craig para a cidade nova de Edimburgo, em 1766 (primeiro prêmio em um concurso quando Craig tinha 22 anos),

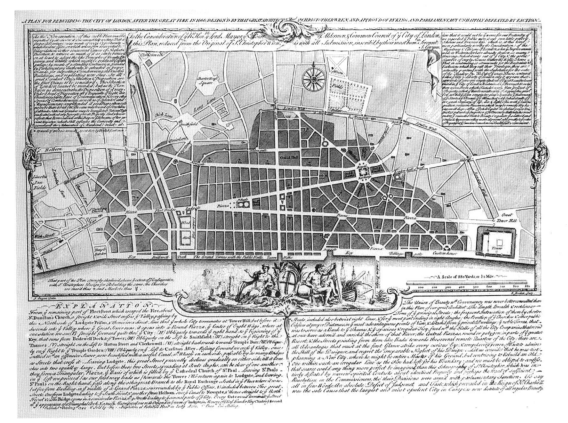

Figura 5.8. Plano de Christopher Wren para a reconstrução de Londres, após o grande incêndio de 1666.
Fonte: ⓒ Creative Commons.

são combinações históricas desses princípios. Exemplos mais recentes incluem o plano de Walter Burley Griffin para Camberra, em 1913, e o projeto de Leon Krier para Luxemburgo, em 1979. No entanto, o plano para Paris do Barão Haussmann é, provavelmente, o exemplo por excelência desse princípio, em que os monumentos formam as bases desse plano axial de 1853, cujo impulso começara com Napoleão I, sessenta anos antes, em 1793. Nesse plano, o exemplo mais extraordinário é o eixo de cinco quilômetros, com origem na praça L'Étoile, e só completado, em 1990, com a construção do grande arco de La Défense, edifício que se ergue a 110 metros num terreno de cem metros quadrados, em projeto de Johann Otto von Spreckelsen. Também vale notar que o arco triunfal, bem no centro da praça, deriva dos monumentos de guerra, intitulados em homenagem às vitórias dos imperadores romanos sobre seus adversários.

Ainda é importante no vocabulário do urbanista a função expressiva da escala física. No termo "monumental" há uma associação implícita com grandiosidade, mas o termo não tem necessariamente conotação com a escala e muitos monumentos, embora pequenos, têm significados e associações inversamente proporcionais ao seu tamanho. Em inglês, há uma confusão semântica inerente ao uso do termo. Alguns monumentos são, de fato, monumentais, como a Estátua da Liberdade,

Figura 5.9. A fonte de Manneken Pis, Bruxelas: simbolismo de várias lendas belgas. Fonte: ⓒ Creative Commons.

em Nova York; outros, como a fonte Manneken Pis em Bruxelas, têm menos de um metro de altura (Figura 5.9). Entretanto, a arquitetura monumental, geralmente, passa a mensagem de que o cidadão é inferior à autoridade dominante (o rei, o ditador, o governo ou Deus). Essa estratégia foi colocada em vigor não só por inúmeros estados totalitários, tanto fascistas quanto comunistas, como também pela religião ortodoxa, por exemplo, as catedrais góticas, a Basílica de São Pedro em Roma etc. A Basílica do Sacré Coeur em Paris (Figura 5.10) é uma exceção à regra, permanecendo como símbolo de conflito e luta na sociedade francesa entre os moradores das comunas e as forças fiéis ao rei (Harvey 1989). Por sua própria natureza e tendência a um uso opressivo da escala, a arquitetura monumental transmite a mensagem de subserviência individual à autoridade instituída, sob a forma de religião, Estado, monarquia e política. Com referência ao monumento de Tatlin à Terceira Internacional (comunista), Negt e Kluge afirmam:

> O que o monumento de Tatlin significa fica aparente somente quando contrastado com o projeto da arquitetura monumental burguesa. A arquitetura da era dos revolucionários franceses, em geral, existe em sua imensa maioria apenas na forma de planos. Estes compreendem monstruosidades estáticas que aspiram ao cosmos, à paisagem, ou a ideias cósmicas como justiça; nunca a monumentos com os quais os seres humanos possam se relacionar. (Negt e Kluge 1993: 279)

Cultura

Figura 5.10. Basílica do Sacré Coeur, Paris. Monumento construído em local tradicionalmente associado ao martírio de São Dinis, patrono de Paris. Fonte: ⊛ Creative Commons.

Em termos de escala, os menores elementos relacionados à escrita nos monumentos são, provavelmente, placas de ruas ou em edifícios, que têm importância duradoura na celebração de personagens e eventos históricos (Johnson 1994). Por exemplo, o bulevar de Champs-Élysées, iniciado por Maria de Médici, em 1616, e aberto em Paris por Luís XIV em 1667, é famoso em todo o mundo e frequentemente descrito como a rua mais bonita do mundo. Para os franceses, o nome literalmente traduz os Campos Elíseos, o lugar onde, segundo a mitologia grega, os abençoados eram recebidos após a morte. A denominação de ruas é escolha política, simplesmente porque a seleção dos nomes é, poucas vezes, realizada de forma democrática, e os nomes escolhidos, em geral, apresentam uma versão editada da história (Azarayahu 1986, 1996). Dar nomes a praças e ruas pode ser um gesto profundamente político que mascara a verdade de modo duradouro. A praça Tiananmen, por exemplo, significa "O Portão da Paz Celestial", um nome um tanto estranho para o local onde universitários e trabalhadores foram massacrados. Esse evento simbolizou a morte desastrosa do socialismo chinês, em que um princípio fundamental foi violado quando o Exército do Povo foi usado exatamente contra as pessoas que deveria proteger. Desnecessário dizer, a praça não foi rebatizada para marcar e evidenciar aqueles eventos, como exemplificado na Praça do Mártir, em Beirute (FOC5: 120-122). Em geral, os nomes das vias públicas são dados pelo Estado, por exemplo, "após a unificação da Alemanha sob hegemonia da Prússia em 1871, os nomes de ruas em Berlim comemoraram não só membros

Figura 5.11. Estátua de Bismarck, Berlim. Fonte: ⓒ Creative Commons.

da dinastia Hohenzollern no poder, mas também os míticos heróis forjados na tessitura da nacionalidade alemã" (Azarayahu 1996: 314). Isso incluiu Bismarck, que unificou a Alemanha e que, por seus esforços, tem algo em torno de quatrocentos monumentos erguidos em sua homenagem (Figura 5.11). Em contrapartida, desde a retomada de Hong Kong pela China, em 1997, ainda estão em uso nomes de ruas como Queen's Road West, lugares como Victoria Harbour e monumentos à autoridade colonial como a do rei George VI.

Não apenas dar nomes aos espaços e vias públicas – mas também rebatizá-los – pode ocorrer por razões políticas. Azarayahu cita o romance *A Insustentável Leveza do Ser* (1985), de Milan Kundera, com referência à invasão soviética da então Tchecoslováquia em 1968, onde as placas das ruas e cidades desapareceram do dia para a noite, deixando o país sem identificação. No colonialismo, destruir placas anteriores é habitualmente a primeira estratégia dos invasores, e os leitores devem lembrar-se que o primeiro ato que acompanhou a invasão do Iraque, pelos Estados Unidos, foi transmitir em rede internacional a queda da enorme escultura-monumento de Saddam Hussein, um ato que, na época, parecia ter muito mais significado que a própria invasão. Como regra geral, esse processo avaliza a colonização, e a destruição simbólica da memória é o primeiro método para minar a nacionalidade e impor um novo regime (Fanon 1965, 1967; Said 1978; Ashcroft e Ahluwalia 1999). Em sociedades pós-coloniais, a reconstituição da memória em formas simbólicas é, frequentemente, excruciante e a regeneração de uma nova identidade para a nova sociedade é repleta de angústia, já que a história da colonização está agora submersa como parte da história do povo colonizado. Já discuti esse problema, em outro lugar, no contexto de sociedades que agora têm a arquitetura fascista como parte de sua própria história, e os problemas que isso acarreta para as formas arquitetônicas e urbanas (FOC 3: 67).

No conjunto do imaginário monumental, a guerra está à frente. Poucos países não enaltecem a guerra, de alguma maneira, como método de representar a supremacia nacionalista. Derrotas dificilmente são reconhecidas. Por exemplo, não há nenhum monumento na Alemanha para incalculáveis milhares de homens que morreram no catastrófico cerco de Stalingrado, hoje Volgogrado, e na fatídica retirada para a Alemanha.

> O público foi treinado a ver monumentos e marcos históricos, sejam eles grandes obeliscos, estátuas imponentes ou placas modestas, como transportando uma unidade de caráter universal e atemporal. Contudo as decisões sobre quais sítios estabelecer como marcos e os aspectos formais dos monumentos costumam ser altamente controversos e politizados. (Walkowitz e Knauer 2004: 5)

Isso fica claramente demonstrado pelos monumentos contrastantes em Washington DC, nos Estados Unidos, onde, por um lado, a controvérsia é marcada pela insignificância dada a eventos de importância monumental, enquanto, por outro lado, a controvérsia ocorre em função de um único memorial de guerra. Em uma discreta indicação de esquina da avenida Massachusetts, em Washington, a dimensão da aniquilação dos chineses, soviéticos e cambojanos por Mao, Stálin e Pol Pot é comemorada. É o único monumento para cerca de cem milhões de vítimas do comunismo (Kennicott 2007). No geral, o Memorial aos Veteranos do Vietnã, de autoria de Maya Lin, talvez seja o mais contestado memorial de guerra do século XX (Figura 5.12). Completado em 1982, é um testamento aos mortos, tanto homens

Figura 5.12. O Memorial aos Veteranos do Vietnã, Washington DC, projeto de Maya Lin. Fonte: ⓒ Creative Commons.

como mulheres. Trata-se de um simples muro de granito preto polido, em forma de V que, a partir do centro, diminui em altura ao longo do comprimento. A própria cor preta foi criticada por lembrar mais uma lápide do que um tributo. Praticamente todos os elementos do muro foram bombardeados com violentas críticas, desde o uso de materiais à natureza abstrata do monumento e à ascendência chinesa de Lin. Racismo, preconceito, intolerância e ignorância foram todos trazidos à tona, sobretudo, mas não exclusivamente, pelos veteranos remanescentes. Lin vencera o concurso quando ainda era estudante, aos 21 anos, dentre mais de 1500 participantes. A fim de reprimir a maré de críticas, outro monumento foi construído nas proximidades em estilo universal um tanto heroico, representando três estadunidenses de diferentes raças olhando para o espaço (MacCannell 1992). Apesar das críticas, a obra de Lin é uma das mais visitadas e respeitadas nos Estados Unidos. Para aqueles que não podem ver o original, existe ainda um simulacro itinerante, em escala menor, que é levado a outras cidades estadunidenses. Essa conotação dos monumentos de guerra nas cidades é destacada em *Memory and the Impact of Political Transformation in Urban Space* (Memória e Impacto da Transformação Política no Espaço Urbano; Walkowitz e Knauer 2004). O livro destaca que, com uma única exceção, a da Lituânia, todos os outros exemplos do livro lidam com conflito, tortura, morte e nacionalismo (Tabela 5.1).

Assim como as guerras entre nações resultaram em inúmeras formas possíveis de representação, o reconhecimento de gênero raramente é observado (Nash 1993). Os monumentos refletem a base política e ideológica da sociedade no patriarcado, e a construção de monumentos existe quase sempre para homenagear as atividades masculinas na guerra, nos governos, nos esportes, nas artes, na ciência e em outros setores do esforço humano. Esse processo pode atingir grandes dimensões, como é o caso do monumento a Vittorio Emanuele II, em Roma, construído em mármore para celebrar o primeiro rei de uma Itália unificada (1885-1911). A incorporação de mulheres na estrutura de edifícios tem uma longa história na representação simbólica das aspirações humanas, estados de consciência etc., por exemplo, Atena-sabedoria, Vênus-amor, Kali-morte etc., como na Estátua da Liberdade em Nova York, representando a busca de liberdade para todos os estadunidenses e que, no entanto, é originária da França. As mulheres raramente aparecem como líderes, porém são apresentadas como "outras", não de si mesmas, mas como uma representação simbólica do amor, da maternidade, da verdade etc., ou então aparecem coisificadas, meros objetos, pela beleza do corpo feminino (Warner 1985). Enquanto os homens são representados em monumentos como conquistadores e heróis, com o foco nas conquistas individuais ou coletivas (como no alternativo Memorial aos Veteranos do Vietnã), o método de representar mulheres foi dominado por uma representação alegórica e uma submissão passiva. Possivelmente, o método mais clássico de retratar mulheres encontra-se nas cariátides no pórtico do Erecteion, edifício na Acrópole de Atenas, primeiramente registradas por Vitruvius no compêndio *De Architectura*, seu famoso tratado arquitetônico do primeiro século a.C. Os corpos femininos substituíam colunas, como se elas dançassem enquanto carregavam cestos

Cultura

Tabela 5.1. Exemplos de monumentos, sua localização e representação

MONUMENTO	LOCALIZAÇÃO	DATA	MEMÓRIA
1. Coluna Mariana de Praga (agora espaço vazio)	Praga, República Tcheca	1650	Final da Guerra dos 30 anos
2. Monumento a Wallace	Stirling, Escócia	Anos 1860	Guerra da Independência
3. Templo do Paraíso	Harbin	1923	Consolidação da soberania chinesa
4. Memorial da Paz/Parque	Hiroshima	1950/1992	Morte de civis pela bomba atômica
5. Memorial aos Veteranos	Washington, DC	1982	Guerra do Vietnã
6. Complexo do Parlamento (não construído)	Sri Lanka	1985	Unidade nacional
7. Lago Xolotlan	Nicarágua	1985	Vitória dos sandinistas sobre a ditadura de Somoza
8. Villa Grimaldi	Santiago	1990	Uso militar da tortura contra patriotas
9. Espaços não construídos de solidariedade e memória	El Salvador	Pós-1992	Oito mil pessoas torturadas e mortas
10. Memorial da Guerra	Poklonnaia Gora, Moscou	1995	Vitória sobre os alemães
11. Masada	Israel	1995	Luta sionista por sobrevivência
12. Memorial do Holocausto	Berlim	1998	Genocídio
13. Memorial Para os Desaparecidos	Santiago	1999	Vítimas dos esquadrões da morte de Pinochet
14. Memorial de Bali – Escultura	Sydney	2003	Assassinatos por extremistas islâmicos
15. Museu da memória	Buenos Aires	2003	Interrogatório e tortura
16. Reconstrução de Palácio	Vilnius, Lituânia		Genealogia do lugar e da cultura

Fonte: D.J. Walkowitz; L.M. Knauer (eds.), **Memory and the Impact of Political Transformation in Public Space**, London: Duke University, 2004, p. 68.

na cabeça (Figura 5.13). A extensão da paixão nacional evocada por tais imagens teve uma demonstração recente. Houve um alvoroço nacional quando o governo dinamarquês concordou em emprestar aos chineses, como parte da Expo Mundial a ser realizada em Xangai, em 2010, a estátua de bronze (1,2 m) da sereia que guarda a entrada do porto de Copenhague, desde 1913.

A representação simbólica da cultura no âmbito público é, claramente, uma atividade política bastante carregada de significado. Ao representar apenas os aspectos positivos da cultura, há uma comunicação distorcida e apresenta-se à sociedade uma falsa imagem de si mesmo. Muito disso tem a intenção maior de gerar concordância política a uma ideologia comumente compartilhada, com imagens heroicas dos filhos mais famosos da sociedade morrendo em batalhas ou então eretos, encarando

Figura 5.13. O edifício do Erecteion, na Acrópole em Atenas, mostrando as cariátides usadas como pilares (do grego **karyatides**, significando "donzelas de Karyai", antiga cidade do Peloponeso). Fonte: ⓒ Creative Commons.

Cultura

o cosmos. Felizmente, também há falhas significativas nesse processo, suficientes para preservar a liberdade intelectual e a resistência a um retrato monolítico da cultura. Mesmo talvez não sendo o método mais óbvio de estimular paixões humanas, a arte abstrata frequentemente gera diálogos profanos sobre o significado do objeto, sítio, convenção e valor. Vimos como o Memorial aos Veteranos de Maya Lin, ou o *Tilted Arc* de Richard Serra, na Federal Plaza, em Nova York, possuíam a habilidade de gerar significados muito além daqueles de sua imediata presença (FOC4: 397, 398).

Monumentos estão por toda parte na urbanização ocidental e, até certo ponto, parte de sua singularidade, a manifestação concreta da cultura como política. Infundem o âmbito público das cidades com ideologias, ao mesmo tempo aparentes e escondidas, falsas e verdadeiras, fantasia e realidade, e onde a experiência individual é subordinada, distorcida e sacrificada à identidade cívica nacional. Entretanto, a cultura não está só condensada no domínio público do quinto espaço. Ela tem sua contraparte doméstica na esfera privada da habitação e da comunidade, como exemplificado no chamado Novo Urbanismo, movimento arquitetônico emergente no mundo todo.

Heterologia e o Novo Urbanismo

Existem dois tipos de Novo Urbanismo, não um, como geralmente somos levados a crer. O primeiro é apresentado por Neil Smith em seu artigo "New Globalism, New Urbanism: Gentrification as Global Strategy" (Novo Globalismo, Novo Urbanismo: Gentrificação Como Estratégia Global). Smith argumenta que, devido ao neoliberalismo do terceiro milênio, a relação entre capital e Estado foi reestruturada:

> Essa transformação, cujos primórdios estamos apenas começando a ver, vem sendo expressa de forma mais intensa por meio de uma geografia alterada das relações sociais – mais corretamente, por meio de um redimensionamento dos processos e relações sociais que cria novas combinações de escala, substituindo as antigas mesclas, no mais das vezes associadas a: "comunidade", "urbano", "regional", "nacional" e "global" [...] em um novo urbanismo. (Smith 2002: 430)

Assim sendo, a primeira forma do Novo Urbanismo reflete uma mudança radical na divisão internacional do trabalho, a mudança das economias industriais para as informacionais e o desenvolvimento da comunicação eletrônica e da economia informacional, entre outros fenômenos. Essa situação permite mesclar ideias tradicionais de escala e, com elas, conceitos de comunidade que, anteriormente, baseavam-se em emprego compartilhado e associação física de algum tipo.

O custo crescente do deslocamento urbano, em função da diminuição das reservas petrolíferas, também foi exacerbado, apesar das expectativas de que a comunicação eletrônica suplantaria o transporte físico dos indivíduos. Além disso, o desaparecimento do estado de bem-estar social e a mudança da "reprodução social" para a "produção socializada" passou da fusão dos interesses do setor privado e do bem público para o neocorporativismo de Estado. Smith observa que um grave aumento do controle social também ocorreu em face do terrorismo, migrações em massa e crises na reprodução social.

O Novo Urbanismo (econômico) de Smith marca ainda um monumental desenvolvimento na acumulação de capital, em que a mudança para o consumo acima mencionado alterou permanentemente a vida social (ver Sassen 2000; Smith 1996; Castells 1996, 1997, 1998). Enquanto a velha ordem industrial era marcada pela provisão social no campo do consumo coletivo para criar eficiências na produção e, portanto, acumulação de capital, a nova ordem depende do consumo individual e de luxo para ampliar e aprofundar o processo. O outro Novo Urbanismo – o dos arquitetos e urbanistas – situa-se dentro da reconstrução do espaço social e das relações sociais, um contexto do qual derivam tanto seus sinais como seus métodos. Contradizendo a ideia de que o Novo Urbanismo (arquitetônico e urbano) foi inventado por uma prática arquitetônica específica (Duany, Plater-Zyberk and Co.), ele surgiu, como outras formas sociais, em consequência das condições econômicas e sociais dominantes durante os anos de 1970, com suas raízes firmemente plantadas no século XIX, embora no *fin-de-siècle* (Rutheiser 1997). Já existia na Inglaterra sob a forma de neotradicionalismo, e nasceu nos Estados Unidos em consonância com uma prática arquitetônica importada preexistente, uma mudança necessária na ideologia, seus próprios aspectos vernaculares e tipologias derivados da história, e um brilhante exercício de marketing (Slater e Morris 1990; Franklin e Tait 2002). De fato, os alegados iniciadores, Patrick Geddes, Ian McHarg e Christopher Alexander, eram todos cidadãos britânicos. Quaisquer que sejam as fontes, o Novo Urbanismo tentou contrabalançar as áreas vazias dos subúrbios estadunidenses com empreendimentos voltados à comunidade, com escala humana, ausência de crimes, racialmente integrados e voltados ao transporte público – objetivos louváveis, sem dúvida. Entretanto, o que se questionou na literatura em várias frentes é que as duas formas do Novo Urbanismo estão presas em um ambiente construído preexistente, no qual há pouco impacto da arquitetura formal do Novo Urbanismo no processo global de formação de subúrbios. Além disso, sérios questionamentos surgiram com relação às prescrições socioculturais do Novo Urbanismo e às reivindicações que ele faz sobre cumprir objetivos sociais específicos (Audirac e Shermyn 1994). Portanto, sempre surgiram interrogações quanto à sua capacidade de melhorar outras formas de desenvolvimento urbano e suburbano (Hall e Porterfield 2000).

> Até o momento, no entanto, a literatura do Novo Urbanismo não incluiu construção de teorias científicas sociais e testes empíricos e, sim, marketing

Cultura

e manifestos [...] Mas a menos que o Novo Urbanismo seja parte de uma estratégia global para revitalizar bairros mais carentes no centro das cidades, ele permanece como uma simples casca, a ser preenchida por aquilo que o mercado quiser. Como abordagem isolada, o novo urbanismo está aberto a críticas de que ele representa uma rápida correção imobiliária que se baseia na noção desacreditada de determinismo físico. (Bohl 2000: 777, 795)

Enquanto essas considerações materiais são bem-vindas e inegáveis, a transição para a nova economia foi comparada, como também no passado, com as novas formas de conscientização, percepção e compreensão. Diferentemente de outros tempos, entretanto, essas qualidades estão ligadas à formação do capital, em modos que dissolvem muitas das fronteiras entre objeto, produto, lucro e identidade. Observamos o que precisamos e nos tornamos aquilo que desejamos. Promovendo esse processo, o método do projeto pós-moderno cai na criação do simulacro, o projeto de substitutos decepcionantes que tomam o lugar da chamada realidade objetiva como base para a vida, enquanto projetam com imagens que são ficções representativas, apesar de reais para quem projeta e o cliente. O Novo Urbanismo se ajusta perfeitamente a esse conceito, no qual pertencer a uma comunidade desse grupo reflete bom gosto na escolha de determinada marca, apesar de predominar a hiper-realidade – um constructo que carrega uma linguagem adequada de símbolos e discriminação. Querer valorar isso ou não é uma questão inútil, já que é um fato do capitalismo global e da cultura pós-moderna – a era em que vivemos.

Logo, é importante concentrar-se no valor simbólico que agrega a noção de distinção cultural onde um novo estilo de arquitetura e urbanismo passa a existir. O conceito de heterologia auxilia no exame das subestruturas, que são implícitas aos pressupostos da epistemologia do Novo Urbanismo, em relação à construção física da cultura e da comunidade – os discursos e metodologias importantes que admitem a influência do Novo Urbanismo no campo do capital cultural e simbólico. Então, quando pensamos em projeto urbano na forma do Novo Urbanismo, precisamos pensar sobre o quê?

Como grande parte dos indivíduos que projetam, arquitetos são obcecados por estilo e gosto (capital simbólico). Em geral, seu conceito de arquitetura é por eles definido. Então, temos estilo egípcio, persa, grego, romano e, mais tarde, vitoriano, *art déco*, *art nouveau*, modernismo, pós-modernismo e muitos outros. O modernismo teve sua própria forma de limpeza étnica em sua tentativa de expurgar todos os detalhes e características decorativas históricas. Deus estava nos detalhes, desde que fossem expressos funcionalmente (uma frase que tem origem em Flaubert, não em Mies van der Rohe, como normalmente se acredita). Como reação a tal esterilidade, o pós-modernismo decidiu que tudo vale, sentindo-se livre para tomar emprestado ou justapor quaisquer referências que considerasse adequadas ao contexto. Consequentemente, tende a deixar os arquitetos desconfortáveis, porque não há nenhum estilo que se identifique com o pós-modernismo. É bem possível, portanto, que o aparecimento do Novo Urbanismo nos últimos quinze anos tenha oferecido, até certo ponto, a segurança que faltava em um mundo que lutava sob o peso de um nebuloso pós-modernismo (Marshall 2003). O Novo Urbanismo oferece tanto salvação quanto alegres certezas em tempos de confusão, tomando a forma da teoria derivada, uso do solo, tipologias construtivas, normas de projeto e a segurança psicológica de uma identidade e comunidade organizada de semelhantes.

Embora a icônica cidade de Seaside, na Flórida, tenha começado em 1981, o livro de Peter Katz, *The New Urbanism* (O Novo Urbanismo), foi o primeiro a reunir um portfólio de projetos suficientes para justificar, com alguma autoridade, que um novo movimento na arquitetura e no urbanismo estava bem estabelecido, pelo menos nos Estados Unidos (Katz 1994). Então, pode-se datar o Novo Urbanismo como tendo surgido entre 15 e 25 anos atrás. Desde aquele tempo, surgiram numerosos livros e artigos debatendo muitos dos pressupostos da nova filosofia (Duany e Talen 2002; Talen 2002a; Bell e Jayne 2004; Talen 2006). Também foram bem documentadas as origens históricas em Al Hindi e Staddon (1997), e o neo-tradicionalismo que se seguiu (Audirac e Shermyn 1994; McCann 1995, Tiesdell 2002). Além disso, há um grau razoável de utopia na agenda do Novo Urbanismo, bem como um grande afastamento das tradições da corrente estadunidense convencional de urbanização (Saab 2007). Problemas teóricos e metodológicos relacionados foram discutidos por Banai (1996), Ford (1999), Ellis (2002) e Grant (2008), e uma avaliação do uso do solo e das áreas comerciais centrais aparece em Banai (1998). O movimento também tem algumas relações com desastres naturais (Talen 2008), adaptação a minorias étnicas (por exemplo, Novo Urbanismo Latino, Mendez 2005), cisões sociais (Bohl 2000, Smith 2002) e globalização em artigos sobre Moscou (Makarova 2006), Oriente Médio (Stanley 2005) ou Malásia (Sulaiman 2002). Também foram levantados os métodos de incorporar princípios sustentáveis nos projetos do Novo Urbanismo (Fulton 1996).

De acordo com o famoso dito de Antonio Gaudí, para ser original é preciso retornar à origem das coisas, o que significa nesse caso retornar a Patrick Geddes ou mesmo Frederick Le Play (ver FOC9: 206-208). Geddes era um polímata erudito e, talvez, o criador do planejamento urbano moderno (Boardman 1944; Mairet 1957; Kitchen 1975; Meller 1990). Dessas referências, fica claro que o interesse em Geddes não enfraqueceu ao longo do século passado, sendo de Welter (2006) o mais recente comentário sobre ele. O conhecimento de Geddes era imenso e ele influenciou uma série de *protegés* – de Lewis Mumford a Ian McHarg (1969) e além – no mundo contemporâneo do Novo Urbanismo. A principal heterologia usada por Geddes deriva de 1915, aproximadamente, e era o que ele chamava de *The Valley Section* (Geddes 1997: 15). Entretanto, o uso do termo "secção" ou "corte", que instantaneamente evoca a geometria fixa da arquitetura, carrega uma versão ultrassimplificada da filosofia de Geddes. A secção do vale de Geddes era, na verdade, uma constelação da geografia do lugar, incluindo os habitantes, a paisagem, o terreno e terra firme (Figura 5.14).

Essa ideia fundamentava o centro da teoria do Novo Urbanismo (Duany 2000; Duany et al. 2000; Brower 2002; Talen 2002b). Duany reconhece o perfil

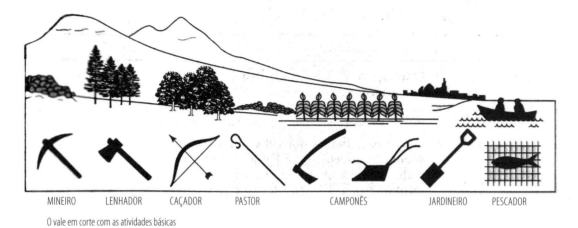

O vale em corte com as atividades básicas

Figura 5.14. O perfil do vale original de Patrick Geddes, com as devidas ocupações. Fonte: Town and Country Planning Association.

do vale de Geddes como um ponto de partida, formando a base intelectual e teórica do Novo Urbanismo (Grant 2005). Apesar disso, a ideia do vale em corte não foi um partido de projeto, como tinha sido usado no Novo Urbanismo, mas um compromisso com o processo natural. Usar um corte, uma secção diagramática ou transecção como tal, constitui uma leitura equivocada, embora bem-intencionada, do trabalho de Geddes (Tabela 5.2). Alega-se que a secção diagramática seja uma nova abordagem e uma alternativa a métodos tradicionais de práticas de zoneamento do uso do solo:

> a abordagem da transecção ou secção diagramática é um método analítico e uma estratégia de planejamento. Pode ser formalmente descrita como um sistema que busca organizar os elementos do urbanismo – edificação, lote, uso do solo, rua e todos os outros elementos físicos do *habitat* humano – em maneiras que preservem a integridade dos diferentes tipos de ambientes urbanos e rurais (Talen 2002b: 294).

Em certo sentido, isso é bem revolucionário, simplesmente porque pressupõe que todos os códigos existentes para o planejamento, o edifício, a construção, o empreendimento e o projeto podem ser suspensos, tal como a linguagem de padrões de Alexander (ver Cuthbert 2007: 202). Ao fazer isso, o ímpeto geral da urbanização capitalista, baseada no lucro e na especulação, terá de ser renegociado para promover autenticidade, um senso de republicanismo e virtude cívicos, e uma abordagem estereotipada com relação à estética. Essa seria uma possibilidade singularmente improvável.

Tabela 5.2. Descrição das zonas de transecção ou secção diagramática

ZONA	PRINCIPAIS CARACTERÍSTICAS
Reserva rural de preservação	• Espaços abertos, legalmente protegidos contra empreendimentos, em caráter permanente. • Inclui: corpos d'água de superfície; mangues e *habitats* protegidos; espaço público aberto; servidões de conservação.
Reserva rural	• Espaços abertos, ainda não protegidos contra empreendimentos, mas que deveriam ser anexados às zonas de Reserva Rural de Preservação. • Inclui espaços abertos identificáveis por aquisição pública e áreas identificadas como de possível aplicação do chamado TDR (transferência do direito de construir). • Pode incluir planícies de inundação; encostas íngremes; áreas de recarga de aquíferos.
Suburbana	• Áreas mais naturais, menos densas, *habitat* mais residencial de uma comunidade. • Construções são moradias unifamiliares. • São permitidos escritórios e atividades de varejo, de forma restrita. • Construções de no máximo dois andares. • Espaços abertos mantêm caráter rural. • Estão proibidas rodovias e estradas rurais.
Área urbana geral	• O *habitat* geral mas, principalmente, residencial de uma comunidade. • Construções são moradias unifamiliares isoladas e geminadas em lotes pequenos e médios. • São permitidos, de forma limitada, escritórios e hospedagem. • Atividades de varejo limitadas a lotes designados, tipicamente de esquina. • Edifícios de no máximo três andares. • Espaços abertos consistem em áreas verdes e praças.
Centro urbano	• O *habitat* de uso misto e mais denso da comunidade. • As construções incluem casas geminadas, apartamentos e escritórios sobre as lojas. • Permitidos escritórios, varejo e hospedagem. • Edifícios de no máximo cinco andares. • Espaços abertos como praças e largos.
Núcleo urbano	• A mais densa área de concentração residencial, comércio, escritórios, cultura e entretenimento de uma região. • As construções incluem casas geminadas, apartamentos, edifícios de escritórios e lojas de departamento. • Construções dispostas em ampla variedade de tamanhos de lotes. • Estacionamentos de superfície não são permitidos na parte frontal dos lotes. • Espaço aberto consiste em praças e largos.

Fonte: Adaptado de **The Lexicon of the New Urbanism** (O Léxico do Novo Urbanismo, Duany, Plater-Zyberk e Co. 2000). Extraído de um artigo de Emily Talen (2002), Help for Urban Planning: The Transect Strategy (Um Auxílio Para o Planejamento Urbano: A Estratégia da Transecção), **The Journal of Urban Design**, 7(3): 293-312.

É evidente que não há nada de novo no Novo Urbanismo, e seus conceitos do que constitui o urbano são superficiais. Não só isso. Há uma incrível ingenuidade em relação a como as cidades, de fato, crescem e se modificam, essas imensas complexidades urbanas que não podem ser organizadas pela simples aplicação de modelos físicos. Apesar das alegações para promover integração racial, mistura socioeconômica, segurança coletiva e outros objetivos gerais, não existem evidências suficientes para respaldar essas alegações, e ficamos com o capital simbólico preso à marca. A

Cultura

transecção ou secção diagramática assume uma progressão padrão de seis zonas, que vão da área de preservação permanente, reserva rural, suburbana, urbana geral, a centro urbano e núcleo urbano. Cada uma dessas seis zonas corresponde a um padrão de densidade, tipologia construtiva, elementos naturais etc., o que é visto como protótipico de cada zona. O principal problema aqui é que a secção do vale (uma dimensão) é diretamente traduzida em uma zona (duas dimensões), e a tipologia da vizinhança resultante é determinada tanto pela aparência como por qualquer outro fator. Entretanto, e estranhamente, "os residentes valorizam a aparência menos por suas qualidades intrínsecas que por suas implicações sociais. A transecção de Duany facilita a criação de composições nitidamente diferentes. Os residentes, por outro lado, buscam experiências residenciais distintamente diferentes" (Brower 2002: 313; Volk e Zimmerman 2002). Então, o método de aplicar o Novo Urbanismo parece focar na aquisição de um capital simbólico, que a marca garante.

No entanto, as ideias de Geddes não proporcionam as únicas heterologias para o Novo Urbanismo. Os urbanistas estadunidenses são criticados por uma amnésia seletiva quando se refere à sua própria história (Saab 2007). Eles se esquecem de que "muitos planos urbanos utópicos anteriores não só lembravam muito a visão do Novo Urbanismo, de diversos modos em sua tentativa de aplicação, mas também eles são responsáveis por muitas das condições que os adeptos do Novo Urbanismo vêm tentando retificar" (Stephenson 2002: 196). Portanto, o Novo Urbanismo recebeu insumos de pelo menos um século de experimentações, com todos os tipos de modelos – teóricos, éticos, físicos e econômicos – poucos dos quais são reconhecidos. Podemos rastrear essa corrente a um ponto de origem no movimento City Beautiful (Cidade Bonita), nos Estados Unidos, que começou com a Feira Mundial de Chicago de 1893, patrocinando toda uma nova visão de dignidade e estética cívicas. Além disso, o clássico texto *Tomorrow*[2], de Ebenezer Howard, foi publicado na Inglaterra em 1898, trazendo seu modelo idealizado de vida do campo em cidades satélites. A construção das arquetípicas Letchworth (1903) e Welwyn (1920), como a pedra angular do movimento das Cidades-Jardim, deu-se logo em seguida (Figura 5.15). Mumford observa que, mesmo então, Howard estava reintroduzindo conceitos gregos de limites naturais ao crescimento orgânico como alternativa ao "congestionamento sem sentido das grandes metrópoles" (Mumford 1961: 515).

O movimento das Novas Comunidades, durante as décadas de 1920 e de 1930, criado por pessoas como Clarence Stein, Henry Wright, Lewis Mumford e Alexander Bing, gerou uma série de experimentos para integrar a forma física aos conceitos de comunidade. Muitos modelos de comunidades assim concebidas foram construídos, e os ícones da época eram lugares como Forest Hills Gardens, em Long Island, Baldwin Hills Village, em Los Angeles, e Radburn, em Nova Jersey. O projeto modelo de Howard para aquilo que poderia ser chamado de Novo Urbanismo Vitoriano foi certamente comparado com modelos físicos de cidades e bairros residenciais na Escola de Chicago de Ecologia Urbana (FOC3: 58-60).

---

2   Reeditado como *Garden-Cities of Tomorrow*. (N. da T.)

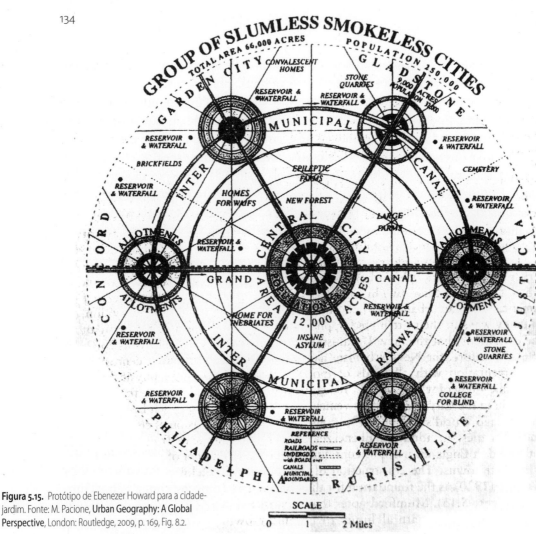

Figura 5.15. Protótipo de Ebenezer Howard para a cidade-jardim. Fonte: M. Pacione, **Urban Geography: A Global Perspective**, London: Routledge, 2009, p. 169, Fig. 8.2.

A *Broadacre City* de Frank Lloyd Wright, de 1934, continuou a experimentação com novas formas de comunidade, e a Feira Mundial de Nova York, de 1939, e o New Deal conseguiram imprimir um ímpeto muito bem-vindo e necessário ao plano para melhorar as práticas de planejamento ao longo da Segunda Grande Guerra. Assim, o Novo Urbanismo deve muito de suas origens aos movimentos das Cidades-Jardim, City Beautiful e Novas Comunidades, e também aos muitos arquitetos e planejadores envolvidos na criação de novos métodos para promover o desenvolvimento das comunidades. O Novo Urbanismo também perpetua o duradouro mito de que o determinismo físico pode automaticamente criar comunidades com base em limites demográficos específicos e códigos de obras.

A importância desse legado histórico é significativo para o Novo Urbanismo por várias razões fundamentais. Na busca pela comunidade autêntica, ele se baseia no passado, em vez de imaginar o futuro, para justificar uma série de manifestações – estilo, civismo, relações sociais, comunidade, imaginário, estruturas institucionais e demografia. A ideia de estilo é estreitamente ligada aos conceitos de autenticidade e representação simbólica. Os valores simbólicos enquanto cultura exigem um

Cultura

meio (arquitetura, escultura), uma mensagem (justiça, democracia) e uma forma (*art déco*, abstrata), sinônimo de estilo. A razão dessa distinção é que esses três métodos de comunicação se sentem desconfortáveis juntos. Se você perguntar a um arquiteto qual forma seu edifício vai assumir, ele/ela tem várias respostas possíveis – é uma casa (forma arquitetônica), é um apartamento (forma tipológica), é um edifício (forma construtiva), é do Novo Urbanismo (forma/marca estilística). O conceito de forma e estilo permeia toda transmissão social, do discurso à arquitetura. Nesse contexto, eu uso o termo "forma" para denotar o estilo, a maneira de executar um trabalho, em vez de sua tipologia ou construção.

A imagem ou estilo arquetípico da comunidade do Novo Urbanismo parece ser fortemente influenciada pelo estilo de vida idealizado, na década de 1950, da América das cidades pequenas, sem nenhum dos seus problemas, embora muitos projetos do Novo Urbanismo tenham situações urbanas distintas. Esse é, de fato, o imaginário urbano, o simulacro do lugar perfeito que nunca existiu, um lugar que aparentemente pode ser reproduzido no presente e, não por acaso, há referências a isso como "Plannind the American Dream" (Planejando o Sonho Americano; Bressi 1994: xxv). Aqui, história, realidade, autenticidade e nostalgia estão entrelaçadas (Boyle 2003). Na imagem neoconservadora da vida urbana existem abundantes referenciais históricos. O Novo Urbanismo reforça muito a ideia da comunidade autêntica, "mas como se determina o que torna uma comunidade autêntica? Isso seria apenas um esquema de marketing, um meio de diferenciar o produto deles da concorrência?" (Saab 2007: 195). Enquanto Ellis (2002) observa que o termo "nostalgia" é usado como desdém, este foi definido como "um produto de conscientização histórica compartilhada de deslocamento geral, que é capaz de transformar desventuras provincianas e perdas individuais em socialmente significativas. O termo fornece a estranhos solitários um refúgio comum na história, mesmo quando afirma que essas perdas são irreversíveis" (Fritzsches 2004: 64-65). A ideia da autenticidade nunca pode ser "real", no sentido de que aquela realidade não é unidimensional e, então, o que é definido como real tem uma multiplicidade de possíveis fontes e representações. O termo "autêntico" também é usado em oposição a falso e, como Baudrillard e outros advertiram, essa distinção não tem sentido em um mundo no qual agora vivemos a hiper-realidade. O Novo Urbanismo adota, ou copia, o imaginário preexistente da América das cidades pequenas da década de 1950, vilas de pescadores de Cape Cod, cidades em estilo vitoriano como Savanna, Charleston etc. e uma miríade de outras referências. Assim sendo, o Novo Urbanismo é a cópia de uma cópia, e os próprios originais advêm de outras formas de arquitetura. Como Audirac e Shermyen destacam, mesmo cópias dos projetos "genuínos" do Novo Urbanismo estão sendo construídas: projetos que têm a imagem, mas não a substância dos atuais projetos do Novo Urbanismo, baseados em seu manifesto e diretrizes de projeto:

> Como o protótipo da Traditional Neighbourhood Development – TND (Desenvolvimento de Vizinhança Tradicional) com o selo de Krier, Seaside permanece utópica em sua evolução isolada. No entanto, casas semelhantes às de Seaside

aparecem nos empreendimentos vizinhos e as tradicionais subdivisões de baixa densidade em frente à praia, atendendo à demanda pela arquitetura da virada do século, estão se misturando com arquitetura vernacular do Caribe em busca de inspiração. Enquanto a "Riviera Redneck" da Flórida[3] está adotando arquitetura pós-moderna, é de se imaginar surpresa se o restante dos Estados Unidos irá desistir da privacidade e do espaço do subúrbio, e do hábito do automóvel para adotar estilos de vida promovidos pelo projeto urbano pós-moderno. (Audirac e Shermyn 1994: 171)

Por isso, enquanto o Novo Urbanismo é frequentemente criticado pela reconstrução utópica de ícones culturais do passado, como relógios falsos, cópias em vários níveis de autenticidade do falso original estão sendo reproduzidas em todos os lugares dos Estados Unidos. Então, muitos subúrbios pós-modernos estão se transformando na cópia da cópia da cópia. O paradoxo agora, como Baudrillard apontou, é a ordem da vida social, e ele alega que não há nada de falso em nada disso. Tentar separar o real/autêntico da cópia/simulacro tornou-se uma tarefa sem sentido. Em recente viagem à Indonésia, ofereceram-me um relógio falsificado e outro também falso, mas de melhor qualidade. A diferença entre um relógio e um lar, porém, é que vivemos dentro e não fora da marca, e, portanto, nos identificamos com ela de forma muito mais forte. É o valor da marca Novo Urbanismo que é significativo, mais que o contexto social ou imagens da arquitetura. No contexto da América das cidades pequenas e outros projetos independentes do Novo Urbanismo, a marca Seaside estaria perdida sem o Novo Urbanismo para apoiá-la, mais ou menos da mesma forma que a marca urbana Bilbao estaria diminuída sem o Museu Guggenheim de Frank Gehry, mas significativamente:

> Nesse sentido, diz-se que um edifício tem valor de grife, trazendo em si a aura de seu autor. No entanto, onde as propriedades icônicas de um edifício poderiam geralmente ser consideradas importantes para revelar a arquitetura como uma marca, a assinatura específica de um arquiteto refere-se, especificamente, à aura ou marca do arquiteto. Na linguagem do marketing, isso corre o risco de confundir "arquitetura ou estrutura de marca" exigida para induzir a marca principal que, nesse caso, é a cidade. (Kumic 2008: 227)

Conclusão

No geral, o âmbito público é um enorme palco, onde a memória, a consciência histórica, o espaço e a forma se encontram. Mas é também o campo

---

3   Rednecks, os chamados "caipiras", são os brancos do sul dos Estados Unidos. (N. da T.)

da política urbana, onde o poder é representado por formas que, com frequência, negam qualquer verdade objetiva. É o lugar onde a história é higienizada e censurada antes de aprovada pelo Estado e pelas sociedades, um lugar onde regiões de conflito não se misturam necessariamente com definições tradicionais de classe social. A construção do Estado-nação em forma urbana é uma prática universalmente adotada e, para qualquer um envolvido no projeto de espaços e lugares, é o ponto alfa da arquitetura monumental. É o lugar, por excelência, de uma memória coletiva culturalmente estabelecida. Monumentos como signos e tipologias como marcas têm um impacto significativo nas cidades que parece pronto para se intensificar. Todavia, podemos arriscar um palpite – que a maior parte da aura em torno dos monumentos pertence a um padrão de práticas ideológicas firmemente fixadas a formas passadas de acumulação. Atualmente, a marca conceito e seu potencial impacto na forma das cidades emerge como um reflexo, não só de um novo jeito de ver, mas também de um novo jeito de ser (consciência). Este não é o lugar para debater se o fenômeno é bom ou ruim, se as formas de consciência são subordinadas à materialidade, ou se novos horizontes na acumulação de capital estão implícitos em todas as escalas da identidade da marca. Todavia, como marca, o Novo Urbanismo é mais um reflexo do aprofundamento das relações mercadológicas manifestas no ambiente construído. Sem dúvida, os adeptos do Novo Urbanismo são sinceros em sua crença de que uma grande melhoria no ambiente construído resultará da aplicação de sua metodologia e, de fato, isso pode ser verdade. Mas as conotações de uma arquitetura e de um projeto urbano revitalizados não combinam com os danos reais do capitalismo e suas práticas. O fato é que o Novo Urbanismo está inserido dentro da economia capitalista e está sujeito às suas regras. Desde que a marca não ameace qualquer fundamento básico das relações do solo urbano, ele terá sucesso, como também qualquer outra boa arquitetura não incorporada na ideologia do Novo Urbanismo.

6. Gênero

Observei que a maioria dos meus interlocutores não se sentia à vontade porque minha argumentação interferia com os sonhos deles: com o sonho feminista de uma economia sem gêneros, sem papéis sexuais compulsórios; com o sonho esquerdista de uma economia política cujos indivíduos pudessem ser igualmente humanos; com o sonho futurista de uma sociedade moderna onde as pessoas fossem maleáveis e suas escolhas de serem dentistas, homens, protestantes ou técnicos de modificações genéticas merecessem o mesmo respeito.

IVAN ILLICH 1983: 9

Introdução:
O Componente Ausente

Em *The Form of Cities*, referi-me ao capítulo sobre gênero como "o componente ausente". Enquanto muitos outros elementos do livro tiveram ao menos alguma discussão no contexto da teoria e prática do desenho urbano, o elemento gênero parecia estar totalmente ausente. O mesmo vale para a academia, onde a maior parte dos programas dos cursos de projeto urbano (e poderia incluir aqui todas as disciplinas ambientais) não aborda a questão da importância do gênero para o projeto. O capítulo seis de *The Form of Cities* tentou compensar a omissão colocando as questões de gênero no mesmo nível de outras preocupações. É claro que foi um erro, já que a questão não é simplesmente outra dimensão do vocabulário do urbanista, mas um princípio geral, como no caso da sustentabilidade, que deve penetrar todo o processo do projeto. Tampouco pode ser considerado um acréscimo ao programa do urbanista – "OK, vamos pensar agora na questão natureza/mulheres" – mas deve estar introjetado de forma consciente em nossas percepções e em como vivemos no mundo. O ponto de referência subjacente aos três livros desta série é a economia política espacial, e no texto anterior ilustrei a desconfortável trégua entre a perspectiva feminista e a que deriva do materialismo histórico. Por enquanto, vou presumir que um não pode viver sem o outro, reconhecendo a natureza parcial, porém interligada, de cada um como forma fundamental de explicação (FOC6: 127).

É significativo, porém, que a escolha da economia política espacial seja reforçada quando se chega à ideia de método, já que não se pode simplesmente buscar na literatura do projeto de desenho urbano qualquer metodologia ou qualquer consideração em torno da questão de gênero (Kimmel 2008). Aqui, precisamos envolver a geografia humana, história da arte, estudos culturais e outras disciplinas para *insights*. Sempre estimulei meus alunos a ler "fora da caixa" se quiserem amadurecer como urbanistas responsáveis, uma tarefa que nunca será realizada ao se pesquisar ilustrações dos mais recentes projetos de desenho urbano ou a literatura mais recente, e eu espero que esse capítulo demonstre isso. De uma coisa tenho certeza: ao discutir questões de gênero, em especial gênero e patriarcado, enfrentamos a tarefa de endireitar toda a história humana, algo que não será feito do dia para a noite (Browne 2007). Quanto às origens, apesar de podermos retroceder séculos em busca de exemplos isolados de luta pelos direitos das mulheres, 1980 tem um significado como ponto de partida para a geografia feminista, quando a dimensão espacial da condição de existência das mulheres veio à tona:

> Foi há menos de dez anos (antes de 1989) que surgiu a questão da invisibilidade das mulheres, tanto como objetos de estudos geográficos quanto como praticantes da disciplina. Nos anos seguintes, vimos uma notável explosão de energia por parte de geógrafas interessadas em teoria feminista e em documentar a desigualdade e a opressão das mulheres em todas as áreas da vida econômica e social, em todas as partes do globo. (Bowlby et al. 1989: 157)

Durante esse período, houve também um movimento para corrigir essa situação com relação à arquitetura e ao planejamento urbano. Com relação à arquitetura, podemos testemunhar um pequeno, mas evidente, interesse em estudos do gênero. Por exemplo, *Sexuality and Space* (Sexualidade e Espaço; Colomina 1992), *The Sex of Architecture* (O Sexo da Arquitetura; Agrest et al. 1996), *Designing Women* (Mulheres Urbanistas; Adams e Tancred 2000) e *Decoding Home and Houses* (Decodificando Lar e Casas; Hanson 2003). No planejamento, há uma carência semelhante de referências – dependendo de como se defina planejamento –, mas *Change of Plans* (Mudança de Planos; Eichler 1995), *Women and Planning* (Mulheres e Planejamento; Greed 1994), e *Gender and Planning* (Gênero e Planejamento; Fainstein e Servon 2005) são marcos essenciais. O projeto urbano está numa posição semelhante ao planejamento urbano, mas é importante destacar *Discrimination by Design* (Discriminação Pelo Projeto; Weisman 1992), *Approaching Urban Design* (Abordagem do Projeto Urbano; Roberts e Greed 2001), *Design and Feminism* (Desenho e

Feminismo; Rothschild 1999) e "Constructing Difference in Public Spaces" (Construindo Diferenças nos Espaços Públicos; Ruddock 1996). É compreensível que, de longe, a maior parte dos textos provenha de estudos urbanos, principalmente geografia urbana, especialmente *Women and Space* (Mulheres e Espaço; Ardener 1981), *Women in Cities* (Mulheres nas Cidades; Little et al. 1988), *Gendered Spaces* (Espaços Com Gênero; Spain 1992), *Space, Place and Gender* (Espaço, Lugar e Gênero; Massey 1994), "Gender and Urban Space in the Tropical World" (Gênero e Espaço Urbano no Mundo Tropical; Huang e Yeoh 1996) e *Women in the Metropolis* (Mulheres na Metrópole; Von Ankum 1997). São textos emblemáticos do trabalho em cada área e não têm a intenção de desmerecer as outras obras pioneiras que não se encaixam tão facilmente nessas categorias limitadas, como por exemplo as três obras magistrais de Dolores Hayden – *Seven American Utopias* (Sete Utopias Americanas, 1976), *The Grand Domestic Revolution* (A Grande Revolução Doméstica, 1981) e *Redesigning the American Dream* (Repensando o Sonho Americano, 1984), que são leituras essenciais, formando um gênero próprio.

O Nexo Histórico

Em *The Way to Paradise* (O Paraíso na Outra Esquina, 2003), Mario Vargas Llosa narra duas viagens: a primeira de Paul Gauguin, o pintor visionário, e a segunda de Flora Tristan, avó do pintor. Suas histórias se entrelaçam, contrastando duas visões de paraíso na terra. A viagem de Gauguin o leva à absoluta periferia do poder colonial francês no Taiti. A busca de Flora também a leva além-mar, ao Peru, e sua busca de uma vida inteira pelo paraíso foi feita através da política do socialismo utópico na França, em meados do século XIX. Enquanto a busca de Gauguin pelo paraíso se concentra inteiramente no próprio pintor, numa jornada mediada por sexo, álcool e pelo pendor francês por idealizar *la pensée sauvage* (o pensamento selvagem), Flora buscava o máximo benefício para todos. Seu engajamento encontra paralelo em vários movimentos sociais da época, em que os princípios de *liberté, égalité* e *fraternité* (liberdade, igualdade e fraternidade) poderiam ser implantados como a intenção central da Revolução Francesa. Flora também se interessava em acrescentar a irmandade entre mulheres (*sisterhood*) nessa equação. Pode-se afirmar que, pela primeira vez na história humana, a organização do trabalho caminhou lado a lado com as lutas pela emancipação das mulheres. É relevante para nossa discussão o fato de que havia uma pequena, mas importante, tentativa de espacializar essas relações, rumo a revolucionar a emancipação das mulheres além da produção e do patriarcado, mas também na vida doméstica, na criação de filhos, na sexualidade e no espaço.

É paradoxal que os princípios do socialismo utópico, como experimentos radicais na comunidade, tenham emergido quase que exclusivamente pela ação de homens, os três fundadores do movimento, Henri de Saint Simon (1760-1825), Charles Fourier (1772-1837) e Robert Owen (1771-1858). Todos estavam firmemente engajados na mudança social, usando a ação direta como método, ao contrário de outros utopistas como Sir Thomas More, Etienne Cabet e outros, cujas visões permaneceram no reino da imaginação. Os escritos desses três indivíduos, especificamente *Letters from an Inhabitant of Genève* (Cartas de um Habitante de Genebra, 1802) de St. Simon, *Theory of the Four Movements* (Teoria dos Quatro Movimentos, 1808) de Fourier e *A New View of Society* (Uma Nova Visão de Sociedade, 1812) de Owen, sustentam a filosofia do socialismo utópico. Apesar de revolucionários, os textos ainda não haviam avançado a um estágio onde ocorreria uma análise cirúrgica do capitalismo. Para isso seria preciso esperar pela publicação de *O Capital* (em alemão) de Marx, em 1867. Dentro do paradigma marxista, o papel da mulher não era ligado à liberdade sexual em seu sentido mais amplo, mas à sua posição dentro de uma revolução proletária, cujo resultado, em teoria, iria automaticamente gerar igualdade entre os sexos. Assim, como Flora observa com clareza:

> não havia esperança para os fourieristas [...] Seu pecado original era o mesmo dos saint simonianos: não crer numa revolução levada a cabo pelas vítimas do sistema. Ambos desconfiavam das massas ignorantes e miseráveis, e defendiam, com beatífica *naiveté*, que a sociedade poderia ser reformada graças à boa vontade e ao dinheiro dos cidadãos burgueses, iluminados por suas teorias. (Llosa 2003: 71)

Essa aparente ingenuidade dos três autores, St. Simon, Fourier e Owen, provinha de métodos enraizados em conceitos de moralidade, ética e ideologia como base de harmonia social, não a relação entre a estrutura econômica e a remuneração social. Para eles, a esfera estritamente econômica não era a causa da revolta social. Coletivamente, eles também discordavam dos conceitos dominantes de que religião e política eram fundamentalmente resistentes ao desenvolvimento social harmonioso.

> já que há um pressuposto axiomático de harmonia natural entre natureza e natureza humana, o problema do antagonismo e do mal é deslocado da esfera da produção [...] [naquela época] a crítica socialista da economia política concentrava-se precisamente na ênfase da impossibilidade de isolar uma esfera econômica distinta. (Steadman-Jones 1981: 86)

Assim, enquanto os instigadores do socialismo utópico tinham uma significativa área de concordância em relação à mudança social, seus métodos eram fundamentalmente diferentes. St. Simon promovia a psicologia social, ainda não formulada. O foco de Fourier era nas relações amatórias, em oposição às relações econômicas da produção, e Robert Owen emergia de um novo cientificismo que funde os métodos das ciências físicas com os das ciências sociais (ver capítulo 1).

Como St. Simon não tentou dar forma física a suas ideias, os experimentos de Fourier e Owen, em combinar ideologia com forma física, permanecem seminais nos anais do projeto urbano.

Apesar das muitas divagações sem sentido em sua obra escrita e da total irracionalidade de algumas de suas crenças (como a de que quando a perfeita harmonia fosse obtida, seis luas orbitariam a Terra; que o mundo conteria 37 milhões de matemáticos, poetas e dramaturgos geniais), a preocupação central de Fourier era admirável – reverter a degradação da revolução industrial humanizando todo o trabalho, emancipando a vida das mulheres, reconstruindo conceitos de vida familiar até então confinados pela ortodoxia religiosa e promovendo a igualdade de gêneros em todos os aspectos. Nesse contexto, a sexualidade tornou-se separada do trabalho e da reprodução. Fourier era um feminista radical que rejeitava o patriarcado (mesmo continuando patriarcal) e pregava a liberação sexual (enquanto, simultaneamente, rejeitava a igualdade dos sexos). Ele também tolerava toda forma de atividade sexual, exceto as que envolvessem dor ou coerção. Entretanto, sua visão de emancipação humana claramente não envolvia democracia, já que ele mesmo se colocava como os pontos alfa e ômega da filosofia de Fourier. Apesar de sua filosofia ser cheia de contradições, sua grande realização foi construir muitas comunidades experimentais e, assim, completar a primeira tentativa importante de combinar uma ideologia baseada na emancipação humana com um ambiente físico dentro do qual sua filosofia pudesse florescer. Até hoje, isso nunca foi repetido, exceto talvez no sistema de *kibutz*, estabelecido pelos israelenses na (re)ocupação da Palestina.

O método de Fourier para estimular a reforma social era construir o que ele chamava de falanstérios, análogos ao conceito grego de *phalanx*, ou um agrupamento militar. Cada falanstério tinha tanto funções industriais como agrícolas, para prover uma base econômica para uma comunidade habitacional autossuficiente de 1620 pessoas, dentro da qual existiam vários grupos. Ele construiu trinta comunidades desse tipo nos Estados Unidos entre 1843 e 1858, as quais representavam coletivamente a harmonia ou o contexto social do falanstério. Seu conceito teve alcance global, que ele imaginou pudesse substituir a urbanização com base nas relações anárquicas do mecanismo de mercado. Fourier deu instruções detalhadas quanto à organização física de cada falanstério, em termos de zoneamento de atividades específicas, assim como projetos detalhados de prédios, ruas, pátios, galerias e outras funções urbanas. Mas, sobretudo, o trabalho doméstico era coletivizado: preparo de alimentos, lavanderia, criação de crianças e outras atividades, antes de âmbito exclusivo das mulheres, tornaram-se parte da organização social da comunidade. Pela primeira vez, o modo de produção doméstico foi reestruturado e o lugar das mulheres na cozinha foi transformado em trabalho social no mesmo nível que os homens. O mais forte símbolo da domesticação da mulher, a cozinha individual, foi abandonado. Victor Considerant, que se tornou arquiteto de Fourier, determinou a principal elevação do falanstério em cerca de setecentos metros, e Dolores Hayden observa que "a visão arrogante de Considerant sobre o arquiteto como urbanista e sobre as atividades humanas como material passivo a ser moldado por meio de um projeto, foi partilhada por vários outros arquitetos utópicos" (Hayden 1976: 150).

Ao contrário de Fourier, Robert Owen era um empreendedor cuja fortuna se baseava na indústria do algodão, usando novas tecnologias para melhorar a produção industrial. Entretanto, como outros socialistas, Owen estava comprometido com o feminismo, apesar de haver dúvidas sobre se sua visão era utópica ou meramente uma melhoria na produção socializada, através de práticas superiores de produção. Todavia, os owenitas aceitaram a igualdade de gênero como fundamento de seu projeto social, promovendo a liberação das mulheres como iguais dentro da lei. Tais mudanças adotadas nos papéis de gênero tiveram grandes implicações espaciais, já que a relação fundamental entre os sexos, imposta pela religião organizada, havia sido rejeitada e reformulada. A sociedade e o espaço exigiam certa reconstrução do âmbito doméstico e sua integração numa matriz inteiramente nova de relações de gênero.

> A família nuclear, considerada responsável não só pela direta subordinação das mulheres aos homens, mas também por inculcar uma ideologia "competitiva", seria abolida e substituída por lares comunais e pela criação coletiva de crianças. Essa transformação nas condições de vida permitiria uma nova divisão sexual do trabalho: o trabalho doméstico (labuta doméstica) seria executado em rodízio, por mulheres ou crianças de ambos os sexos, com "os métodos disponíveis mais científicos", deixando as mulheres participarem de todos os aspectos da vida comunitária, do trabalho industrial e agrícola a atividades governamentais, de escritórios, educacionais e culturais. Com a coletivização do cuidado com as crianças e todas as pressões econômicas removidas, o casamento seria uma questão de "afeto romântico" apenas, para ser contraído por concordância mútua e dissolvido por escolha mútua. (Taylor 1981: 64)

Owen foi um dos primeiros a perceber que a emancipação da força de trabalho resultava em lucros e não em perdas, graças ao aumento da prosperidade, saúde, educação e bem-estar dos trabalhadores e das crianças, e à subsequente eficiência resultante de um maior bem-estar social. A aldeia de New Lanark, na Escócia central (figura 6.1), ligada à sua fábrica de algodão, tornou-se um exemplo pioneiro de socialismo utópico, visitada na época e até hoje por milhares de pessoas por ano, apesar de ser possível que os feitos de Titus Salt, em Saltaire, em Leeds, fossem pelo menos tão notáveis (ver figuras 6.2 e 6.3). Como Fourier, Owen também rejeitava o cristianismo junto com o sistema fabril da Revolução Industrial, baseado em ganância, egoísmo, exploração e miséria humana. Ele ficou desencantado com a fraca receptividade de suas ideias na Grã-Bretanha e emigrou para os Estados Unidos, onde estabeleceu mais dezesseis comunidades owenitas, sendo que a mais famosa delas é New Harmony, em Indiana.

Gênero

Figura 6.1. [no alto] Visão artística de New Lanark, uma comunidade industrial modelo construída pelo utopista Robert Owen na Escócia em 1785. Fonte: ☺ Creative Commons.

Figura 6.2. [acima] Vista das entradas dos fundos de casas na aldeia Saltaire, West Yorkshire, 1833. Fonte: ☺ Creative Commons.

Figura 6.3. Vista da fábrica. Aldeia Saltaire, West Yorkshire, 1833. Fonte: ⓒ Creative Commons.

Em seu livro *Seven American Utopias* (1976), Dolores Hayden analisa, em grande detalhe, a tentativa de estabelecer o paraíso no continente norte-americano através da construção de comunidades ideais. Houve várias delas, com grande variedade de ideologias e religiões, assim como pretensões carismáticas de vários líderes poderosos. Entretanto, o termo "socialista utópico", aplicado corretamente por Marx e Engels a St. Simon, Fourier e Owen, é enganoso e não se aplica a todos os tipos de projetos utópicos. Um termo mais útil é a palavra francesa *commune*, cujos membros eram chamados de *communards*. *Commune* se refere à menor unidade administrativa do governo francês. Em termos mais gerais, significa uma comunidade onde ideologias, propriedade, riqueza material, trabalho e outros fatores são comuns, em vários graus. A palavra também tem conotações da Revolução Francesa e da derrubada da monarquia Bourbon, em 1789. Enquanto Hayden escolhe sete grupos (shakers, mórmons, fourieristas, perfeicionistas, inspiracionistas, colonistas de Union e colonistas de Llano), muitas outras comunas, sectárias ou não, estabeleceram-se nos Estados Unidos durante a segunda metade do século XIX.

Muitas, porém, morriam tão rapidamente quanto surgiam. Algumas se transformaram em grandes organizações religiosas como os mórmons, e as comunidades Oneida e Amana hoje representam grandes corporações nos Estados Unidos. Tanto os socialistas utópicos como as várias comunas estabelecidas na América do Norte ofereciam uma vasta gama de alternativas à vida familiar tradicional, do redesenho do lar de uma família nuclear a grandes planos para cidades pequenas

Gênero   147

e grandes, como New Harmony em Indiana, Nauvoo em Illinois, Topobambo no México, Hancok em Massachusetts, Llano Del Rio na Califórnia ou a comunidade Amana em Iowa.

Em meio a isso, projetos de casas, prédios industriais e agrícolas, templos, oficinas coletivas, creches, centros de cidades, cidades-jardim, prédios de apartamentos comunais e outras estruturas foram concebidas e construídas. O resultado coletivo foi uma taxonomia inteiramente nova e experimental de formas arquitetônicas, assim como de relações dessas formas entre si e no espaço. Apesar da persistência das divisões de classe, a maior parte dessa reestruturação, se não toda ela, ocorreu através da redefinição de gênero. A revolta reprimida das mulheres contra a opressão foi bem expressa por Alice Constance Austin (arquiteta e urbanista de Llano Del Rio na Califórnia), que dizia que o lar tradicional funcionava como um leito de Procusto ao qual "cada personalidade feminina deve adaptar-se por meio de qualquer opressão mutiladora, fatal, espiritual ou intelectual [...] e da ingrata e eterna labuta de um sistema inconcebivelmente idiota e ineficiente pelo qual seu trabalho é confiscado" (Hayden 1981: 242).

Podemos dizer que, em quase todas as comunas, questões de gênero e espaço inevitavelmente envolveram sexualidade, através de todas as barreiras de idade e do nascimento ao túmulo. Como algumas comunas viam a família nuclear tradicional como fonte da escravização da mulher, sua desconstrução e reorganização espacial também solapava a posição da mulher como propriedade dentro do patriarcado. Em alguns casos, isso dava à mulher uma completa liberdade sexual e, em outros, o conceito de patriarcado foi significativamente ampliado. Por exemplo, a sociedade mórmon era polígama. Na comunidade Oneida, promovia-se o casamento em grupo e se desencorajava a formação de casais. A comunidade Amana, por outro lado, insistia no celibato ou nas relações monogâmicas. O que ficava claro, no geral, era que uma nova divisão sexual do trabalho e papéis sexuais resultava em novas estruturas espaciais. O conceito de gênero e de espaços relacionados a gênero desafiava o conceito de classe social no âmbito de suas implicações para a reconstrução social, e ainda o faz hoje.

A transição para o século XX também presenciou algumas mudanças cataclísmicas nas relações de gênero com as revoluções comunistas na Rússia e na China. Infelizmente, a igualdade entre os sexos não ocorreu como planejado, e a revolução do proletariado não produziu os efeitos que Marx esperava. A posição da mulher nos dois países, em termos de emancipação, continua significativamente inferior à dos países capitalistas do mundo ocidental. Ao desafiar um de seus princípios mais valorizados – igualdade para todos – o socialismo patriarcal foi um desastre para a emancipação das mulheres em todos os aspectos. Tampouco a mudança social cataclísmica gerou mudanças ainda que mínimas na relação entre gênero e espaço, já que, nos dois países, as comunas permaneceram firmemente arraigadas no sistema da família nuclear, apesar de certo enfraquecimento na relação entre pais e filhos. Em *The Grand Domestic Revolution* (A Grande Revolução Doméstica, 1981), e *Redesigning the American Dream* (Repensando o Sonho Americano,

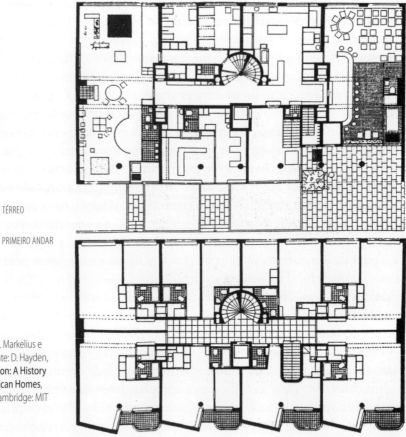

Figura 6.4. Casa coletiva de S. Markelius e A. Myrdal. Estocolmo, 1935. Fonte: D. Hayden, **The Grand Domestic Revolution: A History of Feminist Designs for American Homes**, Neighbourhoods and Cities, Cambridge: MIT Press, 1981, p. 165, Fig. 6.2.

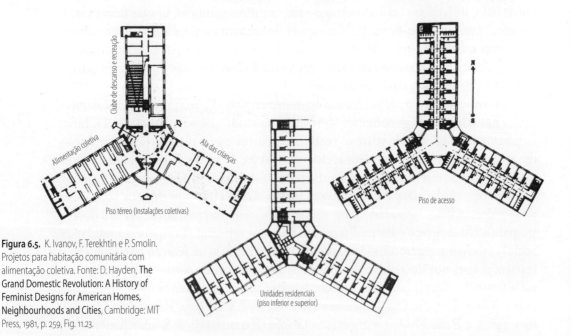

Figura 6.5. K. Ivanov, F. Terekhtin e P. Smolin. Projetos para habitação comunitária com alimentação coletiva. Fonte: D. Hayden, **The Grand Domestic Revolution: A History of Feminist Designs for American Homes, Neighbourhoods and Cities**, Cambridge: MIT Press, 1981, p. 259, Fig. 11.23.

1984), Dolores Hayden traz uma análise penetrante do modo de produção doméstico – o trabalho de metade dos trabalhadores do mundo, que não é remunerado e, portanto, não entra como parte da economia nacional (sem dúvida, contribuindo para o componente "livre, gratuito" do sistema de mercado). No final da Primeira Guerra Mundial, a maior parte dos experimentos do socialismo utópico, de qualquer natureza, havia se desfeito.

Apesar disso, traços de vida comunitária persistiram. Ebenezer Howard, um membro da Sociedade Fabiana, continuou a fazer experimentos com a ideia de habitação cooperativa e trabalho doméstico partilhado como a base de sua cidade-jardim ideal, um conceito que ainda hoje reverbera no pensamento do planejamento. Ele incorporou essas ideias em seu projeto de habitação cooperativa em Letchworth, em Homesgarth (1909) e mudou-se, com sua esposa, para um de seus apartamentos sem cozinha (Hayden 1981: 231). Os residentes dos 32 apartamentos podiam optar por refeições comunitárias ou serviço em seu próprio apartamento. O conceito de casa sem cozinha foi tentado em vários países, inclusive nos Estados Unidos, e a Grande Depressão de 1930-1939 viu o surgimento de muitas comunas como parte necessária da sobrevivência, o que também tinha sua contrapartida na Europa (figura 6.4). O mesmo valeu para a Rússia depois da revolução (figura 6.5). Na Austrália, onde havia terra disponível, muitas comunas foram estabelecidas por emigrantes fugindo da pobreza e do desamparo. Após a Segunda Guerra Mundial, porém, a urbanização no Ocidente viu a família nuclear firmemente estabelecida como unidade social fundamental, reforçada pelo isolamento físico das famílias entre si e com a vasta expansão dos subúrbios. Um pouco mais tarde, em torno de 1960, o que permaneceu da igualdade de gênero, ditada pelas responsabilidades compartilhadas no trabalho, foi reorientado em direção à igualdade política dentro da economia de mercado com base numa ideologia intrinsecamente feminista, influenciada por avanços na biologia, neurologia, filosofia e psicologia.

Sexo, Gênero e a Mente Feminina

Não existe mente feminina. O cérebro não é um órgão sexual. É como se falássemos de um fígado feminino.

CHARLOTTE PERKINS GILMAN (1860-1930)

Apesar de parecer desnecessário para uma discussão sobre a integração de gênero com questões de projeto nas cidades, não podemos continuar sem considerar brevemente as pesquisas científicas sobre o cérebro e sua relação com sexo e gênero (Harding 1991). As supostas diferenças biológicas entre os sexos foram mal-empregadas, de diversas maneiras, para solapar a liberdade das mulheres e reforçar o patriarcado. Além disso, há o problemático conceito de "mente" (Kimura

1993, 1999; Blum 1997; Geary, 1998; Hines 2004). Divisões biológicas fundamentais entre os sexos requerem uma breve consideração para fundamentar nosso entendimento das necessidades das mulheres no ambiente construído. Por exemplo, se Charlotte Gilman tivesse podido acessar as pesquisas que foram feitas no século xx, ela talvez tivesse dúvidas quanto à sua afirmação. Por exemplo, ela mistura *cérebro* e *mente*, argumenta que o cérebro não tem nada a ver com sexo, que não é um órgão e passa a ideia de que, de algum modo, o sexo pode existir independentemente de seu funcionamento. As tentativas iniciais de apagar quaisquer diferenças biológicas entre os sexos, como parte da agenda política de um feminismo radical, assim como do universo gay, deram lugar ao fato de que diferenças significativas de fato existem, sem contar diferenças ambientais. As pesquisas atuais estão revelando, agora, uma gama crescente de diversidade na estrutura, na função e na bioquímica entre os sexos. Isso leva a importantes diferenças na percepção, comportamento, emoção e cognição, descobertas que apenas recentemente foram possíveis, graças a avanços tecnológicos sofisticados, tais como imagens por ressonância magnética funcional. Embora essas diferenças não necessariamente resultem em mudanças comportamentais, ainda assim elas são significativas. Apesar de a biologia não comandar, ela tem seus momentos.

Enquanto a maior parte dos estudos concentrava-se sobre o cérebro masculino, pesquisas mais recentes tentam equilibrar o quadro. Simon Baron-Cohen, o diretor do Centro de Pesquisa sobre Autismo da Universidade de Cambridge, confirmou diferenças biológicas específicas entre as mentes medianas masculina e feminina, em livro recente, *The Essencial Difference* (A Diferença Essencial; Baron-Cohen 2004). Da mesma forma, *The Female Brain* (O Cérebro Feminino), de Loann Brizendine (2006), uma neuropsiquiatra pioneira na Universidade de Harvard, é fruto de amplas pesquisas sobre como as mulheres pensam e agem. É importante notar que as diferenças entre tipos de cérebro vão bem além da reprodução. Ela estabeleceu a primeira clínica dos Estados Unidos para estudar e tratar a função cerebral em mulheres. Seu livro começa a compensar o fato de que o domínio masculino tem sido o foco da maior parte dos dados clínicos em neurologia, psiquiatria e neurobiologia, e sua obra representa uma grande contribuição para estudar o lugar da mulher na sociedade. A maior parte das diferenças que apareceram são significativas, mas uma consideração importante, antes que a política se intrometa, é que o cérebro feminino (biologia) não necessariamente se correlaciona com a mente feminina (gênero). A bbc, por exemplo, tem um teste produzido por uma equipe de psicólogos para indicar se alguém tem um cérebro *feminino* ou *masculino*, independentemente da sexualidade. O teste traz um perfil cérebro-sexo, para descobrir se alguém *pensa* como homem ou como mulher, e pode ser acessado em: <www.bbc.co.uk/>.

A conclusão é que todo cérebro é feminino na concepção. Somente após oito semanas *in utero* um aumento massivo nos níveis de testosterona determina a masculinidade ou feminilidade. No geral, o cérebro dos homens é dez por cento maior, com cerca de quatro por cento mais células cerebrais (cerca de cem gramas a mais de tecido), números que podem ser considerados irrelevantes já que

Gênero

utilizamos apenas dez por cento de nossa capacidade mental em qualquer situação. Enquanto os homens acessam o lado esquerdo do cérebro mais do que o direito, as conexões dendríticas no cérebro das mulheres são mais numerosas e complexas (Lippa 2002). O córtex frontal, onde se localizam as funções cognitivas superiores, também é maior. Assim, as mulheres têm a capacidade de transferir informações mais rapidamente entre os hemisférios, um fato importante na capacidade e aprendizado de línguas. Também tem influência, por exemplo, na recuperação de um derrame, quando a capacidade de fala de homem tem maior probabilidade de ser afetada (Blum 1997). Essas diferenças estruturais, e o maior tamanho do hipocampo, sede da emoção e da memória, também aumentam a capacidade das mulheres para o cuidar e tornam sua memória melhor do que a do sexo oposto. Como resultado, homens e mulheres orientam-se no espaço de modo diferente, os homens têm a capacidade de resolver problemas através da rotação mental de imagens, enquanto as mulheres têm uma função superior de memória. *Grosso modo*, os homens tendem a calcular onde estão no espaço, enquanto as mulheres avançam por impressão e memória.

As pesquisas atuais não somente nos levam a uma maior capacidade de compreender e tratar certas formas de doenças, mas também estão abrindo portas para um entendimento mais abrangente de gênero e diferenças. Apesar de não podermos traduzir diretamente essa informação em conceitos e estratégias de projeto, não podemos negar a importância do gênero para o projeto, e poucos (oxalá, poucos homens) diriam que não é importante. Assim, quem buscar um gráfico de linhas retas conectando heterologias de gênero a resultados de projeto ficará decepcionado. Entretanto, o fato de estarmos mais bem informados sobre essa relação irá, inexoravelmente, modificar nossa consciência e, portanto, nossa capacidade de lidar com problemas de forma diferente (Hines 2004; Geary 1998). As relações entre gênero, igualdade, política urbana e mudança social também são influenciadas pela questão da percepção especificamente feminista e, portanto, de um método especificamente feminista.

Um Método Feminista?

O conceito de um método claramente feminista leva à questão de uma ciência especificamente feminista, sendo que a investigação científica é o paradigma dominante de toda pesquisa. Então, existe uma ciência especificamente feminista? Pode-se estabelecer uma contracultura científica, uma que promova uma epistemologia exclusivamente feminista, mas que inclua os homens? A resposta parece ser um sonoro sim para ambas as questões. É preciso salientar ainda que não podemos falar, de fato, de feminismo, mas de feminismos, dada a ampla gama de atividades feministas (ver FOC, capítulo 6). Os argumentos são complexos e trazem desafios, e aqui somente posso condensar alguns dos debates mais importantes (ver

Bleier 1986; Harding 1991; Hesse-Biber et al. 1999; Lather 2007). Contrariando a clássica tradição absolutista, androcêntrica, a conclusão é que a ciência não é um processo racional, abstrato, povoado por bilhões de fatos isolados esperando para serem descobertos, sem existência independente fora dos valores, subjetividades, significados e realidade de gênero. Como tudo, a ciência é uma instituição cultural produzida socialmente. Entretanto, ao contrário de outros processos sociais, a ciência pretende ter um manto especial, já que nega suas bases ideológicas dentro da formação social para reivindicar objetividade em tudo, uma objetividade que transcende raça, classe, sexo e gênero. Mas é óbvio que o patriarcado tem dominado a ciência, assim como a economia e a vida familiar. Assim, é razoável supor que as tradições da ciência têm tanta parcialidade quanto qualquer área do conhecimento, com a exclusão sistemática de mulheres em todos os níveis do processo científico, de assistentes de laboratório às pesquisas de importância global. "Como ideias não são geradas num vácuo cultural, a exclusão de mulheres da prática da ciência e a consequente estruturação masculina e patriarcal da ciência é refletida em seus conceitos, metáforas, pressupostos e linguagem." (Bleier 1986: 6).

Assim, o feminismo questiona todos os aspectos do processo científico, com base na sua parcialidade (do processo) e, portanto, é distorcido em seus objetivos, estrutura, epistemologia e métodos de investigação. Donna Haraway (1985), com uma perspectiva enraizada na primatologia, sugere que o feminismo não terá sucesso em sua busca se simplesmente substituir um paradigma por outro, mas sim pela modificação de uma área de pesquisa – um campo – e assim reformatá-lo com novas histórias e novas explicações que descrevam sua operação dentro de um conjunto de novas narrativas. Como ela observa:

> Alterar a estrutura de um campo é algo bem diferente de substituir versões falsas por verdadeiras. Construir um conjunto diferente de limites e possibilidades para o que possa ser considerado conhecimento para todos, dentro de circunstâncias históricas, é um projeto radical. (Haraway 1985: 81)

Entretanto, o uso que Haraway faz do termo "campo" não é tão diferente do uso que faz Bourdieu, que, ao observar que a "ciência é uma luta armada entre adversários" também destaca que:

> A realidade objetiva, à qual todos se referem de forma explícita ou tácita, no final, nada mais é do que aquilo que os pesquisadores, engajados no campo em um dado momento, concordam em considerar como tal, e ela somente se manifesta no campo através de representações dela mesma dadas por aqueles que invocam sua arbitragem. (Bourdieu 2000: 113)

É essa qualidade relacional, cheia de nuanças, que caracteriza muito da pesquisa feminista, em oposição à descoberta de vias diretas para a verdade, que é o foco androcêntrico, dominante.

Ao abordar a ideia de método feminista, também entramos numa arena imaginária que, todavia, é um cenário de debates politicamente sensível e carregado. Paradoxalmente, como o pós-modernismo e muitas autoras feministas deixaram claro, a lógica dita que não pode haver um único método feminista devido à complexidade das ideologias envolvidas (FOC6: 128-130). É mais relevante perguntar que tipo de problema as mulheres preferem abordar a buscar métodos protofeministas. É claro que isso não nega o valor de cada posição nem a sinergia das posições que, coletivamente, enfrentam milênios de domínio patriarcal, opressão sexual e violência pessoal. Os alvos são bem claros. Tudo o que diz é que os problemas inatos da desigualdade sexual não podem ser reduzidos a um único método de observação. De uma forma ou de outra, o foco no gênero embasa todas as metodologias, validando questões que começam com o sexo de deus e terminam com a constrangedora questão de quais banheiros públicos estão abertos para que tipo de pessoa. Nesse percurso, questões de biologia, neurologia, política, filosofia, psicologia, religião e vários outros assuntos são encarados, com posições convincentes em todos os lados. Podemos concordar, porém, que enquanto a sexualidade é determinada biologicamente, o gênero é uma construção social, em que mesmo termos comumente aceitos como *masculino* e *feminino* são conceitos muito pouco nítidos. Isso é ampliado por abordagens recentes que "recorrem a definições de gênero que o imaginam como um processo pelo qual subjetividades são produzidas e mudam ao longo do tempo" (Nightingale 2006: 165). Essa posição já havia sido afirmada pelo clássico *Gender* (Gênero, 1983), de Ivan Illich, no qual ele observa que, ao longo do tempo histórico, poucas sociedades classificaram os indivíduos pela natureza erótica de sua atração por um determinado gênero. Essa imprecisão não somente é impactada por raça e classe, mas também por orientação sexual contra o comportamento humano convencional. Assim, agora existe uma área significativa chamada "estudos *queer*" (Berlant e Warner 1993; Browne et al. 2007; Clarke e Peel 2007; Haggerty e McGarry 2007). Tais estudos criam um território para aqueles cuja sexualidade é heterotópica, usando um termo de Foucault, ou perversa, para citar Oscar Wilde – que era da opinião de que "o pecado é a única cor que resta na vida moderna".

Assim, é razoável supor que o método feminista possa ser mais bem compreendido ao fazer suposições depois de perguntar o que as feministas fazem de fato, que interesses dominam e quais estratégias são propostas. Por exemplo, do que se depreende de nosso breve relato sobre igualdade de gênero no século XIX, o patriarcado, o modo de produção doméstico, o trabalho não remunerado da mulher, a atribuição de gênero por parte dos homens para os espaços doméstico e urbano, e a igualdade política e legal estão claramente na consciência das mulheres como territórios que necessitam de profundas transformações. Do mesmo modo, a economia política neomarxista, mergulhada em questões de igualdade e de espaço, permanece, com todos os defeitos, como um dos modos dominantes de pesquisa. Habermas, por exemplo, considera que o "mundo-vida" é composto de duas esferas públicas e duas privadas. Estas podem ser definidas como a esfera privada da vida cotidiana e a esfera privada da economia capitalista; as esferas públicas são representadas pelo âmbito individual da participação política e pela esfera pública coletiva do Estado. Entretanto, esse modelo abrangente precisa ser relativizado "ao se observar como cada um dos quatro papéis é diferente para homens e mulheres; em outras palavras, precisamos ler o "subtexto de gênero" para ver como as questões de gênero perpassam todos os aspectos da sociedade moderna e sua evolução" (Saraswati, 2000).

Coletâneas de ensaios sobre feminismo e metodologia referentes a avanços revelam a complexidade e a extensão do problema pelos últimos vinte anos (Harding 1987, 2004; Hartsock 1991; Hesse-Biber et al. 1999). A obra de Dorren Massey, por exemplo, dentro do arcabouço da economia política, ilustra uma importante abordagem à metodologia feminista (Massey 1984), enquanto o uso da distopia, quase de ficção científica, por Donna Haraway (Haraway 1991), representa outro enfoque. Há um crescente número de textos especificamente voltados para feminismo e metodologia (Harding 1991, 1998; Lather 2007). Qualquer que seja o gênero a que se pertença, os papéis desempenhados pelos indivíduos na sociedade são fundamentais para qualquer investigação epistemológica. Até a ficção científica tem seu papel. Em seu *Cyborg Manifesto* (Manifesto Ciborgue), Donna Haraway dá um passo além do que a maior parte das autoras feministas para abordar o fetichismo da natureza, organicismo, sexualismo e a ideia de identidade. Seu ensaio "é um mito político irônico fiel ao feminismo, ao socialismo e ao materialismo, com base na ideia de um ciborgue, um ser cibernético pós-humano, híbrido de máquina e organismo, uma criatura de realidade social *high-tech* bem como uma criatura de ficção" (Haraway 1993: 272; ver também Haraway 1991; Hayles 1999). Na tradição utópica, o ciborgue é visto como um fenômeno artificialmente construído que habita o mundo pós-gênero. Sensacionalismo à parte, sua função geral é liberar nossa mente das restrições normais da política de gênero, do racismo, do patriarcado e da opressão, para que as fronteiras socialmente construídas do futuro e da resistência coletiva a elas se tornem mais aparentes. Isso não é tão estranho, já que é, de fato, a base de todo o planejamento (urbano ou outro) – o princípio dúbio de que se pudermos prever o futuro, poderemos evitar seus piores excessos. "As feministas ciborgue devem argumentar que 'nós' não queremos mais a matriz natural da unidade e que nenhuma construção é integral. A inocência e a insistência resultante na vitimização, como única base de insight, já causaram males em número suficiente." (Haraway 1993: 278). Nesse contexto, o método de Haraway é correlacionar a evolução do ciborgue com o desenvolvimento das instituições sociais existentes e os processos que delas fluem, de modo a remeter ao livro *1984* de George Orwell (1933), ou ao *Admirável Mundo Novo* (1960) de Aldous Huxley. Assim, ela redefine e reconceitua estruturas espaciais existentes, tais como lar, mercado, locais de trabalho remunerado, Estado, escola, clínica, hospital, igreja etc., de modo que a tarefa de sobreviver ao futuro tem maior probabilidade de sucesso. Todavia, sua visão é irremediavelmente sombria, o que não quer dizer que seja improvável. Ela prevê que o futuro da Igreja, por exemplo, vá evoluir para uma situação onde haverá "pregadores fundamentalistas eletrônicos 'supersalvadores' solenizando a união do capital eletrônico e deuses como fetiches computadorizados; importância intensificada das igrejas em resistir ao Estado militarizado; luta central pelos significados e autoridade das mulheres na religião; continuada relevância da espiritualidade interligada com sexo e saúde" (Haraway 1993: 291). A escola é reformatada de modo a conter uma

> conexão mais profunda entre as necessidades do capital *high-tech* e a educação pública em todos os níveis, diferenciada por raça, classe e gênero; aulas de gestão envolvidas na reforma e refinanciamento educacional ao custo das estruturas educacionais democráticas restantes, para crianças e professores. Educação para a ignorância e repressão das massas numa cultura militarizada e tecnocrática; amplificação de seitas anticiência em movimentos políticos radicais e de dissidência; contínua ignorância científica relativa entre mulheres brancas e pessoas de cor; maior condução industrial da educação, especialmente educação superior, por multinacionais com base na ciência (particularmente empresas que dependem da eletrônica e da biologia); numerosas elites altamente qualificadas numa sociedade cada vez mais bimodal. (Haraway 1993: 291)

É inútil discutir se o lugar da mulher nessa sociedade será melhor do que é hoje, com o aquecimento global potencialmente tendo o papel decisivo. Deixando a distopia para trás, o que podemos deduzir de tudo isso é que a ciência está com problemas. O desenvolvimento de uma epistemologia feminista, nos últimos trinta anos, não só gerou desafios significativos para as ortodoxias científicas masculinas, mas também propôs e executou suas próprias alternativas baseadas no gênero. Entretanto, enquanto a literatura sobre política, ideologia, ciência e cultura feministas é ampla, as considerações sobre espaço e lugar continuam limitadas. Para acomodar essa necessidade, é necessário um breve relato sobre o impacto do gênero no projeto, antes de tratarmos do *flâneur* – uma personagem mítica que simbolizou a opressão feminina no espaço urbano por quase cem anos.

Flânerie Como Heterologia

> *Os praticantes comuns dessa arte da cidade vivem "lá embaixo", abaixo do limiar onde começa a visibilidade. Eles caminham – uma forma elementar dessa experiência de cidade; são caminhantes, Wandersmänner, cujos corpos seguem o cheio e o vazio de um "texto" urbano que eles escrevem sem poder lê-lo. Eles usam espaços que não podem ser vistos, seu conhecimento deles é tão cego quanto o de amantes nos braços um do outro. Os caminhos que correspondem a esses poemas entrelaçados e não reconhecidos, onde cada corpo é um elemento assinado por muitos outros, escapam à legibilidade. É como se as práticas que organizam uma cidade efervescente fossem caracterizadas por sua cegueira.*

MICHEL DE CERTEAU

O flâneur é o observador do mercado. Seu conhecimento equivale ao das ciências ocultas das flutuações industriais. Ele é um espião dos capitalistas, em missão no reino dos consumidores.

WALTER BENJAMIN

Para qualquer um envolvido no processo do projeto urbano, a experiência real da cidade é fundamental na consideração do urbanista. A ideia do *flâneur*, sobre o qual se escreveu por 140 anos, é a encarnação da experiência de andar pela cidade, absorver seus sons, odores, segredos e vistas (De Certeau 1993, 1984; Parkhurst 1994; Wilson 1995; Huang 1996; White 2001). O *flâneur* é também uma personagem mítica, historicamente contingente, que evoluiu com a mudança de consciência e de desenvolvimento dos bulevares históricos à urbanização pós-modernista.

O termo *flâneur* vem do verbo francês *flâner*, significando vagar, daí *flânerie* – andar sem rumo pelo simples prazer de caminhar pela cidade. Em inglês, o termo tem relação próxima com *rambler*, "que visita lugares de lazer, prazer, consumo, troca e exibição na Londres do início do século XIX: o teatro, a ópera, jardins, clubes, arenas esportivas e bazares. Ao olhar os espaços abertos e fechados em busca de aventura e entretenimento, o *rambler* cria um mapa conceitual e físico da cidade" (Rendell et al. 2000: 136).

Enquanto o *rambler* está voltado para o prazer sexual, o *flâneur* está imbuído, considerando o sexto sentido da intuição, do que chamamos de "sétimo sentido" da cinestesia, a sensação corpórea de movimento através do espaço urbano. Ele se comporta com as qualidades de um observador casual, *voyeur* e analista da cidade. Ele é o coletor de textos fílmicos, impressões e transições, assim como formas e espaços arquitetônicos e urbanos. Ele é o definitivo mapa cognitivo. O conceito de *flâneur* foi primeiro proposto por Charles Baudelaire, em sua coletânea de poemas *O Spleen de Paris*, de 1869. Baudelaire argumentava que as formas de arte tradicionais eram inadequadas para expressar a modernidade, e que era um dever dos artistas mergulharem na metrópole em toda a sua complexidade. Para Baudelaire, o *flâneur* era a encarnação da experiência urbana.

Mais recentemente, o marxista Walter Benjamin aprimorou a ideia em seu *Arcades Project* de 1935, numa crítica ao capitalismo (Benjamin 1997, 1999). Na tarefa, Benjamin foi influenciado pelo sociólogo George Simmel, cujo ensaio "The Metropolis and Mental Life" (A Metrópole e a Vida Mental, 1903) ainda é um clássico para todos os urbanistas. Assim, o *flâneur* original é do sexo masculino, francês e o cenário é Paris, em meio à reconstrução da cidade pelo Barão Haussmann, de 1851 a 1870 (apesar de o processo ter começado bem antes desse ponto e continuado bem depois de sua demissão em 1870). Portanto, o *flâneur* de Baudelaire provavelmente tentava caminhar em um dos maiores canteiros de obras da Europa, um motivo pelo qual Benjamin pensava que as arcadas de Paris ofereciam oportunidades ilimitadas ao *flâneur*, em comparação com as ruas normais da cidade. Desde então, uma literatura significativa cresceu em torno do tema geral do *flâneur* (Mazlish 1994; Tester 1994; Gleber 1999; Parsons 2000; O'Neill 2002; D'Souza e McDonnough 2006; Wilson 1995). Como observa O'Neill:

> Ele é "o leitor" e o escritor do "espetáculo" que é a cidade moderna. É o observador móvel da vida pública do mundo moderno [...] ele surge como "um historiador, um crítico reflexivo da cidade, um analista detalhado de sua arquitetura, um colecionador de cenas e imagens, e um intérprete que traduz suas impressões e experiências em uma forma de ser/existir no mundo e quase sempre nos textos que representam essa experiência". (O'Neill 2002: 3-4)

A constelação de eventos e circunstâncias contidas no *flâneur* transcende amplamente sua definição simples, e o principal motivo disso é que ele condensa uma gama de fatores significativos para o estudo da forma e da experiência urbanas. Ele traz um método simples – a ideia de andar pela cidade – que pode ser expandida para incluir uma crítica geral do capitalismo, principalmente do consumismo, abrangendo gênero, classe social, utopismo, a divisão urbano-rural, filmes, a experiência cinética e outras dimensões importantes do urbanismo. Muitos autores abordaram o *flâneur*, tanto na teoria como na prática, incluindo Michel de Certeau, Walter Benjamin, Georg Simmel, James Joyce e Edgar Allan Poe. No geral, o revolucionário *Ulysses* de James Joyce, de 1922, deve ser o melhor exemplo do gênero. Seu relato de um único dia na vida de seu anti-herói *flâneur* Leopold Bloom, vagando pelas ruas de Dublin e experimentando o que a cidade tinha a oferecer em 16 de junho de 1904, continua a ser uma obra-prima da literatura do século XX. É interessante que Joyce acabou de escrever *Ulysses* (1960, original de 1922) e iniciou sua segunda grande obra, *Finnegan's Wake* (1992, original de 1939) em Paris, em 1922:

> Surge, então, a questão de se o *flâneur* é um conceito histórico sem relevância hoje, sendo ultrapassado pelo *flâneur* totalmente mercantilizado do final do século XX: o turista. O'Neill ressalta que a diferença entre os dois é fundamental – enquanto o turista vai de um lugar a outro, e os destinos são a experiência fundamental, o *flâneur* está explorando os "entre-espaços", onde o objetivo é não ter objetivo. Ele não faz nada além do próprio "ato de fazer". (O'Neill 2002: 2)

Ao revelar questões do espaço urbano androcêntrico (sem falar de patriarcado, opressão, hegemonia, desigualdade, classe social e domesticidade), o *flâneur* é obviamente um homem e o papel das mulheres é implícito, seja por sua aniquilação da cena, seja por sua participação involuntária como objeto do olhar masculino. Virtualmente todos os textos sobre a percepção do espaço nas cidades e sua *emballage* associada são, de novo, um reforço do conceito de que o espaço urbano, não importa quantas mulheres contenha, ainda é um domínio masculino, tanto conceitualmente como de fato. As únicas mulheres que conseguiam abrir um espaço próprio na época de Baudelaire e Benjamin eram as prostitutas. Colette, Anais

Nin, Simone de Beauvoir e outras feministas radicais eram possíveis exceções a essas regras. Mais recentemente, o conceito de *flâneur* foi desafiado pelo termo *flâneuse*, para marcar os direitos das mulheres no âmbito do espaço público e, assim, colocar o termo diretamente no escopo da política e da crítica feminista (Wolff 1985; Von Ankum 1997; Gleber 1999; Olofsson 2008). A *flâneuse* realça o papel subordinado da mulher no espaço doméstico em relação ao papel dominante do homem no âmbito público da vida social. Enquanto o *flâneur* denotava uma incipiente modernidade, as mulheres permaneciam encerradas e sufocadas dentro do âmbito doméstico (Thompson 2000; D'Souza e MacDonough 2006).

A emergência da *flâneuse*, uma mulher que podia andar livremente pelas ruas, como seu colega masculino, permaneceu problemática, já que desafios territoriais inevitavelmente acabam em derramamento de sangue (figura 6.6). Assim, o espaço da loja de departamentos e de consumo de luxo, no final do século xx, representou os primeiros espaços onde as mulheres puderam andar sem perigo e com liberdade. O domínio masculino não era ameaçado. As compras, uma atividade nitidamente burguesa, claramente excluíam as mulheres da classe trabalhadora, que permaneciam encerradas na domesticidade. Todavia, a liberdade da mulher burguesa não chegava a ter sincronia com a do colega masculino, já que seus movimentos estavam ligados a novas formas de consumo capitalista que, mais tarde, evoluíram e se transformaram nos supermercados e hipermercados da vida contemporânea. A produção permaneceu no domínio masculino. A clara distinção é que a liberdade da mulher estava inexoravelmente ligada ao interior dos espaços públicos, onde sua segurança era/é garantida. Invariavelmente, a rua, tão explorada pelo *flâneur*, pode ser simbolizada, para muitas mulheres, como sua transição de um espaço interior para outro, uma jornada que não era caracterizada pelas liberdades inerentes pressupostas pelo homem no espaço urbano. As convenções que se aplicam aos homens não se aplicam às mulheres e, como resultado, o olhar delas é restrito, a presença *enquanto público* é minimizada e transformada numa exibição estilizada ou um objeto de prazer do *voyeur*.

Para afirmar o crescente papel da *flâneuse*, Jennie Oloffson usou um recurso linguístico, preferindo o uso do termo *fl@neur* para a mulher. Esse é um estratagema inteligente, pois, ao mesclar linguisticamente os termos, somos forçados a indicar a diferença e, portanto, reconhecer e revelar nossos próprios preconceitos. Do mesmo modo, ao mesclar a terminologia, ela cria uma metodologia mais radical – não adotando a tática mais óbvia e divisiva de um *outro* radical, mas absorvendo a oposição na mesma *Weltanschauung*. É um método eficaz de negar o dualismo e conflitos inúteis. Assim, o gesto é, ao mesmo tempo, desafiador e inteligente, além de oferecer uma resistência politicamente sutil, mas inegável, à dominância masculina por toda a gama de questões, do mundo material e social até o virtual (Olofsson 2008). É interessante notar que, em referência ao teórico norueguês Dag Osterberg, Olofsson opta por enfocar o conceito de *förtäntningar*, ou densidades, e estados, "não somente o estudo das densidades está abrindo o caminho para fronteiras embaçadas entre cidade e campo, mas o uso do termo

Figura 6.6. A flâneuse; espaço público e o duplo padrão masculino. Fonte: D. Hayden, **The Grand Domestic Revolution: A History of Feminist Design for American Homes, Neighbourhoods and Cities**, Cambridge: MIT Press, 1981, p. 29.

também permite que se tenha visões alternativas de relações incorporadas entre humanos e a espacialidade" e assim, "vejo a *fl@neur* ocupando densidades, e não bulevares" (Olofsson 2008: 8).

Portanto, os conceitos de *flâneuse* e densidades desafiam vários componentes da *flânerie*: a divisão entre urbano e rural, os âmbitos doméstico e público, os espaços interiores e exteriores em ambos, assim como as possibilidades de formas adaptadas da reestruturação espacial. Podemos agora, por exemplo, considerar a ideia da *fl@neur* nos subúrbios, e adaptações no domínio do automóvel, não esquecendo que *flâneur* não é um *indivíduo*, mas um *dispositivo analítico*, permitindo maior compreensão das cidades. No artigo de Paul O'Neill, "Taking the *Flâneur* for a Spin to the Suburbs" (Levando o *Flâneur* Para um Passeio Pelos Subúrbios), o autor argumenta que a progressão gradual, da rua para loja de departamentos, modificou a relação do *flâneur* com a cidade: "a demarcação entre observador e observado e, mais significativamente, entre o indivíduo e a mercadoria, foram abolidas e o *flâneur* era levado, agora, para 'dentro' do espaço de consumo" (Hulser 1997; O'Neill 2002: 4). Da mesma maneira, o movimento da loja de departamentos – ainda um fenômeno em grande parte urbano – foi gradualmente engolido pelos supermercados e pelo shopping center suburbano, um evento possibilitado pelas técnicas de produção fordistas taylorizadas que permitiram o acesso das massas ao automóvel. Os hipermercados ampliaram a ideia ainda mais. Isso permitiu que o método da *flânerie* se estendesse ao "auto-*flâneur*", e um método diferente de acomodar a vida urbana, ainda mais uma extensão da ideia original de Baudelaire.

Apesar de esse processo, de forma direta, não destruir a *flânerie* que, esperamos, esteja bem viva em muitas grandes cidades, ele a removeu, inteira ou parcialmente, de vastas áreas urbanas dos Estados Unidos. Os shopping centers aniquilaram a leitura convencional das cidades, que Kevin Lynch (1960) definiu como caminhos, margens, distritos, nós e marcos, em favor de um novo vocabulário de marcas, escadas rolantes, elevadores, áreas de estacionamento, hipermercados etc. Da mesma forma, nosso campo perceptivo agora se estendeu num movimento através do espaço em velocidades muito maiores. Enquanto o movimento/corpo do *flâneur* era um processo indivisível, nascia um novo "autocentauro", uma criatura paralisada por seu próprio corpo, incapaz de mover-se sem estar soldada ao automóvel – os romances de J.G. Ballard, *Crash* e *Kingdom Come* (1973, 2006) mostram o sabor dessa ideia. Assim como o *flâneur* e a *flâneuse* traziam diferentes métodos de analisar o espaço urbano, o "autocentauro" acrescenta uma nova dimensão às outras duas. Em cada caso, porém, métodos progressivos de análise entram em jogo, métodos que nos permitem acompanhar as relações variáveis entre os processos capitalistas de consumo e a matriz variável do espaço e do projeto urbanos:

> A capacidade de definir relações entre pessoas e objetos, o conhecimento e o controle dessa troca econômica, dentro do espaço capitalista, ensejam a possibilidade de criar novos espaços propositais, dentro dos quais essa troca possa ser monitorada e controlada. Exemplos importantes podem ser encontrados na construção de cidades completamente novas baseadas na ideologia capitalista, como Las Vegas, ou as *edge cities* (minicidades dentro ou no entorno de outras cidades) de Detroit e Chicago, ou empreendimentos suburbanos como Celebration ou Seaside nos Estados Unidos, assim como os exemplos britânicos Welwyn City ou Milton Keynes. (O'Neill 2002: 8)

Talvez a real evolução do *flâneur* seja mais bem mostrada pelos *low riders* em todos os lugares, mas personificada pelos chicanos e negros nos Estados Unidos, que usam o automóvel para vagar lentamente e sem rumo pelas ruas, como o dândi, absorvendo sons e luzes da cidade, apesar de fazê-lo numa velocidade não muito maior do que as perambulações dos *flâneurs*.

Heterologia, Gênero e Projeto

Como o *flâneur* simboliza a dominação masculina do espaço enquanto experiência, da mesma forma o controle androcêntrico também é exercitado sobre sua organização e estruturação física. Enquanto o *flâneur* personifica a autoridade do olhar masculino, o controle sobre o projeto e a organização da cidade são dominados por decisões feitas por homens. Tal fato é tão óbvio que dispensa qualquer reforço. As decisões sobre a organização, estruturação e projeto do espaço social são executadas tanto pelo Estado como por setores privados e instituições financeiras, administrativas, de planejamento, culturais e corporativas, em que comissões, diretorias, acionistas e todas as formas de tomadas de decisão permanecem dominadas por homens, até hoje. Assim, a questão da emancipação de mulheres em todos os níveis do processo do projeto urbano começa com a educação e emprego de mulheres e termina nas diretorias de altos escalões do governo e de empresas (Adams e Tancred 2000). No nível da consciência masculina, a questão envolve nada menos do que uma revolução na forma como percebemos o mundo (Akkerman 2006). A crise de desenvolvimento sustentável que emana das cidades é, da mesma maneira, equiparada pela crise do empoderamento feminino, e também é evidente que a crise do aquecimento global ocorre dentro do contexto do patriarcado.

Do mesmo modo, a divisão espacial do trabalho empregada pelo capitalismo patriarcal não é neutra em termos de gênero (Andrew e Milroy 1988; Spain 1992; Massey 1994). É a heterologia através da qual a subserviência e o controle da mulher foram encapsulados no espaço (Drucker e Gumpert 1997). A metodologia das transformações urbanas – desde o planejamento e a implantação de distritos comerciais centrais a subúrbios, instalações esportivas, locais de entretenimento, zonas industriais e toda a gama de funções urbanas – constitui realidades relativas a gênero. Na maior parte dos casos, elas envolvem o contexto material e os processos que abrangem. As mesmas realidades constituem restrições historicamente designadas na forma de uma matriz fisicamente variada de opressão, sustentada e gerada pela urbanização capitalista – violência mental e física, dominação psicológica, vitimização, humilhação, insegurança, limitações físicas e representação negativa na forma de imagens sexistas em todas as formas de mídia, para citar apenas algumas (Valentine 1990, 1995; Borisoff e Hahn 1997; Day 1997, 1999). O efeito geral é dominar, resistir, opor, solapar, ameaçar ou expressar indiferença em grande escala em relação às necessidades das mulheres. O mesmo vale, em vários graus, para o mundo *queer*, minorias étnicas, crianças, idosos e deficientes. O corolário é que, para gerar o empoderamento e as liberdades necessárias que reflitam os direitos das mulheres, o espaço também importa. Não somente o sistema de poder precisa mudar, mas também os métodos em relação às implicações espaciais e suas consequências. Esse argumento não representa uma defesa inconsciente do determinismo físico; pelo contrário, ressalta que as decisões que formaram o espaço foram os fatores controladores, junto com sua parcialidade ideológica inerente. Decisões de projeto urbano não são apenas decisões materiais sobre tijolos e argamassa; também envolvem decisões morais e políticas, muitas vezes com efeitos que duram séculos. Não existe um processo de projeto urbano que seja neutro, e esse fato se estende a todos os níveis de engajamento profissional (Roberts 1997, 1998)

A despeito de meu comentário sobre a existência do projeto urbano como um campo independente de conhecimento, a pesquisa em arquitetura e planejamento sobre o acesso das mulheres à educação e ao emprego, como o melhor meio de obter igualdade de gênero, é mais bem efetuada (Mackenzie 1988, 1989; Greed

1994; Loevinger et al. 1998; Madsen 1994; Adams e Tancred 2000; Weddle 2001). Um artigo seminal sobre a metodologia do planejamento de gênero foi escrito por Moser e Levi (1986), havendo ainda delineamentos de metodologias feministas mais recentes (Olofsson 2008). Mesmo o Royal Town Planning Institute (Instituto Real de Planejamento Urbano) deu sua contribuição às metodologias que levam em conta o gênero ao publicar seu *Gender Mainstreaming Toolkit* (Reeve 2003), um reconhecimento tardio de que vinte anos antes algo já estava errado (RTPI 1985). O *caveat* (alerta) que o acompanha, como observado acima, é que os métodos de pesquisa também tendem a ter um viés de gênero, mesmo se iniciados por mulheres (Grant et al. 1987). Na verdade, a profissão de arquitetura também teve sua história sexista mostrada em dois belos livros, *Designing Women* (Mulheres Que Projetam; Adams e Tancred 2000) e *Designing for Diversity* (Projetando Para a Diversidade; Anthony 2001). Os dois livros são leituras perturbadoras, pois destroem todos os nossos preconceitos de que, de alguma maneira, a misoginia e a discriminação não têm nada a ver com o mundo profissional civilizado, quando claramente ambas são tão abundantes quanto em qualquer lugar da sociedade, apesar de mais bem disfarçadas. De fato, a profissão arquitetônica também pode ser adjetivada significativamente em termos de discriminação étnica e racial. A metodologia de Anthony baseou-se tanto em pesquisa primária como secundária no Canadá, usando material do censo sobre arquitetas de 1921 a 1991, fontes de arquivo e entrevistas com várias arquitetas registradas nas entidades profissionais, incluindo aquelas que não mais exerciam a profissão. Além de muitos resultados interessantes, uma conclusão mais abrangente é que as poucas mulheres que foram bem-sucedidas precisaram inserir-se numa área dominada por homens e aceitar os valores que tal profissão impunha, em vez de pertencer a uma democrática e não sexista. A crítica às profissões encontra paralelo na crítica à academia, onde práticas ideológicas na organização androcêntrica do espaço e da forma são ensinadas através de fronteiras de gênero (Sutton 1996). Sentimentos semelhantes foram expressos sobre a educação em planejamento (MacGregor 1995: 25)

A discriminação metódica através do projeto assume muitas formas e a parcialidade profissional, no nível institucional, é apenas o começo. Existem incontáveis métodos de viés de gênero dentro do ambiente construído, dos espaços interiores da arquitetura à construção do âmbito público, monumentos e formas de arte (Gardiner 1989; Weisman 1992). No seu nível mais básico, as roupas íntimas femininas são fetichizadas como espetáculo em butiques, em incontáveis vias públicas em todo o mundo ocidental. Em certos lugares, são as próprias mulheres que são fetichizadas em vitrines e vendidas nos distritos de prostituição, em Amsterdã e Hamburgo, por exemplo. Mais sutis são as práticas que formaram o âmbito doméstico, a relação entre os ambientes, a forma e a localização dos conteúdos, entre o dentro e o fora, e a estratificação social e por gênero de seus habitantes. Virginia Woolf é a autora mais sensível entre todos os autores, por exemplo, em *Jacob's Room* e *A Room of One's Own*, onde ela faz uma análise microscópica do espaço doméstico, junto com a dissecção cirúrgica das personagens. Como ela demonstra,

Gênero

diferenças de gênero aplicam-se mesmo ao uso de mobiliário, seu tipo, localização e materiais. Para dar um único exemplo, as mais famosas cadeiras de todos os tempos, projetadas por Thonet, Mies van der Rohe, Le Corbusier, Alvar Aalto, Gerrit Rietveldt e outros, foram todas desenhadas por homens. Certamente, é difícil excluir o mobiliário e complementos de uma análise do espaço com viés de gênero, já que espaços vazios, sem móveis, não podem transmitir muita informação (Colomina 1992; Leslie e Reimer 2003). O espaço doméstico com viés de gênero também pode ser visto como uma metáfora do espaço social com esse mesmo viés, apesar das diferenças de escala e contexto (Franck e Paxson 1989; Weisman 1992: 86). Como os homens ainda dominam as profissões de projeto, não surpreende que os contextos necessários para a conformidade das mulheres sejam ideologicamente reproduzidos por homens, na ausência de qualquer percepção do processo.

No nível das políticas, uma grande variedade de métodos foi iniciada para acomodar as necessidades das mulheres nas cidades, apesar de isso ser apenas um fragmento do que é de fato exigido para restaurar um pouco do equilíbrio. Além disso, a socialização das mulheres ocorre de tal modo que não é preciso haver uma correlação entre mais mulheres e melhores resultados. Todavia, planejadoras europeias iniciaram o que se chama de Iniciativa Eurofem, para colocar mais mulheres no processo de planejamento de políticas e dos espaços. Isso significa uma grande inversão na ideia de que os assim chamados "problemas das mulheres" não têm nada a ver com projeto e uso do solo (Boys 1985; Huxley 1988; Sandercock e Forsyth 1992; Fainstein e Servon 2005). Essa iniciativa também é sustentada por um *website* altamente organizado que aborda questões de planejamento: www.gendersite.org. O planejamento de cidades não sexistas tem avançado de forma lenta, mas inexorável, desde 1980, quando Dolores Hayden escreveu seu hoje icônico artigo "What Would a Non Sexist City Be Like?" (Como Seria uma Cidade Não Sexista?). Somente algumas poucas iniciativas podem ser citadas aqui (ver FOC6: 143). Por exemplo, o Royal Town Planning Institute cita oito questões que deveriam ser incorporadas em todos os níveis dos processos de planejamento, para atender à igualdade de gênero (o que naturalmente inclui os homens), a saber:

- Quem compõe a equipe que faz as políticas?
- Qual a representação de homens e mulheres? Grupos minoritários?
- Para quem os planejadores estão planejando? Homens, mulheres, trabalhadores, minorias?
- Como são feitas as estatísticas; elas foram desagregadas por gênero?
- Quais são os valores-chave, prioridades e objetivos do plano?
- Quem é consultado e quem está envolvido na participação?
- Como o plano é avaliado, por quem e em que base?
- Como a política é implantada, gerenciada e monitorada?

Apesar de obviamente não serem critérios de projeto, tais questões claramente afetam os resultados através de aportes mais variados no estágio de planejamento. Dolores Hayden também sugeriu uma lista de seis propriedades para conjuntos e bairros residenciais que uma sociedade mais igualitária deveria ter (Hayden 1980: 272). Além disso, há uma taxonomia mais recente de prioridades, como um método para reduzir vieses de gênero no projeto:

- uma rede bem desenvolvida de serviços abordando a questão da violência contra mulheres e crianças;
- eliminação da violência pública contra mulheres através de um órgão público com poder para garantir essa situação;
- bairros sociáveis através do uso misto do espaço e com ruas animadas, priorizando pedestres em vez de carros;
- um sistema de transporte público de primeira, que seja barato, seguro e eficiente;
- uma política habitacional ativa que inclua habitações cooperativas, habitações para mulheres saindo de abrigos temporários e habitações especiais para mulheres com deficiências;
- várias formas de creches com bom atendimento, desde locais de atendimento diário até creches em tempo integral;
- estímulo ativo de desenvolvimento econômico da comunidade, com empregos significativos para mulheres, em horários sincronizados com o das creches;
- uma relação física próxima entre serviços, residências e locais de trabalho, encorajada pelo uso misto do solo;
- um processo de planejamento feminista, trabalhando com a população e não sobre a população;
- arte pública representativa de mulheres e atividades centradas em mulheres. (Eichler 1995: 16)

Entre outras iniciativas anteriores estão o London Planning Aid Service (1987) e o planejamento e projeto urbano de Toronto, onde a inserção das necessidades das mulheres no planejamento metropolitano teve grande impacto. Muito desse impacto se deveu a oficinas para aumentar a conscientização, influência de políticos, reuniões com grupos comunitários e mobilização geral das mulheres em favor de seus próprios e melhores interesses (Modlich 1994). Em outros lugares, foram feitas sugestões que enfocam a igualdade de gênero ao se resgatar espaços públicos para a vida cotidiana, enfatizando o local em vez do global, reintegrando a cultura, gerando maior engajamento cívico e outras qualidades (Watson 1988; Ruddock 1996; Jaeckel e Geldermalsen 2006).

Conclusão

Assim como a natureza, o gênero é, talvez, o mais explorado aspecto do sistema capitalista. Tragicamente, o socialismo não melhorou a questão. Enquanto a igualdade de gênero progride muito lentamente, junto com o modo de produção doméstico, importantes avanços foram feitos na questão da diversidade e diferença de gênero, da bioquímica à educação infantil. Os resultados práticos são inumeráveis, explicando diferenças como capacidade de aprendizagem, fisiologia e percepção espacial. Isso naturalmente leva à questão de um método distintamente feminista, aplicado, em nosso caso, ao ambiente construído. Considerando-se que o feminismo é representado em todos os aspectos das ciências sociais, provavelmente não deve haver um método especificamente feminista. Mais ainda, a contribuição feminista é orientada de forma diversa para como campos inteiros do conhecimento foram construídos dentro do patriarcado, seja qual for a linha teórica seguida. Tudo isso tem impactos sobre o ambiente construído, ilustrado pela metáfora da *fl@neuse*, que condensa uma multiplicidade de conflitos urbanos em um único conceito. Mais especificamente, é claro que, dentro das disciplinas do ambiente construído como um todo, toda a gama de preconceito e desigualdade predominou durante muitos anos. O viés de gênero foi praticado da educação ao emprego e à atividade profissional. Assim, a pergunta de Dolores Hayden (Como seria uma cidade não sexista?), feita há mais de trinta anos, pode ficar sem resposta ainda por algum tempo.

7.
Meio Ambiente

Com que direito tratamos espécies não humanas, desde microscópicas diatomáceas aos velhos pinheiros Huon de 3000 anos de idade, como totalmente subservientes aos desejos humanos? Essa escravização de outras formas de vida, esse deboche do planeta nos trouxe à beira do ecocídio.

BARRY LITTLEWOOD

Introdução:
Crise do Mercado, Densidade e Forma Urbana

No momento em que escrevo este livro (outubro de 2008), estamos no epicentro da crise das hipotecas *subprime* e do colapso do mercado, um testamento à ganância, à corrupção, à usura, à especulação e à estupidez total. O setor privado agora está no bem-estar social, enquanto toda a indústria financeira e as empresas do setor privado, como a General Motors, esperam em fila por ajuda do governo estadunidense, com uma série de efeitos-cascata globais. O chamado capitalismo de mercado, com sua ideologia *laissez-faire*, desapareceu da noite para o dia, resgatado por *Joe the Plumber*[4] e suas economias. Impulsionado pela economia de curto prazo,

---

4 "Joe the Plumber" é uma metáfora da classe média estadunidense. Durante a campanha presidencial dos Estados Unidos de 2008, quando concorriam Barak Obama e John McCain, a alcunha foi dada por McCain ao ativista republicano Samuel Joseph Wurzelbacher. (N. da T.)

o ambiente construído e sua expressão de projeto continuam sendo um servomecanismo de conveniência política do Estado e dos lucros do setor privado, com a cooperação, ou conluio, significativa entre os dois, dependendo de como se vê o neocorporativismo estatal. O desastre financeiro atingiu, sobretudo, milhões de casas suburbanas em todo o país, cujos proprietários/consumidores possuíam hipotecas sem nenhuma contrapartida de patrimônio. Os excessos estadunidenses foram financiados não pelo governo, mas por empréstimos tomados das economias de outras nações desenvolvidas. A situação trouxe à tona a importância da eficiência não só nos mercados financeiros, mas também no próprio ambiente construído. Aclarou também a necessidade de sustentabilidade em todos os tipos de empreendimentos, com princípios que ligam diretamente o sistema capitalista de mercado à nossa sobrevivência como espécie.

No capítulo 7 de *The Form of Cities* (A Forma das Cidades), tracei a estrutura de conceitos que sustentam a atual teoria do desenvolvimento sustentável. Também mostrei a clara relação entre essas ideologias e a forma urbana, tendo como pivô os debates sobre densidade urbana (FOC7: 168-170). Embora inevitável, até hoje essa relação não foi solucionada. A densidade urbana é um reflexo direto da economia política do lugar há milênios. Aqui, um dos mais importantes e duradouros conflitos, que influenciam o desenvolvimento das cidades no mundo ocidental, é a luta entre defensores da consolidação urbana e os que defendem os subúrbios. Logo abaixo, sugiro que o debate é uma maneira de falsa conscientização para todos aqueles que perseguem essa luta sem fim e que o conflito em si mesmo é sem sentido, diante da urbanização capitalista preexistente. Fica claro que futuras trajetórias na urbanização vão originar uma variedade de estratégias adequadas à geografia, à política e a outros determinantes da forma urbana. No processo, divisões analíticas e arbitrárias do espaço urbano em cidade, subúrbios e campo se tornarão irrelevantes, como, de modo geral, têm sido há décadas. São as novas formas de tecnologia, política, relações sociais e desenvolvimento sustentável que irão influenciar o modo como a urbanização se desenvolve, e não os vencedores de um debate que não tem resultado expressivo.

Subúrbio-Urbes

Correndo o risco de criar dois testas de ferro, dois laranjas, parece claro que em nenhum lugar o debate é mais intenso do que na disputa entre desenvolvimento suburbano e consolidação urbana (Gottdiener 1977; Fishman 1987; Sharpe e Wallock 1994; Hayden 2003; Davison 2005). Sem dúvida, esse é o cadinho no qual ficam superaquecidos os conflitos com as políticas sobre forma e densidade urbanas. De modo geral, parece que o conflito se origina em torno de uma confusão singular, a de que, de algum modo, a forma urbana preexistente não é um

Meio Ambiente

subproduto do sistema capitalista mundial; ao contrário, é a escolha deliberada de um estilo de vida. Dessa visão cultural de mundo, Los Angeles, por exemplo (ou mesmo Londres, Melbourne, Buenos Aires e outras cidades), é do jeito que é porque as pessoas preferiram viver em subúrbios, já que teriam mais espaço e ar puro para suas famílias. O fato de, mais tarde, elas respirarem ar poluído, viverem a quilômetros do trabalho em *tract houses*[5], o que as forçou a gastar grande parte de sua renda com os monopólios automobilísticos e petroquímicos, e a usar grande parte de seus impostos para pagar pela infraestrutura em autoestradas e não em transporte público, tudo isso foi resultado de sua própria decisão ruim.

O livro *City of Quartz* (A Cidade de Quartzo), de Mike Davis (1990), relata em detalhes uma imagem dos subúrbios de Los Angeles como um processo ecocida e corrupto de desenvolvimento de terras, politicamente impulsionado por nada menos que cobiça e exploração (veja também Rome 2001; Gwyther 2004; Lang et al. 2006). No embalo desse processo, "o planejamento urbano tende a se restringir a uma busca *a posteriori* por soluções paliativas 'razoáveis' para os resultados negativos desse processo contraditório de desenvolvimento" (Scott e Roweis 1977: 1109). O fato de o planejamento urbano ter que resolver a tensão resultante entre o núcleo urbano central e os subúrbios gerou um conflito ideológico de "planejamento" representado nos campos opostos da suburbanização ou da consolidação urbana. No final, todos os esforços para um ou para outro campo são ideologicamente estimulados (Stretton 1970; Troy 2004; Searle 2007). Esse hiato deslocou, falsamente, a raiz do problema – do fato de ser uma urbanização capitalista para outra de prática do planejamento urbano, garantindo um debate que poderia continuar permanentemente, sem de fato lidar com a questão que, por sua vez, é constituída, no nível da política urbana, por percepções confusas sobre crescimento, sustentabilidade, lucro, desenvolvimento, preservação e outros fatores.

O debate sobre a consolidação urbana foi ainda mais acalorado na Austrália que em muitos outros países, possivelmente graças à dimensão física e à distância entre os centros urbanos, mas mais significativamente porque a densidade residencial bruta de suas cidades principais é menor que a de Los Angeles (Dawkins e Searle 1995). Além do clima árido, para começar, esse fato transforma tais cidades nas mais dispendiosas do planeta, com uma pegada de carbono que lidera o mundo em seus excessos. A expansão suburbana tem sido vista, ao menos parcialmente, como fruto de uma ideologia que prevê casa própria para imigrantes, em terrenos de um quarto de acre[6], medida que representa o padrão máximo para

---

5 *Tract housing* são grandes loteamentos residenciais, considerados a base e o símbolo dos subúrbios estadunidenses do pós-guerra. Produzidas em massa, as casas eram bem similares e implantadas em uma grande área subdividida em lotes, como numa linha de montagem. Em função da quantidade, garantiam um custo menor geral, tanto na mão de obra quanto nos materiais. Porém, só havia casas no local, sem preocupação com pontos comerciais, de serviços ou lazer para os moradores, criando daí a dependência do automóvel. (N. da T.)

6 Um acre é unidade de medida usual nos Estados Unidos (Sistema Imperial) e corresponde a 4.047 metros quadrados, aproximadamente três piscinas olímpicas ou, ainda, 55% de um campo de futebol. (N. da T.)

muitas famílias. Em função desses e de outros fatores, McLoughlin (1991) observa que, em média, as cidades australianas têm cerca de 1/4 da densidade populacional das cidades europeias, o que as torna ambientes urbanos com menor densidade em qualquer nação desenvolvida. Observa ainda que, per capita, eles têm quatro vezes o comprimento de vias, apenas ¾ do comprimento das rotas de transporte público e metade das jornadas feitas a pé ou de bicicleta. Cita ainda que só 12% dos deslocamentos registrados dos australianos são feitos a pé, de bicicleta ou transporte público, contra 46% registrados na Europa (McLoughlin 1991: 148). Não há dúvida de que essa é uma das razões pelas quais os australianos, junto com os estadunidenses, são agora, em média, as pessoas mais obesas do planeta. A partir de uma pesquisa empírica, o clássico artigo de McLoughlin, "Urban Consolidation and Urban Sprawl" (Consolidação e Dispersão Urbana, 1991), representa uma defesa singular da vida nos subúrbios, como também o artigo de Hugh Stretton, "Density, Efficiency and Equity in Australian Cities" (Densidade, Eficiência e Igualdade nas Cidades Australianas, 1996). O argumento principal de McLoughlin é que o aumento de densidade não restringe a expansão urbana (logo, podem ser construídos mais subúrbios). Após um amplo estudo, McLoughlin conclui que a ideia de economizar terra urbana através da consolidação é uma falácia, já que "densidades residenciais aumentadas economizam quantias muito insignificantes, mesmo sob as mais favoráveis suposições" (McLoughlin 1991: 155).

Hugh Stretton apoia a tese de McLoughlin ao combater a ideia que diz que a dispersão nas cidades australianas é ambientalmente insustentável, economicamente ineficiente, desigual e antissocial, argumentos principais usados para promover a consolidação e o desenvolvimento sustentável (Stretton 1996). Ele aponta para o fato de que converter esse dado para as densidades europeias economizaria apenas seis por cento do uso total da energia, o que teria que ser comparado com os benefícios (tangíveis ou não) de se ter um jardim. Embora os serviços de criação e manutenção de loteamentos suburbanos sejam dispendiosos, esses valores devem ser contrapostos ao custo de danificar a infraestrutura existente, reordenar áreas existentes e fornecer novos serviços em ambientes altamente densos para acomodar centenas de milhares de novos residentes. Em geral, o foco de Stretton baseia-se na ideia um tanto não quantificável de *comunidade*, argumentando que a sociabilidade invariavelmente permanecerá com as classes média e alta, que têm condições de usar o espaço externo, o que ele considera o fundamento do conceito de vizinhança e que se perde quando a densidade aumenta. Troy (1996) também defende a ideia de que a maioria das iniciativas para gerar a consolidação é simplista e, mais provavelmente, irá intensificar o estresse ambiental em vez de diminuí-lo. Sustenta que aumentar a densidade residencial:

- na verdade, diminui nossa capacidade de lidar com o lixo doméstico e oportunidades para reciclar;
- reduz nossa capacidade de coletar, ou de lidar de outra maneira, com a água da chuva nas áreas urbanas e reduzir o escoamento;

Meio Ambiente

- cria dificuldades para os residentes aumentarem a produção de sua própria comida;
- aumenta a poluição do ar, porque reduz o espaço de árvores e arbustos para purificar o ar e resfriar a área urbana;
- reduz as chances de crescimento da madeira para uso como combustível e reduz o *habitat* de pássaros e outras espécies da fauna nativa;
- aumenta os congestionamentos, o que aumenta acidentes e perdas de energia. (Troy 1996: 129)

O método oposto, favorável à consolidação urbana, também tem seus apoiadores, que argumentam que a consolidação preserva a terra agricultável, é um uso mais eficiente da infraestrutura urbana existente e representa economia considerável em termos de transporte e acesso a serviços. O conceito de eficiência da infraestrutura foi buscado em Munro (2005), no contexto do Novo Urbanismo, ao comparar os vários métodos de criar comunidades com densidades variadas. De modo geral, tem amplo apoio o argumento que defende que a terra para habitação é economizada, de forma mais eficiente, aumentando a densidade dos empreendimentos de baixa densidade, já que todos os outros elementos de consumo coletivo representam uma proporção fixa na destinação da terra para esse propósito (universidades, escolas, parques, quadras de esportes, instalações de saúde etc.). Portanto, "um aumento na densidade de 24 para 40 pessoas por acre (p.p.a.) economiza quase dez vezes mais terra residencial do que um aumento muito maior de 160 para 220 p.p.a." (Dunleavy 1981: 73). Dunleavy argumenta que variações na forma dos edifícios, por toda a área da Grande Londres, além do aumento da densidade em edifícios baixos, tiveram pouco ou nenhum efeito, e não há dúvida de que edifícios altos em centros polinucleares só fazem sentido em termos de especulação imobiliária. Prédios de apartamentos diminuem cada vez mais o espaço por cômodo habitável, em relação ao espaço aberto, e os custos reais de fornecer e manter moradias aumentam mais rapidamente com o aumento do número de andares.

A tendência atual de solucionar as questões urbana e da sustentabilidade concentra-se nas metrópoles que favorecem o transporte público em relação ao uso do carro particular (Newman e Kenworthy 1989, 1999, 2006; Cervero 1998; Newman 2006), o que está em consonância com o método geral de aumentar a densidade em cidades compactas com agendas sustentáveis (Satterthwaite 1999; Jenks e Burgess 2000; Williams et al. 2000; Jenks e Dempsey 2005).

Cervero apresenta doze estudos de caso de grandes cidades, argumentando que somente as escolhas do livre mercado não respondem de forma adequada ao sucesso ou fracasso dos exemplos escolhidos. Os impactos da comunicação eletrônica via internet, a reestruturação econômica e o aumento da igualdade de gênero desempenharam um papel significativo (a implicação sendo que o mercado não se adapta automaticamente a esses movimentos). Depois de 450 páginas escritas e da observação dos estudos de caso, é revelador que o livro não tenha uma conclusão sobre quais métodos (ou método) de projeto urbano criam as melhores soluções. Baseando-se em uma variedade de estudos de caso, o autor espera que "padrões subjacentes, temas comuns e lições úteis possam emergir sobre como construir e manter, no futuro, metrópoles com sistemas bem-sucedidos de transporte público" (Cervero 1998: 23).

Por outro lado, Newman sugere que há três modelos-chave que podem ser usados para avaliar sustentabilidade, a saber: o impacto populacional, a pegada ecológica e a avaliação de sustentabilidade. Embora sem apoiar qualquer conjunto específico de políticas, ele sugere que só a abordagem da avaliação da sustentabilidade "permite ver os benefícios do crescimento urbano e fornece opções de políticas que podem ajudar as cidades a reduzirem seu impacto local e global, ao mesmo tempo que melhoram sua habitabilidade ou qualidade de vida" (Newman 2006: 275). Assim, embora a expansão suburbana, como método de lidar com o aumento da população, pareça ter uma lógica singular, o argumento do método oposto, o da consolidação urbana, também é convincente, colocando-nos diante da inevitável conclusão que enquanto ambos forem igualmente atraentes, permanece a ilusão de haver uma escolha entre eles.

Capitalismo Natural

Contrastando com o arroubo do capitalismo em curso, o termo "capitalismo natural" origina-se em um livro do mesmo nome, com o subtítulo *The Next Industrial Revolution* (A Próxima Revolução Industrial) e, supostamente, refere-se a um novo método para lidar com a sustentabilidade do nível local ao global (Hawken et al. 1999; ver ainda McDonough e Braungart 1998). No texto, os autores pedem que os leitores aceitem que o capitalismo preexistente, sistema responsável pela crise financeira de 2008, irá gradualmente evoluir para um sistema mais humano e mais verde, embora todo o aparato do capital permaneça inalterado. Fundamentalmente, o capitalismo natural é um novo método de extrair capital da natureza e das formas construídas, através de uma gradual transformação e aprimoramento das eficiências na produção e no consumo de bens.

Tanto no mundo em desenvolvimento quanto no desenvolvido, vários textos repercutem o conceito – desde empresas e sobre o papel do governo, a textos de educação, transporte, áreas verdes do ambiente construído (Hamm e Pandurang 1998; Hargroves e Smith 2005; Benedict e McMahon 2006; Sorensen et al. 2004; Zetter e Watson 2006). A ideia constitui um grande desafio aos críticos do sistema capitalista e do ambiente que o constitui, já que o capitalismo natural pressupõe que toda a base da empresa capitalista está mudando – da obtenção de lucro baseado na exploração para uma empresa em que a sustentabilidade não é somente o paradigma adotado, mas é também rentável. Logo, o sistema corrente será transformado e, junto com ele, surgirão uma política mais democrática e uma

Meio Ambiente

sociedade mais igualitária. Todas essas suposições são questionáveis, tendo em vista os últimos quatro séculos de exploração capitalista.

Como acontece com o Novo Urbanismo, também não há nada *novo* no capitalismo natural, apesar de sua atraente apresentação. O termo descreve uma trajetória utópica para empresas capitalistas preexistentes e iniciativas sustentáveis: da redução das emissões de dióxido de carbono a células fotovoltaicas movidas a hidrogênio, a fazendas eólicas e solares ou a casas feitas de terra batida (taipa) e fardos de palha. A teoria implícita pressupõe que os principais métodos através dos quais o capitalismo explora a natureza, a poluição e as ineficiências inerentes resultantes evoluirão para um novo processo sustentável, favorável ao meio ambiente e com políticas aprimoradas. Quando for levado em conta o ciclo inteiro do produto, a sustentabilidade será mais lucrativa que a poluição. Novos métodos permitirão que o novo território a ser conquistado, motivado pelo lucro, lucre tanto com a eliminação da poluição, por meio de alternativas verdes, quanto lucrou ao gerá-la. Por isso, o foco do capitalismo natural está permanentemente voltado a processos técnico-comerciais, em vez de processos sociopolíticos. Em princípio, as empresas dirão quais são os problemas da sociedade e, então, virão com soluções tecnológicas, em vez de a própria sociedade dizer quais problemas precisam ser sanados com base em uma mudança nas políticas urbanas. O capitalismo natural descreve o estado final desse processo. A Tabela 7.1 traz o esquema geral de alternativas sustentáveis de projeto. Contudo, deixando de lado qualquer questionamento de um novo estado verde neocorporativo, as premissas fundamentais são louváveis e foram elencadas como segue:

- O meio ambiente não é um fator de produção menor, mas um todo contendo, suprindo e sustentando toda a economia.
- O fator limitante do desenvolvimento econômico futuro é a disponibilidade e a funcionalidade do capital natural, em particular, os serviços de apoio à vida que não têm substitutos e, hoje, tampouco valor de mercado.
- Sistemas de negócios mal concebidos, crescimento populacional e padrões dispendiosos de consumo são as principais causas de perda do capital natural, e os três devem ser devidamente trabalhados para obter uma economia sustentável.
- Um progresso econômico futuro acontece mais facilmente em sistemas democráticos de produção e distribuição baseados no mercado, nos quais todas as formas de capital são totalmente valorizadas, incluindo capital humano, manufaturado, financeiro e natural.
- Uma das chaves para o emprego mais favorável de pessoas, dinheiro e meio ambiente é um aumento radical na produtividade dos recursos.
- A sustentabilidade econômica e ambiental depende, uma vez mais, de tratar das desigualdades globais de renda e bem-estar material.
- Em longo prazo, o melhor ambiente para o comércio é proporcionado por sistemas verdadeiramente democráticos que se baseiam nas necessidades das pessoas, e não das empresas. (Hawken et al. 1999: 9-10)

Tabela 7.1. Programas de projeto que realçam as diferenças entre projetos industriais eficientes e sustentáveis

Projetar um edifício baseado no sistema de produção da Revolução Industrial	Projetar um edifício com base no sistema de produção da Revolução da Eficiência	Projetar um edifício com base em um sistema de produção sustentável
Emite, diariamente, milhões de toneladas de material tóxico no ar, na água e no solo.	Emite *menos* toneladas de material tóxico no ar, na água e no solo.	Não introduz nenhum material prejudicial no ar, na água ou no solo.
Mede a prosperidade pela atividade e não pelo legado.	Mede a prosperidade pela menor atividade.	Mede a prosperidade em termos de quanto capital natural podemos acumular em formas produtivas.
Exige milhares de regulamentações complexas para impedir o rápido envenenamento de pessoas e dos sistemas naturais.	*Atinge ou excede* o estipulado pelos milhares e complexos regulamentos que pretendem impedir que pessoas e sistemas naturais sejam envenenados muito rapidamente.	Mede a produtividade em termos de quantos indivíduos estão em empregos significativos e bem remunerados.
Produz materiais tão perigosos que irão requerer vigilância constante das futuras gerações.	Produz *menos* materiais perigosos que podem exigir constante vigilância por parte das gerações futuras.	Mede o progresso em termos de quantos edifícios não têm chaminés ou efluentes perigosos.
Resulta em quantidades gigantescas de dejetos.	Resulta em *menores* quantidades de detritos.	Não exige nenhuma regulamentação cujo objetivo seja impedir que nos matemos muito rapidamente.
Enterra minerais valiosos em buracos por todo o planeta de onde nunca poderão ser retirados.	Enterra *menos* materiais valiosos em buracos por todo o planeta de onde jamais poderão ser recuperados.	Não produz nada que exija vigilância constante das próximas gerações.
Destrói a diversidade das espécies biológicas e práticas culturais.	Padroniza e homogeneíza as espécies biológicas e as práticas culturais.	Comemora a abundância de diversidade biológica e cultural e do aproveitamento solar.

Fonte: Extraído de W. McDonough; M. Braungart, **The Atlantic Monthly**, 1998, p. 85.

Além disso, ao reorientar o capitalismo para apoiar empreendimentos sustentáveis, acredita-se que, automaticamente, o capitalismo natural irá proporcionar maior equidade social:

> Por meio dessa transformação, a sociedade será capaz de criar uma economia vital que use radicalmente menos energia e material. Tal economia poderá liberar recursos, reduzir imposto de renda, aumentar o gasto per capita em males sociais (e, ao mesmo tempo, reduzir esses males), e começar a recuperar

Meio Ambiente

o meio ambiente deteriorado da Terra. Feitas adequadamente, essas mudanças necessárias podem promover a eficiência econômica, preservação ecológica e equidade social. (Hawken et al. 1999: 2)

Contudo, dez anos depois, diante do desastre financeiro acima mencionado, o capitalismo preexistente está desesperadamente tentando influenciar algum ou todos os acordos referentes ao aquecimento global e à preservação ambiental, a fim de recuperar seus lucros, enquanto segue na direção de se equiparar à Grande Depressão, que começou em 1929 e durou uma década. É da natureza do capitalismo que tudo tem seu preço e que o valor do capital natural é avaliado como quase no mesmo nível de um produto interno bruto (PIB) global de 37 trilhões de dólares. "Valorizar o capital natural é no mínimo um exercício impreciso. No entanto, várias avaliações recentes estimaram que *serviços biológicos* do estoque do capital natural e fluindo diretamente para a sociedade valem menos que 36 trilhões de dólares anualmente." (Hawkin et al. 1999: 5) Minha ênfase nos chamados "serviços biológicos" refere-se aos sistemas de suporte da vida no planeta, e é bom perceber que eles ainda valem alguma coisa. Como ideologia, o capitalismo natural tem quatro estratégias principais – produtividade radical, biomimetismo ou biomimética, economia e serviço de fluxo, e investimento no capital natural. Brevemente alinhados, os métodos destacados aqui se referem à eficiência melhorada na extração dos recursos, processamento, consumo e fechamento do ciclo industrial, de modo que as demandas a novos recursos serão amplamente limitadas. A biomimética se refere à produção industrial que mimetiza ou imita a natureza, e que desconhece o conceito de desperdício. A mesma abordagem em circuito fechado também se aplica ao consumo, com uma mudança de um modelo industrial antiquado, voltado à produção de bens e produtos, para um que forneça serviços sem propriedade. Os produtos acabam se decompondo, seja em ciclos naturais ou ciclos técnicos de nutrientes. Tudo isso, potencialmente, afeta o projeto urbano em uma infinidade de formas.

Enquanto mudanças radicais na agricultura também são exigidas por um capitalismo natural que tudo abrange, além de abandonar as absurdas distinções entre os processos rural e urbano, populações e cenários, o cadinho de seu sucesso reside na urbanização e no futuro das cidades. Mais uma vez, estamos lidando principalmente com o desenvolvimento orientado pela tecnologia. No *capitalismo natural*, é revelador que palavras como desenvolvimento, ambiente construído, cidade e arquitetura não existam em seu extenso índice. Tampouco existe qualquer comentário sobre a principal fonte de poluição, ou seja, a urbanização. A sustentabilidade e o projeto das cidades caminham de mãos dadas, das transformações urbanas imaginadas (Landry 2000), à criatividade e à inovação necessárias para impulsionar essas ideias (Florida 2003), e à real implementação dos métodos de projeto sustentável para as cidades (Jenks et al. 1996; Girardet 1999; Thomas 2003; Garde 2004; Moughtin 2004; Zetter e Watson 2006; Farr 2008). Hoje, as cidades continuam sendo o *playground* do capital financeiro, industrial e comercial com soluções

Tabela 7.2. Princípios sustentáveis de projeto para Goa 2100

Três objetivos da transição para sustentabilidade

1. Suficiência e equidade: bem-estar geral das pessoas, das comunidades e dos ecossistemas.
2. Eficiência: taxa de transferência mínima de matéria-energia-informação.
3. Sustentabilidade: mínimo impacto na natureza, na sociedade e nas futuras gerações.

Sete princípios organizadores da sustentabilidade

1. Satisfazer as necessidades básicas humanas de todos e propiciar iguais oportunidades para realização do potencial humano de cada um.
2. As necessidades materiais devem ser atendidas no plano material; as não materiais, no plano não material.
3. Recursos renováveis não devem ser consumidos mais rapidamente do que sua taxa de regeneração.
4. Recursos não renováveis não devem ser consumidos mais rapidamente do que o grau de substituição por recursos renováveis.
5. Poluição e lixo não devem ser produzidos mais rapidamente do que as taxas de absorção, reciclagem ou transformação.
6. O Princípio da Precaução deve ser aplicado onde o tempo de "resposta" for potencialmente menor que a tempo de "pausa".
7. "Energia gratuita" e recursos naturais devem estar disponíveis para permitir redundância, resiliência e reprodução.

Cinco estratégias para a gestão do uso do solo

1. Permitir uma recessão ecológica de longo prazo da floresta às áreas cultiváveis e destas à cidade e à floresta.
2. Projetar a paisagem antes; situar a cidade nos interstícios.
3. Transições do uso do solo regidas pela demanda de serviços de ecossistemas, potencial de recursos, sucessão ecológica natural e contiguidade.
4. Identificar elementos estáticos e dinâmicos na cidade, projetar os primeiros e proporcionar um vocabulário dinâmico para os últimos para que possam evoluir junto com a paisagem.
5. Levar impostos e a administração pública aos menores níveis possíveis.

Seis táticas para gerir estoques e fluxos físicos

1. Usar menos tecnologias de fator 4 para abastecimento e limites sociais de suficiência e equidade sob demanda.
2. Cultivar os próprios alimentos, concluindo os cultivos de forma tão autônoma quanto possível.
3. Construir redes de segurança nos dois sentidos: todo consumidor é também um produtor.
4. Armazenar em grandes quantidades, pois os rendimentos dos recursos renováveis são, em geral, sazonais.
5. Transportar menos em distâncias mais curtas, usando menos tecnologias de ciclos de vida.
6. Trocar por redes inteligentes sem fio para permitir comércio em tempo real e entrega de mercadorias.

Uma morfologia fractal dinâmica

1. Estrutura celular: núcleos, espinha e peles.
2. Redes hierarquizadas adaptando-se à topografia.
3. Densidades ótimas, estrutura de implantação e gabarito garantindo a segurança.
4. Contiguidade e conexão com interpenetração da rede viva.
5. Consolidação e nucleação dinâmicas em torno dos limites e superfícies dos fractais.

Fonte: C. Hargroves; M. Smith, **The Natural Advantage of Nations**, London: Earthscan, 2005, p. 311, tabela 16.1.

inovadoras em busca de sustentabilidade de cidades que também lucram com o desenvolvimento do solo. No entanto, grandes tentativas foram feitas por vários governos locais, em lugares geralmente curiosos, Curitiba (Brasil) e Chattanooga (Tennessee). Além disso, outros locais mais prováveis, como Portland e Eugene (Oregon) e Vancouver (Canadá), constituíram-se em padrão para outras cidades. Estima-se que o setor de proteção ambiental da China vá crescer 15% ao ano, e que cidades como Xangai e Pequim são plenamente conscientes dos benefícios ambientais e para a saúde no uso de práticas urbanas sustentáveis (Diesendorf 2005). Até mesmo Goa tem feito avanços consideráveis na direção de práticas sustentáveis que sigam o ímpeto do capitalismo natural. A Tabela 7.2 mostra o método básico dessa abordagem.

Embora seja fácil ser seduzido pelos princípios utópicos inerentes ao capitalismo natural, é preciso encarar que as desigualdades globais em termos de renda e de bem-estar material são socialmente produzidas. Não são subprodutos acidentais de uma produção ineficiente. A escassez é um problema de políticas públicas, não de sustentabilidade e, portanto, não há razão para acreditar que os benefícios do desenvolvimento, sustentável ou não, não serão apanhados pelo capitalismo de monopólio como sempre foram, com a mesma distribuição desigual de benefícios. Além disso, há um pressuposto tácito de que o mercado continuará como o termostato através do qual o processo irá funcionar impulsionado pelas firmas e empresas. Em função do desastre nos mercados financeiros globais como descrito acima, a ideia de um sistema de mercado homeostático foi finalmente destruída nos níveis nacional e global. Portanto, mesmo criando formas parasitas de capitalismo, não há nada na equação econômica que nos permita pressupor que o capitalismo natural poderia ter impedido o colapso da economia mundial. Nem isso, necessariamente, resultará na equidade que se espera dele, já que o problema foi com a ideologia do empreendimento capitalista, ou seja, com o seu sistema de práticas, e não com suas ineficiências.

Ecologia (Natural)

Passei a infância e a adolescência exatamente entre dois ambientes totalmente diferentes, polos entre homem e natureza. A mais ou menos dez quilômetros de casa, está a cidade de Glasgow, um dos testemunhos mais implacáveis à cidade do trabalho em toda a cristandade, um memorial à capacidade inacreditável de criar feiura, uma excreção de arenito cimentada com fumaça e sujeira. Todas as noites, seu horizonte leste era iluminado pelas chamas dos altos-fornos, uma fantasia de Turner tornada realidade.

MCHARG 1969: I

A explosão da população durante o século xx e as novas formas de destruir a atmosfera terrestre, como as viagens aéreas e gigantescas usinas termoelétricas a carvão, deixaram os piores esforços de eras anteriores parecerem benignos e inócuos. A concentração das populações nos centros urbanos, ao mesmo tempo que melhorava a produção, também aumentava seus efeitos. Poucos urbanistas aderiram ao princípio dos ambientes sustentáveis com novos métodos para a construção de cidades. Um acontecimento raro foi o livro seminal de Ian McHarg, *Design with Nature* (Projetar Com a Natureza), escrito em 1969. O livro ainda representa um desafio a algumas das discussões mencionadas acima, sendo a preservação da natureza seu principal objetivo. Na introdução desse trabalho, Lewis Mumford o colocou na mesma categoria de obras clássicas essenciais, como as de Hipócrates, Thoreau, Carl Sauer e seu próprio mentor, Patrick Geddes. De volta a Glasgow depois da devastação da Segunda Grande Guerra, McHarg foi tocado pelos efeitos destrutivos da urbanização na bela paisagem local do interior do país. Seu livro foi uma reação àquela situação. Era inteiramente dedicado a uma nova metodologia de projeto, por meio da qual a industrialização predatória poderia iniciar uma nova simbiose com o mundo natural, conceito um tanto similar à ideia do capitalismo natural. Foi a primeira tentativa para unir a forma urbana com o desenvolvimento ecologicamente sensível. No entanto, é geralmente velada na equação sua inclusão das patologias humanas e dos desvios sociais. Possivelmente, e pela primeira vez, questões de desenvolvimento, sobrevivência humana e projeto eram percebidos como interconectados. Claramente, a polêmica de McHarg tinha imensas implicações para os urbanistas e para as metodologias que adotavam. Ele desafiou as crenças mais profundas desses profissionais – determinismo físico, conceitos abstratos de projeto e estética –, substituindo-as pela autoridade da natureza. "Embora admitindo que toda cidade 'tem algum testemunho à percepção, à inteligência e à arte', o padrão geral do crescimento urbano 'é a expressão do direito inalienável de criar feiura e desordem para ganância privada, a expressão máxima da desumanidade do homem com o próprio homem'." (McHarg 1969: 5)

McHarg vê como axiomático que o respeito pelos processos naturais representa sobrevivência, ao passo que sua destruição constitui a extinção da humanidade. Dentro desse paradigma, prevalece a definição de aptidão de Darwin. Organismos e comunidades bem-sucedidas florescem, enquanto outras perecem. Logo, há uma relação direta entre criatividade, aptidão/adequação e forma urbana (Lynch 1981). A geração de sistemas espaciais adequados é vista, nesses termos, como dependente de uma análise ecológica bem-sucedida das patologias existentes, tanto humanas quanto do ambiente natural, de forma que sejam efetivadas ações que erradiquem as causas através de políticas de planejamento (Platt 1994; Gordon e Tamminga 2002; Register 2002).

Todo o livro de McHarg compõe uma das mais brilhantes exposições do princípio ecológico e é um testemunho de sua forma inteligente de projetar. Sua análise da bacia do rio Potomac, em Washington, iniciou um estudo seminal do relacionamento entre o uso do solo urbano e o processo natural (McHarg 1969: 127-151), e sua icônica metodologia é representada na matriz de compatibilidade (Figura 7.1).

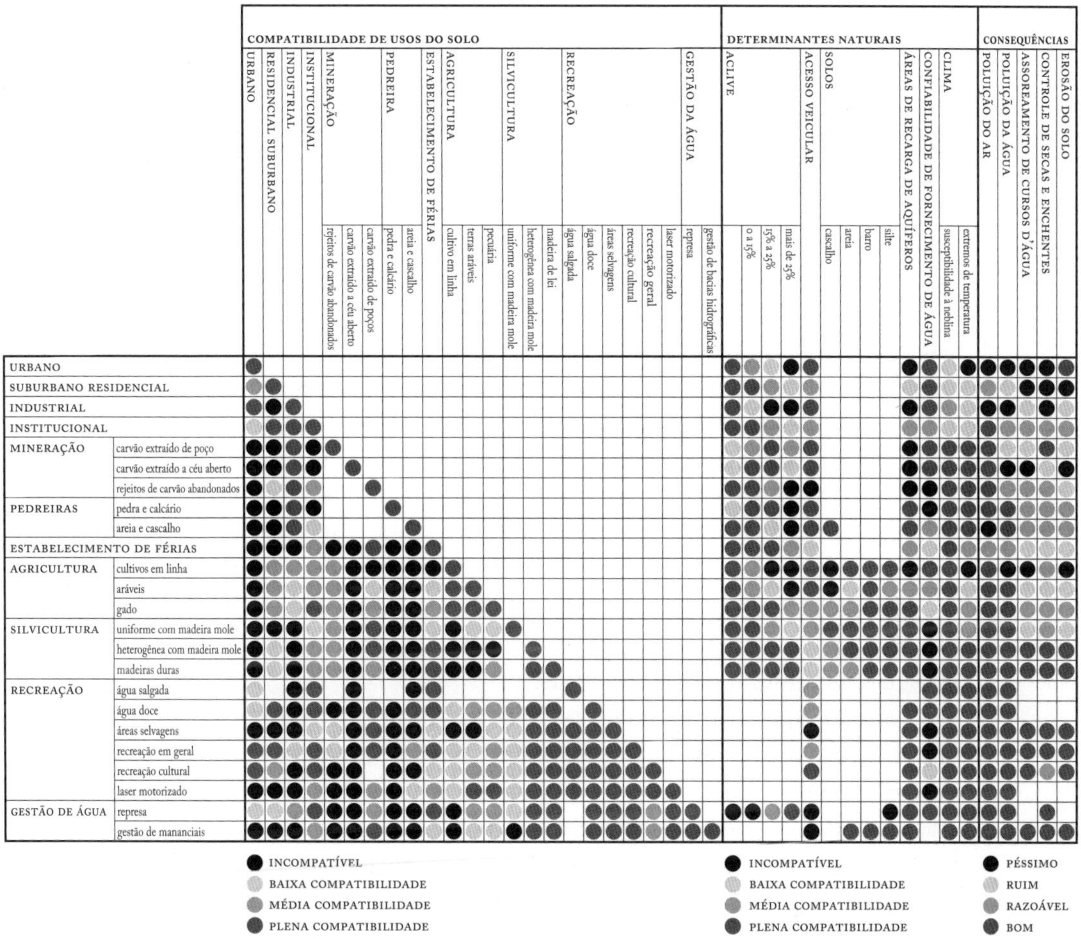

Meio Ambiente 179

Figura 7.1. Matriz de recursos compatíveis de McHarg (p. 169). Fonte: I. McHarg, **Design with Nature**, Garden City: The Natural History Press/John Wiley, 1969, p. 144.

Nos dois últimos capítulos, "The City: Process and Form" (A Cidade: Processo e Forma) e "The City: Health and Pathology" (A Cidade: Saúde e Patologia), ele questiona se a cidade existente pode ou não ser compreendida nos mesmos termos como "ambientes naturais". Em seu estudo exemplar de Washington DC, McHarg demonstra a utilidade do método ecológico ao confrontar uma região metropolitana-rural em vias de urbanização. No estudo, os principais componentes dos ecossistemas naturais foram substituídos por determinantes socioeconômicos que têm impacto sobre a saúde (tuberculose, diabetes, sífilis, cirrose hepática, disenteria ameboide, disenteria bacilar, salmonelose e doenças cardíacas). Os desvios sociais foram, então, acrescentados à equação (homicídios, suicídios, dependência de drogas, alcoolismo, assaltos, estupros, agressões, delinquência juvenil e mortalidade infantil). Doenças mentais também foram consideradas, embora como a menor das categorias, com base nas internações psiquiátricas de pacientes.

A questão da etnicidade (seis tipos populacionais) e a poluição ambiental também são importantes. Os fatores econômicos aqui observados são renda, pobreza, desemprego, qualidade da habitação, superlotação e analfabetismo. A densidade foi considerada uma variável independente no esquema geral. Por meio de um processo de mapeamento[7], McHarg conseguiu sobrepor um ou todos os conjuntos de fatores para determinar interações específicas entre diferentes grupos. A base espacial das desigualdades urbanas foi deduzida a partir dessa informação, com recomendações adequadas para a gestão do sistema urbano – uma base aparentemente objetiva para a prática do urbanismo e do projeto urbano.

McHarg destaca a importância da densidade da população urbana e traça uma analogia entre o trabalho de Calhoun e Christian e o estudo da região de Midtown Manhattan, conduzido pela Faculdade de Medicina de Cornell, em relação à saúde mental dos residentes da área. McHarg demonstra sua posição quanto a isso citando Leyhausen: "as forças básicas da interação e da organização sociais são idênticas, *em princípio*, e há uma verdadeira homologia entre o ser humano e o animal, por meio de toda a gama de vertebrados" (McHarg 1969: 194). Ao menos formalmente, esse estudo reforçou as relações espaciais entre saúde mental, densidade urbana e uma variedade de outros fatores, em que as analogias entre o comportamento humano e do animal poderiam, sem dúvida, reivindicar um reforço singular. A inferência clara foi que, além de certo ponto, a densidade urbana se torna patológica, como ocorre em comunidades de animais.

Embora o projeto de McHarg seja respeitado pelo seu significado metodológico e, em princípio, por sua relevância contemporânea, seus estudos têm, aproximadamente, cinquenta anos e foram realizados muitos anos antes de o livro ser escrito. O impulso da síntese de McHarg do sistema espacial urbano aufere muito de seu rigor intelectual das metodologias adotadas pela Escola de Sociologia de Chicago, de pesquisas médicas e de etologia, e tanto os pontos fortes como os fracos dessa visão cultural de mundo estão contidos nesse contexto (FOC3: 58-60). Assim, há traços que revelam a idade do texto, como o uso do termo "negroes"[8], a expressão "males" sociais e citar o comportamento homossexual como "desvio". Conquanto esse enfoque nos ofereça uma visão clara da matriz espacial urbana, já que se refere a patologias e outros fatores, a síntese é parcial e incompleta. Os efeitos do sistema urbano estão espacialmente localizados, mas os processos causais aespaciais não estão definidos, e considera-se que o planejamento exista para corrigir essas deficiências. Toda a gama da ação política, da atividade econômica e do conflito social não está incorporada no modelo e não foi abordada em nenhum lugar. Contém, portanto, omissões e pressuposições intrínsecas que refletem uma abordagem um tanto utópica da questão urbana – que simplesmente exige uma homologia entre as técnicas de análise e as ações de planejamento.

Além disso, a confiança nos conceitos médicos de "patologia" e "doença" cria categorias de estados físicos e mentais aparentemente neutros (como se nada

---

7   O *sieve mapping*, introduzido pelo arquiteto paisagista Ian McHarg no início da década de 1970, é um método de mapeamento que sobrepõe camadas geográficas (restrições e oportunidades) para representar visualmente áreas com mais ou menos potencial para novos assentamentos. (N. da T.)

8   Termo antiquado e racista para se referir aos afro-americanos. (N. da T.)

causasse esses estados), ignorando o fato de que uma alta proporção dessas condições é socialmente reproduzida pelos processos urbanos constituídos pelo capitalismo ocidental. Por causa da natureza das relações sociais dentro desse sistema, pode-se argumentar que a dependência de drogas, o alcoolismo, os assaltos, a delinquência juvenil, a mortalidade infantil etc. não são "doenças" mais sociais do que a questão da etnia. O mesmo vale para a "doença" mental, que ignora o imenso papel das forças repressivas de socialização e urbanização na formação das neuroses. Portanto, um esquema adequado para a estrutura urbana espacial deve requerer uma coerência entre causas e efeitos, entre a substância da condição humana e as circunstâncias econômicas da vida a partir das quais ela resulta.

Densidade: Fundamentos da Forma

Mais particularmente, os processos capitalistas de urbanização exigem e, ao mesmo tempo, resistem ao planejamento; ou seja, as relações sociais e de propriedade do capitalismo criam um processo urbano que repele aquilo de cuja existência continuada ele depende; em última instância, ação coletiva na forma de planejamento.

SCOTT E ROWEIS 1977: 1108

Um ponto essencial à questão "urbana" é definir o fator de densidade, discutido por mais de cinquenta anos e encapsulado dentro de uma gama de teorias e explicações sobre a forma construída das cidades (Wirth 1938a, 1938b; Alonso 1965; Castells 1977; Newman 2006). Por trás dos arranha-céus, cenário de alta densidade, há certos pressupostos ideológicos que influenciam a localização política do espaço urbano nas economias capitalistas e também nas socialistas (Dunleavy 1981; Szelenyi 1983). No mundo ocidental, a teoria econômica neoclássica tem influência marcante ao dirigir a operacionalização dos mercados de terra urbana, implementada por meio das políticas de planejamento e do mecanismo de "renda" (Lamarche 1976). Nesse sistema, a arquitetura é fundamental ao articular a estrutura do ambiente construído e ao direcionar os benefícios ambientais, bem como reforçar as fronteiras de classe e patologias contextuais.

Geralmente, os métodos de interpretar a estrutura e a forma da cidade relacionam o uso do solo a realidades políticas e econômicas bidimensionais e, na verdade, grande parte da metodologia de planejamento está alicerçada nesse tipo de pensamento. No entanto, quando olhamos para geometrias *formais* (três e quatro dimensões), em vez de geometrias que lidam com superfícies planas, outros métodos infinitamente mais sofisticados e complexos de avaliar a relação entre sociedade, espaço e forma física tornam-se possíveis. Alega-se que processos de urbanização capitalista são os mais eficientes para uso da terra, em função da competição

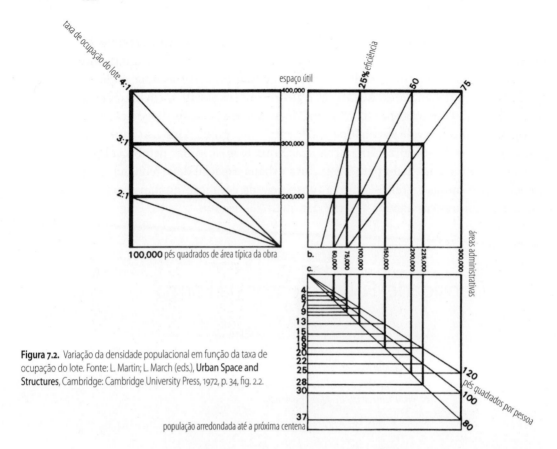

Figura 7.2. Variação da densidade populacional em função da taxa de ocupação do lote. Fonte: L. Martin; L. March (eds.), **Urban Space and Structures**, Cambridge: Cambridge University Press, 1972, p. 34, fig. 2.2.

de preços e da necessária maximização da renda advinda dos empreendimentos. No entanto, não é esse o caso e o método é desafiado pelos fatos. Os mecanismos que gerem os sistemas formais públicos, dentro das economias, não só ampliam e reproduzem a desigualdade urbana, mas podem, de fato, ir contra a otimização do uso produtivo da terra, portanto, até mesmo contra os interesses declarados da indústria do desenvolvimento. Além disso, essas ineficiências não refletem as limitações de geometrias e parâmetros ambientais específicos; ao contrário, elas espelham as deficiências intrínsecas dos valores ideológicos dominantes que confirmam os fatores socioespaciais dentro da economia como um todo.

A necessidade de pesquisa científica na geração da forma redundou em abordagens seminais à heterologia do espaço e da forma há aproximadamente quarenta anos, quando o Centre for Land Use and Built Form Studies (Centro de Estudos Para Uso da Terra e Forma Construída), da Escola de Arquitetura de Cambridge, começou a testar a ideia de que certos princípios geométricos têm profundas implicações espaciais. Dois livros produzidos no início dos anos 1970 eliminariam muitos mitos sobre a relação entre forma construída e eficiência espacial. O livro *The Geometry of Environment* (A Geometria do Meio Ambiente, 1971), de Lionel March e Philip Steadman, e o livro *Urban Space and Structures* (Espaço Urbano e Estruturas, 1972), de Leslie Martin e Lionel March, são pontos de referência em nosso entendimento da forma construída das cidades. A pesquisa começou com

Meio Ambiente

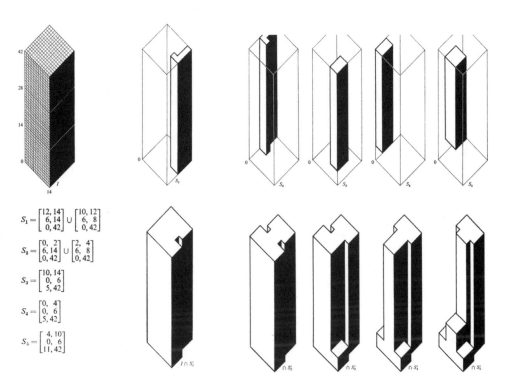

Figura 7.3. Análise das propriedades formais do Edifício Seagram, Nova York. Arquiteto: Mies van der Rohe. Fonte: L. March; P. Steadman (eds.), **The Geometry of Environment**, Methuen: London, 1971, p. 142-143, fig. 5.3.

uma gama de densidades populacionais como função da taxa de ocupação do lote e continuou nas implicações de uma ampla gama de formas e estruturas construídas (Figura 7.2). Muitos edifícios e planos urbanos, construídos ou propostos por famosos arquitetos, foram usados como exemplos para demonstrar a relação entre ciência e intuição: da cidade-jardim de Ebenezer Howard e da Ville Radieuse de Le Corbusier aos apartamentos de Frank Lloyd Wright em Chicago e ao Edifício Seagram de Mies van der Rohe, em Nova York (Figure 7.3). Embora a matemática desse tipo de exercício possa ser extremamente sofisticada (March 1976), os princípios básicos são muito diretos e mais bem explicados em Martin e March (1972: 1-54), nos dois capítulos "The Grid as Generator" (A Grelha Como Gerador) e "Speculations" (Especulações). O que esses estudos demonstram é que não é arbitrária a relação entre a forma de um edifício e o terreno sobre o qual é construído. Sob determinadas condições de ângulos de incidência de luz, o mesmo número de andares e a mesma área de terreno, um edifício pode fornecer 50% mais área útil do que outro. Da mesma forma, um lote com taxa de ocupação de 3:1 pode gerar edifícios de três andares em uma situação e arranha-céus em outro lugar. Quando aplicado no nível metropolitano, a soma de toda a área construída, das relações e das configurações do solo, pode resultar na criação de eficiências ou, ao contrário, o inacreditável mau uso do espaço urbano. Portanto, o método pelo qual se chega às configurações espaciais determina as eficiências formais.

No capítulo "The Grid as Generator", Leslie Martin usa Manhattan para demonstrar seu argumento de que a eficiência espacial é *inversamente* proporcional à altura da construção, dados os princípios básicos do desenho urbano (planejamento do perímetro). Usando os três tipos construtivos fundamentais, o Pavilhão (torre), a rua (empreendimento linear) e a quadra (empreendimento retangular ou retilíneo), ele planeja um esquema com 49 unidades, no qual o produto pode surgir na forma de torres no centro de cada quadra, ou como pátios, ocupando o perímetro com 50% da ocupação do lote em cada caso (Figura 7.4). Tomando o pavilhão como forma básica, ele demonstra que a antiforma (ou o molde invertido do pavilhão) fornece a mesma forma construída para 1/3 da altura do edifício. Essas relações básicas são mostradas na Figura 7.5. Ele então aplica a ideia básica à grelha urbana de Manhattan, ilustrando não só que torres de 21 andares poderiam ser substituídas por edifícios de oito andares, mas que cada pátio poderia conter uma área verde central equivalente à Washington Square. Esses exemplos demonstram claramente os benefícios ambientais consideráveis advindos do fato de usar um sistema e não o outro, sem nenhuma perda de área total construída e, desde o início dos anos 1970, todo o processo de modelagem urbana tornou-se infinitamente mais especializado (Steadman 2001). De modo geral, entretanto, se tomarmos uma variedade de arranha-céus, ambientes de alta densidade, como Manhattan ou Hong Kong, geralmente é fato que apenas o pavilhão/torre é usado

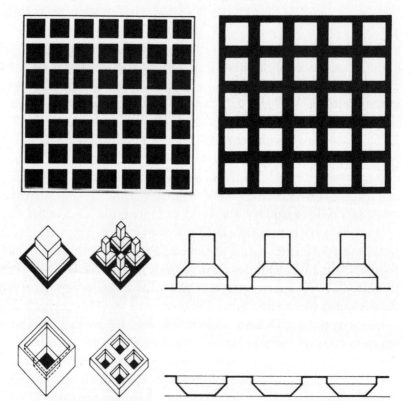

Figura 7.4. Um total de 49 pavilhões ocupam 50% da área do lote. A forma generalizada do pavilhão e sua antiforma; esta, modificada na mesma escala e com o mesmo volume construído no mesmo lote; as alturas estão aproximadamente na proporção 3:1. Fonte: L. Martin; L. March (eds.), **Urban Space and Structures**, Cambridge: Cambridge University Press, 1972, p. 34, figs. 1.6 e 1.7.

Meio Ambiente

Figura 7.5. A figura mostra (a) o desenvolvimento do pavilhão e (b) e (c) de pátios, em que várias proporções de utilização do lote – taxa de ocupação, potencial construtivo (volume) e porcentagem da área útil – são as mesmas. Para o mesmo número de andares, o potencial construído será o mesmo nos três edifícios. Fonte: L. Martin; L. March (eds.), **Urban Space and Structures**, Cambridge: Cambridge University Press, 1972, p. 34, fig. 2.6.

na maioria dos casos, em outras palavras, a forma que acarreta os menores benefícios espaciais para todo o resto, exceto para os que especulam sobre a terra. Portanto, o resultado dessa pesquisa é estabelecer um método de projetar conhecido como planejamento do entorno (ou desenho urbano), já que sua eficiência é monumental, quando comparada com as outras duas alternativas. Exemplos dessa ideia já existem, historicamente, por exemplo, na Cidade Nova Georgiana, área central de Edimburgo (1750), onde um plano básico em formato de grelha garantiu espaço aberto tanto no interior quanto nas adjacências da forma adotada de habitação. Ou mais tarde no modernismo, com o conjunto Hufeisensiedlung[9] projetado por

Figura 7.6. Exemplo de planejamento do entorno (desenho urbano): Hufeisensiedlung de Bruno Taut. Berlim, 1925-1930. Fonte: ⓒ Creative Commons.

9   O Hufeisensiedlung, localizado no bairro Britz, em Berlim, é um conjunto habitacional (de duas mil unidades) em forma de ferradura circundando uma razoável área verde e um lago artificial. (N. da T.)

Bruno Taut, em Berlim, 1925-1930 (Figura 7.6). Mais recentemente, na busca por maior eficiência na forma da habitação, muitos arquitetos adotaram o mesmo princípio, como, por exemplo, o Byker Wall, em Newcastle, de Ralph Erskine.

Apesar da integridade matemática do processo de modelagem, todos os exemplos apresentados exibem a deficiência inerente ao processo como um todo – não é tanto o que é incluído no modelo que é discutível, mas o que é omitido. Uma das omissões mais óbvias no tipo de modelagem indicada acima é seu grau de abstração de qualquer realidade social, política ou econômica. Embora o planejamento do perímetro, de fato, possa ser o método mais eficiente de construir, uma série de outros fatores colide com essa ideia. Para começar, a maioria das cidades já está construída com base na propriedade da terra, formas de titularidade, acordos de arrendamento etc., que negam a adoção por atacado de princípios do planejamento do entorno. Depois, as principais metodologias nas profissões ligadas ao ambiente construído são compostas por uma bibliografia de conceitos extremamente vagos, mal definidos e que, frequentemente, variam de país para país, de órgão público para órgão público, de empresa para empresa. Em muitos casos, os conceitos têm de ser definidos projeto a projeto, simplesmente para eliminar disparidades e proteger--se contra contingências legais e outras. Por exemplo, há uma confusão frequente sobre a relação entre densidade e altura da edificação, onde edifícios altos podem ser construídos em menor densidade que prédios baixos, e vice-versa. Tudo depende do tamanho das unidades individuais, como a ideia de densidade líquida é definida em relação ao espaço aberto, a estacionamentos e calçadas, e como espaços como jardins são ligados aos edifícios e outros fatores. Além dos conceitos de propriedade e densidade, como conceituado pela maioria dos arquitetos e urbanistas, o ambiente construído apoia-se nas formas *arquitetônicas* convencionais e estereo-tipadas (transformadas em *mercadorias*), como as casas unifamiliares isoladas no lote, geminadas duas a duas, conjuntos geminados, edifícios baixos, arranha-céus etc., cuja implantação, junto com sua capacidade de venda, nega, implicitamente, as eficiências abstratas do edifício indicadas pelo planejamento de perímetro. Apesar do mérito óbvio dos conceitos, eles se impõem a uma série de condições históricas em que estão integrados problemas práticos de propriedade, infraestrutura e edifícios existentes, códigos e regulamentos. Em geral, esse tipo de planejamento é mais eficiente com aumentos na escala física, onde os níveis crescentes de recursos materiais, capital e poder político precisam ser ordenados.

Arranha-Céus ou Arquitetura Vertical?

O uso da cobertura de grandes edifícios para habitação ou lazer existe há décadas, pelo menos desde a construção, em 1947, da Unidade de Habitação em Marselha, de Le Corbusier. Esse icônico edifício foi concebido como um bairro

Meio Ambiente

vertical para 1600 pessoas, pensado para uma vida em comunidade. Tinha sua própria rua comercial e instalações comuns, onde a cobertura era usada para escola infantil e fins recreativos. De modo geral, o modernismo foi um desastre total para a prática da sustentabilidade, já que a maioria de seus edifícios em altura recebia excessiva luz solar, sem nenhum quebra-sol, com pouca ou nenhuma ventilação natural, nem isolamento, consumo indevido de energia sem produzi-la e grandes vazamentos devido à baixa qualidade do fechamento externo e outros fatores. No entanto, os últimos vinte anos viram uma abordagem arquitetônica mais respeitosa em relação às construções sustentáveis, predominantemente em estruturas baixas ou médias. Nas áreas urbanas, grandes extensões das coberturas dos edifícios eram percebidas como recursos não explorados para geração de energia solar, aumentando consideravelmente o solo urbano disponível para usos produtivos, como recreação e também cultivo de alimentos. O princípio envolvido aqui é simplesmente construir um tipo de edifício ortodoxo, capaz de suportar as cargas extras, vivas e mortas, na forma de pessoas, solo, plantas, água, painéis solares e outros equipamentos. Quando consideramos estruturas em altura de forma isolada, fica claro que essas ideias são insuficientes, pela simples razão de que a área da cobertura é inadequada para algo além da caixa d'água, exaustores do ar-condicionado, telecomunicações, infraestrutura etc. A área da cobertura raramente é utilizada para algo mais do que os equipamentos necessários de manutenção do edifício, embora os andares mais baixos também possam ser usados para serviços mecânicos e outras funções. Então, a fim de promover um desenvolvimento de fato sustentável para os objetivos disponíveis a empreendimentos baixos ou de média altura, foi preciso ocorrer uma revolução em toda a concepção de edifícios em altura.

Algumas indicações dessa nova ideologia foram registradas em maio de 2001, em Londres, em um seminário sobre arquitetura vertical, com o título "High Places: The Design of Green Skyscrapers" (Edifícios Altos: O Projeto de Arranha-Céus Sustentáveis). Abaixo, alguns dos resultados:

1. Ecotorres ou torres ecológicas vêm sendo desenvolvidas em cidades, no mundo todo, para lidar com o crescimento urbano e a migração rural. Trazem uma forma de tratar a questão e evitar empreendimentos próximos a áreas cultiváveis.

2. De acordo com dados das Nações Unidas, as torres ecológicas podem reduzir o custo de transporte, o que resultará na redução do consumo de energia.

3. Um método "verde" implica um uso equilibrado dos mecanismos orgânicos e inorgânicos para alcançar um ecossistema equilibrado. Tradicionalmente, arquitetos tendem a acrescentar características ambientais, em vez de utilizar métodos passivos que minimizem o impacto no meio ambiente.

4. Os projetos deveriam objetivar criar "cidades no céu", em lugar dos empreendimentos usuais em altura, que criam compartimentação. O desafio é projetar de uma maneira cuidadosamente orgânica e humana, integrando aspectos horizontais e verticais do plano.

5. O projeto ecológico ainda é recente, mas complexo, e exige compreensão dos efeitos de um fator sobre o outro.

6. Devido a antigas experiências de financiamento baixo e gestão inadequada no setor público, o projeto ecológico pode não ser bem-sucedido. Como resultado de experiências passadas, pode ser uma luta convencer os moradores que métodos inovadores irão melhorar sua qualidade de vida.

7. Muitas autoridades de planejamento ainda precisam ser persuadidas das vantagens de desenvolver tais torres. (Eco Tower Seminar Proceedings. Disponível em: <www.sustainable-placemaking.org>.)

Entretanto, a ideia de usar torres já tinha ocorrido antes, resultando, por exemplo, nos efeitos desastrosos dos conjuntos habitacionais em altura, no pós-guerra, na Grã-Bretanha (Dunleavy 1981). Diretrizes para políticas vindas de ideologias arquitetônicas, combinadas com influência profissional, são poderosos mecanismos de mudanças, mas raramente são fundamentadas em pouco mais do que os mais rudimentares pressupostos sociais e políticos, quando existem, e mesmo a geometria física mais elementar parece fora do lugar. O determinismo físico e o princípio da eureca parecem, uma vez mais, estar no controle, com plena confiança de que uma boa ideia sempre vencerá, o que, é claro, dificilmente acontece. Se aceitarmos as observações objetivas e diretas de Martin e March (1972), discutidas acima, sobre o espaço e a forma construída, a torre é a solução mais ineficaz. Todavia, mesmo hoje, somos apresentados a uma forma "renascida" do arranha-céu, dessa vez supostamente baseada em princípios sustentáveis como os indicados acima, incorporando o cultivo de alimentos, geração de energia e espaço urbano. Somos instados a crer que as autoridades de planejamento precisam ser persuadidas sobre os muitos benefícios daí derivados, sem nenhum argumento contrário sobre outras formas de moradia, e a culpa por falhar, já se prevê, recairá sobre os ocupantes de tais projetos, não sobre os arquitetos, e a história parece pronta a se repetir (ver [6] acima). No entanto, deixando de lado por um momento se um edifício em altura é, em princípio, uma coisa boa ou não, definitivamente há uma nova consciência se desenvolvendo sobre o projeto desses edifícios, um pouco superior aos modelos anteriores, e um resumo preciso do que está envolvido pode ser acessado aqui: <https:// www.researchgate.net/publication/307762382_Tall_Buildings_and_Urban_Habitat_ of_the_21st_Century_A_Global_Perspective>.

Nesse campo, a personagem simbólica é Ken Yeang, arquiteto da Malásia, hoje, como mais ativo em uma nova e revolucionária abordagem de projetos de edifícios em altura, chamados tradicionalmente de arranha-céus. Yeang formou-se em Arquitetura em Londres e, em contraste com o ensino tradicional, que termina com o nível de bacharel e registro na profissão, ele continuou seus estudos até completar um doutorado em projetos ecológicos em Cambridge. Ele é o pioneiro em projeto passivo de baixa energia para estruturas em altura e tem um trabalho publicado sobre os vinte anos de história nessa área (Yeang 1987, 1994, 1995, 1996, 2002;

Powell 1994). Yeang, portanto, tem uma imesa base acadêmica, além dos projetos com os quais defende suas ideias. Em princípio, sua filosofia é criar uma relação simbiótica entre seus edifícios e o ambiente circundante.

Yeang alega que seus edifícios são sustentáveis em termos de comunidade, com a reciclagem de todos os materiais usados na construção, o uso e vinculação da energia na infraestrutura e nos serviços existentes. Como resultado, os edifícios adotam formas arquitetônicas únicas, totalmente diferentes de outros edifícios em altura, no esforço para criar um ecossistema mais produtivo e estável, no qual a exigida "variedade" irá florescer. Uma característica surpreendente e singular é sua abordagem para tornar verde o arranha-céu, usando plantas para melhorar o microclima, o ganho de luz solar, a absorção das emissões de dióxido de carbono, a biodiversidade, a ventilação cruzada e toda a aparência estética dos edifícios. Ele observa que os edifícios em altura constituem uma enorme concentração de matéria inorgânica em um espaço pequeno e que: "a concentração desequilibra totalmente a ecologia da localidade. Para contrapor-se a isso, o arquiteto deve introduzir no edifício, tanto externa quanto internamente, o máximo de matéria orgânica compatível, sob a forma de plantas e paisagismo (inclusive aceitando uma fauna apropriada)". (Yeang 1996: 100)

A partir daí, basta um passo curto para incluir áreas especiais que permitam jardins, hidroponia, criação de peixes e outras atividades de cultivo de alimentos, aceitando a construção inevitável dos arranha-céus como espaço urbano verde, produtivo e sustentável.

O tema é abordado por Chris Abel em vários de seus livros e artigos, em especial em *Sky High* (2003), a fonte do termo "arquitetura vertical". A ideia básica é retratada lindamente por Abel em seu Vertical Architecture Studio (VAST), na Universidade de New South Wales (Figura 7.7). Aqui, a ideia do arranha-céu é deixada para trás, com a transformação do conceito de moradia de alta densidade para abarcar comunidades completas, ao menos parcialmente autossustentáveis com a incorporação de produção de alimentos, geração de energia, parques, jardins e comércio. Os projetos são trabalhos pioneiros no sentido que se ligam a um conceito e o perseguem continuamente em uma variedade de manifestações concretas. Seu trabalho pode ser acessado em <www.chrisabel.com>. Embora tais ideias possam parecer absurdas, elas contêm a proposição de que as novas tipologias arquitetônicas exigem pesquisa, e sua viabilidade econômica e social deve ser avaliada. Por exemplo, pode-se ver o embrião de uma nova arquitetura no World Trade Centre no Bahrain, recentemente concluído por Atkins Middle East, contendo três imensas turbinas de vento que irão gerar de 15 a 30% das suas necessidades energéticas. Mais espetacular ainda é o projeto de David Fischer em Dubai, um arranha-céu rotativo movido a vento, atualmente em construção. Além disso, a relação entre sistemas biológicos de produção e projetos de edifícios inteligentes, baseados em sistemas de comunicação digital, abre outro campo potencialmente inexplorado para tecnologia de edifícios em altura dedicada a esses objetivos. As novas estruturas são, de fato, enormes e complexas e não têm nenhuma relação com os tradicionais empreendimentos em altura.

Figura 7.6. Exemplos de arquitetura urbana integrada, com geração de energia e produção de alimentos. Vertical Architecture Studio (VAST) sob a direção de Chris Abel na Faculdade do Ambiente Construído, na Universidade de New South Wales, Sydney. Fonte: Chris Abel. Ver: <www.chrisabel.com>.

A Cidade Comestível

Como vimos, a heterologia de McHarg tinha por objetivo acomodar a construção convencional de assentamentos, com danos mínimos ao processo natural. Embora louvável na intenção, a cidade ainda era percebida como algo construído *em oposição à*, em vez de *na natureza*. Ao contrário, outra posição tomada pelos ambientalistas dizia que o empreendimento urbano, principalmente a construção de moradias, deveria se concentrar menos em conflitos hipotéticos entre o desenvolvimento de subúrbios e a consolidação urbana (como acima) e mais em um conceito de cidade como organismo ativo e produtivo, capaz de produzir alimento de forma sustentável em harmonia com o espaço de moradia e convivência. Nesse modelo, a distinção entre urbano e suburbano fica borrada, e os dois se fundem. Manter conceitos como *agricultura* e *urbano* gera barreiras semânticas que desafiam novas respostas às questões de sustentabilidade. Apesar de aceitar a natureza artificial de todo assentamento, esse ponto de vista endossa toda uma abordagem holística da vida comunitária, baseada em uma relação coletiva com o solo, com a energia sustentável, com a capacidade de cada domicílio gerar seu próprio alimento e uma relação construída e bem próxima entre vizinhos. É um sistema que, ativamente, desencoraja o desperdício, estimula a reciclagem de materiais, coloca as pessoas dentro do ciclo de vida da produção de alimentos, gera benefícios à saúde e econômicos, e conecta as políticas locais em algo mais que uma reação à ganância dos incorporadores e expansão da infraestrutura imposta pelo Estado. Em grande medida, assume a descentralização e os estilos de vida de pequenas cidades, embora estes não excluam, necessariamente, novos empreendimentos do tipo proposto por Ken Yeang.

Tais ideias foram inteiramente incluídas em uma heterologia ainda mais desenvolvida, *The Edible City* (A Cidade Comestível; Britz 1981). O conceito também reforça a ideia da cidade como uma reserva natural, onde a flora e a fauna permeiam regiões urbanizadas ao longo de canais de paisagem natural que encorajam os assentamentos e a migração de comunidades de animais e plantas (Wolch 1996, 2002; Beatley 2008; FOC7: 167; DC20: 254). Tomados em conjunto, esses três métodos de visualizar o desenvolvimento urbano – "projeto com a natureza", "cidade comestível" e "zoópolis" – sugerem uma oposição sensata ao desenvolvimento baseado no capitalismo mercantilizado e de grife. Eles também negam os modelos de zoneamento padronizados e um tanto arbitrários do Novo Urbanismo. Por mais persuasiva que seja a estética do Novo Urbanismo, o sistema de produção permanece o mesmo, apesar de ganhar uma pátina um pouco mais aceitável. Diferentemente, a visão de Britz promove o conceito de cidade que fornece o máximo de sua energia e alimento, enquanto incorpora uma mudança social significativa ao mesmo tempo. A cidade, portanto, torna-se uma paisagem ativa e produtiva, até mesmo substituindo as árvores das ruas por espécies frutíferas. Em vez de rejeitar a agricultura como "outra coisa", a cidade torna-se parte da produção agrícola, um sistema sustentável de apoio à vida que fornece alimento na forma de hortas, criação de peixes, pomares, galinheiros etc. Um sistema que reabastece o solo através da adubação, que recolhe e recicla água, que gera eletricidade através de usinas solares e eólicas, produz metano para suprimento de gás e usa energia solar para produção elétrica. No processo, a imagem geralmente mostrada dos subúrbios, como um desperdício de infraestrutura e de área cultivável, carente de serviços públicos, com domicílios nucleares vivendo em isolamento e completa destruição da vida comunitária, é substituída por qualidades positivas que descartam muitas das críticas ao futuro desenvolvimento dos subúrbios.

É evidente que esse tipo de agricultura urbana tem aspectos revolucionários, como se também fosse desconectar as comunidades dos governos locais e estaduais, pelo menos no que se refere aos serviços de utilidade pública. Tais comunidades constituiriam novas organizações tribais, baseadas em comunicação eletrônica e nos benefícios das modernas tecnologias, mas em um ambiente social e político significativo, cujo foco seja a comunidade, e aberto para uma mudança evolucionária. De fato, isso reduziria os impostos, desgastaria a autoridade política local e reduziria a entrada de alimentos das multinacionais junto com a necessidade de criar "alimentos Frankenstein", ou seja, geneticamente modificados. A intenção no livro *The Edible City* era gerar:

> uma abordagem interdisciplinar geral e sistêmica para a descentralização democrática dos processos de planejamento territorial e projeto [...] pressupõe que indivíduos, famílias e vizinhos, em contato pessoal direto, trabalhando juntos para a melhoria mútua de suas circunstâncias econômicas e ambientais, possam reverter a tendência de entropia ambiental e fragmentação social.
> (Britz 1981: 92-93)

O objetivo geral é fazer a cidade parar de se alimentar da natureza e, em vez disso, tornar-se parte dela. No processo, todas as formas de vida são mantidas e respeitadas, as comunidades são melhoradas, a natureza é reabastecida e o desperdício é eliminado como modo de vida, como proposto em sua fazenda urbana (Britz 1981; Figura 7.8). Apesar da dimensão, sem dúvida bastante utópica, do método de agricultura urbana, baseada em ideias do socialismo utópico discutido no capítulo anterior, o argumento é infinitamente mais atrativo do que nosso sistema atual de desperdício e dissolução. Ideias e práticas contidas no conceito da cidade comestível surgiram de muito trabalho empírico no ecossistema biorregional aplicável às comunidades de Eugene, Oregon. Britz observa que isso também surge diretamente de "nossa atmosfera de evolução política e econômica, mais bem ilustrada pelo Housing and Community Development Act (Lei da Habitação e Desenvolvimento das Comunidades) dos Estados Unidos, de 1974. Mediante estratégias autossustentáveis de sustentabilidade (em vez de controlada e promovida pelo Estado), o adensamento dos subúrbios acontece automaticamente, mas de forma bem mais democrática. Mais importante ainda e falando criticamente,

Meio Ambiente

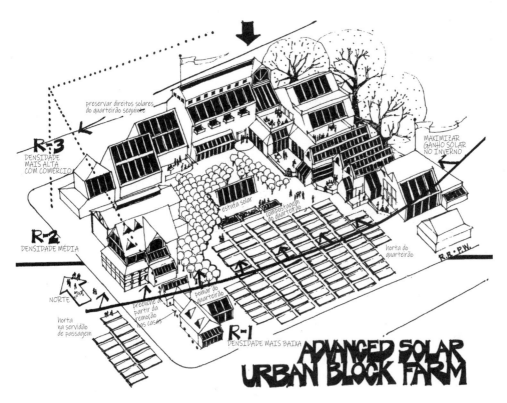

Figura 7.8 Fazenda urbana de Richard Britz. Fonte: R. Britz, *The Edible City*, Kaufmann Inc., 1981, p. 107.

desenvolvimento sustentável e mudanças sociais estão interligados e, portanto, para nossa sobrevivência, precisamos escolher estilos de vida radicalmente diferentes. Isso contrasta totalmente com o conceito de capitalismo natural discutido acima, ou com a agricultura industrial em edifícios em altura, nos quais a reorganização neocorporativa mantém seus lucros, enquanto a sociedade continua livre para se adaptar. Desde que *The Edible City* foi escrito, o manifesto de Britz tem percebido uma acomodação global generalizada, embora fragmentada e descoordenada no nível do Estado. Seu trabalho agora envolve um sistema desenvolvido de moradias parcialmente enterradas e protegidas pela terra, para áreas rurais (ver também Golanyi 1996).

O fato de *The Edible City* de Britz ter contribuído para o debate geral sobre desenvolvimento sustentável foi, em primeira instância, um triunfo semântico. Combinar duas palavras, que desafiaram nossas definições de espaço e função, possibilitou o surgimento de novas relações. No processo, um novo modelo foi gerado, baseado na integração da produção de alimentos e no desenvolvimento residencial suburbano, um modelo que detalhou uma síntese dos conceitos e práticas que, até aquela época (1980), estavam travados na separação entre *urbes* e *agricultura*. Britz também é consciente de que suas ideias são parte de uma tradição continuada, que começou com a cidade-jardim de Howard, a Broadacre City de

Wright, a Radburn de Stein e Wright e uma série de outras. A diferença entre as ideias de Britz e esses exemplos é que todos eles têm uma visão da natureza como terra ainda não utilizada para a agricultura, ou como recreação e fuga dos efeitos deletérios da industrialização, e não como algo que exista em seus próprios termos. Hoje, *tornar a cidade verde* tornou-se um mantra para muitas autoridades municipais, no mundo todo, particularmente na Dinamarca, e as ideias de Britz agora fazem parte desse desenvolvimento corrente das comunidades. Como exemplo, Newman e Kenworthy (1999) apontam 45 lugares só em Copenhague, incluindo o Oster Faelled, Korsgade 20 e Mariendalsveg Kolding, com destaque para este último. A Ilha Samso é outro exemplo perfeito de autossuficiência ecológica: erradicou completamente sua pegada de carbono e agora exporta energia para a rede nacional de energia (*The Guardian Weekly*, 3 out. 2008). Projetos similares também acontecem no mundo todo, por exemplo, na América do Norte (Portland, Eugene, Ithaca, Jericho Hill Village), em Curitiba (Brasil), Viikki em Helsinki, Mole Hill em Vancouver, GLW Terrein em Amsterdã e Beddington em Londres. Como Beatley observa, "A agricultura urbana é muito promissora – da produção intensiva e comercial de alimentos em lotes no Centro de Chicago a arrozais no topo de grandes edifícios em Tóquio" (2008: 194). O desenvolvimento urbano sustentável seguiu adiante, de simplesmente criar uma rede sustentável de transporte à incorporação do conceito de cidade comestível, ainda em pequena escala, mas em expansão (Jefferson et al. 2001). Consequentemente, muito já foi acrescido ao trabalho seminal de Britz em agricultura urbana (Martin e Marden 1999; Quon 1999; Bakker et al. 2000; Mougeot 2000, 2006; Vijoen et al. 2005; ver também bibliografia em <www.ruaf.org>).

Portanto, Richard Britz foi um dos primeiros a desafiar a noção de que empreendimentos residenciais de alta densidade são espacialmente mais eficientes do que os de baixa densidade, mas de uma maneira totalmente nova. As duas formas de densidade têm apenas uma função, ou seja, abrigar as pessoas. A contribuição de Britz não está entre aquelas nas quais as tecnologias de forma são manipuladas para aumentar ou diminuir a densidade urbana; trata-se de uma estratégia para mudar toda a função do espaço residencial. Ao integrar habitação com produção de alimentos e de energia, a eficiência do espaço residencial triplicou, com os benefícios sociais adicionais de melhoria do estilo de vida, da comunidade, das políticas locais e de independência. É essa dimensão de vida social integrada que está completamente ausente do debate sobre comunidades agrícolas em edifícios em altura hoje, e é em torno desse ponto que o debate irá fracassar. Junto com o poder centrípeto da comunicação eletrônica e a crescente capacidade das pessoas para trabalhar de casa, *The Edible City* também oferece uma alternativa viável às abordagens tradicionais para consolidação urbana, que se baseiam na definição mais restrita de uso da terra para resolver problemas funcionais do desenvolvimento sustentável.

Densidade e o Novo Urbanismo

Até agora, o Novo Urbanismo constitui uma ideologia global que tem sido internacionalmente elogiada por vários projetos de qualidade e pelo rigor de sua metodologia, que alega resolver os problemas formais da urbanização (ver recursos para referências não acadêmicas, por exemplo, carta, introdução, códigos, base de dados etc., no *site* do <www.cnu.org/>). Embora o Novo Urbanismo já tenha sido alvo de discussão anterior em relação à marca e à autenticidade (ver Capítulo 5), aqui explora-se outra dimensão de sua filosofia. O tema aqui é a medida com que o Novo Urbanismo pode ser visto como uma heterologia geralmente adotada para desenvolvimento urbano, especificamente no âmbito da densidade urbana. Ainda que essa corrente tenha trazido, em termos de projeto urbano e arquitetônico, muitas soluções admiráveis a problemas recorrentes de forma e estética, o movimento agora vem crescendo de tal modo que suas reivindicações superam em muito sua capacidade como tecnologia aprimorada de projeto urbano, apesar dos protestos em contrário (Falconer 2001). Além disso, o processo de legitimação exigido pela nova ideologia, suas instituições e organização, foi muito além daquilo que sua chamada "teoria" pode abranger. O meio, simplesmente, não pode acompanhar a mensagem.

Teóricos e intelectuais de ponta como Saskia Sassen, Ed Soja e Manuel Castells foram incluídos no texto mais recente *New Urbanism and Beyond* (Novo Urbanismo e Além), por sinal lindamente apresentado. Na verdade, esses estudiosos não têm nada a ver com o movimento (Haas 2008). Como veremos abaixo, o Novo Urbanismo evita, rigorosamente, usar o trabalho desses estudiosos e outros de opiniões similares para legitimar suas origens teóricas. Em contraste à enorme contribuição desses estudiosos às ciências sociais, a teoria autogerada do Novo Urbanismo não aparece no radar como algo mais do que uma tentativa marginal de legitimar uma série de relações físicas questionáveis entre campo e cidade, com base em diretrizes de densidades e códigos formais. Não importa como se queira expressar o problema, o Novo Urbanismo não tem nenhuma teoria substancial própria. Ainda que essa observação pareça irrelevante para muitos, o fato de se apresentar como tendo uma base teórica dá credibilidade à sua existência. Essa afirmação é infundada e, mesmo assim, passa, a muitos profissionais, confiança indevida em seu trabalho. Como veremos, mesmo a alegação de teoria está fundamentada apenas em três princípios metodológicos. Nada disso nega os evidentes benefícios da boa arquitetura, de um bom planejamento e um bom projeto urbano, nem de códigos que direcionem o desenvolvimento. O que é transparente, no entanto, é que os ideais utópicos do movimento, rigorosa e sistematicamente, ignoram o fato da urbanização capitalista, citada pelos mesmos teóricos mencionados acima com riqueza de detalhes e grande erudição. Caso esses textos tivessem sido lidos com mais profundidade, o Novo Urbanismo poderia ter estabelecido uma fundamentação substancialmente mais significativa. Portanto, o Novo Urbanismo permanece como uma metodologia em busca de uma teoria de urbanização capitalista, *branding* e projeto urbano.

O lançamento da Carta do Novo Urbanismo implica um grande comprometimento com a ideia de densidade urbana e o conceito relacionado de *transect* (transecção), que são cortes transversais ou perfis diagramáticos do território (Brower 2002, Talen 2002b). A fundamentação do princípio da transecção aponta três linhas de legitimidade, como indicado em Duany (2002): em primeiro lugar, o perfil do vale de Patrick Geddes, como ilustrado em seu trabalho seminal *Cities in Evolution* (Cidades em Evolução) de 1914, e bastante citado na literatura do Novo Urbanismo. Colocado de forma simples, ele explica a relação desenvolvida entre a geografia da região, sua urbanização e seus habitantes (FOC9: 206). Esse perfil, sobre o qual o novo Urbanismo constrói seu argumento, é descrito pelo próprio Duany como sendo "palpavelmente impreciso" e "curiosamente inútil como modelo para uma época bem avançada na Revolução Industrial" (Duany 2002: 295). Em outras palavras, ele alegou que o perfil era inútil mesmo quando foi proposto, há quase cem anos.

Para colocar essa crítica em perspectiva, fica clara, a partir da leitura de *Cities in Evolution*, qual era a real intenção de Geddes: "O Perfil do Vale é a base de um *levantamento*. Dessa maneira, *é possível desenvolver* muitos valores específicos e definidos da civilização. *Podemos descobrir* que o tipo de lugar e de trabalho feito ali determina profundamente os modos e as instituições de seu povo. *É o verdadeiro centro da interpretação econômica da história.*" (1997 [orig. 1915]: XVIII; itálico do autor)

Além disso, na introdução de sua segunda *Cities Exhibition* (Exposição Cidades), de 1915 (a primeira havia sido afundada pelos alemães, em 1914, perto de Madras, Índia), Geddes torna explícita, novamente, a função do perfil do vale "como uma introdução à geografia racional das cidades, em termos de suas origens regionais" (1997 [orig. 1915]: 165-166). Logo, é óbvio que o uso feito por Geddes do típico perfil do vale era inteiramente diferente daquele do Novo Urbanismo. Como estratégia, teria sido mais correto aceitar que, "enquanto os historiadores e geógrafos usam os perfis do território para descrever o modo como as coisas *são*, ele [Duany] utiliza-os para descrever como as coisas *deveriam ser*" (Brower 2002: 314). É evidente que o uso feito por Geddes do perfil do vale (ele nunca usou o termo *transect*, ou transecção) era a metodologia que adotava para fins de levantamento-análise e, como ele indica, compreensão posterior da interpretação econômica da história, um lugar que a teoria do Novo Urbanismo não tem esperança de alcançar, sofrendo, como sofre, daquilo que foi descrito como "amnésia histórica" (Saab 2007) e "falta de refinamento teórico" (Grant 2002). Além disso, e talvez mais importante, a visão de Geddes em *Cities in Evolution* baseava-se em uma perspectiva totalmente diferente, já que foi formada no final da revolução industrial. Se ele manteria a mesma filosofia ou não hoje, à luz da globalização, do capitalismo informativo e do potencialmente iminente ecocídio é uma questão a ser discutida.

O segundo apelo à teoria está na base do livro *Design with Nature* (Projetar Com a Natureza) de McHarg (ver acima), usado para justificar a metodologia da

Meio Ambiente

transecção: "A transecção, o perfil diagramático, é claramente expresso em um capítulo introdutório (do livro), como forma de explicar o funcionamento dos ecossistemas. A inclinação da transecção foi operacionalizada no corpo do livro por meio de uma série de sobreposições transparentes concebidas para descobrir a inclinação do perfil do terreno." (Duany 2002: 254)

De fato, o livro de McHarg não faz nada parecido. A única secção nos capítulos introdutórios fala de uma duna de areia, mostrando a colonização das plantas e a sucessão. Além disso, o restante do livro não é dedicado a descobrir nenhuma inclinação de corte, mas constitui-se numa busca, através de vários e profundos estudos de caso de regiões e sua ecologia natural, dos locais onde a urbanização poderia acontecer de forma segura, e até que ponto. Duany também se engana quando diz que "a análise de McHarg era inteiramente uma declinação do *habitat* natural em vez do social" (Duany 2002: 254). De fato, o último capítulo de *Design with Nature* é inteiramente dedicado ao projeto de estudantes que ele orientava, dedicado a uma análise profunda das patologias sociais na Filadélfia.

O terceiro apelo à legitimidade baseia-se no fato de Duany ter selecionado quatro padrões do famoso livro de Christopher Alexander, *A Pattern Language* (Uma Linguagem de Padrões, 1977), a saber, os padrões de número (2), *The Distribution of Towns* (A Distribuição das Cidades); (13) *Subculture Boundary* (Fronteira da Subcultura); (29) *Density Rings* (Anéis de Densidade); e (36) *Degrees of Publicness* (Graus do Que É Público). Duany diz que foram escolhidos de um total de 252 (na verdade 253) padrões, alegando que constituíam uma transecção – "uma atividade secundária dentro daquele ótimo trabalho... que está quase perdida entre os outros 252 padrões e teve pouco impacto de forma independente". Ele também poderia ter escolhido outros quatro, digamos (4) *Agricultural Valley* (Vale Agrícola), que menciona McHarg; (8) *Mosaic of Subcultures* (Mosaico de Subculturas); (14) *Identifiable Neighbourhood* (Vizinhança Identificável); e (16) *Network of Public Transport* (Rede de Transporte Público). A ideia de que a estratégia da transecção (perfil diagramático) estava, de alguma maneira, oculta no livro de Alexander [*A Pattern Language*], e teve então seu significado revelado, não faz nenhum sentido. O mesmo vale para a afirmação de Duany de que a transecção (corte diagramático) "é um fractal que permite ao projeto integrar-se em diferentes escalas; das camadas regionais aos códigos comunitários e aos padrões arquitetônicos" (Duany 2002: 258). Claramente, a metodologia do corte diagramático tem pouco apoio seja nos trabalhos de grandes economistas políticos, seja nos exemplos autorreferenciados de McHarg, Geddes e Alexander. Ficamos com a sensação de que os esforços realizados para dar credibilidade ao movimento compõem uma tentativa de justificar uma metodologia de projeto usando fontes que tinham propósitos e objetivos inteiramente diferentes, e eram, de fato, não teorias, mas metodologias em si mesmas.

Portanto, com base em uma lógica muito dúbia, os fundamentos do Novo Urbanismo se afastam dos processos analíticos adotados por Geddes, McHarg e Alexander e, em vez disso, retraduzem o perfil de vale como uma ideologia de projeto imposta. Do exposto acima, também fica claro que, ainda que seja um tanto superficial em qualquer rigor teórico, a transecção (ou o perfil diagramático) permanece como uma metodologia convincente para muitos nas profissões ligadas ao ambiente, devido ao seu fomento da sustentabilidade e da diversidade, ao seu ataque à expansão suburbana, à capacidade de incorporar a questão da etnia ao seu vocabulário e, indiscutivelmente, e mais importante, devido ao renascimento do determinismo físico como estratégia socialmente relevante (Day 2000; Duany et al. 2000). A abordagem da transecção foi descrita como um "sistema de zoneamento alternativo e pragmático" baseado em um "sistema bem estabelecido de análise ecológica", e pode ser definido como "um sistema que busca organizar os elementos do urbanismo – edificação, lote, uso do solo, rua e todos os demais elementos do *habitat* humano – em formas que preservem a integridade dos ambientes rural e urbano", com a intenção de que "a transecção seja potencialmente um instrumento de projeto" (Talen 2002b: 293-294); além disso, "A correlação dos vários componentes especializados por um *continuum* rural-urbano proporciona a base para um novo sistema de zoneamento, que cria ambientes complexos e que reflitam, contextualmente, os ambientes humanos e naturais." (Duany 2002: 255).

A metodologia da transecção adota o que é exigido para ser um perfil genérico ou prototípico que vai dos centros urbanos à periferia ou, para usar um descritor infeliz do planejamento, a franja periurbana. Conceitos de densidade, tipo de edificação e forma construída são implícitos. A alta densidade existe no centrinho da cidade, diminuindo em direção às zonas rurais que, provavelmente, não têm densidade. A forma das edificações e dos espaços surge dessa variação de densidade, que é mantida como a ordem natural das pequenas e grandes cidades. Duany indica sete principais zonas de densidade e suas funções, como os distritos especiais para instituições regionais, praças e largos (Figura 7.9). As formas construídas mostradas em corte são indicadores das densidades residenciais. Cada zona estaria sujeita às restrições de um código escrito, que seria proposto não só para preservar o *continuum*-urbano-rural, mas também para transformá-lo com o tempo (o "Smart Code" de Duany e Plater-Zyberg está disponível no *website* do Novo Urbanismo). Os códigos teriam que ser traduzidos para se adequarem a uma diversidade de regiões, apesar das qualidades genéricas aceitas da própria transecção. A metodologia, portanto, é bastante direta – aceite um corte genérico para todas as regiões, que são divididas em sete tipos, construa um código para controlar o desenvolvimento nos setores relevantes e aceite a tipologia padrão das formas construídas adotadas pelo Novo Urbanismo como especificado em cada situação. Dessa maneira, "ao vincular seu sistema de ordem à natureza, e não a processos sociais, o corte diagramático resolve os dois pontos simultaneamente…, portanto, evita a crítica que diz que a organização da forma espacial deve ser a busca de controle sobre a ordem moral e política" (Talen 2002b: 305; e Talen 2000).

Mesmo admitindo a excelente qualidade de muitos projetos urbanos que se dizem do Novo Urbanismo, pode-se discutir se isso não seria apenas fruto do talento individual para projetar e da habilidade intuitiva de se relacionar com a nova estética. A literatura do Novo Urbanismo está recheada de tantas inconsistências

Meio Ambiente

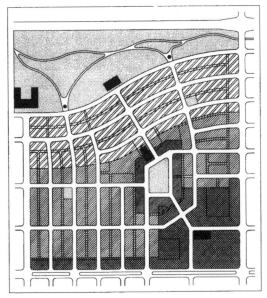

ZONAS REGIONAIS	ZONAS LOCAIS
Cívicas	cs Espaço cívico
	cb prédio cívico
Urbanas	t1 Núcleo urbano
	t2 centro urbano
	t3 urbano geral
	t4 suburbano
Rural	t5 reserva rural
	t6 área de preservação rural
Distrital	dn distrito por variação
	de distrito por exceção

Figura 7.9. A transecção, o corte diagramático do Novo Urbanismo. Fonte: Duany, Plater-Zyberk et al., **The Lexicon of the New Urbanism**, 2001, p. 299, fig. 3. Extraído de um artigo de Emily Talen, "Help For Urban Planning: The Transect Strategy", **The Journal of Urban Design**, 2002, v. 7, n. 3, p. 293-312.

e terminologia indefinida que seu sucesso tem que ser baseado em soluções simples para aqueles que se recusam a pensar além. Por exemplo, como alguém pode aceitar a afirmação acima de Talen ou o comentário de Duany dizendo: "A teoria corrente convencional não desenvolve um urbanismo autêntico; uma alternativa baseada na transecção, sim." (Duany 2002: 257) Não se menciona, em nenhum lugar, o que é essa "teoria corrente convencional", nem o que se espera que um "urbanismo autêntico" seja (em oposição a um urbanismo não autêntico), ou mesmo de que maneira o Novo Urbanismo chegou a ter um monopólio sobre a autenticidade. O Novo Urbanismo está extremamente imbuído de tal retórica, em detrimento de tantos excelentes projetos construídos até então no mundo todo. Na verdade, os teóricos do Novo Urbanismo fizeram bem em revisitar o trabalho anterior de Manuel Castells, acima mencionado, onde ele comenta a diferenciação da forma urbana, as definições das unidades espaciais e a lógica separando rural do urbano e cidade do campo, a essência da metodologia do Novo Urbanismo:

> Mas então, não há nenhuma separação entre "cidade e campo"... Isso não seria uma questão de "urbanização generalizada"? Na verdade, a problemática não tem sentido como tal (além do ideológico), colocada da forma como foi. Porque ela ainda pressupõe a distinção e mesmo a contradição entre rural e urbano, uma oposição e uma contradição que têm pouco sentido no capitalismo. (Castells 1977: 446)

Embora o Novo Urbanismo não tenha uma práxis, já que lhe falta teoria, ele oferece certa disciplina formal básica para os que atuam na arquitetura, no projeto urbano e no planejamento. A ideia da transecção, em si, é inofensiva e, se implementada, seria, sem dúvida, superior à suburbanização atual da urbanização capitalista, mesmo que pelas razões erradas. Oferece um conjunto de princípios e metodologias, facilmente entendidos, que tentam sintetizar os elementos-chave que integram as disciplinas ambientais em padrões aceitáveis de desenvolvimento, um objetivo louvável. Da mesma forma, a padronização, conforme certas formas urbanas, estéticas, regulamentações e densidades básicas, é positiva, e somos forçados a lembrar que, historicamente, muitos dos grandes centros urbanos no mundo Ocidental, Paris, Londres, Nova York e outros, foram construídos de acordo com um conjunto similar, simples e uniforme de padrões, incluindo o uso de materiais, proporções e outros elementos de projeto.

Conclusão

Os debates que alimentaram o planejamento e o projeto urbano por décadas sempre focaram no tema: se a alta densidade é mais eficiente que a baixa densidade, ou se a consolidação de áreas urbanas é mais eficiente que a expansão nos subúrbios. Embora essa seja uma falsa dicotomia, os problemas estão relacionados. A América do Norte suburbana não foi construída porque era mais eficiente ou desejável, mas porque era o melhor método, à mão, para extrair capital da terra e de suas melhorias, facilitados pela prática do planejamento urbano. Hoje não é diferente. Enquanto continua infindável o debate acadêmico a respeito de altas ou baixas densidades, o sistema permanece guiado por interesses capitalistas, interesses que se adaptaram ao sistema urbano predominante que eles criaram, o de ter lucro. Por isso, os debates acadêmicos sobre "que tipo de cidade promover" são tão ingênuos e utópicos quanto ideológicos. O real problema inclui descobrir até que ponto o planejamento é capaz de resistir ao neocorporativismo do Estado e ao chamado "capitalismo natural" do escritor e físico estadunidense Amory Lovins, que permite que o sistema capitalista exija legitimidade enquanto, em princípio, permanece inalterado. No debate sobre estrutura urbana, o que parece perdida é a pergunta fundamental: a qual tipo de comunidade queremos pertencer, antes de decidir sua forma e antes de trabalhar a partir daí.

O hiato inclui a ausência de planejamento social consistente para acompanhar a arquitetura, uma conjuntura de onde muitas ideias utópicas se descolaram, do conjunto de Pruitt Igoe ao sistema das Cidades Novas Britânicas. Os estudos que fundiriam novas formas espaciais com novas formas de comunidade estão particularmente ausentes, e a história parece prestes a se repetir, a menos que o determinismo físico seja finalmente abandonado como método de planejar as comunidades humanas. Complexas cidades com edifícios em altura, de qualquer configuração, não são apenas uma forma diferente de viver no solo. Novos ambientes físicos, tridimensionais e autossustentáveis trarão novas formas de relações sociais, equidade, comunicação, crime, culturas, espaço público, destino do lixo, recreação, compras, oportunidades para vigilância e controle social, estruturas institucionais, questões legais e uma infinidade de outras circunstâncias. Tudo isso precisa ser resolvido antes que uma nova arquitetura vertical possa ser seriamente contemplada. Nessa medida, o trabalho de Richard Britz precisa ser revisitado, um trabalho que se coloca em direta oposição a ambientes conceitualmente novos. O projeto de Britz busca integrar comunidade, sustentabilidade, estilo de vida e igualdade de gênero, uma abordagem exemplar que, em princípio, deveria ser incorporada nos projetos e cursos de projeto urbano, seja qual for a densidade da localidade onde estiverem.

8. Estética

A arte é uma revolta contra o destino.
ANDRÉ MALRAUX

Introdução: As Questões do Julgamento Estético

A questão central na consciência de todo urbanista certamente deve ser: o que faz uma cidade ser bela? Automaticamente isso leva a uma maior especificidade – como abordar o projeto de belos espaços urbanos? No que deveríamos pensar *antes* de iniciar estratégias de projeto, ou seja, as tecnologias para implantar nossas ideias? Como tratar da evolução da cidade em termos de julgamento estético (Porteous 1996; Bosselman 1998; Cinar e Bender 2002; Light e Smith 2005; Berleant 2007a, 2007b; Delafons 1998)? Embora, em último recurso, a experiência estética seja uma questão de discriminação individual e escolha pessoal, também é um evento condicionado (Rappoport 1977; Wolff 1981; Weber 1995; Orr 2002). Uma viagem de nosso país natal para um país vizinho mostrará imediatamente que a experiência estética e o seu valor variam enormemente de um lugar para outro e de uma geração para a próxima. Apesar da diferença, é tentador presumir que alguns fundamentos em comum permaneçam. Entretanto, a ideia da existência de valores universais ou genéricos deve ser seriamente contraposta (Graham 1997). Por exemplo, o que *estética* poderia significar quando aplicada aos habitantes aborígenes originais da Austrália, que não possuíam nem aldeamentos nem construções? Seria a experiência estética deles redutível à natureza e ao âmbito dos sentidos, ou existiria de fato um conceito abstrato de beleza?

Entretanto, na sociedade de hoje, produtora de *mercadorias e bens*, a experiência estética está significativamente integrada aos meios de comunicação de massa e condicionada por eles, com base na circulação global de *bens*. Todos, ao redor do planeta, podem usar calças jeans da Levi's e considerá-las esteticamente satisfatórias. Estamos continuamente sendo inundados por imagens e doutrinados sobre o que é beleza. O desejo é cultivado e valores estéticos são manipulados de modo que mercados de massa para cremes faciais, perfumes, roupas, automóveis, alimentos, arquitetura e outros *produtos* possam prevalecer – o carro do ano é sempre mais bonito (ou mais desejável) do que o do ano anterior. Assim, será que há valores universais que possam fundamentar nosso julgamento de beleza no âmbito da estética urbana, ou seriam todos os valores produtos sociais, como as *mercadorias*? Mais importante ainda, que métodos de pensamento sobre estética foram usados no passado, e seriam esses processos relevantes para o presente? Como urbanistas, quais heterologias deveriam embasar nosso julgamento sobre a estética do espaço e da forma, para além de nossa "intuição" pessoal ou coletiva sobre cor, dimensões, movimento, forma, propósito e justaposição de objetos no espaço urbano?

Valores estéticos são modificados, paulatinamente, através de modos de produção, percepção, história e individuação. Assim, cada civilização forneceu muitas das suas próprias respostas, diversamente enraizadas no desenvolvimento da biologia, da matemática, da filosofia, da psicologia, da cultura e de outros fatores; a busca, tanto individual como coletiva, vem avançando há milênios (Pickford 1972; Scruton 1974, 1979; Cosgrove 1984; Olsen 1986). Consequentemente, devemos aceitar o fato de que se trata de uma busca sem qualquer resolução possível, pela simples razão de que cultura, desenvolvimento, urbanismo e imaginação humana são processos dinâmicos, e assim os valores estéticos estão sempre num contínuo estado de fluxo. Eles evoluem *pari passu* com a sociedade, assim como em relação à percepção individual e à experiência e, apesar de nossos melhores esforços, *a estética* permanece indefinível e evanescente. Apesar de muito disso parecer niilista (por que se preocupar com questões que não têm solução?), é evidente que os problemas sem resposta e mais difíceis é que estão no centro de nossa existência e lhe dão valor. Assim, o esforço de resolvê-los – ou de pelo menos permanecer num contínuo estado de percepção – permanece crucial para a evolução da nossa humanidade. Conceitos de estética estão, portanto, enraizados em um debate filosófico, e questões fundamentais para nosso engajamento estético com o mundo – como "o que é beleza?", "o que é verdade?", "qual a natureza da experiência humana?" – também permanecem sem resposta, apesar do famoso verso de John Keats em

Estética

Ode a uma Urna Grega (1819). "A beleza é verdade, a verdade beleza – isso é tudo que sabemos na terra e que importa saber."[10]

Em *The Form of Cities* (FOC8), sugeri que três componentes-chave eram centrais a nosso entendimento acerca da estética e da cidade. Coletivamente, constituem um sistema conceitual poderoso e interativo, dentro do qual a investigação da dinâmica da estética pode se desenrolar. Os três têm ampla fundamentação teórica, e cada um constitui um método de pensamento sobre questões de projeto. O primeiro deles é a *semiótica*, ou a ciência do significado. Considerando que significado permeia toda nossa existência como espécie, são cruciais, para o entendimento e vocabulário do urbanista, os métodos pelos quais os significados são ou projetados em espaços e lugares ou lhes são atribuídos através da ação humana (Harvey 1979; Krampen 1979; FOC3: 65-69). O segundo, a *fenomenologia*, que busca lidar com o âmbito dos sentidos, a experiência direta que todos vivemos quando interagimos com o ambiente ao nosso redor, onde edifícios e espaços constituem a dimensão principal da vida urbana, e dentro da qual toda experiência ocorre e coexiste (FOC3: 69-72). O terceiro, a *economia política*, que nos traz um *insight* sobre como a aparente aleatoriedade de indivíduos, objetos e processos é social e espacialmente constituída na estruturação do urbano (FOC: 72-78). É claro que as três posições interagem de formas complexas, e a produção capitalista nos últimos cinco séculos teve enormes efeitos sobre a consciência. A natureza da experiência humana também se modificou, já que a tecnologia, o trabalho, a produção e a cultura se transformaram em relacionamentos cada vez mais diversos. Significados ligados a esses processos também resultam em novos signos, associações, normas comportamentais e valores estéticos, e todos afetam a forma como experimentamos a cidade e, em grande medida, modificam sua construção. Notadamente para os urbanistas, o ambiente construído, como o principal significante da produção, é simultaneamente um produto estético pelo simples fato de seu papel dominante em nossa vida cotidiana. Então, o que é estética?

Há três principais determinantes estéticas relacionadas ao ambiente, à experiência e à comunicação. Primeiro, nosso ambiente externo, criado a partir da relação entre natureza e ação humana, é o contexto no qual se desenrola o espetáculo da experiência humana. Esse ambiente está sujeito ao projeto no seu sentido mais amplo, ou seja, organizado pela ação humana. Tudo estaria incluído aí, das favelas às catedrais e palácios reais. Segundo, no nível da individuação, sabemos que nossa experiência estética está condicionada, por um lado, pelos cinco sentidos – visão, audição, tato, paladar e olfato – e, por outro, pelo nosso ambiente. Muitas culturas afirmam existir o que chamamos de "sexto sentido", sem relação aos outros cinco, sendo uma compreensão inconsciente ou antecipação de eventos que escapa das nossas mentes racionais. Terceiro, a experiência estética é fundamentalmente a forma de interação entre os meios de comunicação, indivíduos e

10 Conforme tradução de Ivo Barroso. Disponível em: <https://gavetadoivo.wordpress.com/>. Acesso em: 15 maio 2020. (N. da T.)

ambiente. A arte, em todas as suas formas, é um método de transmitir informação de modo altamente especializado, já que depende da participação e interpretação individual. Em relação à individuação, já sugeri que precisamos acrescentar um sétimo sentido para apreciar plenamente a estética urbana, o da cinestesia, ou a sensação de movimento (FOC6: 13). Sem a alegria do movimento, uma experiência universal de grande beleza seria perdida, assim como importantes métodos de compreender a forma urbana. O *flâneur*, por exemplo, simboliza o sétimo sentido no âmbito urbano, em que o perambular pelo espaço e a experiência de abertura e fechamento, vistas, paisagens e arquitetura constituem a essência da *flânerie*.

Um problema elementar com a terminologia, porém, é que "estética" geralmente se relaciona ao que se percebe como beleza, arte, prazer e sensualidade. O *New Oxford Dictionary of English* define *aesthetic* de vários modos, todos referentes à apreciação da beleza, enquanto um "esteta" é definido como "uma pessoa que aprecia ou é sensível à arte e à beleza". De fato, o verbo grego *aesthesthai* significa apenas "perceber", da raiz *aestheta*, que significa "coisas perceptíveis" (Pearsall 2001: 28). Assim, nada havia no significado original que se relacionasse à beleza, um atributo importado do alemão para uso no inglês no início do século XIX. Portanto, a conexão entre estética e beleza é uma construção recente, não relacionada às suas origens. É preciso perguntar se a estética da forma urbana exagera imensamente o aspecto visual das cidades (principalmente devido à educação arquitetônica) e desvaloriza a experiência. Considerando-se a definição de estética que se relaciona predominantemente aos sentidos, como na fenomenologia, não há nada a indicar que a experiência estética não deva ser também desconfortável, ofensiva, dominadora, feia, pecaminosa ou aterradora. Por conseguinte, não há necessariamente uma homologia entre estética e beleza. Fica claro que muitas obras de arte são feitas para chocar, e não é preciso que haja algo de belo nelas. A estética também pode ser vista como um conjunto de princípios que guia ou, de alguma forma, influencia a produção artística, levantando a questão de se os princípios estéticos e processos criativos são transferíveis de uma forma de arte para outra.

Essa ideia nos leva inevitavelmente à questão da estética e da forma – música, escultura, pintura, literatura, teatro, poesia, cinema, arquitetura e a inevitável fertilização cruzada entre eles. Cada forma acrescenta vetores adicionais à questão da estética como um todo. Por exemplo, "um vasto número de clichês e lugares comuns, sustentados por séculos de teatro, encontraram, infelizmente, um local de repouso no cinema" (Tarkovsky 1986: 24). Mesmo dentro de uma dada forma de arte, o processo de chegar a uma declaração estética final varia imensamente, dependendo de uma série de outros fatores embutidos no processo criativo. Johann Wolfgang von Goethe descreveu a arquitetura como "música congelada", perguntando "então, qual é o som do edifício?" O grande pintor estadunidense Mark Rothko também deu sua resposta à produção da arte em um discurso no Instituto Pratt, em 1958. Ele apresentou o que considerou a fórmula essencial para uma obra de arte (observem que ele não disse "pintura"):

Estética

- Deve haver uma clara preocupação com a morte – insinuações de mortalidade... Arte trágica, arte romântica etc. tratam do conhecimento da morte.
- Sensualidade. Nossa base de sermos concretos em relação ao mundo. É uma relação de desejo com coisas existentes.
- Tensão. Seja conflito ou desejo reprimido.
- Ironia. É um ingrediente moderno – discrição, modéstia e autoexame pelo qual o homem pode, por um momento, avançar na direção de algo mais.
- Humor e brincadeira ... pelo elemento humano
- O efêmero e o acaso... pelo elemento humano
- Esperança. Dez por cento, para tornar mais suportável o conceito trágico.

As frases de Rothko não são únicas em suas reflexões sobre trevas e esperança, e seus sentimentos fazem um paralelo com os da conclusão de *Sculpting Time* (Esculpir o Tempo), a autoflagelação do grande cineasta russo Andrei Tarkovsky, onde ele discute a estética do cinema:

> O que é arte/ela é boa ou má? De Deus ou do diabo? Da força do homem ou de sua fraqueza? Pode ser um juramento de fidelidade, uma imagem de harmonia social – poderia esta ser sua função? Como uma declaração de amor: a consciência de nossa dependência mútua. Uma confissão. Um ato inconsciente que, mesmo assim, reflete o verdadeiro significado da vida – amor e sacrifício. (Tarkovsky 1986: 239)

Dados esses exemplos do conteúdo estético da arte e da estética, com relação à sua aplicação direta à estética das cidades, é interessante saber se tais perguntas surgem ou não no kit de ferramentas do urbanista. Deixo a outros a tarefa de julgar se essas ideias são relevantes para o projeto das cidades, mas mesmo uma leitura superficial dos sete elementos de Rothko levanta questões significativas quanto à estética do projeto urbano. Para embasar a forma da cidade e a *city beautiful* (cidade bela) como heterologia, boa parte deste capítulo vai se concentrar no que estava na mente do urbanista enquanto ele/ela pensava sobre a estética da forma urbana. Isso será retomado no último capítulo, no qual manifestos de vários movimentos influentes na arte e na arquitetura sugeriram o que a cidade significava e como deveria ser formada.

Produção Estética, Arte e Cidade

Como entender, então, os métodos usados pelos urbanistas na geração da estética da forma urbana? Dada a necessidade do urbanista de criar beleza, quais *insights* estão à nossa disposição para desvelar as ações do urbanista? Roger Scruton, no seu texto clássico *The Aesthetics of Architecture* (A Estética da Arquitetura,

1979), sugeriu três heterologias principais que podem originar o espaço urbano e arquitetônico. Estas derivam de Freud, Saussure e Marx, e têm uma ampla gama de aplicações. A heterologia dominante comum às três citadas era, naturalmente, a série de métodos do pensamento estruturalista que permeou o século xx (ver também seu capítulo sobre atitude estética em *Art and Imagination* (Arte e Imaginação, 1974).

Freud

Sigmund Freud, sem dúvida o psicólogo seminal do século xx, tem sido louvado e desprezado com igual fervor. Famoso por inventar o método da psicanálise, Freud teve imenso impacto não só sobre as ciências sociais como um todo, mas também sobre a literatura e as artes. Sua investigação acerca da estrutura da psique humana não tem paralelo no mundo moderno, com a possível exceção de Carl Gustav Jung, que foi seu aluno. A estrutura da mente (id, ego e superego), o desenvolvimento da sexualidade (anal, oral e genital), formas arquetípicas como os complexos de Édipo e Electra, e mesmo o termo "psicologia", tudo deve sua origem a Freud. O conceito de teoria crítica originado na Escola de Frankfurt homenageia tanto Freud como Marx, considerando que seu foco central era gerar uma formulação abrangente de civilização e seus descontentes, através do casamento entre psique e economia. Se a estética estiver de fato incorporada no âmbito dos sentidos, é claro que a influência de Freud teve poucas fronteiras. O tema central da psicologia de Freud era o princípio repressivo da sociedade, e sua grande contribuição estava no desenvolvimento de uma sociologia da mente inconsciente, sustentando que as instituições da sociedade e as neuroses pessoais estavam interligadas. Não valia a pena desvendar neuroses individuais e devolver uma pessoa sadia a uma sociedade, cujas instituições estavam fundamentalmente doentes. Nesse contexto, Robert Bocock afirma: "As instituições sociais tradicionais, como religião e ideologia, também podem ser vistas como modos de comunicação patológicos e deformados." E ele ainda cita Freud diretamente: "O conhecimento das doenças neuróticas dos indivíduos atendeu ao entendimento das grandes instituições sociais, já que as neuroses no final se revelam como tentativas de resolver, em base individual, os problemas de compensação do desejo que deveriam ser resolvidos socialmente pelas instituições." (Bocock 1976: 31)

A análise das neuroses, através da desconstrução dos significados embutidos nos sonhos, é central para o método de Freud. O comportamento neurótico, fundamentalmente um conflito entre pensamentos e sentimentos, poderia ser entendido e tratado ao revelar suas fontes. Nesse processo, a relação entre fantasia e realidade, repressão e sublimação, o real e o surreal, e a natureza do anseio e do desejo, tudo está suspenso num equilíbrio dinâmico (muitas vezes, desequilíbrio) entre instinto, conscientização e sacrifício. Provavelmente o melhor e mais direto exemplo do efeito de Freud na estética sejam os movimentos Surrealista e Dada da arte moderna, exemplificados por artistas como Salvador Dalí, Joan Miró, René

Magritte, Max Ernst e muitos outros. Entretanto, isso reduz a escala da influência de Freud a apenas uma forma de expressão. O impacto geral do método de Freud sobre a estética está no modo como seu sistema conceitual básico é usado na análise ou no projeto da execução do julgamento estético, na arquitetura e no urbanismo e em outras dimensões do esforço humano – na literatura, pintura, poesia, cinema, música e outras formas de arte.

A obra de Roger Scruton, *The Aesthetics of Architecture*, foi fundamental quando publicada em 1979, e os capítulos 6 e 7 são instrutivos. A psicanalista Hannah Segal e o poeta e pintor Adrian Stokes já haviam sugerido uma relação entre psicanálise e estética, mas Scruton estava entre os primeiros a conectar a estética arquitetônica diretamente com teorias centrais da teoria social: psicologia, linguagem e materialismo histórico, refletindo sua crença de que "o cultivo da experiência estética, sem a correspondente adoção de um ponto de vista crítico, não é nada mais do que autoilusão" (Scruton 1979: 137). Ele prossegue afirmando que o próprio Freud era crítico da estética psicanalítica, considerando que, enquanto a psicanálise pode ter muito a dizer sobre criatividade, ela era incapaz de dizer muito sobre os resultados. Essa opinião não era partilhada por um dos acólitos de Freud, Melanie Klein, e pelo crítico arquitetônico Adrian Stokes. Scruton observa que a grande arquitetura é capaz de gerar profunda emoção em indivíduos e que as fontes dessa emoção estão na profundidade psicanalítica da consciência individual: "Descrever estes sentimentos psicanaliticamente é, ao mesmo tempo, descrever seu valor. Estamos assim a um passo de um relato de sucesso na arquitetura." (Scruton 1979: 146)

De todos os desejos reprimidos, a sexualidade provavelmente tem o maior destaque. Portanto, sexualizar espaços e edifícios constitui um modo preferencial de operação, e a relação entre Freud e a sexualidade é universalmente reconhecida. A abordagem freudiana considera o ego/personalidade como uma máscara, com o ímpeto real conduzindo a ação individual vindo da mente inconsciente (reprimida). Assim, a não ser que os urbanistas estejam extremamente cientes de suas próprias repressões e desejos (quase nunca), a forma urbana torna-se, claramente, uma válvula de escape para que o subconsciente se afirme no ambiente construído. Portanto, arquitetura e forma urbana representam um cenário potencialmente fértil para que urbanistas expressem sua neurose favorita (conflito) ou psicose (fantasia), e eu posso citar apenas alguns dos traços freudianos mais evidentes, que aparecem em forma tridimensional. O fetichismo é dominante entre esses traços, sendo que um fetiche é definido como um objeto que substitui uma castração percebida, real ou não. "O fetichismo é a recusa da perda: o objeto fetiche bloqueia ou desloca essa descoberta traumática da perda. Por sua natureza, um fetiche também se preocupa com aparências superficiais que ocultam uma ansiedade mais profunda, um sentido mais profundo de perda." (Pouler 1994: 182). Patrick Pouler prossegue sugerindo que a insegurança resultante encoraja uma retirada para um mundo imaginário do passado, onde os fatos do presente são substituídos por um retorno surreal às felizes certezas de outrora. A história, então, torna-se um método de contra-atacar a insegurança do presente. Ele afirma que mentalidade fetichista é o método da arquitetura pós-moderna, onde:

Estilos históricos são revividos contra as realidades do contemporâneo; o estilo está inerentemente oculto com uma imagem, nos aspectos de superfície da arquitetura, fachadas, máscaras, e galpões decorados (o que é visto domina o que é conhecido) e edifícios e praças – ou seja, a forma e o espaço – substituem uma fenomenologia de lugar que antes atendia às necessidades ontológicas de indivíduos e grupos. (Pouler 1994: 182)

Embora possamos interpretar a história pós-moderna como fetichista, o fetichismo tem efeitos mais diretos e óbvios. A expressão mais evidente aqui é na construção em altura, onde o simbolismo fálico e a fixação peniana têm sido responsabilizados pela atual obsessão com a arquitetura de arranha-céus. Começando com o arquiteto Frank Lloyd Wright e sua visão de um Mile High Skyscraper (arranha-céu de 1,6 quilômetro de altura), de 1956 (nunca construído), meio século depois, as autoridades urbanas ainda continuam com sua interminável competição pelo prédio mais alto do mundo. Em paralelo, temos o corolário de que a expressão subconsciente da sexualidade da mulher refletiria espaços uterinos, cheios de curvas, acolhedores, fechados e próximos da terra. Da mesma forma, a associação de mulheres com decoração exagerada e ornatos de má qualidade foi um estigma estético que as colocou no contrapé do projeto modernista e sua arquitetura. No geral, tais interpretações não incentivam a igualdade de gênero. São simbólicas de modo tosco, e negam a complexidade das diferenças de gênero, o que tem mais a ver com política do que com arranha-céus. Presumem que a fixação do homem com ereções, arquitetônicas ou não, seja tão absoluta que todos os distritos financeiros centrais, de Manhattan a Hong Kong, devem sua existência a tal ideia. Isso é obviamente ridículo, ignorando coisas como política urbana, as forças do mercado, densidades urbanas, ações de planejamento e o fato de que muitas cidades famosas, tais como a Paris de Haussmann, não tinham nenhum prédio com mais de cinco andares. A famosa frase de Freud de que "às vezes um charuto é apenas um charuto" parece ter sido ignorada, apesar de alguns autores ainda se agarrarem ao simbolismo fálico: "A forma urbana feminina significa o fim do 'phallus' como arquiteto de todas as oposições e hierarquias – macho sobre fêmea, jovem sobre velho, beleza sobre feiura, todas as oposições e hierarquias das quais o valor e significado clássico dependem. Forma urbana feminina significa a morte da arquitetura enquanto diferenciação fálica." (Bergren 1998: 89)

Saussure

Os importantes aspectos teóricos da semiologia e da semiótica foram abordados em FOC3: 65-69. A disciplina teve um curioso início, com o enquadramento simultâneo da ciência do significado, primeiro nos Estados Unidos na obra de Charles Sanders Peirce, que usou o termo "semiótica", e na Europa na obra de Ferdinand de Saussure, que chamou sua própria filosofia de *semiologia*. Estritamente

Estética

falando, a terminologia deve ser aplicada de forma discriminada. Aqui, o termo "semiótica" será aplicado heterologicamente de modo a abranger a metodologia geral da análise e integração de significados nas formas construídas. Também incluí dois artigos que descrevem o método semiótico no artigo de Mark Gottdiener, "Recapturing the Centre: A Semiotic Analysis of Shopping Malls" (Recapturando o Centro: Uma Análise Semiótica dos Centros de Compras; DC3) e "Heterotopia Deserta", de Sarah Chapin (DC9: 26), que analisa Las Vegas e outros lugares. Considerar a semiótica como heterológica ao projeto é um método em que significados incorporados em formas e espaços construídos podem ser desconstruídos (e assim entendidos) ou, de outra maneira, conscientemente projetados. Em torno de 1980, quando o pós-modernismo se havia afirmado, surgiram três obras seminais sobre o método semiótico – *Meaning in the Urban Environment* (Significado no Ambiente Urbano, 1979), de Krampen, e duas obras de Preziosi, *The Semiotics of the Built Enviroment* (A Semiótica do Ambiente Construído, 1979a) e *Architecture Language and Meaning* (Arquitetura, Linguagem e Significado, 1979b). Estes foram atualizados por Gottdiener em *Postmodern Semiotics* (Semiótica Pós-Moderna, 1995). Cada um deles é um estudo seminal no método da semiose urbana, buscando significados formais de interpretações linguísticas e usando o vocabulário da análise semiótica – pragmática, sintática, semântica, signo, imagem, símbolo, langue e *parole*. O processo geral é uma tentativa de esclarecer o modo como "objetos arquitetônicos são processados cognitivamente, se não como signos de comunicação, pelo menos como instrumentos significativos para que o ambiente urbano se torne viável para seres humanos" (Krampen 1979: 1).

Não se pode superestimar a importância da semiótica para a arquitetura e para o projeto urbano, já que ela é um fator importante na distinção entre modernismo e pós-modernismo. Para ser pragmático por um momento, o modernismo como funcionalismo estrutural usava o método de eliminar significados incorporados na forma e no detalhamento arquitetônicos como meio de expressar a beleza. Por esse meio, pensava-se que a verdadeira função/beleza de um edifício pudesse ser acessada e expressa plenamente, como exemplificado na obra de grandes modernistas como Le Corbusier, Mies van der Rohe, Walter Gropius etc. (Figura 8.1). Entretanto, a ideia de que a complexidade de edifícios como hospitais, escolas e prefeituras pudesse ser reduzida a uma aparente função única era absurda. A maior parte dos edifícios tem múltiplas funções, o que torna a ideia de funcionalismo, como forma adequada de expressão, algo um tanto tênue, a não ser que o conceito fosse totalmente limitado à tecnologia. O pós-modernismo, por outro lado, inverteu esse processo ao incorporar, deliberadamente, referências de outros contextos, significados, lugares, histórias etc. Defendia que edifícios, monumentos, espaços e outros elementos urbanos tinham múltiplas funções a desempenhar em relação ao mecânico, vide a Piazza D'Italia, de Charles Moore, em Nova Orleans (Figura 8.2). De fato, quanto mais referências um edifício incorporava, mais rico parecia. O método adotado era o do texto. O ambiente construído era visto como uma multiplicidade de textos a serem construídos ou desconstruídos de acordo com a

Figura 8.1. O Pavilhão Barcelona de Mies van de Rohe. Fonte: ⊕ Creative Commons.

Figura 8.2. A Piazza D'Italia em Nova Orleans, por Charles Moore. Um exemplo supremo do uso da semiótica no urbanismo pós-moderno. Fonte: ⊕ Creative Commons.

referência aos métodos de análise linguística. Como os textos são produtos culturais, por definição, o ambiente construído podia não só revelar significados ocultos, mas também, e mais importante, ligar conscientemente arquitetura e cultura. Apesar de Peirce e Saussure serem os progenitores do método semiótico estruturalista, coube a outros avançar os métodos de desconstrução dentro do pós-modernismo.

Estética

A teoria linguística referida era a dos estruturalistas (Piaget, Chomsky e Hjelmslev), mas também de sua extensão na semiótica pós-estruturalista – Gottdiener, Barthes, Kristeva e outros. O que podemos dizer, no entanto, é que o processo estético estabelecido pelo urbanismo moderno fundia beleza com função. No pós-modernismo, podemos especular que a beleza é baseada na comunicação e quanto do texto está guardado, revelado, transformado ou oculto.

É desnecessário dizer que não há um único método de análise ou projeto, e que há uma multiplicidade de métodos à escolha. Muitos desses são difíceis de seguir e, aqui, podemos dar apenas uma amostra. Krampen, por exemplo, segue a heterologia do método saussuriano, em que as significações são reveladas na relação entre o significante e o significado. Ele demonstra o aspecto experiencial do que é significado, por exemplo, em relação a seu estudo sobre vários tipos de fachada (Figura 8.3) e ilustra, de múltiplas formas, a estrutura semiótica da conotação arquitetônica que está por trás da experiência estética de indivíduos em relação a vários aspectos das formas urbana e arquitetônica (Figura 8.4). Os valores estéticos não são determinados por ideias abstratas de beleza e raramente são mencionados. A inferência é que o valor estético se baseia na relação entre a percepção individual e a satisfação que resulta da formação de signos nos edifícios. A figura 8.5 mostra o método de camadas numa fachada que resulta de uma correlação entre a satisfação individual e o conteúdo semiótico.

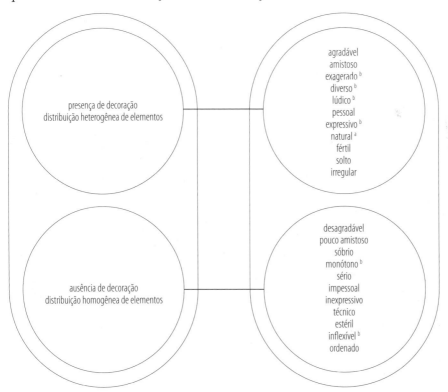

Figura 8.3. A estrutura semiótica da conotação arquitetônica. Nessa estrutura, o universo do significado está harmonizado com o universo do significante, no qual dois tipos de fachada são opostos. Fonte: M.K. Krampen, **Meaning in the Urban Environment**, London: Pion, 1973, p. 299, fig. 5.29.

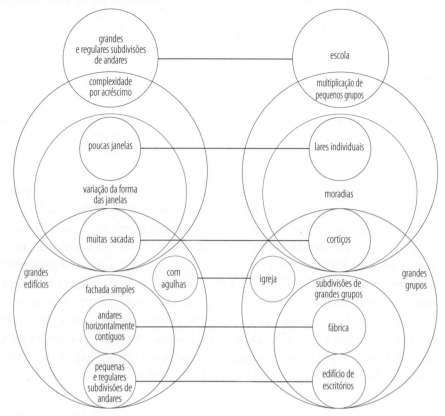

Figura 8.4. Estrutura semiótica hipotética entre o nível do significado, ou seja, atividades de grupos pequenos e grupos grandes definindo as funções dos edifícios (à direita) e o nível do significante, ou seja, características construtivas do projeto (à esquerda). Fonte: M.K. Krampen, **Meaning in the Urban Environment**, London: Pion, 1973, p. 177, fig. 4.63.

Figura 8.5. Cinco estágios sucessivos na formação de "supersigno" de fachada arquitetônica. Fonte: M.K. Krampen, **Meaning in the Urban Environment**, London: Pion, 1979, p. 249, fig. 5.18.

Estética

Marx

Apesar de parecer um exagero da imaginação aliar Marx e estética, há uma literatura significativa que explora a filosofia da produção estética de Marx, mesmo que em grande parte esteja embutida em textos mais gerais sobre teoria social, arte ou ideologia. O assunto é mais diretamente abordado por Vázquez (1973), Zis (1977) e Marcuse (1968). Outros como Raphael (1981), Johnson (1984), Eagleton (1990), Graham (1997) e eu também abordamos extensamente a teoria econômica e a economia política marxista em relação à política, à ideologia e ao planejamento urbano, em FOC3: 72-81 e FOC4: 85-89. Em contraposição a outras teorias da arte, a pista para as estéticas marxista e neomarxista está na compreensão dos mecanismos que estruturam a produção estética como parte da produção econômica como um todo. Assim, a mais evidente relação do marxismo com o método estético está na capacidade das obras de arte de resistir ou, senão, comentar essas forças que Marx identificava como sendo opressivas, ou, então, na sua capacidade de avaliar criticamente e retratar métodos de resistência contra a opressão de classe. Nesse sentido, a estética marxista é revolucionária no espírito e opera dentro de uma bússola moral que considera a arte no contexto de ideologia e história. Como objetivo principal, a arte deveria concentrar-se na melhoria da sociedade ao resistir à opressão em todas as suas formas, mencionando a injustiça social e propiciando uma crítica radical da sociedade burguesa. Em outras palavras, a arte verdadeira não deveria se constituir em mais um método burguês de armazenar capital. Entretanto, dentro do capitalismo, a produção artística está ligada ao mecanismo de mercado, e o artista (leia-se arquiteto ou urbanista), por sua vez, é afetado pelas circunstâncias históricas dentro das quais sua obra é produzida. A arte então se torna uma forma altamente especializada de mais-valia dentro do processo geral do trabalho.

Os ensaios de Adolfo Sánchez Vázquez sobre a estética marxista continuam a s er, no geral, o tratamento mais amplo já dado ao assunto. Sua análise é complexa e fragmentada, pelo fato de seu livro ser construído por 24 ensaios, mas algumas características-chave de seu argumento requerem elaboração. Vázquez observa que, apesar de Marx não ter escrito um tratado definitivo sobre estética, mesmo assim ele estava muito interessado no assunto, e deixou a outros, como Kautsky, Lafargue e Plekhanov e, posteriormente, a Althusser, Lukács, Gramsci, Benjamin, Jameson e Eagleton, a tarefa de elucidar o método marxista. Infelizmente a ideologia capitalista demonizou o nome de Marx como uma versão primitiva do "Grande Satã" (na Indonésia, por exemplo, seus três volumes de *O Capital* só ficaram livres da censura em 2008, um século e meio depois de terem sido escritos). Assim, há uma tendência um tanto universal de associar suas opiniões sobre estética com tudo o que é socialista e comunista, esquecendo que a obra de toda sua vida foi uma crítica ao capitalismo, e não ao socialismo, sobre o qual ele teve pouco a dizer. Entretanto, a associação permanece, e há uma tendência semelhante a ver a estética marxista como *método*, que teria chegado à sua plenitude na arte realista das sociedades

socialistas (ver figura 8.6). A estética marxista, assim, passou a ser associada à da União Soviética de meados da década de 1930 ou, por extensão, à arte das assim chamadas sociedades socialistas e à arte do realismo social da China, Cuba, Vietnã do Norte, Albânia etc. durante o século XX. Nada poderia estar mais distante da realidade. Essa é uma interpretação muito crua do conceito de estética de Marx e da relação entre produção estética, produção material, ideologia e valores morais.

Entretanto, as condições favoráveis criadas pela União Soviética no início dos anos 1930, quando um estudo aprofundado e criativo das ideias estéticas de Marx pode ter fornecido as bases para uma estética marxista científica, esclarecida e não normativa, foram seriamente solapadas quando o regime stalinista começou a dar origem a métodos cada vez mais dogmáticos, sectários e subjetivistas na teoria estética e na prática artística. (Vázquez 1973: 19)

Figura 8.6. Exemplo de arte realista socialista soviética: cartaz. Fonte: © Creative Commons.

Naquele contexto, a literatura, a pintura, o projeto gráfico, a escultura e a arquitetura concentraram-se exclusivamente a serviço do Estado, engrandecendo suas realizações, celebrando o trabalho e censurando, com grandes retaliações, a não conformidade com tais ideais. Todavia, e apesar dessas poderosas limitações, a arte icônica e mesmo gêneros inteiros (construtivismo, futurismo etc.) conseguiram surgir, produzindo artistas como Popov, Rodchenko, Tatlin, El Lissítzki, Leonidov, Krinsky, Miljutin, Malevitch, Tarkovsky etc. A arte dos sovietes de meados dos anos 1930 seria o ponto alto do gênero:

> Mas da mesma forma que o capitalismo, sendo hostil à arte, conheceu grandes obras de arte, o socialismo não garante, por si próprio, uma arte superior à criada sob o capitalismo; inúmeros fatores, tanto objetivos como subjetivos, influem nessa questão. Em resumo, a lei do desenvolvimento desigual da arte e da sociedade, de um ponto de vista qualitativo, sempre traz uma necessidade constante de que a arte transcenda seus limites, assim evitando que os artistas se acomodem completamente sob as realizações da sociedade como um todo. (Vázquez, 1973: 103)

Dessa forma, não há uma relação necessária entre os métodos usados na produção artística, a forma política do Estado e os processos históricos da acumulação do capital. Há vários motivos para isso e o mais fundamental é que todas as sociedades

Estética

modernas – comunistas, socialistas ou capitalistas – são hostis à produção de obras de arte, simplesmente devido à sua capacidade inerente de resistência à desigualdade política e social, seja qual for o sistema. Pode-se argumentar que houve maior reflexo do espírito da estética marxista dentro do capitalismo do que nos, assim chamados, estados socialistas durante o século XX, devido a uma maior autonomia relativa da arte e, portanto, da liberdade artística que Marx apoiava. Por outro lado, como a produção material aliena o(a) trabalhador(a) de seu objeto, o processo de produção artística, como meio de subsistência dentro do capitalismo, automaticamente solapa a capacidade objetiva da produção artística – o artista precisa sobreviver dentro do mercado e é afetado pela lógica da produção de mercadorias e produtos como um todo, e isso também se aplica, claramente, à arquitetura e ao projeto urbano. Enquanto o método de Freud concentrava-se no encarceramento da estética individual dentro do corpo psicológico, a preocupação de Marx era com os métodos pelos quais o capitalismo transforma o corpo humano num objeto no processo de produzir produtos, e como esse mesmo corpo fica alienado do processo de trabalho ao se transformar em mercadoria. Ou, como afirma Terry Eagleton:

> Marx é mais profundamente "estético" em sua crença de que o exercício dos sentidos, capacidades e poderes humanos seja um fim absoluto em si, sem necessidade de justificativa utilitária, mas o desdobramento dessa riqueza sensual por si própria pode ser atingido, paradoxalmente, somente através da prática instrumental rigorosa de derrubar as relações sociais burguesas. Só será possível viver esteticamente quando os impulsos do corpo estiverem livres do despotismo da necessidade abstrata e quando o objeto for igualmente recuperado da abstração funcional para um valor de uso sensualmente particular. (Eagleton 1990: 202)

Em outras palavras, o corpo humano está atomizado dentro do capitalismo e tanto legal quanto existencialmente reduzido a um item de posse. Como outros, o artista está preso dentro desse quadro de referência. Somente escapando desse contexto, o princípio do prazer de Freud pode ser realizado, liberando assim a capacidade de real experiência estética não maculada pelos mecanismos opressivos que são vazios de conteúdo moral.

O Método Contextualista
e a Produção Estética

As duas grandes tradições de projeto do século XX foram o contextualismo e o racionalismo (FOC: 179-186). Mesmo correndo o risco de simplificar demais, podemos dizer que o contextualismo é um apelo ao coração, à emoção, aos sentidos e à experiência, e está intimamente relacionado com a fenomenologia (principalmente de Norberg-Schulz). É desnecessário dizer que os dois movimentos estão enraizados em antecedentes históricos que remontam a milênios, tendo princípios metodológicos claros que continuam a afetar até hoje o projeto de cidades. A tradição contextualista, como idioma consciente de projeto, deriva mais recentemente do plano para Roma (1768) de Gian Battista Nolli e do clássico de Camillo Sitte *The Art of Building Cities* (A Arte de Construir Cidades, 1945 [orig. de 1889). O movimento recebeu novo ímpeto na Grã-Bretanha, quando a destruição causada pela revolução industrial, combinada com a revolta da população devido aos *blitzkrieg* (ataques relâmpagos) da Segunda Guerra Mundial criaram revolta na população em geral. Esse sentimento geral foi expressado publicamente, em primeiro lugar, em duas edições da *The Architectural Review*, adequadamente intituladas "Outrage" (Revolta) e "Counter Attack" (Contra-Ataque; Nairn 1955, 1956). A seguir, veio *The Concise Townscape* (Paisagem Urbana), provavelmente a publicação seminal que lidou diretamente com as qualidades estéticas de cidades médias e grandes na Inglaterra, com estratégias para melhorias, concentrando-se no princípio da visão serial (Cullen 1961, ver Ilustrações 8.7 e 8.8). Daí em diante, os métodos de se criar boas *townscapes*, ambientes urbanos, foram incorporados como um método estratégico tanto para a análise como para a promoção de um bom projeto de desenho urbano. Uma grande quantidade de outras publicações sobre *townscape* se seguiram: *British Townscapes* (Paisagens Urbanas Britânica; Johns 1965), *Townscapes* (Ambientes Urbanos; Burke 1976), *The Aesthetic Townscape* (O Ambiente Urbano Estético; Asihara 1983), *How to Design the Aesthetics of Townscape* (Como Desenhar a Estética do Ambiente Urbano; Goakes 1987) e *Making Townscape* (Criando Ambiente Urbano; Tugnutt e Robertson 1987). Outros clássicos da época (1955-1987), sem usar o termo *townscape* no título, também devem incluir *The Image of the City* (A Imagem da Cidade; Lynch 1960), *Man-made America: Chaos or Control?* (A América Construída: Caos ou Controle?; Tunnard 1963), *God's Own Junkyard* (O Ferro-Velho de Deus; Blake 1964), *Place and Placelessness* (Lugar e Não Lugar; Relph 1976) e *Great Planning Disasters* (Grandes Desastres de Planejamento; Hall 1982). Em termos mais gerais, outros têm ecoado o mesmo sentimento até hoje (Bacon 1965; Jellicoe e Jellicoe 1987; Gindroz 2003).

Apesar de seu impacto, poucos dos textos acima prescrevem, de fato, um método para abordar a questão do contextualismo na prática, optando por orientar por meio de exemplos e não de uma metodologia específica. Muitos outros apelam tanto ao sentimento quanto à lógica, ou seja, pense em como seria lindo o mundo se todos pudéssemos viver numa cidade pequena ou vila inglesa/estadunidense. Além disso, também se observa como muitos textos estão fixados na questão da escala no nível da aldeia ou da cidade pequena, e uma questão permanece em aberto: se os princípios inerentes à tradição da *townscape* são relevantes ou não para as atuais cidades globais neocorporativas e conectadas. Para colocar as coisas em perspectiva, antes de analisar *Townscape* (1961), dado que o livro levou vários anos para ser produzido, é preciso notar que Cullen estava separado de Camillo Sitte (1889) por uma distância comparável à distância entre ele próprio e os urbanistas atuais.

Estética

Figura 8.7. Exemplo dos princípios de visão serial. Fonte: G. Cullen, **The Concise Townscape**, London: The Architectural Press, 1961, p. 6. Em português, **Paisagem Urbana**. São Paulo: Martins Fontes, 1983.

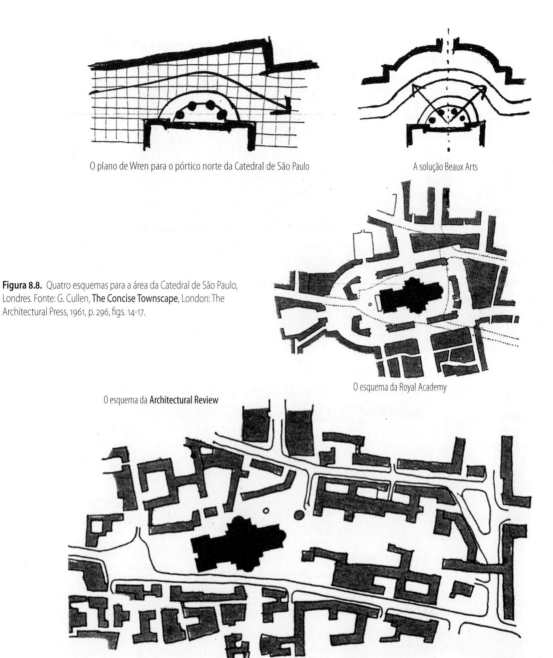

Figura 8.8. Quatro esquemas para a área da Catedral de São Paulo, Londres. Fonte: G. Cullen, **The Concise Townscape**, London: The Architectural Press, 1961, p. 296, figs. 14-17.

Assim, *Townscape* hoje possui uma aura de antiguidade, um tanto exagerada pela edição, que é apinhada, desorganizada, arcaica em sua linguagem, transbordante de subjetividade e, às vezes, incompreensível. Mesmo assim, permanece como um magistral exemplo de intuição que expõe, claramente, uma visão particular das características essenciais de belas cidades. A obra se encaixa perfeitamente em três estratégias de projeto tradicionalmente usadas por arquitetos, ou seja, os métodos da inércia, científico ou intuitivo. Smith observa que os elementos de cada

Estética

abordagem são inerentes aos outros dois, de modo que os métodos não são embalados dentro de sua própria lógica. O método da inércia é onipresente, refletindo o *status quo* presente em quase todos os lugares, em processo encorajado pela padronização para reduzir custos de construção e projeto. O método científico utiliza as leis da razão e da lógica, uma abordagem significativamente refletida no funcionalismo estrutural do período modernista. O método intuitivo "permite que o processamento inconsciente da informação dite uma solução consciente" (Smith 1974: 228). É este último método que caracteriza a tradição do ambiente urbano, e a *Townscape* de Cullen é um exemplo.

Seu livro é dividido em quatro partes. A primeira traz estudos de caso, com destaque para três elementos específicos – visão serial, lugar e conteúdo – junto com o que ele chama de "tradição funcional", que tem pouco a ver com o modernismo. No livro, seu método analítico inteiro se baseia quase que exclusivamente nessas três dimensões. Na segunda parte, ele realiza uma série de estudos gerais de elementos do ambiente urbano na Inglaterra. Na terceira, traz oito estudos de cidades como Ludlow, Shrewsbury e Shepton Mallet. E finalmente Cullen faz uso de suas considerações anteriores nas propostas para vários contextos urbanos, incluindo recintos de catedrais, áreas de recuperação urbana, novas cidades e outros projetos. Seu método de análise (e o método implícito de estética e de projeto) baseia-se quase exclusivamente na visão serial, no local e no conteúdo. O método de Cullen é assumidamente nacionalista (inglês), relativo, altamente subjetivo e pessoal. A experiência estética é reduzida quase exclusivamente ao que é visto e, em relação a isso, a ciência é rejeitada como método para gerar interesse visual.

> Primeiro precisamos nos livrar da ideia de que a excitação e o drama que buscamos podem surgir, automaticamente, de uma pesquisa científica e de soluções obtidas pelo homem técnico (ou da metade técnica de seu cérebro). Aceitamos naturalmente essas soluções, mas não estamos totalmente restritos a elas... isso significa que não podemos obter mais ajuda da atitude científica, e que precisamos nos voltar a outros valores e outros padrões... Voltamo-nos à faculdade da visão, já que é quase inteiramente através da visão que o ambiente é apreendido. (Cullen 1961: 10)

Após rejeitar a ciência como pouco flexível, Cullen concentra-se quase tão-somente na óptica e na dimensão visual, em especial no método que implica no que ele chama de *visão serial*. Com isso, ele se refere à inconstante complexidade da experiência visual presente em muitas cidades orgânicas, ou seja, aquelas que resistiram a qualquer forma de planejamento. Porém, isso não exclui outras formas de desenvolvimento planejado, tais como o plano de Haussmann para Paris, mas a maior parte dos exemplos de Cullen sugere que esse é um caso raro. A implicação geral é a de que o projeto urbano deve ser organizado de tal modo que a movimentação do cidadão pelo espaço propicie um caleidoscópio constantemente variável de interesse visual, um objetivo com o qual poucos discordariam. Outra ideia implícita é que tal complexidade enriquece a experiência humana, estimula a memória e transmite conteúdo emocional. Assim, a cada momento, podemos nos sentir enlevados, em paz, estimulados, surpreendidos, seduzidos, desafiados ou maravilhados pelo ambiente em torno de nós. Historicamente, tais efeitos são gerados por meio da organização do espaço e dos materiais que coletivamente formam o ambiente construído. Além disso, o argumento básico é que, através do entendimento dos efeitos emocionais dos edifícios e espaços, eles podem ser reproduzidos para criar ambientes complexos e interessantes, em vez dos desertos estéreis que constituem tantas cidades ao redor do mundo.

Após a visão serial, Cullen trata do *lugar* em termos de cinestesia e do posicionamento do corpo no espaço. Para essa ideia são importantes as experiências de exposição e confinamento que, em suas formas mais extremas, resultam em agorafobia e claustrofobia. Embora essas experiências possam ser geradas em todos nós através do extremo confinamento no espaço, como estar numa caverna, num túnel, num quarto minúsculo ou numa pequena passagem entre dois edifícios, ou pela exposição, como em aldeias nas montanhas da Grécia, Itália ou Espanha, onde moradias podem ser construídas no topo de abismos de centenas de metros de altura, a maior parte dos espaços urbanos não oferece tais extremos. Entretanto, "Se projetarmos nossas cidades do ponto de vista de uma pessoa em movimento (a pé ou em um veículo motorizado), é fácil ver o quanto a cidade se torna uma experiência plástica, uma jornada através de pressões e vácuos, uma sequência de revelações e confinamentos, de restrições e alívio." (Cullen 1961: 12)

Esse método de abordagem foi ampliado especificamente em relação ao automóvel em *The View From the Road* (A Vista da Estrada; Appleyard et al. 1964), *Freeways* (Autoestradas; Halprin 1966) e *Road Form and Townscape* (A Forma da Estrada e o Ambiente Urbano; McCluskey 1979) e, para o *flâneur*, Macauley (2000). A apropriação do lugar na mente do observador é fundamental na consideração de Cullen, repercutindo com frequência os escritos da fenomenologia de Norberg-Schulz, quando diz "ele está dentro do LUGAR, entrando ou saindo do LUGAR, descobrimos que assim que postulamos um AQUI automaticamente criamos um ALI, pois não pode haver um sem o outro" (Cullen 1961: 12). Talvez a ideia fosse expressa de forma mais sucinta pela famosa frase de Gertrude Stein a respeito de seu lar em Oakland, Califórnia: "Não há um ali, ali."

O que Cullen chama de "conteúdo" é o elemento final de seu método e, por "conteúdo", ele entende as referências tradicionais familiares a todos os arquitetos – cor, textura, escala, estilo, caráter, personalidade e singularidade –, a paleta de onde os arquitetos tiram sua inspiração. Visão em série, lugar e conteúdo abarcam os elementos básicos que, em conjunto, sustentam os métodos intuitivamente adotados pelos urbanistas. Apesar de Cullen se exceder e deixar pouco à imaginação do leitor, ele deixa ao urbanista uma tela em branco quando se trata de um conjunto de elementos ou processos que os urbanistas podem usar como referência. Em especial, a obra de Kevin Lynch, *Image of the City* (Imagem da Cidade), foi publicada um ano antes de *Townscape* (1960) e é bem mais útil para orientar

Estética

urbanistas depois de terem esgotado sua intuição. (Ver em Bannerjee e Southworth [1990] um relato completo sobre a obra de Lynch). Posteriormente, Lynch refinou seu trabalho teórico em *Image of the City* com relação ao planejamento efetivo do local (Lynch 1971) e a um processo urbano mais abrangente em Lynch (1981). Seus cinco elementos da boa forma urbana – caminhos, limites, bairros, pontos nodais e marcos – são conhecidos por todos os arquitetos como métodos-chave para produzir um ambiente construído com legibilidade. Para a classificação de cada um deles, já foram estudados vários métodos e diversas tipologias já foram sugeridas. Por exemplo, um método tipológico para distritos e áreas turísticas é fornecido por Hayllar et al. (2008: 41, 54), como vemos abaixo:

- bairros para recreação e turismo;
- centros turísticos de compras;
- bairros históricos;
- áreas ou bairros étnicos;
- áreas ou bairros culturais;
- áreas de entretenimento;
- distritos de prostituição ou bairros boêmios;
- calçadões na orla;
- áreas para feiras e festivais.

Uma metodologia exemplar para o desenvolvimento de recintos urbanos também é dada por Ritchie (2008), que demonstra o quanto o conceito de imagem urbana está incorporado no processo de desenvolvimento (Ritchie 2008: 168; Figura 8.9). Além disso, ele sugere uma tipologia funcional de áreas em termos de uso e características:

- pontos de encontro;
- locais de orientação;
- zonas de conforto;
- locais de descanso ou refúgio;
- espaços de lazer;
- zonas de encontro;
- zonas de intimidade;
- zonas de autenticidade;
- zonas de diversidade e contraste.

Essa abordagem tipológica do método tem origem na obra de Cullen e Lynch, meio século atrás. A contribuição seminal de ambos à metodologia contextualista recebeu ainda mais legitimação nos textos inovadores de Peter Smith, *The Dynamics of Urbanism* (A Dinâmica do Urbanismo, 1974) e *The Syntax of Cities* (A Sintaxe das Cidades, 1976), dois textos, ainda não superados, sobre a metodologia da apreciação estética em urbanismo. Smith acrescentou uma dimensão totalmente nova ao

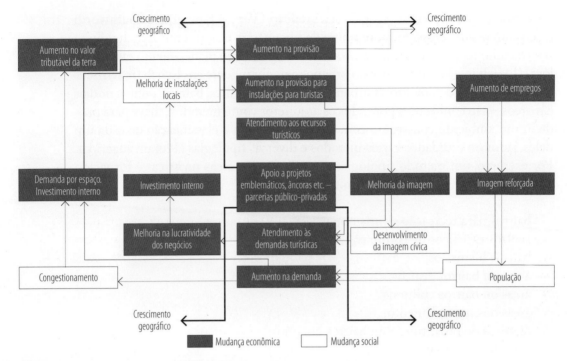

Figura 8.9. Estratégia sugerida para o desenvolvimento de distrito turístico urbano. Fonte: Redesenhado por G.A.M Suartika a partir de B. Hayllar, T. Griffin and D. Edwards (eds.), **City Spaces, Tourist Places: Urban Tourism Precincts**, Oxford: Butterworth-Heinemann, 2008, p. 168, fig. 8.2.

contextualismo pela aplicação dos princípios da psicologia ambiental à tradição do ambiente urbano. Os exemplos usados em *The Dynamics of Urbanism* são tirados quase que exclusivamente das tradições observadas por Cullen, onde ele examina o esquema urbano com base nas formas de aprendizagem, percepção subliminar, símbolos e arquétipos, para estabelecer sistemas de valoração e um esquema para métodos de projeto (Smith,1976: 225-247). Curiosamente, o que Smith faz, essencialmente, é aplicar o método científico às ideias de Cullen, um processo que o próprio Cullen havia rejeitado como sendo inválido. Entretanto, considerados em conjunto, *Townscape* de Cullen e *Image of the City* de Kevin Lynch constituem uma profunda análise e um conjunto de estratégias que orientam os urbanistas até hoje. O trabalho de Lynch é citado por Norberg-Schultz como emblemático dos processos de projeto urbano, apesar de pelo menos um crítico ver a própria contribuição de Norberg-Schultz como um "clássico fracasso", devido à sua dependência de regras estruturais. A partir de cerca de 1980, o neotradicionalismo na Grã-Bretanha e os métodos de projeto do Novo Urbanismo originários dos Estados Unidos devem muito à visão de mundo emanada da tradição da paisagem, do ambiente urbano, recentemente atualizada em Frers e Meier (2007), Watson e Bentley (2007), Hayllar et al. (2008) e Marshall (2009). Níveis ainda maiores de detalhamento foram utilizados em *Urban Design: Ornament and Decoration* (Projeto Urbano: Ornamento e Decoração; Moughtin et al. 1995), onde o embelezamento de edifícios e espaços é teorizado e descrito numa série de camadas, do horizonte até o piso da cidade.

Estética 225

Aqui o método básico é delinear as variáveis físicas da decoração – unidade, proporção, escala, harmonia, equilíbrio e simetria, ritmo e contraste, princípios que se aplicam a uma ampla gama de espaços e lugares urbanos.

O Método Racionalista
e a Produção Estética

A escola racionalista de pensamento em projeto urbano está colada ao conceito do funcionalismo estruturalista, uma filosofia que iria dominar não somente as ciências sociais, mas também as disciplinas ambientais, em grande parte do século XX. Na política, manifestou-se como Nacional Socialismo, um movimento político que não se limitou apenas à classe trabalhadora de direita na República de Weimar. Na antropologia, foi expresso no método de antropologia estrutural de Lévi-Strauss, que demonstrou a universalidade de estruturas míticas nas sociedades humanas, e na linguística estrutural de Jean Piaget. Contrastando com o apelo contextualista ao coração, o racionalismo como método apela, em primeira instância, à cabeça, à lógica, ao pensamento dedutivo, ao cálculo e à ciência. O confronto entre racionalismo e contextualismo no projeto urbano, personificado como um conflito entre Camillo Sitte (arquiteto) e Otto Wagner (engenheiro), começou no *fin-de-siècle*, por volta de 1900, e continuou pelos cem anos seguintes (FOC: 55-56, 184-186). Durante a maior parte desse período a relação entre projeto arquitetônico e projeto urbano era tão intrincada que havia pouca distinção entre eles, e isso ainda vale em alguns círculos. Mesmo o planejamento urbano (*town planning*) (como era então chamado) era essencialmente domínio dos arquitetos, e foi somente a partir de meados da década de 1960 que uma onda de cientistas sociais e geógrafos demonstrou que muitos frutos do planejamento e do projeto urbano teriam melhor gestão em outros círculos.

A cultura envolve produção estética e, assim como com a maior parte dos processos ideológicos, as disciplinas ambientais contribuem sem necessariamente entenderem o seu papel no quadro geral. Ideologias são sistemas de valores vividos que raramente se integram à nossa mente consciente. Todos obedecemos à lei, por exemplo, sem ter muita compreensão de suas práticas e regulamentações claras. O mesmo vale para a produção estética. O racionalismo, como parte desse episódio, não é diferente. Embora o racionalismo tenha produzido vários manifestos por todo o século XX (ver Capítulo 9), arquitetos não seguem necessariamente algum tipo de "código de prática racionalista", apesar de o conceito permear seu *éthos*. Assim, o que a prática do racionalismo implica como método de abordagem da estética? Quais heterologias foram empregadas, conscientemente ou não, na criação da estética no projeto arquitetônico e urbano? A interdependência do racionalismo e da investigação científica tem uma história que remonta a milênios e foi mais claramente exemplificada pelos gregos antigos. A arquitetura racionalista evoluiu durante os 2.500 anos seguintes, copiando seus detalhes e princípios originais de várias maneiras e, possivelmente, atingiram seu ápice durante a Renascença, séculos antes do modernismo. Sistemas matemáticos e de proporção estruturaram o projeto de edifícios, junto com princípios derivados da óptica, da perspectiva e de outros recursos (Figura 8.10). Os princípios científicos da observação, experimentação, dedução e formação de hipóteses ajudaram a impactar o racionalismo como método de projeto. Na arquitetura, já em meados do século XIX, Gottfried Semper havia colocado o funcionalismo como premissa fundamental da arquitetura.

> Semper tentou, claramente, fazer com que o processo de projeto fosse análogo ao da resolução das equações algébricas. As "variáveis" representavam os múltiplos aspectos da realidade que a arquitetura deveria considerar. A solução era simplesmente uma função dessas variáveis. Essa estratégia reducionista tornou-se, desde então, o arcabouço fundamental da teoria arquitetônica. (Perez-Gomez 2000: 469)

Para a metodologia racionalista, portanto, a função era o vetor que conectava diretamente o método à forma, e a projeção estética da beleza dependia de quão bem esse processo era realizado.

Apesar de uma ideologia racionalista permear o século XX, ela acelerou-se como estratégia de projeto nos anos de 1960. Até essa época, havia o que podemos chamar de racionalismo *intuitivo*, ou seja, o pensamento racional sem qualquer pesquisa que integrasse a teoria da arquitetura com base na investigação científica. Tudo o que era exigido como metodologia era uma regressão a algumas poucas homilias alegres, mais bem exemplificadas no *fin-de-siècle* pela famosa frase de Louis Sullivan "forma sempre segue a função". Um pouco mais tarde, a mais influente escola de projeto de todos os tempos, a Bauhaus, adotou os princípios de que *forma segue a função* e que *ornamento é um crime* como seus mandamentos básicos. Com base nisso, alguns dos mais horríveis projetos de desenho urbano já vistos sobre a face da terra foram propostos por arquitetos como Le Corbusier, Ludwig Hilberseimer, Mies van der Rohe e outros. Aqui, novos níveis de abstração e padronização foram canalizados em busca de uma arquitetura racional. O racionalismo intuitivo como método também produziu uma arquitetura enormemente ineficiente em termos das atuais práticas construtivas sustentáveis. O racionalismo intuitivo avançou como uma zona de desastre glacial pelo meio século que se seguiu, até que a pseudociência foi finalmente revogada como legitimadora de projeto.

Enquanto Charles Jencks fixou o início do pós-modernismo em 15 de julho de 1972, data da implosão do conjunto habitacional modernista Pruitt-Igoe em Saint Louis, é também tentador considerar, como o início de um racionalismo *lógico*, um clássico do pensamento arquitetônico chamado *Notes on a Synthesis of Form*, a obra inovadora de Christopher Alexander, que surgiu como uma revelação para

Estética

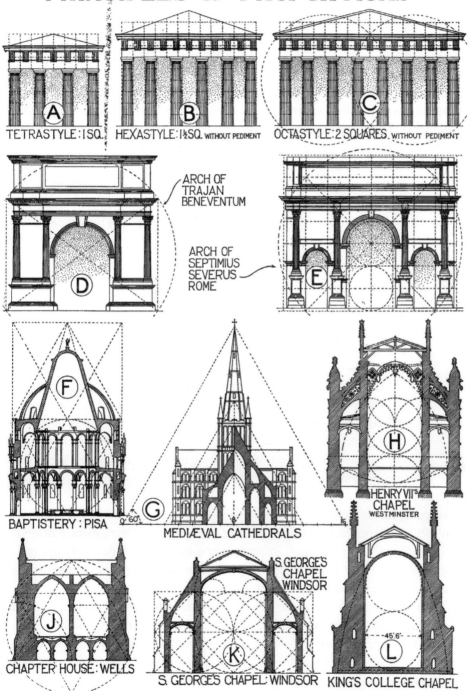

Figura 8.10. Sistemas proporcionais usados em formas históricas de projeto arquitetônico: períodos grego clássico e gótico. Fonte: Sir B. Fletcher, **A History of Architecture on the Comparative Method**, The Royal Institute of British Architects and the University of London: The Athlone Press, 1961, p. 377.

os arquitetos em 1964. De fato, a introdução de Alexander recebeu o título explícito de "The Need For Rationality" (A Necessidade da Racionalidade). Em seu livro, que se tornou lendário em círculos arquitetônicos, Alexander reduz o projeto a complexas fórmulas matemáticas. No apêndice, a estrutura social de uma aldeia indígena é expressa através de cálculos como seu método preferido de projeto (Alexander [1964: 136-191]. O uso persistente que Alexander faz da teoria da hierarquia também evidencia uma das regras fundamentais das metodologias racionalistas, qual seja, a capacidade de decompor estruturas complexas, tanto sociais como físicas, em sistemas e hierarquias de vários tipos (trama, retícula ou semirretícula etc.). Nesse processo, a abordagem intuitiva dos contextualistas dá lugar ao método da ciência e da matemática, teoria de sistema e de hierarquia, e à síntese dos elementos de projeto a partir de processos lógicos. De forma paradoxal e simultaneamente, o texto de Alexander é um tributo ao que ele chama de "processo inconsciente", uma combinação de tradições herdadas, intuição e experiência. Ele se refere a práticas consagradas de criar edifícios e espaços (isso não incluía o modernismo). Assim, ao mesmo tempo que ele apoia a intuição no projeto, o apoio é oferecido com base na lógica, não na emoção, transpondo assim a lacuna entre racionalismo intuitivo e científico.

> O uso de estruturas lógicas para representar problemas de projeto tem uma consequência importante. Traz consigo a perda da inocência. Uma imagem lógica é mais fácil de criticar do que uma imagem vaga, já que os pressupostos nos quais ela se baseia são trazidos à luz. Sua maior precisão nos dá a chance de aguçar nossa concepção sobre o que o processo do projeto envolve. Mas uma vez que o que fazemos intuitivamente pode ser descrito e comparado com formas não intuitivas de fazer o mesmo, não podemos continuar a aceitar o método intuitivo inocentemente. Quer decidamos por estar contra ou a favor da pura intuição como método, precisamos fazê-lo por razões que possam ser discutidas. (Alexander 1964: 8)

No contexto de quarenta anos de sua produção profissional, não vale a pena discutir se Alexander cai na categoria de racionalista ou contextualista. Entretanto, a citação acima deixa claro que, ao promover a intuição e formas atemporais de construção, Alexander permanece comprometido com um método racional que permite a ascendência da lógica sobre a intuição.

Outro texto icônico do mesmo período, também adotado por arquitetos e refletido em suas ideologias de projeto, foi *The Sciences of the Artificial* (As Ciências do Artificial, 1969), de Herbert Simon, onde o autor estabelece as regras de sistemas artificiais (ou seja, arquitetura) de modo claro e inequívoco. Ele afirmava que todos os sistemas obedeciam a leis universais, qualquer que fosse sua origem – social, econômica política, mecânica etc. Cada um tinha cinco propriedades irredutíveis – estrutura, ambiente, recursos, objetivos e comportamento. Daí em diante, a ideia de *métodos de projeto* tornou-se moda, e a literatura foi tomada pelo jargão

Estética 229

da ciência: entrada-saída, caixas pretas, teoria de sistemas, estruturas hierárquicas, sistemas de regras, sinética, registro de dados, estrutura do problema etc. Todos esses termos tornaram-se parte do vocabulário predominante na arquitetura e no urbanismo. Como observou Peter Smith:

> Cada vez mais o projeto urbano vem se transformando em território das ciências racionais. Já que no passado arquitetos tendiam a ser vistos como não científicos, economistas, geógrafos, agrimensores e outros estão entrando na lista para obter equilíbrio. A força vital de uma cidade está sendo analisada para que sua essência possa ser extraída, encapsulada para ser distribuída a todos os urbanistas. A esfera de planejamento está sendo monopolizada por indivíduos da ciência que, honestamente, acreditam que o bom projeto pode emergir de análises atomísticas dos muitos fatores que compõem o ambiente urbano. (Smith 1974: 227)

Contudo, a culpa por um racionalismo em aceleração não pode ser colocada no "outro". A citação acima ignora o fato de que a abordagem racional-funcional da arquitetura, do planejamento e do projeto urbano foi totalmente absorvida por grande parte da profissão arquitetônica, e que muitos arquitetos, como Christopher Alexander, Bill Hillier, Christopher Jones e outros, estavam liderando o campo em busca de abordagens lógicas e racionais para a estética do projeto. Assim como o de Alexander, o livro de Christopher Jones, *Design Methods* (Métodos de Projeto), foi o primeiro texto sólido a buscar a racionalidade no projeto (1970), seguido por uma versão revisada 22 anos depois, em 1992 (ver também Cross 1984; Oxman 1987; Albin 2003; e Laurel 2003). A medida da evolução do racionalismo nos projetos é evidente na revista *Design Methods*, que surgiu em 1976 e ainda está em circulação. Por outro lado, podemos argumentar que *plus c'est la même chose*, tendo como exemplo as duas citações abaixo, separadas por quase trinta anos.

> A cidade não tem quase nenhuma característica geométrica. Não é como um átomo, uma laranja, uma mesa ou um animal. É mais como o padrão de peças num tabuleiro de xadrez, na metade de um jogo em andamento. (Alexander e Poyner, 1967: 6)

> Uma cidade é como um jogo de xadrez, onde a localização de cada peça é produto de uma decisão racional, mas o efeito geral pode parecer caótico e é imprevisível. A planta de uma cidade – como a visão de um jogo de xadrez em andamento – é um instantâneo de um processo em contínua mutação. (Marshall 2009: 186)

Apesar da continuidade do uso da analogia como método de projeto, nenhuma afirmação chega a nenhuma conclusão real, e a citação que se segue provavelmente tem mais importância genérica para o projeto urbano, reforçando a relação entre racionalidade e identidade na organização do significado e, portanto, do conteúdo estético da forma urbana: "Assim podemos dizer que as peças individuais do jogo de xadrez não têm identidade material, não há propriedades físicas necessárias a um rei etc. A identidade é inteiramente função de diferenças dentro de um sistema." (Cullen 1976: 28)

A ideia de linguagem e sintaxe iniciada por Peter Smith (1976) foi levada a novos níveis nas obras de Hillier e Leaman (1976) e de Hillier e Hanson (1984), e reafirmada em S. Marshall (2009). A ideia de que a estética da ordem urbana emergiria da matemática ainda está profundamente enraizada na psique da maior parte dos arquitetos e urbanistas, e o conceito de Alexander "a cidade não é uma árvore" continua a ser mal-empregado na terminologia do planejamento. Apesar da discussão de quase meio século sobre métodos de projeto em arquitetura, a questão da linguagem, ou, mais exatamente, das linguagens, persiste. Uma questão raramente abordada é se a terminologia de arquitetura e de planejamento urbano são adequados para transmitir conceitos e ideias de projeto urbano, um problema que somente foi abordado por poucos urbanistas e, em particular, por um profissional a ser apresentado adiante.

Regulamentações e Controle de Projeto

Não há assunto mais espinhoso na gestão estética do ambiente construído do que o conceito de diretrizes de projeto como método aceito de controlar a forma, a função e o gosto (Scheer e Preiser 1994; Parfect e Power 1997). É uma área da gestão pública plena de confusão, onde colidem entre si poder, ideologias, cultura e iniciativa profissional. Superficialmente, tudo o que se exige é um mecanismo que garanta a *city beautiful*, uma cidade bela. Entretanto, existem tantos interesses que é questionável se diretrizes de projeto têm capacidade de controlar a estética ou estabelecer padrões de projeto democráticos e livres de interesses particulares. Para além das limitações de método, outras questões surgem, como: afinal, de quem é a cidade? O que deve ser estetizado? Qual versão de estética será sancionada? Quais seriam os objetos da consideração estética? De quem seriam os interesses ou padrões de projeto a serem adotados? Quais os métodos mais adequados para quais circunstâncias?

O controle estético das cidades não é uma ideia nova e vem evoluindo há séculos. Luís XIV adotou um código de práticas para a remodelação de Paris. Nova York teve que adotar um conjunto básico de regras para arranha-céus em 1916, e o primeiro zoneamento da cidade foi estabelecido em 1961. Na Grã-Bretanha, porém, o primeiro "Guia Para Projetos" foi publicado pelo Conselho do Condado de Essex, em 1973, e ainda é um documento seminal sobre o assunto. Um ano mais tarde, uma obra fundamental apareceu, sugerindo um novo método para tratar das diretrizes de projeto, o *Urban Design as Public Policy* (Projeto Urbano Como Política Pública; Barnett 1974). A Associação Americana de Planejamento publicou,

Estética

recentemente, um volume de setecentas páginas intitulado *Planning Urban Design Standards* (Padrões de Planejamento de Projeto Urbano), uma obra bastante completa sobre como administrar a estética (Sendich 2006). Apesar desse aparente controle, existe tal variedade de diretrizes de projeto para as cidades, em todo o mundo desenvolvido, que há pouca congruência quanto ao método, e é impossível separar dimensão estética da funcionalidade, especulação, relação custo-benefício e outros critérios. As diretrizes existem em diferentes escalas urbanas (nacional, regional, local, com base nos projetos); elas também refletem uma ampla paleta de objetivos (promover a segurança pública, desenvolver a comunidade, preservação histórica, sustentabilidade, recursos, caráter do bairro etc.). Usam uma grande diversidade de controles legais e não legais para alcançar seus objetivos (zoneamento, controle de empreendimentos, guias de projeto, comissões para revisão de projetos, concursos, comissões de belas artes etc.). E resta ainda o onipresente "interesse público" a ser considerado. Apesar dessa complexidade, John Delafons afirma que:

> Na Grã-Bretanha, o índice das 760 páginas do *Planning Law Handbook* (Manual de Leis de Planejamento) de Butterworth não contém nenhuma referência a "projeto", "controle estético" ou aparência externa. Tampouco o índice da obra de 728 páginas do professor Malcolm Grant, *Urban Planning Law* (Legislação de Planejamento Urbano). Isso é muito estranho, porque as diversas leis inglesas de planejamento urbano contêm (pelo menos desde a Lei de Planejamento de 1932) determinações explícitas permitindo que a autoridade de planejamento local controle altura, projeto e aparência externa de edifícios. (Delafons 1994: 13)

Um dos motivos para a ausência de critérios é o fato de que, no Reino Unido, as diretrizes de projeto não são codificadas nas leis. Elas não têm força legal, e as autoridade locais têm ampla liberdade para dizer como serão interpretadas e aplicadas. Delafons comenta que os poderes tradicionais de zoneamento, que são usados para implementar controles estéticos para vários fins, todos acabam por refletir uma consideração mais importante – a preservação do valor dos imóveis. Ele observa que, nos Estados Unidos, controles estéticos são exercidos através de vários métodos e sugere a seguinte tipologia:

- o modo regulatório;
- o imperativo estilístico;
- a injunção de propriedade;
- a intervenção de autoridade;
- a alternativa competitiva;
- as diretrizes de projeto.

Em resumo, o modo regulatório se refere ao zoneamento tradicional, que aparentemente atende a uma função estética, mas não incorpora objetivos de projeto.

O imperativo estilístico refere-se ao uso necessário de uma forma específica de estilo vernacular ou arquitetônico. A injunção de propriedade representa a forma de controle autoimposto pelos empreendedores para implantar seus interesses específicos. O imperativo de autoridade é usado por autoridades locais para conferir poderes de decisão a uma comissão de especialistas sobre questões artísticas. A alternativa competitiva usa o dispositivo bastante empregado dos concursos de arquitetura para selecionar as melhores opções de projeto disponíveis para uma dada obra, como, por exemplo, no caso de todos os edifícios públicos da França. As diretrizes de projeto complementam a forma de regulamentação ao acrescentar um código detalhado, que é frequentemente prescritivo (elaboração de estilo e detalhes), ao invés de uma abordagem qualitativa mais clara que encoraje o aperfeiçoamento de um atributo específico, identidade e experiência (Delafons 1994: 14-17).

Do explicitado acima, pode-se argumentar que o planejamento urbano detém um controle bem maior sobre a estética do ambiente construído do que os arquitetos, um aspecto que estes lamentam diariamente. A questão crucial aqui é: quem o sistema planejamento representa e em quais circunstâncias. Descontando a natureza do planejamento como um empreendimento estatal (como discutido em FOC3: 75-76), fica claro que o método da regulamentação estética, na forma de controle de empreendimentos, controle de projeto e diretrizes de projeto, tem uma subestrutura política baseada em interesses e influências econômicas significativas. Em muitos casos, a superestrutura dos controles estéticos mascara um racionalismo econômico profundamente enraizado, um processo mediante o qual o neocorporativismo estatal, em acordo com o setor privado nas "parcerias público-privadas", permite que os empreendedores, basicamente, façam suas próprias leis. Como observa David Harvey: "As parcerias público-privadas são beneficiadas quando o setor público assume todos os riscos e o setor corporativo recolhe todo o lucro. Os interesses corporativos chegam a escrever as leis e determinam políticas públicas de forma a se beneficiarem." (Harvey 2007: 29)

O mesmo sentimento é ecoado mais diretamente em relação ao controle estético:

> A tomada de decisão estética não é, no final, fundamentada em objetivos ou padrões mútuos de julgamento, nem em consenso, mas simplesmente devolve, àqueles em controle, as mesmas forças que controlam a maior parte do âmbito público, a elite política, capitalista e cultural. Os grupos fora das matrizes de poder – os marginais e os desfavorecidos – são comumente excluídos dos importantes processos de decisão. Além disso, as tendências em direção à homogeneidade, à eliminação violenta das diferenças através do controle, do regionalismo e do nacionalismo são todas tendências voltadas à dominação. (Pouler 1994: 185)

A fim de promover o planejamento com base nos projetos preferidos pelos empreendedores, há uma tendência para que a regulamentação estética recue para considerações funcionais e materiais, cujo objetivo primário é acelerar a acumulação

Estética

de capital fruto do desenvolvimento fundiário. Além disso, a progressão metodológica em direção a regulamentações de projetos não uniformes, refletindo o que Lang chama de projeto urbano completo (*all-of-a-piece design*), combina com essa filosofia geral (Lang 2005). O destaque dado pelo Novo Urbanismo a diretrizes de projeto é uma manifestação dessa posição, em que os códigos de projeto são reunidos, pelo arquiteto para o empreendedor, com base em cada projeto individual. Consequentemente, a maior parte das diretrizes de projeto tende a focalizar a densidade, taxa de ocupação do lote, o envoltório do edifício, fenestração, cor, uso de materiais, controle de sinalização, fornecimento e restrições de estacionamento, recuos, linhas de visão, restrições de altura, transferência de recursos etc. (Barnett 1974). Consegue-se maior flexibilidade porque, em geral, as diretrizes de projeto são consultivas e não têm força legal, criando espaço para negociação e para "promover a palavra de ordem do estado neoliberal, 'flexibilidade'..., e propagandeia as virtudes da competição enquanto, na verdade, abre o mercado para o capital centralizado e o poder do monopólio" (Harvey 2007: 25). Esse processo claramente dificulta qualquer resultado de tendência qualitativa (por exemplo, contextualista) e, em grande medida, qualquer impacto estético significativo.

É problemático que, apesar da clara necessidade de pragmatismo no processo de desenvolvimento, a falta de resistência aos desejos do capital seja manifestada no mito da comunidade. É nos interesses dessa nebulosa "comunidade" que os controles de projeto são implementados. Apesar de conceitos tradicionais de comunidades, baseados nas maquinações do capital industrial, serem hoje obsoletos, perpetuar o mito da comunidade é um recurso extremamente útil no contexto das diretrizes de projeto – isso permite que elas sejam escritas para uma forma imaginária de organização social, um avatar para os interesses do capital de empreendimentos. Em *Disciplinary Society and the Myth of Aesthetic Justice* (A Sociedade Disciplinar e o Mito da Justiça Estética, 1994), Patrick Pouler aponta para a erosão e decadência da família estendida, assim como outras noções de vizinhança e comunidade:

> O mito da comunidade difere de uma comunidade autêntica na forma como ideais esgotados são artificialmente ressuscitados para promover a unidade a partir do caos de uma sociedade desesperada por segurança e estabilidade. Aqui, a invocação do mito substitui a atividade social concreta e produtiva: a imagem tenta superar a realidade. Nesse sentido, a arquitetura é o meio perfeito através do qual são perpetuadas as estruturas dominantes de poder. (Pouler 1994: 177)

Pouler prossegue enunciando a tendência de que diretrizes de projeto se retraiam em um "novo *páthos* de preservação", pelo qual "o caráter existente, os bairros (uma ilusão morfológica) e a organização política são reforçados e o *status quo* é perpetuado" (Pouler 1994: 177). Além disso, as mesmas formas existentes de especulação, com base em lucros de curto prazo, avançam por sobre a paisagem. Assim, o projeto e os controles estéticos formalmente atendem aos mesmos objetivos, enquanto apenas um número limitado de resultados é possível. Isso pode facilmente resultar em monotonia estética dos lugares, utilizando a mesma linguagem e estrutura visual, e fetichizando a história, como em muitos projetos do Novo Urbanismo.

Portanto, pode-se argumentar que, como metodologia, diretrizes de projeto geram pouco, ou nenhum, controle democrático sobre o desenvolvimento e, em vez disso, atendem a outros propósitos baseados em conceitos fictícios de interesses e ideais comunitários. Na melhor das hipóteses, olham para o passado e, nesse processo, buscam conservar valores de propriedade, usando o mito da comunidade na habitação para preservar o interesse próprio e a autonomia de controle sobre o processo do projeto.

Conclusão

De todas as heterologias de projeto urbano, o conceito de estética predomina na mente do urbanista. A criação de uma *city beautiful* cabe ao urbanista, em oposição ao foco do empreendedor sobre o capital. Interesses econômicos sempre prevalecem. Apesar de haver um debate continuado entre os urbanistas sobre como "controlar" a estética, ainda persiste o caminho unívoco e inexorável em direção ao lucro. Além de uma retórica confusa, a posição do urbanista convencional também é enfraquecida pelo aprendizado com base na intuição e não embasado por uma teoria substancial. Raramente a Academia inclui cursos sobre estética urbana no currículo dos cursos de projeto urbano, e a maior parte do aprendizado acontece por osmose ou mimese, com uma generosa dose de Kevin Lynch, Gordon Cullen e Peter Smith como modelos. Definições originais da palavra *estética* sugerem que o processo tem tanto a ver com moralidade e ética como com conceitos arbitrários de beleza, algo a ser seriamente considerado numa sociedade separada por classes (FOC8: 173). É compreensível que haja confusão em relação a como exercer o controle sobre o julgamento estético em projetos urbanos – Gosto de quem? Moralidade de quem? Gênero de quem? Direito de quem? Por décadas, o método escolhido baseou-se na ideia de diretrizes de projeto, um processo no qual atributos físicos desejáveis deveriam refletir um julgamento esteticamente melhor baseado em conceitos fictícios de comunidade. É significativo também que diretrizes de projetos raramente são documentos com força legal, dando margem à "flexibilidade" e à "negociação", eufemismos para como acomodar melhor as exigências do setor privado. Invariavelmente, esse processo tende à homogeneização e exclusão das diferenças, maior controle social pelo setor privado e uma estética mercantilizada. Ainda que, de um modo ou de outro, o urbanista vá ficar, quase sempre, a serviço do capital, um avanço em seu posicionamento pode ocorrer através de uma transição do convencional para *heterologias* de projeto, para fontes que a maior parte dos urbanistas não reconheceria como influentes – como Freud, Jung, Saussure, Marx, Wittgenstein e outros discutidos acima.

9.
Tipologias

Se o espaço de fluxos é, verdadeiramente, a forma espacial dominante da sociedade em rede, a arquitetura e o projeto [urbano] provavelmente serão redefinidos em sua forma, função, processo e valor nos próximos anos.

MANUEL CASTELLS

Introdução:
Forma e Processo

Nos últimos dois volumes desta série, o objetivo geral de explorar tipologias era consolidar a relação entre os processos socioeconômicos e as formas urbanas. Os volumes destacavam que tais formas são produzidas e reproduzidas de acordo com o desenvolvimento social, em vez de seguir o beco sem saída oferecido em conceitos convencionais como *os elementos da paisagem urbana* que, tradicionalmente, dominam a paleta dos urbanistas e seu entendimento do espaço social (Taylor 1999). A última abordagem sugere que formas e espaços urbanos são fatores independentes na urbanização e, como tal, são produzidos por uma combinação de acidentes históricos e imaginação projetual. A partir disso, novos espaços tendem a ser adaptados para tipologias e padrões históricos, regidos apenas pela consciência projetual de empresas e indivíduos. Rob Krier chegou a sugerir que todas as formas que possamos considerar já foram inventadas (Krier 1979), uma tendência dos irmãos Krier (Krier 1985). Por essa lógica, outro "fim da história" foi alcançado, o do espaço arquitetônico e urbano. Essa ideologia não só limita a capacidade do urbanista de encontrar alguma congruência com o desenvolvimento urbano como um todo, mas também é um processo profundamente frustrante que não consegue explicar, em primeiro lugar, como tais elementos (tanto objetos como espaços) surgiram ou, de fato, como novos elementos da paisagem urbana emergem de uma confusão global de espaço urbano politizado e política "neocon" (neoconservadora). A "tradição da *townscape*", como praticada, também era etnocêntrica, introvertida, historicista e apoiada em classes, uma vez que as profissões são classe média em termos de composição e conservadoras em termos de perspectiva. Além disso, toda a estética se concentrou em reafirmar o passado, em vez de explicar o presente ou antecipar o futuro (Isaacs 2000).

Paradoxalmente, nada disso nega que tais elementos da forma existem de fato – ruas, praças, arcadas, crescentes, monumentos e fontes etc. –, componentes que são axiomáticos e formam, há séculos, os elementos básicos do repertório dos urbanistas. Também não nega que muito do trabalho prévio feito sobre o tema foi esclarecedor e útil (ver capítulo 8), como foi a verdadeira especificidade da pesquisa sobre tipologias como as ruas (Rudofsky 1969; Celik et al. 1994; Hebbert 2005), arcadas (Geist 1985), praças (Krier 1979; Webb 1990; Kostoff 1992) e padrões (Alexander 1977). Entretanto, da posição de economia política espacial, ficamos com a explicação unidimensional de como as formas urbanas surgem, se modificam e se transformam em outras dimensões. A interpretação convencional de todo esse cenário ressaltou os elementos da composição e do conteúdo arquitetônicos, em vez de lidar com o problema social mais complicado da forma e do espaço social, como, por exemplo, em relação à estética arquitetônica como forma de moeda econômica (Clarke 1989), à teoria tipológica relacionada ao consumo de autenticidade em arquitetura (Goode 1992) ou até mesmo *Enduring Innocence: Global Architecture and Its Political Masquerades* (Inocência Duradoura: Arquitetura Global e Seus Disfarces Políticos; Easterling 2005). Consequentemente, a habilidade de gerar uma apreciação holística e integral do projeto urbano foi impulsionada por considerações sobre a forma da construção, com espaços periféricos à *edificação*, ou em seu apoio. Em contrapartida, o projeto urbano, o objeto real do que é o âmbito público, está essencialmente preocupado com *espaços* e fundamentado pela teoria social (Lofland 1998). Ainda que a sobreposição entre eles seja claramente significativa, e um não possa viver sem o outro, as perspectivas correntes de projeto urbano, arquitetônico e de planejamento têm vetores que começam e terminam em pontos diferentes. A heterologia, em relação às tipologias do projeto urbano, procura responder à questão: "quais são os processos urbanos específicos dos quais surgem hoje os elementos da paisagem urbana e quais tipologias de forma são consequências desses processos?"

De modo geral, o desenvolvimento global conta com inúmeras tentativas de gerar um vocabulário adequado como método para descrever suas mutações. Adotando a data inicial de 1938, quando Lewis Mumford cunhou a expressão "megalópoles" em seu livro *The Culture of Cities* (A Cultura das Cidades), uma infinidade de descritores apareceu para encapsular a transformação da megalópole e seus componentes em combinações inteiramente novas de espaço e lugar. Mais tarde, Jean Gottmann escreveu um livro que adotava o conceito de "megalópoles" (1961), usando-o para descrever a região de Boston a Washington (Boswash), na costa leste dos Estados Unidos. Mais ou menos na mesma época, o urbanista grego Constantinos Doxiadis expandiu esses descritores no conceito da *eperópolis* (cidade-continente), usada para definir a urbanização massiva na Europa que se estendia por países inteiros, de Londres ao Ruhr, na Alemanha. Até 1967, ele tinha juntado suas cidades-continente em uma única entidade gigantesca, que ele denominou *ecumenópolis*, a cidade global, ou a cidade sem limites. Doxiadis não usou a *ecumenópolis*, como hoje o termo é usado, para referir-se a uma cidade que tem *status* mundial de acordo com um conjunto de especificações desejáveis de desempenho. Ele a usou para referir-se à forma urbana de todo o planeta. Desde então, tem havido uma avalanche de novos termos que tentam situar a urbanização no nível global, seja em seus componentes ou como fenômeno total. Portanto, temos agora megaprojetos, megacidades, megarregiões, cidades periféricas, cidades mundiais, regiões urbanas multinucleadas, cidade da informação, pós-metrópoles, cidades em mudança, cidades carcerárias e muitas outras. Como resultado, a "cidade" como unidade distinta no contexto da urbanização global é uma ideia seriamente contestada (Sudjic 1991; Swyngedouw 1996; Davis 2005; Taylor et al. 2007). Enquanto isso, o estudo original de Gottmann é revisitado, observando um enorme declínio suburbano na parte mais central e uma aglomeração mais plenamente suburbanizada, aumentando a polarização entre o centro da cidade e os núcleos suburbanos e dentro das próprias áreas dos subúrbios, e o retorno da imigração em massa, não verificado na megalópole por mais de um século (Vicino et al. 2007: 363). Lewis Mumford cunhou o termo "megalópoles" para descrever a Roma antiga e desenhou essa analogia entre o desenvolvimento de dois mil anos atrás e o que vemos acontecer quando o livro *The City in History* (A Cidade na História) foi escrito:

> Hoje, todo centro metropolitano extragrande, e toda província externa que sua vida toca, apresenta os mesmos sintomas de desorganização, acompanhados por sintomas não menos patológicos de violência e falta de moral. Os que fecham os olhos para esses fatos estão repetindo, com imitação requintada, as mesmas palavras e atos, igualmente cegos, de seus predecessores romanos. (Mumford 1961: 239)

Como veremos adiante, o prognóstico original de Mumford se materializou em grande medida, com monumentais situações de pobreza e desmoralização em cidades do terceiro mundo, em todo o globo. O que tudo isso sugere é que as tipologias só podem aproximar-se do desenvolvimento e, inevitavelmente, ficarão para trás. Embora as cidades não se transformem do dia para a noite, a pesquisa urbana é, sem dúvida, histórica – lida com eventos que já aconteceram. Além disso, as ferramentas à disposição do urbanista para controlar esses fenômenos parecem lamentavelmente inadequadas tanto legal como conceitualmente. O tradicional planejamento "territorial" de décadas anteriores não pode sequer começar a abarcar o empreendimento que caracteriza a empresa capitalista global. Vastas áreas do planeta não têm nenhum tipo de planejamento. Muitos países não têm sistemas de planejamento, e há aqueles que realmente se esforçam para manter certa aparência de ordem e controle em face da urbanização. Portanto, em vez de tentar novos descritores para formas emergentes de desenvolvimento global, um método mais produtivo para entender a forma é examinar as heterologias que dão origem a essas formas (FOC3: 72-78; FOC4: 79-89).

Globalização e Forma Urbana

Agora, a literatura sobre globalização é imensa, refletindo sua importância como o paradigma central do terceiro milênio. No entanto, as pesquisas sobre a real geografia da globalização são relativamente novas, com muitos dos trabalhos definitivos aparecendo somente nos últimos vinte anos (King 1990, 2004; Sassen 1991; Castells 1998; Marcuse e Van Kempen 2000; Scott 2000; Minca 2001). Dada a complexidade na definição de *globalização*, talvez seja mais seguro dizer que existem muitas globalizações – econômicas, espaciais, culturais e técnicas – qualificadas por importantes dimensões em evolução de gênero e sustentabilidade (Yang 1999). O quadro fica ainda mais complexo com a tendência inerente do capitalismo de desequilibrar o desenvolvimento geográfico. O que é certo é que a globalização representa um novo aprofundamento nas relações sociais capitalistas e nas formas de conscientização necessárias para sustentá-las. Como tal, as dinâmicas fundamentais do capitalismo são, ao mesmo tempo, ampliadas e enraizadas – produção de mercadorias, classes sociais, exploração da natureza e do Terceiro Mundo, o crescimento de monopólios, um exército-reserva de mão de obra (bem como exércitos- reserva de não mão de obra no Quarto Mundo, o dos despossuídos, na China, África, Índia etc.), conflitos entre classes sociais e entre vários tipos de capital –, todas anunciando novos níveis de exploração ou vantagens. Immanuel Wallerstein, o primeiro a propor a ideia de um sistema mundial, era da opinião de que a globalização representa a extensão de uma dependência forçada inerente às formas históricas de imperialismo e colonização (Wallerstein 1974, 1980, 1988; King 1990). Portanto, as velhas configurações de opressão global não desapareceram. Ao contrário, evoluíram para formas mais avançadas de ideologias, estruturas, instituições e espaços pós-coloniais e pós-imperialistas, tratadas mais recentemente em Hardt & Negri (2000) e Harvey (2003). Os mecanismos usados para implementar a ideologia do neocorporativismo (tanto do Estado como do setor privado) incluem formas organizacionais em evolução, como as corporações multinacionais, uma nova divisão internacional do trabalho e da esfera pública, e a confiança absoluta nas informações eletrônicas. Ao mesmo tempo, os conceitos tradicionais de classe social precisam ser reexaminados (Embong 2000). Entretanto, o movimento instantâneo do capital, por meio da internet, também destaca a instabilidade fundamental da economia do mundo capitalista, como a crise financeira de 2008 amplamente demonstrou, juntamente com o princípio duradouro de que a riqueza é produzida socialmente, mas é expropriada em particular. Durante a preparação deste livro, a maior corporação mundial, a General Motors, tinha acabado de declarar falência, devendo us$ 88 bilhões. Sessenta por cento da dívida foi adquirida pelo Estado, isto é, o contribuinte pagou a conta por incompetência da empresa. Nunca antes a apropriação privada esteve tão em evidência a ponto de o urbanismo pós-moderno ter sido descrito como urbanismo *privatizado*, no qual o controle sobre faixas inteiras de reprodução social – saúde, educação, recreação, habitação e, mais importante, o âmbito público – estava sendo transferido para os interesses do setor privado.

Atuando em um espaço simbólico, em grande parte fora da gestão de nações individuais, as multinacionais têm relativa liberdade para operar como desejarem. Essa situação é facilitada pela autoridade monopolista da multinacional e seu poder de persuasão sobre a burocracia estatal. Das maiores entidades econômicas do mundo, no ano 2000, havia mais empresas representadas que Estados. Não existe lembrete mais assustador da corrosão do Estado como guardião da sociedade civil, de seus direitos e obrigações. Sem dúvida, a recente depressão global acabou por modificar um pouco essa relação. No entanto, enquanto os Estados-nação ainda possuem significativa autonomia, essa independência está sendo rapidamente erodida pela ideologia do neocorporativismo, que alinha interesses públicos e privados com base nas crises fiscais do Estado e no aumento da cooperação público-privada em todos os tipos de empreendimento.

> Muitos dos conceitos caros aos pós-modernistas e pós-colonialistas encontram uma correspondência perfeita na ideologia atual do capital corporativo e do mercado mundial... Da forma como, hoje, o mercado é percebido cada vez mais globalmente, ele tende a desconstruir os limites dos Estados-nação. Em período anterior, os Estados-nação eram os principais atores na moderna organização imperialista de produção e troca globais, mas para o mercado mundial elas surgem cada vez mais como simples obstáculos. (Hardt & Negri 2000: 150)

As empresas não precisam mais esperar passivamente que o Estado gere um sistema de regras, no qual sociedade civil e empresas possam coexistir como entidades distintamente separadas, já que agora estão ativamente envolvidas na criação do ambiente em que poderão agir de forma mais efetiva. Por conseguinte, há também uma transferência da autoridade política do Estado para o setor privado, uma situação que permite que o setor privado adentre mais profundamente na privatização dos bens e espaços públicos e do governo. Ao mesmo tempo que essa influência penetra em muitos aspectos da vida cotidiana no nível local, ela também tem consequências globais para aqueles do Terceiro e do Quarto Mundos, nos quais, em muitos casos, novas formas de império são mais devastadoras que as antigas. Enquanto o Primeiro Mundo nada no excedente de produção, seus excessos são sustentados por um novo e diferente império, onde as nações imperialistas individuais não mais procuram dividir o mundo em propriedades segregadas para pilhagem de recursos e mão de obra e em mercados cativos de mercadorias. Hoje, consegue-se isso por meios inteiramente diferentes e com efeitos incontestavelmente piores. São profundos os efeitos espaciais desses processos globais sobre assentamentos e sobre a forma urbana.

Como os processos sociais não são irrelevantes, é axiomático que a economia política global seja simultaneamente econômica e espacial. O principal operador dessa abordagem é o sistema capitalista mundial, agora em formas divergentes nas antes socialistas China e União Soviética (Sklair 2002; King 2004). A globalização tem um efeito imenso, à medida que a nova economia política reorganiza o espaço para necessidades e interesses inteiramente diferentes. Nesse processo, os efeitos da comunicação eletrônica foram da maior importância, já que uma nova dimensão da experiência humana começou a existir. Manuel Castells, em seu visionário livro *The Rise of the Network Society* (A Ascensão da Sociedade em Rede), caracterizou a globalização como uma transição do "espaço dos lugares" para o que podemos chamar de "espaço dos fluxos" (Castells 1996: 378). Em função dessa nova ordem, as estruturas anteriores de associações humanas trocam relações presenciais por mensagens eletrônicas e imagens – *e-mail*, Skype, Facebook, Twitter, *blogs* etc., tudo que substitui as relações humanas por impulsos eletrônicos. Apesar de seus incontáveis efeitos espaciais, quatro deles são primordiais. Primeiro, os laços locais e regionais referentes à nação estão sendo rapidamente erodidos, à medida que a economia global estabelece uma nova ordem de controle, ainda que em um vácuo legal e político, e "um novo regionalismo" vem minando a autoridade tradicional e as responsabilidades do Estado-nação. A nova rede de comunicação ignora conceitos tradicionais de escala e hierarquia, já que a comunicação pode ocorrer "do global para o local". Segundo, forma-se uma nova hierarquia espacial, na qual as cidades globais ou mundiais concentram a prosperidade econômica e social ao monopolizar as funções de comando e controle da economia mundial (Davis 2005). Ao mesmo tempo, também ocorre uma enorme dispersão de outras funções, em particular aquelas que introduzem a comunicação eletrônica para substituir os contatos presenciais. As implicações são centros polinucleares de alta densidade, em cidades mundiais ou globais, cercadas por enormes empreendimentos baixos, uniformes e de baixa densidade. Entre um e outro, muitas cidades irão cair naquilo que Castells chama de "o buraco negro da marginalidade" (Castells 1996: 379; Gospodini 2002). Terceiro, devido a contínuas forças centrípetas, o capital social fica igualmente concentrado naquilo que Richard Florida chamou de *classe criativa*, que é atraída para os centros urbanos por sua qualidade de vida e facilidades (Florida 2003, 2005;

Tipologias

McCarthy 2006). Portanto, uma urbanização polinuclear substitui as formas tradicionais, associadas à produção material com base na indústria pesada, por outra baseada no capital informacional. Quarto, como os conceitos tradicionais de tempo-espaço mudam em função da natureza instantânea da comunicação eletrônica, uma implicação-chave para os profissionais do ambiente é a tendência do espaço de fluxos desterritorializar as relações humanas existentes e, como consequência, as formas de espaço que tradicionalmente as sustentaram.

No tópico intitulado "The Architecture of the End of History" (A Arquitetura do Fim da História), Castells afirma:

> Se o espaço de fluxos é verdadeiramente a forma espacial dominante da sociedade em rede, arquitetura e projeto provavelmente serão redefinidos em sua forma, função, processos e valor nos próximos anos.... Minha hipótese é que a chegada do espaço de fluxos está tornando indistintas as relações significativas entre arquitetura e sociedade. Pelo fato de as manifestações espaciais dos interesses dominantes acontecerem em todo o mundo e em todas as culturas, o desenraizamento da experiência, da história e da cultura específica, como pano de fundo do significado, está levando à generalização da arquitetura *acultural* e *a-histórica*... este é, paradoxalmente, o motivo pelo qual é a arquitetura que parece mais carregada de significado. (Castells 1996: 418)

Castells sugere que a transição para o espaço de fluxos, ao mesmo tempo que oferece grandes melhorias na comunicação e na geração de riquezas, também resulta em uma enorme perda de identidade (Castells 1997). Ele destaca que, mais do que nunca, a sociedade precisa desenvolver uma nova arquitetura do espaço e da forma que exponha a nova realidade "sem falsear a beleza com um repertório trans-histórico" (Castells 1996: 420). Conquanto seja uma imensa tarefa, ele oferece vários protótipos que condensam essa evolução: o aeroporto de Barcelona, de Ricardo Bofill; a nova estação de trens de alta velocidade (AVE), de Rafael Moneo, em Madri; o Centro de Convenções Lille Grand Palais, de Rem Koolhaas; e os escritórios de Steven Holl, na West 57th Street, em Nova York, para a empresa D.E. Stuart & Company (Figuras 9.1 e 9.2). Castells acredita que a expressão da nova arquitetura deve repousar na neutralidade, isto é, suas formas não devem fingir dizer nada:

> E, ao não dizer nada, elas confrontam a experiência com a solidão do espaço de fluxos. A mensagem é o silêncio... ou a nova arquitetura constrói os palácios dos novos mestres, expondo assim a deformidade escondida atrás da abstração do espaço de fluxos, ou ela se enraíza nos lugares, na cultura e nas pessoas. Nos dois casos, sob diferentes formas, arquitetura e projeto podem estar cavando trincheiras de resistência para preservar o significado na geração do conhecimento. Ou, o que dá na mesma, para reconciliar a cultura e a tecnologia. (Castells 1996: 420-423)

Figura 9.1. Rem Koolhaas: Centro de Convenções Lille Grand Palais. Fonte: ⓒ Creative Commons.

Embora a nova arquitetura de resistência possa apontar para uma autoridade neocorporativa sem rosto, outros não estão tão certos de que os espaços reais resultantes tenham a mesma potência. Usando o exemplo das cadeias de hotéis, Yakhlef traz a ideia de que o distanciamento de marcas globais dos cenários culturais resulta em espaços genéricos que ficam restritos ao lugar e não têm referências, exceto a mercadoria:

> Espaços genéricos são desterritorializados, desmembrados e retirados de seu contexto. Uma vez desvinculados das articulações de espaço e tempo, adquirem características que são associadas à lógica de fluxos (como dinheiro, aeroportos, hotéis, informações etc.), que os transforma em uma direção e não numa referência que os fixa a uma cultura organizacional ou a uma nação específicas… Marcas como espaços genéricos não se referem a nenhum lugar em especial (Casey, 1997) ou contexto. Para Lash (2002), espaços genéricos podem ser vistos como protótipos de espaços físicos naturais que não têm contexto nem identidade. (Yakhlef 2004: 239)

Coletivamente, essas questões têm profundo significado para os urbanistas que querem entender as forças que afetam sua arte. As formas e espaços físicos que

Figura 9.2. Steven Holl: escritórios na West 57th Street, Nova York. Fonte: © Paul Warchol.

resultam dessa complexidade, de um modo ou de outro, refletem diretamente as demandas da agenda neocorporativista em relação a espaço. Localização, função, dimensões e aparência não são arbitrárias. Suas características e traços mais importantes, em geral, são decididos antes de os projetistas acionarem seu mais recente *software* de projeto. No epicentro de todas essas mudanças, há o conceito de mercadoria. No passado, a produção de mercadoria centrava-se na busca para atender às necessidades humanas básicas por meio do valor de uso, colocando, assim, restrições na produção socialmente necessária. Em países desenvolvidos, entretanto, as necessidades básicas foram agora atendidas. Hoje, as necessidades foram retraduzidas dentro das ilimitadas aspirações de desejo, e o consumo tornou-se uma atividade por si mesma. Ao transcender sua função material, a transformação de algo em mercadoria também se ampliou da produção para a *consciência*. Fundem-se as noções do que somos e o que queremos. Logo, a consciência individual se funde naquela da mercadoria. No processo, três coisas acontecem. Primeiro, o potencial ideológico do capital é enormemente aumentado, já que o universo simbólico da produção da mercadoria é sua única circunscrição. Não só isso, mas o capital também controla a racionalidade e os métodos através dos quais o desejo surge, desde o projeto e o processo de fabricação até o controle sobre os meios de comunicação de massa. Segundo, e como consequência, a autonomia individual encolhe à medida que a necessidade material de buscar alimento, abrigo e uma comunidade externa é substituída internamente pelas associações psicológicas de um ilimitado mundo de desejos. Terceiro, nada disso pode acontecer (ainda) sem uma ampla gama de espaços e lugares projetados especificamente para acomodar a transferência da mercadoria. Embora a história tenha acumulado uma imensa fábrica física de vilas e cidades, a transformação de suas funções originais, propriedade e gestão, bem como a geração e o projeto de novos espaços urbanos, está transformando também a face das cidades no mundo todo. Como resultado, "a dialética dos movimentos de projeto está intimamente ligada ao desenvolvimento dos mercados capitalistas" (Jenkins 2006: 195).

O Megaprojeto e o Espetáculo

É importante distinguir entre os megaprojetos tradicionais e aqueles que surgem da produção espetacular da pós-modernidade. Para isso, é preciso perceber as forças que precederam o espetáculo, dando forma ao projeto urbano e à vida contemporânea como um todo. Em razão do crescimento do Estado (pós-) industrial, com o tempo um abismo começou a se formar entre sua renda e os custos sociais que deveria financiar. À medida que as receitas diminuíam, o poder do monopólio corporativo resistia às despesas com o bem social, já que a ideologia do sistema de mercado e o chamado "efeito de gotejamento" invariavelmente exigiam a expansão dos negócios e não o bem-estar social como panaceia. A crescente crise fiscal do Ocidente, sobretudo a partir de meados da década de 1970, foi exacerbada pela função eternamente parasitária do capital privado (O'Connor 1971).

À medida que os encargos econômicos aumentavam, a autoridade financeira do Estado continuava a diminuir, oferecendo ao capital privado a oportunidade de exercer influência crescente nas políticas públicas através de parcerias público-privadas. Sob o neoliberalismo, "essas parcerias são favorecidas nos locais onde o setor público corre todos os riscos e o setor corporativo colhe todo o lucro. Os interesses empresariais chegam a produzir leis e a determinar políticas públicas de modo a sempre beneficiá-los" (Harvey 2007: 26). O capital acumulado é usado então para financiar o desenvolvimento com base em projetos que utilizam fundos, terras, capital social e legitimação públicas, sendo que tal capital está em condições de manipular todos esses projetos com sofisticação ainda maior do que em épocas anteriores. E mais, sua autoridade *política* tem aumentado de acordo com suas vantagens econômicas, o que lhe permite manipular ainda mais as políticas, legislação e os gastos públicos de reprodução social e outras funções. Isso levou a uma ação perniciosa na prática pública de planejamento que, tradicionalmente, tem planos de desenvolvimento que se estendem até 25 anos à frente, com revisões a cada cinco anos. Além do controle sobre o âmbito público, o atraso no processo entre o início e o lucro criou séria resistência ao capital privado, que demandava um retorno mais imediato do seu investimento. Nos últimos 25 anos, o alinhamento da ideologia neocorporativista tanto no setor privado como no setor público estimulou a prática de projetos a partir de planos de curto a médio prazo, baseados mais em projetos urbanos do que em política de planejamento. Pelo menos parte disso foi uma reação às consequências negativas do planejamento físico ao longo dos anos 1960-1990, em grande parte implementada pelo Estado em função da reconstrução do pós-guerra, regenerações urbanas e o surgimento dos movimentos sociais urbanos que ofereciam forte resistência à opressão da arquitetura e do *design* modernistas pelo capital privado e também pelo Estado (Orueta e Fainstein 2008).

Essa mudança no poder e o controle dos interesses do setor privado sobre o Estado não foi apenas um processo material lascivo, embora neutro, de melhorar o lucro dos acionistas e aumentar a participação de mercado das empresas bem--sucedidas. O neocorporativismo também representa um conluio entre Estado e capital, alinhados em seus interesses comuns, uma barganha na qual o Estado, como representante do povo, quase não teve escolha, exceto aceitar. No processo, avançava cada vez mais um método aperfeiçoado de controle e transformação do ambiente construído como um todo em mercadoria – arquitetura como mercadoria, âmbito público, instituições e uma experiência da vida urbana como mercadoria. No processo, os conceitos tradicionais de classe social foram, ao mesmo tempo, descartados como forma de resistência e destacados em sua realidade, a cultura popular foi gradualmente absorvida pela ideologia do neocorporativismo e a vida social é vendida, o tempo todo, como mercadoria. Significativamente, o capital se consolida mais e mais como uma força política, ou seja, em seu comando ideológico, e a mão de obra é até mais marginalizada e alienada.

Dada a possível expansão dos megaprojetos, é evidente que a tentativa de gerar uma tipologia significativa é uma tarefa difícil, e a diversidade de métodos pode incluir da pura escala física aos investimentos econômicos, às formas de propriedade e financiamento, à combinação de atividades e a muitos outros fatores (Home 1989; Diaz e Fainstein 2009). Para começar, parece axiomático que os megaprojetos sejam, antes de mais nada, projetos de planejamento. Os elementos seguintes são basicamente projetos de desenho urbano e, numa escala menor, estão os projetos arquitetônicos. Essa forma de distinção é pouco analítica e não avança muito, pois levanta a questão de como dividimos os projetos de acordo com a intervenção profissional e se o tamanho em si tem algum significado. Outros esforços foram feitos para classificar os megaprojetos onde a forma e a localização parecem ser importantes:

- recuperação de áreas de orla;
- recuperação de zonas de antigas fábricas e armazéns;
- construção de nova infraestrutura de transporte ou ampliação das existentes;
- renovação de áreas históricas, em geral para atender demandas especiais dos consumidores das classes média e alta. (Orueta e Fainstein 2008: 761)

Em outros lugares, os projetos genéricos de desenho urbano são classificados em relação à função do urbanista ou sua equipe, à natureza do processo do projeto ou à função geral do projeto:

- *total Urban Design.* Projeto de desenho urbano total, no qual o urbanista é parte da equipe e propõe todo o planejamento, da concepção até sua conclusão;
- *all-of-a-piece.* Projeto de desenho urbano *all-of-a-piece*, no qual a equipe de urbanismo propõe um plano diretor e estabelece os parâmetros dentro dos quais uma série de incorporadores trabalham em elementos que constituem o projeto geral;
- *piece-by-piece.* Projeto de desenho urbano setor-a-setor, no qual procedimentos e políticas gerais são aplicados em determinado setor da cidade a fim de direcionar o desenvolvimento em direções específicas;
- *plug-in.* Projeto urbano pontual ou de encaixe, no qual o objetivo geral do projeto é criar a infraestrutura para que os empreendimentos subsequentes possam nela "se encaixar" ou, alternativamente, um novo elemento de infraestrutura é acomodado no tecido urbano já existente para aprimorar o nível de serviços oferecidos a uma localidade, como catalisador do desenvolvimento. (Lang 2005: 28)

Naturalmente, esse processo de classificação poderia se estender sobre muitos outros tipos de escala física, característica tipológica e variantes e, portanto, é importante distinguir aqui o sentido no qual o conceito do espetáculo se relaciona com o megaprojeto, e onde os grandes planos representam tanto o fascínio como a loucura da prática do projeto urbano (Kolson 2001; Moor e Rowland 2006). Os megaprojetos, dos quais o espetáculo é parte, ressurgiram em anos recentes e em uma variedade de economias, em especial na Europa e nos Estados Unidos (Swyngedouw et al. 2002; Flyvbjerg et al. 2003; Flyvbjerg 2005), mas também nas chamadas economias do Círculo do Pacífico (Yeung e Li 1999; Olds 2001; R. Marshall 2003; Douglas et al. 2008) e na Austrália (Stevens e Dovey 2004). Por exemplo, eles vão desde projetos arquitetônicos distintos, como o novo edifício do Parlamento (Reichstag), em Berlim (Figura 9.3), passando por todas as escalas geográficas intermediárias, pelo projeto da orla de Toronto, de 46 quilômetros (Lehrer e Laidley 2009), ou pelo *Thames Gateway* (Estuário do Tâmisa), projeto que se estende por cerca de 70 quilômetros a leste de Canary Wharf, área central de Londres, até Essex e Kent. Aliados a esses imensos projetos, há outros menores, mas também enormes. Por exemplo, em uma área de imigrantes perto de Canary Wharf, foi construída a vila olímpica para os Jogos Olímpicos de Londres de 2012, junto com um centro de compras regional de 175 mil metros quadrados, 120 mil metros quadrados de hotéis e espaços para conferências, 13 hectares de espaço aberto e mais de 485 mil metros quadrados de espaço para escritórios, com potencial para milhares de empregos permanentes (Fainstein 2009: 776). Fainstein continua apontando que apenas três tipos de construção geram grandes lucros, a saber, residências e hotéis de luxo, torres de escritórios de grandes dimensões e shopping centers. Ela comenta a similaridade existente entre cidades europeias e americanas a esse respeito, onde buscam-se terrenos fora das áreas centrais, têm combinação comum de produtos, mas sem a vitalidade e o interesse da parte central da cidade.

Embora a escala seja um fator distintivo dos megaprojetos, eles não são necessariamente "espetaculares" no sentido de Debord, apesar de muitas formas adotadas pela arquitetura do espetáculo serem megaprojetos. A escala em si não é o elemento definidor da produção espetacular no desenvolvimento urbano. Em sentido bem concreto, a escala é imaterial, já que o espetáculo é uma forma de empreendimento social, parte da vida pós-moderna, percorrendo todas as funções e escalas. Entretanto, a intersecção do megaprojeto com o espetáculo é agora uma característica de marca das cidades: é só ver a London Eye (Figura 9.4), o projeto de empreendimento do escritório de arquitetura ZAS para a orla de Dubai, de CDN$ 1,2 bilhões de dólares canadenses (Figura 9.5) ou o Centro Comercial de West Edmonton, que ocupa o equivalente a 48 quarteirões (Figura 9.6). Além disso, a inclusão de megaeventos é também uma característica crucial da promoção da marca da cidade.

Quase sempre, mas não necessariamente, essas duas funções coincidem, como no caso dos jogos olímpicos, realizados a cada quatro anos, em que enormes projetos são construídos para abrigar espetaculares realizações e proezas físicas. O princípio básico se estende, por exemplo, à Feira Mundial de 2010, em Xangai, às partidas da Copa do Mundo de Futebol, às corridas de Fórmula Um, aos grandes torneios de tênis, às convenções internacionais e eventos similares. Em muitos desses projetos, o espetáculo tem a dupla função de promover consumo de luxo em massa e garantir a identidade nacional e urbana. Sediar esses megaeventos é, até agora, uma característica desejável do urbanismo pós-moderno e é percebido como parte

Figura 9.3. O Reichstag renovado, em Berlim. Fonte: © Creative Commons.

Figura 9.4. London Eye, Londres. Fonte: ⊕ Creative Commons.

Figura 9.5. Projeto da orla de Dubai, no valor de CDN$ 1,2 bilhões. Projeto: ZAS Architects Inc. Fonte: Dubai Promenade – Marina + Beach Towers. Dubai Marina, Dubai, UAE. Architect: ZAS. Architects International. Representação: ZAS Architects Inc.

Figura 9.6. Centro Comercial West Edmonton, Winnipeg, Canadá. Fonte: ⊜ Creative Commons.

essencial de uma economia urbana bem-sucedida, embora, por vezes, com resultados desastrosos. Mais importante ainda, esses eventos apenas realçam um processo que também permeia a vida cotidiana em centros de compra, edifícios e espaços icônicos. Ao oferecer recursos em espécie a conselhos locais falidos para o aluguel "temporário" de espaço público, o valor de uso para o público transforma-se em valor de troca da produção de mercadorias. Mesmo na ausência de propriedade, segue firme a colonização do âmbito público. Porém, nenhuma das tipologias acima considera mudança social como a principal diferença em qualquer sistema de classificação. Escala, forma e função são vistas como fatores independentes na urbanização, mais importantes que as funções que contêm e as ideologias que seguem. Em outras palavras, além da extensão dos processos históricos de acumulação de capital em relação à terra e suas melhorias, como indicado nos megaprojetos, o que mais está acontecendo?

O conceito de espetáculo de Debord permite identificar um tipo específico de megaprojeto que não visa apenas aos aumentos quantitativos na escala de acumulação, ou classifica suas formas e funções organizacionais, ou o vincula ao desenvolvimento global, mas associa os megaprojetos a mudanças qualitativas na ideologia de controle social. Portanto, diretamente à nossa busca da heterologia, interessam aqueles projetos que acomodam a natureza do consumo espetacular no mercado pós-moderno, o equivalente renascido do primeiro supermercado do mundo, o Coliseu romano. Ainda que a ideia de espetáculo tenha uma longa história, sua encarnação recente mais significativa é expressa num pequeno livro chamado *The Society of Spectacle* (A Sociedade do Espetáculo; Debord 1983 [orig.

1967]), publicado primeiro em Paris, em 1967, e traduzido para o inglês em 1970. Ainda que a obra fosse, sem dúvida, sensacionalista em seu ataque ao capitalismo de *mercadoria*, a importância da tese de Debord era que o livro proclamava um importante atributo da pós-modernidade, antes do processo ter sido realmente batizado como a ideologia dominante no último quartel do século XX. Debord usou o termo para caracterizar a crescente pressão do capital privado sobre a totalidade da vida social. O "espetáculo", então, era simultaneamente um processo político e econômico, uma ideologia, uma estética, um meio de vida, um processo geral de urbanização e território, bem como um evento simbólico da pós-modernidade com as relações sociais sendo vistas como mercadorias.

> A sociedade que se apoia na indústria moderna não é acidental ou superficialmente espetacular, ela é basicamente "espetaculista". No espetáculo – que é a imagem da economia vigente – o objetivo é nada, o empreendimento é tudo. O espetáculo não objetiva nada mais que a si mesmo... Como decoração indiscutível dos objetos produzidos hoje, como o exposto geral da racionalidade do sistema, como o avançado setor econômico que formata diretamente uma infinidade crescente de imagens-objetos, o espetáculo é a principal produção da sociedade de hoje. (Debord 1983 [orig. 1967]: teses 14, 15)

Apesar da base filosófica de Debord, a economia política do espetáculo e sua expressão em megaprojetos teve origens bem claras, que só ganharam velocidade dez anos depois que o livro foi escrito. Ainda que, claramente, a sociedade do espetáculo de Debord não tenha progredido na velocidade que ele previu, é inegável que o processo é global e que "O mundo, a um só tempo presente e ausente, que o espetáculo torna visível, é o mundo da mercadoria dominando tudo o que é vivido. O mundo da mercadoria, do produto, é então mostrado pelo que é, porque seu movimento é idêntico ao estranhamento dos homens entre si, e em relação a seus produtos globais" (Debord 1983: tese 37).

Apesar de Debord ter tornado absolutamente clara a questão da ideologia em seu livro de 221 teses, ele não tratou das formas do espaço, deixando para outros a função de dar formato às suas ideias. Há aproximadamente vinte anos, surgia um artigo inovador intitulado "Landscape as Spectacle: World's Fairs and the Culture of Heroic Consumption" (Paisagem Como Espetáculo: Feiras Mundiais e a Cultura do Consumo Heroico; Ley e Olds 1988), que usou a Feira Mundial de Vancouver, em 1986, para assinalar o inegável advento do espetáculo como nova forma no desenvolvimento do espaço urbano. Nesse processo, a promoção da imagem da marca da cidade coincide com a imagem da marca de produtos.

A cidade de Sydney, por exemplo, recentemente concedeu o direito de transformar o seu parque olímpico em uma pista de corridas para o primeiro grande evento de automóveis do ano, destacando assim a marca urbana "Sydney" e, ao mesmo tempo, promovendo a indústria automobilística, companhias petroleiras, financeiras e outras instituições. Ignorou-se completamente a insatisfação pública com essa ideia, em prol dos interesses em promover a marca "Sydney". Logo, a marca tornou-se sinônimo da apropriação política do espaço urbano como regra geral. Propriedade da imagem, da marca e do projeto de desenho urbano ficam colados no interesse da produção da mercadoria e na consciência que dá apoio a essa aliança (Kumic 2008). Torna-se, então, redundante o conceito de Marshall McLuhan destacando que o *meio é a mensagem*, como se o meio e a mensagem se fundissem (Baudrillard 1981, 1997).

Vários métodos aninham-se, então, nessa ideia. Intimamente relacionada é a ideia de criar temas para promover o consumo, desafiando conceitos tradicionais de realidade e autenticidade (Mitrasinovic 2006; Van Melik et al. 2007). Construir sobre a marca espetacular existente (até o "velho estilo" Las Vegas foi recentemente revisitado) até uma versão falsa de um falso original tendo a família como foco e o projeto urbano de ambientes temáticos agora ocupam uma crescente proporção do âmbito público e da circulação de mercadorias (Sorkin 1992; Chaplin 2003 [orig. 2000]; Rothman 2002) (Figura 9.7). Todo esse processo ocorre em duas dimensões principais: primeiro, a temática do espaço e, segundo, a temática de seus componentes individuais. A tematização do espaço através de projetos de desenho urbano não é novidade, e pode-se argumentar que o conceito é parte integrante da disciplina. Qualquer projeto em larga escala é "temático", nesse sentido os planos de L'Enfant para Washington ou de Walter Burley Griffin para Camberra estabeleceram *temas* ligados à natureza. A diferença é que nenhum deles foi pensado

Figura 9.7. Uma Las Vegas voltada para a família, com réplicas da Torre Eiffel e do Panteão romano. Fonte: ⊜ Creative Commons.

como estratégia integral para promover consumo de luxo e fetichismo de mercadorias, como é o caso, por exemplo, da extensão da franquia Disney na Flórida e em Paris. Segundo, cria-se uma marca estrategicamente, por meio do processo da arquitetura icônica e de franquias. Portanto, o fato de o espetáculo ter existido historicamente sob inúmeras formas não é indicação de que hoje o processo é da mesma ordem, e ele se diferencia por várias características significativas que permeiam a oferta do espaço de espetáculo. Vejamos:

- primeiro, o sacrifício de todas as qualidades anteriores tradicionalmente associadas com o âmbito público para promoção e venda do produto/mercadoria, seja como experiência, imagem ou produto (só recentemente é que a Starbucks foi expulsa da Cidade Proibida em Beijing);
- segundo, conceitos de marca e temas são implícitos, da renovação de Las Vegas, por exemplo, à atmosfera de lojas individuais e seus produtos em bases globais;
- terceiro, a realidade é desafiada no sentido de que a vida social *autêntica* desaparece, e os simulacros oferecidos pela produção de mercadorias dominam. A autenticidade perde suas qualidades mais absolutas para uma total relatividade;
- quarto, a história é suspensa e o tempo é medido pela troca de imagens do produto;
- quinto, na maioria dos casos, o comportamento nos espaços espetaculares fica sob total vigilância e controle do setor privado;
- sexto, a arquitetura icônica, a criação da marca e os espaços ambíguos desempenham papéis predominantes no desenvolvimento de espaços de espetáculo;
- sétimo, fantasia, utopia e sonho ficam entrelaçados, à medida que as imagens substituem as duras realidades da vida social e os indivíduos tornam-se seu próprio *avatar* em um país das maravilhas de promessas irrealizáveis.

Sarah Chaplin se refere a tais espaços como heterotopias, um conceito emprestado de Michel Foucault e discutido em seu clássico *The Order of Things* (As Palavras e as Coisas), 1966, Chaplin 2003 [orig. 2000], DOC: 26). Foucault indica o cruzeiro de navio, uma experiência de flutuação do desejo e da indulgência, como o último exemplo de um espaço heterotópico, mas Chaplin sugere que:

> Las Vegas pareceria um exemplo ainda mais perfeito de heterotopia, combinando os atributos do teatro, cinema, jardim, museu, colônia de férias, motel de lua de mel, bordel e colônia, bem como os do navio. Em Las Vegas, a heterocronia existe na forma de uma infinidade de locais temáticos que tomam emprestado de outros lugares e outros tempos e estão agora justapostos ao longo da Strip, a rua mais conhecida da cidade, sem qualquer ordem lógica, histórica ou geográfica. Ambiciosos *resorts* recentes começaram a reproduzir Las Vegas como um espetáculo ou uma série de espetáculos coletivos, nos quais a Strip funciona como um fluxo de espaços entre os quais os pedestres

se movimentam de uma fantasia para outra, a intervalos precisos: do centro de compras Fórum de César, onde o sol se põe a cada hora e as estátuas têm vida, a um vulcão em erupção no Mirage, depois para uma batalha de piratas em escala 1:1 na Treasure Island (Ilha do Tesouro), antes de experimentar as extravagâncias computadorizadas da Fremont Street. (Chaplin 2003 [orig. 2000]: 344-348)

Um ponto a se discutir (Rothman 2002) é se Las Vegas é ou não uma cidade "real" ou simplesmente um parque temático que contém a vida de seus ocupantes permanentes, mas em nenhum outro lugar o mundo do espetáculo é mais ostensivo que no plano estratégico de Dubai, de 2015. No processo, muitos dos recursos carboníferos do mundo, na forma de petróleo, estão sendo transformados em um tema extravagante de dimensões pan-nacionais para criar uma economia "genuína" que continuará a gerar renda depois que o petróleo for destituído de seu posto de principal fonte mundial de energia. Na área de Bawadi, está em criação o maior centro de compras e bulevar de hotéis do mundo, com instalações para turistas, entretenimentos e 51 hotéis, um dos quais com 6.500 apartamentos.

Porém, até mesmo esse empreendimento desaparece diante da assombrosa escala de Dubailândia, o maior parque temático mundial, em construção e que vai superar os 2.500 acres da Ferrari Land, em Abu Dhabi, a apenas uma hora de carro. O projeto é parte de uma operação da ordem de quarenta bilhões de dólares para consolidar a imagem turística da cidade. A Dubailândia engloba 45 megaprojetos, incluindo parques temáticos, hotéis, todos os serviços de apoio e, evidentemente, o aeroporto internacional a apenas dez minutos de distância. A maior empresa de parques temáticos do mundo, a Six Flags Inc., com sede nos Estados Unidos, foi contratada para "desenvolver parques temáticos movidos a emoção por todo o mundo árabe e... um parque temático de bilhões de dirrãs[11] e quase 500 mil metros quadrados", dentro da "maior destinação turística, de lazer e entretenimento" (<dubailivethedream.com>). Como Mike Davis destaca:

> Dubailândia, o maior deles, representa um novo patamar vertiginoso nos ambientes de diversão e fantasia. Literalmente um "parque temático dos parques temáticos". Será duas vezes maior que o Disney World e empregará trezentos mil trabalhadores que, por sua vez, irão entreter quinze milhões de visitantes por ano (cada um gastando um mínimo de cem dólares por dia, sem incluir a hospedagem). Como uma enciclopédia surrealista, seus 45 principais "projetos de classe mundial" incluem réplicas dos Jardins Suspensos da Babilônia, do Taj Mahal e das Pirâmides, além de uma montanha de neve com ursos polares e pistas para esquis, uma Vila Núbia, o "Eco Turismo World", um imenso *spa* andaluz e complexo para bem-estar, campos de golfe, autódromos, pistas de corrida, "Mundo dos Gigantes", Fantasia, o maior zoológico

---

11   O dirrã é a unidade básica monetária dos Emirados Árabes e do Marrocos. (N. da T.)

do Oriente Médio, vários hotéis cinco-estrelas, uma moderna galeria de arte e o Centro de Compras da Arábia. (Davis 2006b: 50)

Entretanto, o espetáculo como parque temático, com os principais exemplos do gênero em Las Vegas e Dubai, está intimamente relacionado com a produção da arquitetura icônica e espetacular, do Domo do Milênio, em Londres, ao edifício mais alto do mundo, em um permanente estado de substituição, onde quer que seja. Arquitetura à parte, o aspecto mais importante de tais situações é que elas não sugerem simplesmente novas formas de organização na cidade e no espaço urbano; também apontam para a evolução da humanidade e para o desenvolvimento da consciência humana de modos nunca antes vistos: "Um *indivíduo-hiperkitsch* estaria imerso em uma ideologia de escapismo, subjugado pelos efeitos alucinatórios da mistificação da realidade, quase incapaz de enfrentar os desafios e responsabilidades envolvidas em uma experiência urbana real, ou pior ainda, indiferente para encontrar uma experiência urbana *real* em meio a um mundo hiper-real" (Irazabal 2007: 219).

Portanto, a fim de aprofundar nosso entendimento, o conceito de edifícios e espaços icônicos, como parte inerente do projeto neocorporativista de espetáculos, precisa ser discutido.

Espaços Icônicos e Neocorporativismo

Hoje, a globalização é, em si mesma, um elemento gerador de cultura com base na universalização de produtos, de capital informacional e dos meios de comunicação de massa. Uma característica singular desse processo é a importância da arquitetura icônica e do projeto urbano para a criação de marcas para as cidades e, em muitos casos, como potencial estímulo para o desenvolvimento econômico. O processo genérico de "criar uma marca", inerente à agenda neocorporativista de mercantilização de tudo como base para a criação de riqueza, agora começa no nível nacional e chega à construção de edifícios e espaços individuais e seus respectivos eventos. A psicologia é bem demonstrada na seguinte citação:

> Um grupo de destacados executivos vem insistindo na criação de um painel para orientar executivos e governo sobre como a Australia Inc. pode fazer seu próprio marketing internacional de forma mais agressiva, em meio à constatação, cada vez maior, de que o país se arrisca a perder sua posição duramente conquistada como *marca global* no cenário mundial. (*Sydney Morning Herald*, 25 June 2009: 25; grifo do autor)

O poder do produto expresso na imagem da cidade e sua promoção através da ideologia neocorporativista resulta em ambientes projetados que refletem a produção. Isso começa com aquilo a que Kumic se refere como marca principal [*master brand*], criando a marca da cidade na qual coexistem a arquitetura de grife e o projeto urbano. Refletindo o fetichismo do produto, a marca representa um universo de desejos comprimidos dentro do espaço físico. Logo, a linguagem da marca e de sua imagem ocupa, progressivamente, todos os lugares públicos, da Times Square, em Nova York, ao luxuoso bairro de Ginza, em Tóquio, aos centros de compra, aos edifícios e espaços públicos, aumentando seu raio de ação a cada ano (Chmielewska 2005). O conceito de marca e seu logotipo (pense na Ópera de Sydney) foi dilatado de sapatos a perfume e daí a cidades. A marca da cidade é procurada e promovida por todas as administrações públicas:

> A criação de marcas de produtos comerciais de entretenimento e compras de lazer apresenta uma síntese das economias simbólicas e físicas dos espaços urbanos de consumo que a cultura pública agora imita. A intensa divulgação de cidades através de marcas e festivais culturais criou um tipo de arquitetura *karaokê*, na qual não importa se você canta bem, desde que cante com verve e gosto. (Evans 2003: 417)

O conceito de "investir fortemente na marca" é um evento altamente politizado cujo objetivo tácito é alinhar os interesses privados do capital com a psicologia de massas da marca. É um processo insidioso que avança de forma inexorável, um processo no qual os indivíduos, de maneira subconsciente, começam a incorporar o conceito de marca com aspirações pessoais e de pertencimento e, assim, involuntariamente participam de um processo que, aos poucos, vai retirar sua autonomia como seres humanos livre-pensantes. Portanto, junto com a necessidade de fornecer um ambiente público espetacular comparece a ameaça de propriedade e/ou ocupação pelos interesses neocorporativistas e o que isso representa para a sociedade civil (Cuthbert 1995; Cuff 2003). Nesse caminho, processos culturais e históricos, estruturas e eventos estão todos incluídos nos interesses da geração de riqueza, e o desenvolvimento das cidades acaba ficando dependente de sua capacidade de se transformar em mercadorias, através da criação da imagem e da marca da cidade, ação associada ao projeto urbano e ao âmbito público (Zukin 1995). Não só isso, mas o sucesso da marca da cidade na produção de espetáculos, eventos artísticos, cultura dos cafés e todo o conforto na forma de um bom desenho urbano torna-se um atrativo para o dólar turístico e o capital cultural da classe criativa. Os objetivos do setor privado para uma arquitetura *karaokê* do lugar e do espaço entram, então, em choque com a função política da esfera pública de reforçar a vida social e a evolução de sua cultura, patrimônio e tradições.

Assim, uma estratégia central no manifesto do neocorporativismo urbanístico pós-moderno é que o sucesso de cidades e países depende do grau de promoção da marca, da imagem e do gosto, e o âmbito público torna-se um espaço seriamente contestado. O corolário é que provavelmente as cidades que não forem bem-sucedidas acabarão com uma paisagem de instituições, infraestrutura e edifícios decadentes e degradados, à medida que o capital as deserdar em busca de ambientes mais lucrativos. Como resultado desse processo em que o neocorporativismo controla o desenvolvimento através de parcerias público-privadas com ênfase em megaprojetos e oferecendo rápido retorno do investimento, o projeto urbano assume posição destacada como a disciplina mais adequada para apresentar projetos de planejamento físico em grande-escala e com retornos mais rápidos.

Ainda que a ideia de criar uma marca para um país inteiro possa parecer nova (como a Australia Inc.), a arquitetura icônica e os espaços urbanos simbolizaram tanto culturas quanto nações por milênios, embora não exista congruência necessária entre eles (Betsky 1997). Espaços icônicos podem existir sem edifícios icônicos e vice-versa. O Parthenon, na Acrópole de Atenas, o Coliseu de Roma, a Cidade Proibida de Beijing, Borobudur, em Jogjakarta, o Palácio de Buckingham, em Londres, a Ópera de Sydney, o Monte do Templo, em Jerusalém, o edifício Empire State, em Nova York, o banco de Hong Kong e Xangai ou o Santuário Ise, no Japão, todos têm grande importância, mesmo sem estarem inseridos em espaços urbanos icônicos. Da mesma forma, a Trafalgar Square, em Londres, a Piazza del Campo, em Siena, a Times Square, em Nova York, a Pershing Square, em Los Angeles ou a Praça Tiananmen, em Pequim, são internacionalmente importantes, mesmo sem uma arquitetura icônica. Quando coincidem, entretanto, a sinergia é extraordinária, como na Praça São Marcos, em Veneza, com o Palácio dos Doges, a Praça de São Pedro, em Roma, com a própria Basílica e a colunata de Bernini, ou o Museu do Louvre ou o Centro Pompidou, em Paris, onde edificação e espaço formam um único e consolidado evento (Heinich 1988). Hoje, as coisas são diferentes. Em outras épocas, a arquitetura icônica e os espaços urbanos eram construídos pela Igreja e pelo Estado e, em sentido real, pertenciam ao povo e à prática da cultura na vida cotidiana. Na economia de hoje, entretanto, há uma nova dimensão em relação à criação consciente do espaço urbano e da arquitetura icônica como capital simbólico a serviço do neocorporativismo (McNeill 2005, 2008; Jencks 2005; Jencks e Sudjic 2005).

O economista Leslie Sklair discute o papel da arquitetura icônica e do neocorporativismo transnacional como segue:

> A arquitetura icônica é definida como o edifício e os espaços que são: (1) famosos pelos profissionais arquitetos e/ou pelo público em geral e (2) com especial significado simbólico/estético a eles vinculado. Os arquitetos também podem ser icônicos nesse sentido. Sklair (2006) também introduziu as distinções entre ícones profissionais e públicos; ícones locais, nacionais e globais; e históricos, quando contrastados com ícones contemporâneos. O argumento reside em uma tese diacrônica sugerindo que, na era pré-global (mais ou menos no período antes da década de 1950), a arquitetura mais icônica era promovida pelos interesses do Estado e da religião, enquanto na era da globalização capitalista a principal força motriz dessa arquitetura é a classe capitalista transnacional. (Sklair 2005: 485)

Antes do surgimento do pós-modernismo, a fase corporativa do desenvolvimento capitalista moderno teve seus próprios ícones – o Museu Guggenheim, em Nova York (Frank Lloyd Wright), a Ópera de Sydney (Jorn Utzon), o World Trade Center, em Nova York (Minoru Yamasaki e Emery Roth), e o Centro Pompidou em Paris (Piano e Rogers), este construído em 1977 e, provavelmente, o último de sua era. A pós-modernidade anunciava a era da comunicação eletrônica e a era da globalização. A arquitetura icônica no sentido aqui discutido pertence a esse período, que vai de meados dos anos 1970 até hoje; é ubíqua e tem inúmeros exemplos em importantes cidades do mundo (Sklair 2002, 2006; McNeill 2007). Dentre esses, são importantes o Ninho de Pássaro, no Parque Olímpico de Beijing (Herzog e De Meuron), o edifício central da tv Chinesa (Chinese Central Television Building, também em Pequim (Rem Koolhaas), o World Trade Center, do Bahrain (Shaun Killa), o edifício Swiss Re, em Londres, o edifício do Parlamento, em Berlim (Norman Foster), o Disney Concert Hall, em Los Angeles, o Museu Guggenheim, em Bilbao (Frank Gehry), e o Centro Getty (Richard Meier), também em Los Angeles. O que importa aqui não é a forma desses edifícios, mas seu papel geral dentro do neocorporativismo global, à medida que a produção da forma arquitetônica e da forma da cidade agora é gerada a partir de circunstâncias inteiramente diferentes daquelas da modernidade. Uma das mais importantes características é o surgimento de edifícios e espaços com base em uma nova formação de classe como parte de um regime emergente. Sklair delineia quatro frações dessa nova classe, como se vê a seguir:

1. parte corporativa: aqueles que possuem e/ou controlam as principais multinacionais e suas afiliadas locais. Na arquitetura, são as empresas arquitetônicas, de arquitetura-engenharia e de arquitetura-incorporação-imobiliárias, listadas na revista *World Architecture*;

2. parte do Estado: políticos e burocratas da globalização. São aqueles que, em todos os níveis da administração e de responsabilidade, de fato decidem sobre o que é construído e onde, e como são reguladas as modificações no ambiente construído;

3. parte técnica: profissionais da globalização. Seus membros variam desde os principais técnicos diretamente envolvidos nas características estruturais e de serviços (incluindo os financeiros) de novos edifícios aos responsáveis pela educação arquitetônica de estudantes e do público;

4. parte do consumidor: comerciantes e a mídia (os responsáveis pelo marketing e consumo da arquitetura em todas as suas manifestações). (Sklair 2005: 486)

Logo, a característica essencial da arquitetura icônica de marca não é somente seu estímulo econômico à marca da cidade. Ela produziu uma nova classe social envolvida na criação da marca, usando o ambiente construído como meio. Um segundo aspecto da arquitetura e do projeto urbano de grife é o efeito da arquitetura de franquias multinacionais, como, por exemplo, o McDonald's, a Starbucks, o Burger King etc.; as empresas de produtos globais como a Aldi e a Ikea; e lojas de marcas de luxo como as famosas casas de alta costura (Gucci, Chanel, Armani, Zegna etc.). Terceiro, o processo inteiro é realçado pelas práticas da arquitetura transnacional e as empresas afins – engenharia, contabilidade, levantamento, serviços de construção etc.

Talvez o melhor exemplo de arquitetura icônica de grife seja o Museu Guggenheim, de Frank Gehry, em Bilbao (1997), então uma desolada cidade industrial na região basca da Espanha (Del Cerro 2007). A empreitada constituiu uma tentativa de "gerar uma nova narrativa da região" e, no processo, uma nova narrativa da cidade (McNeill e Tewdwr Jones 2003). A obra foi projetada para ser um museu de arte moderna de extrema importância, contendo a história e o patrimônio cultural da região. Sem dúvida, ainda que o edifício seja uma obra-prima do pós-modernismo, seu objetivo principal era colocar Bilbao no mapa e estimular todo um processo de regeneração urbana que traria vitalidade econômica à cidade:

> O Museu Guggenheim Bilbao não foi construído apenas como edifício icônico, mas para tratar de uma série de graves problemas. À época, a taxa de desemprego da cidade era extremamente alta, de 25%. As indústrias tradicionais haviam se tornado obsoletas e, no centro da cidade, um porto fluvial passava por graves problemas de congestionamento. Outras dificuldades incluíam violência de extremistas bascos, deterioração urbana, poluição e um ineficiente sistema de transporte público. (Plaza 2008: 506)

Desnecessário dizer que os 166 milhões de euros pagos pelo poder público para a construção do edifício constituíam uma forte peça de propaganda que geraria grandes rendas para o setor privado. Grande parte do total viria com os dólares dos turistas, com oitocentas mil pessoas de todo o mundo chegando anualmente para observar o edifício, sem similar na Europa. Além de colocar em questão a singularidade do projeto de Gehry, uma vez que seu estilo já fora evidenciado em trabalhos anteriores e posteriores a Bilbao (um já planejado para Nova York), desde sua construção questionava-se se o edifício conseguiria atingir seus objetivos políticos e econômicos (Plaza 1999, 2006, 2008; Gomez e Gonzales 2001). Apesar de seu sucesso como ícone, o Guggenheim de Bilbao tinha limitada capacidade de geração econômica, já que é algo além do potencial de qualquer edifício substituir uma gestão econômica visando estratégias de investimentos, marketing e transporte. Plaza observa que o edifício foi, de fato, benéfico para os setores de hotelaria e alimentação, com a cidade ganhando quatro mil novos empregados de 1995 a 2005. A autora ainda destaca que, apesar do inegável crescimento do turismo cultural, os métodos de quantificar estatisticamente o setor turístico também incluem viagens de negócios, as quais responderam por flutuações sazonais bastante significativas no comércio. Como consequência, ela sugere que investimentos no patrimônio cultural andem lado a lado com políticas que visem à melhoria da produtividade (Plaza 2008: 517).

Espaços Ambíguos e Cidadãos

Devido à conotação do conceito de mercadoria, como observado anteriormente, não há limite para a aplicação do princípio de mercadoria/produto. O fato de ela ser a primeira e a principal relação social entre vendedor e comprador significa que a propriedade, o projeto e o controle de sua produção privatizada agora exerce um enorme poder sobre o comportamento de populações inteiras em nível global. O final teórico é um ambiente inteiramente privatizado, no qual o princípio da mercadoria permeia todas as esferas da vida, dentro do qual a produção, a circulação e a troca de mercadorias estão sob total controle do poder corporativo (Kohn 2004). Além disso, o capital foi entrando aos poucos no setor do consumo coletivo não só ao privatizar instituições e equipamentos, de início pensados no âmbito exclusivo do Estado, mas também ao absorver a última barreira para controlar o espaço urbano, a saber, o âmbito público (Mitchel 2003; Low e Smith 2006; De Cante 2008). Contudo, mais importante ainda é a capacidade de exercer controle sobre o capital simbólico e, portanto, produzir e manipular a psicologia de populações inteiras. Tendo o desejo como força motriz por trás do "compre até cair", as instituições neocorporativas estão bem distribuídas para criar o mercado perfeito – controle total sobre o espaço, sobre a produção de mercadorias e sobre os meios de direcionar o consumo de luxo em vias comercialmente aceitáveis através de um controle crescente sobre a educação e os meios de comunicação de massa. No processo, os indivíduos renunciam gradualmente à sua autonomia como seres humanos pensantes até a sublimação de desejos manufaturados.

Na verdade, as coisas não são tão simples. Há uma miríade de prós e contras dentro de uma economia global que rejeita um planeta totalmente mercantilizado; um deles é o aquecimento global. O desenvolvimento desequilibrado também significa que o setor privado está mais interessado no âmbito público de algumas regiões do que de outras. Os movimentos sociais urbanos ainda não estão desprovidos de autoridade, nem os conselhos locais, de interesse público. Além disso, e pela própria natureza da troca de *mercadorias*, as pessoas devem ter acesso aos bens e as corporações devem obrigatoriamente fornecer espaço para a circulação humana, e os centros de compra (*malls*) são bons exemplos globais de uma tipologia de espaço privatizado com acesso público (Kayden 2000). No entanto, e por mais que refinemos o assunto, o âmbito público representa uma barreira espacial para a acumulação e, portanto, está sob ameaça direta ou passiva do Estado neocorporativista. A heterologia central aqui gira em torno do conceito de direitos e dos métodos através dos quais os direitos são exercidos. Sobre esse tema, já teci algumas considerações teóricas importantes em foc4: 82-86. De forma breve, o direito ao âmbito público não é assegurado em nenhuma declaração de direitos, estatuto ou outra legislação. Devido à diversidade de sistemas políticos, não há uma aceitação uniforme e universal da ideia de necessidade de um âmbito público. Na Declaração Universal dos Direitos Humanos, adotada pela Organização das

Nações Unidas em 1948, todos têm o direito à liberdade de movimentação e residência dentro das fronteiras de cada Estado. Contudo, como em todo manifesto, a adoção e a prática efetiva desses princípios ficam a cargo da interpretação de cada nação. Mais importante ainda, embora os indivíduos tenham direito à liberdade de locomoção, não há nada que sugira que os direitos e a propriedade devam coincidir. Nesse aspecto, os conceitos de âmbito público, espaço público e bens comuns mantêm uma tênue relação com a sociedade civil como um todo (Dandeneker 1990).

Em 1995, escrevi "The Right to the City" (O Direito à Cidade), um artigo que explorava o conceito de direito aplicado à situação de Hong Kong e, mais tarde, trabalhei o tema em "Ambiguous Space, Ambiguous Rights" (Espaço Ambíguo, Direitos Ambíguos) (Cuthbert e McKinnell 1997). Esses artigos exploravam como o espaço social em Hong Kong é configurado por um setor privado desligado do bem público, onde tudo o que a população conhece são as várias marcas do corporativismo. Uma administração imperialista, um sistema econômico de *laissez-faire*, um sistema político sem partidos políticos efetivos, com uma penetração monumental do setor privado no executivo e no legislativo e uma população letárgica desinteressada da política urbana, tudo contribui para uma situação na qual, para todos os fins, o espaço público não existe como um direito inalienável do povo. Tragicamente, é quase impossível rastrear esse direito em qualquer sistema político, em qualquer nível de desenvolvimento, como um direito legalmente constituído mapeado no espaço físico. O resultado é que um atributo essencial do espaço *público* é justamente sua própria ambiguidade. Nunca se sabe quem são os donos do espaço onde estamos, que direitos temos ou que formas de comportamento são sancionadas. Em maior grau, os mesmos princípios se aplicam a sistemas de transporte inteiros entregues ao setor privado – pedágios, túneis, pontes, portos, metrô, aeroportos etc.

Na ilha de Hong Kong, a área do centro foi construída e controlada pelo setor privado, e todo o sistema de mobilidade individual, em passarelas e através de edifícios, controlado pela ação privada de grandes corporações. A Hongkong Land[12], braço imobiliário do conglomerado Jardine's, possui cerca de doze blocos de torres no centro de Hong Kong e é o maior proprietário de terras do local. A empresa também projetou e construiu o sistema de passarelas de segundo nível, unindo seus imóveis em um vasto estabelecimento. Não só isso, mas um *modus operandi* disseminado que agora já é uma prática universal exemplifica esse conceito do espaço ambíguo. Os incorporadores não só privatizam seus próprios espaços comerciais como também conseguem que o público pague por espaços aos quais não teria direito de acesso. Em Hong Kong, o Citibank Plaza/Asia Pacific Tower é um empreendimento comercial desenvolvido pela Great Eagle Properties e localizado na área central da cidade. Ele compreende duas torres de, no máximo, 47

---

12 Fundado em 1889, por William Jardine, Hongkong Land é um grupo de investimentos imobiliários com sede em Hong Kong e que atua em toda a Ásia. (N. da T.)

andares. Como compensação ao ganho de área construída, em função do aumento nos coeficientes urbanos (de quinze para dezoito), os incorporadores concordaram em dedicar térreo e sobreloja ao uso público. Entretanto, o contrato afirma que a área total dedicada ao uso público é apenas para passagem de pedestres, sendo que o controle do espaço é do incorporador. Em termos simples, o Estado garante densidades mais altas que as permitidas em seus planos urbanos para estimular os incorporadores a criarem um espaço para circulação de pedestres. No intuito de reduzir os custos para o Estado, aquele espaço volta ao incorporador para manutenção e vigilância, ou seja, a única atividade ali permitida ao cidadão é caminhar ou parar e fazer compras.

Dois outros itens são importantes para o projeto urbano no contexto dos espaços ambíguos. Primeiro, as profissões que lidam com o meio ambiente (arquitetura, paisagismo, planejamento urbano) são cúmplices na regulamentação e no projeto do espaço urbano, em geral, em condomínios fechados, centros de compra, parques temáticos e outros espaços. Em locais de troca de mercadorias, as estratégias de projeto não só traçam e controlam a movimentação e a permanência, mas também estimulam a circulação de mercadorias ao conduzir os consumidores por caminhos que reforçam a constante exposição a elas, fomentando o consumo.

Segundo, essas estratégias de projeto coincidem e reforçam tanto a vigilância ativa, mediante operações de segurança privada, como a vigilância passiva, através do uso de TV em circuito fechado (CCTV) em espaços "públicos" como centros de compra, franquias, ruas de pedestres, passarelas, passagens elevadas, escadas rolantes, corredores etc. No Reino Unido, o ministro das comunicações expressou o medo de que a Grã-Bretanha se transformasse, em estado sonambúlico, em uma sociedade de vigilância, já que o país agora possui cerca de cinco milhões de câmeras de circuito fechado, uma para cada doze pessoas. Além disso, as tipologias tradicionais dos projetos de espaços públicos, como paisagismo, arte urbana, escultura, fontes, cascatas, monumentos, escadarias etc. agora servem a um duplo objetivo – controlar e direcionar o movimento dos pedestres. Paradoxalmente, os circuitos fechados cobrem tanto o espaço do prazer quanto o espaço do terror (Fainstein 2002; Marcuse 2006). A evolução da sociedade informatizada permitiu aos governos rastrear movimentações individuais, gastos, contatos, registros médicos, preferências pessoais e muitos outros aspectos da vida através de uma infinidade de meios – satélites, cartões de crédito, pedágio eletrônico, celulares, *cookies* da internet e outros mecanismos. Como consequência do ataque ao World Trade Center – 11 de setembro – o projeto físico, o policiamento ativo e a vigilância passiva ficaram intimamente integrados, sem falar do projeto arquitetônico de edifícios e arredores (Lyon 2003, Molotch e McClain 2003). Portanto, espaços de terror agora aparecem por todo o mundo, em especial em locais que sofreram ou preveem ataques terroristas. Espaços ambíguos, direitos ambíguos, vigilância e policiamento agora têm um papel significativo na organização do espaço público. Infelizmente, as ameaças de terrorismo atendem a um duplo propósito: a necessidade legítima de proteger os indivíduos e o potencial abuso dos direitos individuais.

Peter Marcuse reflete sobre a distinção entre os termos em inglês *safety* e *security*[13] quando ele observa que "o tratamento do espaço público ilustra o padrão: um possível aumento na segurança pessoal (*safety*), mas um aumento na insegurança patrimonial (*security*). Reações falsas manipuladas restringem e pervertem os usos do espaço público, seja diretamente, limitando os usos políticos, seja indiretamente, restringindo as funções de uso popular" (Marcuse 2006: 919).

Assim, as questões ligadas à marca da cidade, ao projeto urbano temático, à arquitetura icônica, à classe criativa e ao sucesso econômico das cidades estão intensamente interconectadas com a nova forma urbana e com as estratégias neo-corporativistas em relação ao espaço urbano, sua ocupação, uso e imagem.

Espaço Invisível e o Migrante Global

Esta parte e a próxima levantam uma questão significativa para os urbanistas. Como vimos nos capítulos anteriores, muitos projetos de desenho urbano aludem a projetos de grande escala, conceitualmente organizados pelas disciplinas ligadas ao ambiente, sobretudo arquitetura e planejamento urbano. Porém, o projeto urbano é, em grande parte, definido como tal no mundo ocidental. Até então, isso também vale para este capítulo sobre tipologias. Entretanto, o conceito deve ser encarado como uma definição elitista, monopolista e um tanto racista de conhecimento do projeto urbano, já que exclui a maior parte do mundo em desenvolvimento, à exceção de alguns poucos e espetaculares exemplos de grandeza histórica. Projetos urbanos não podem ser restritos à grande escala, em especial projetos arquitetônicos em nações ocidentais desenvolvidas, deixando de fora o resto do planeta. Por essa e outras razões (envolvendo classes sociais, racismo, nacionalismo etc.), escolhi atrelar o projeto urbano com a gênese da forma urbana. Embora muitos urbanistas possam não estar envolvidos no "desenho" de muitas formas do espaço urbano, como as heterotopias de Foucault, os espaços dos migrantes globais, as favelas, os assentamentos irregulares e os campos de refugiados, temos a responsabilidade de reconhecer que todas as formas de espaço são propostas por ações humanas e, portanto, como urbanistas e projetistas, estamos envolvidos tácita ou conscientemente nessa questão (Dennis 2004; Rao 2006).

Assim como em muitas áreas da teoria e do debate intelectuais, as cidades do mundo desenvolvido dominam as pesquisas, devido ao seu poder econômico amplamente superior e à inerente autoridade política. Porém, a globalização sofre o ônus de um grave problema semântico. Quando se discute o tema, a tendência geral é situar a problemática no contexto dos benefícios acumulados pelos ricos – como

---

13 Em português, os dois termos podem ser traduzidos como "segurança", embora *security* esteja mais relacionado à segurança patrimonial e *safety* à segurança e proteção pessoal. (N. da T.)

nações, regiões e indivíduos – e não em termos das desvantagens que permanecem com os pobres – como nações, regiões e indivíduos. Parte do problema de acomodar a globalização como heterológica na geração do espaço urbano é a ideia de que existem muitas globalizações. Parece-me que a única forma apropriada de estudar esse fenômeno é de modo semelhante ao enfoque do ciclo de vida total, defendida pelos melhores analistas no campo do desenvolvimento sustentável. Nenhuma imagem clara de globalização pode surgir se forem considerados apenas interesses de curto prazo do mundo ocidental, sem abranger, de algum modo, os desastres em potencial que surgem no horizonte devido ao aquecimento global, emigração em massa, campos de refugiados, pobreza e doença. Isso equivaleria a uma avaliação da riqueza da Grã-Bretanha, nos séculos XVIII e XIX, que ignorasse a realidade da colonização e do imperialismo que controlava um terço do mundo em seu próprio interesse. Hoje, existem novas formas de colonização e imperialismo, junto com uma dinâmica inteiramente nova causada pelo pós-colonialismo, uma nova divisão internacional do trabalho, aquecimento global, capitalismo de compadrio, ditaduras, AIDS e assim por diante. De uma forma ou de outra, a riqueza global não pode ser acomodada sem computar os custos da pobreza global, e podemos afirmar com segurança que todas as nações estão em débito em relação a esse tema (Smith 2001). No geral, tendemos a esquecer que mais da metade do mundo hoje vive em cidades e metade desse contingente em cidades que não são "mundiais", nem "globais", nem "mega". Mesmo a tendência de dividir a atividade de pesquisa em estudos urbanos e estudos do desenvolvimento aliena os países em desenvolvimento e sugere tacitamente que eles nada têm a ver com globalização, não são afetados por ela e, de alguma forma, estão presos em um ciclo permanente de opressão e pobreza. "Enquanto a abordagem da cidade global generaliza os locais bem-sucedidos das altas finanças e da vida das cidades corporativas, a abordagem desenvolvimentista constrói a posição onde todas as cidades pobres são economicamente estagnadas e pobres em termos de infraestrutura, ao mesmo tempo que (perversamente) se expandem em tamanho" (Robinson 2002: 540).

Apesar de o imperialismo ter se transformado em novas formas, as tradicionais formas de exploração permanecem. O velho e o novo partilham da mesma necessidade de explorar o mundo em desenvolvimento por recursos, mercados e mão de obra. Hoje, a exportação de pessoas das economias centrais para a periferia (colonização) passa por uma reversão em massa, com o mundo desenvolvido importando mão de obra do Terceiro Mundo, um fenômeno possibilitado pelas enormes diferenças salariais entre as classes trabalhadoras das duas regiões (Benton-Short et al. 2005). Isso é ilustrado, por exemplo, pelo número de estrangeiros em várias cidades, como Nova York. Estima-se que a remessa de dinheiro para o país de origem pode ter chegado a US$ 200 bilhões em 2003 (Sander 2003). Até onde as cidades globais podem absorver mão de obra migrante é uma característica do desenvolvimento global, e são diversas as condições sob as quais essa mão de obra é explorada. Por exemplo, a importação de mão de obra feminina das Filipinas para Hong Kong e a importação de mão de obra paquistanesa e indiana para os Emirados Árabes não garante a esses trabalhadores quaisquer direitos de cidadania. Embora os contratos possam ser renovados, após vinte anos de trabalho os migrantes não têm nenhum direito a mais do que tinham quando chegaram. O direito à cidadania também é marcado pela ausência de qualquer direito ao espaço, e os milhões de trabalhadores migrantes, resultado de migrações internas (China) ou emigração (para Hong Kong, Dubai, Los Angeles e outros locais), fazem reivindicações silenciosas usando o peso de seu imenso contingente. Por sua vez, isso tem impacto sobre as cidades globalizadas, tanto em termos de acomodação residencial como no âmbito público e, portanto, indica um fenômeno importante, porém não reconhecido, de projeto urbano.

Em *The Right to the City*, obra mencionada acima, eu abordei essa questão em relação à população filipina em Hong Kong, grupo que atualmente chega a 142 mil pessoas. As filipinas são preferidas pelas famílias chinesas de classe média, já que todas falam inglês (além do filipino, a língua nacional baseada no tagalo, e pelo menos um dialeto como o cebuano, ilocano, hiligainón, bicolano, pangasiano etc., dos quais existem literalmente centenas). Essas mulheres têm apenas direitos contratuais, extremamente difíceis de reivindicar quando surgem problemas e, como grupo etnicamente distinto, não têm existência espacial como uma comunidade, já que se acomodam nas residências de seus empregadores. Mesmo assim, elas conseguem criar um mundo de um dia por semana, no domingo, que transforma o centro da ilha de Hong Kong num tipo diferente de distrito comercial, onde centenas de negócios individuais e diversos – câmbio de moeda, empréstimos, venda de roupas, perfumes e produtos de beleza, leitura de sorte, cabeleireiros etc. – são montados nos espaços intersticiais entre edifícios, aqueles espaços ambíguos acima mencionados (ver Figuras 9.8-10). Entretanto, para proteger o âmbito público de propriedade privada, muitas áreas do centro são fechadas às atividades de pedestres, ou seja, filipinas, com nuances raciais. Note-se que o Banco de Hong Kong, projeto de Norman Foster, abriga nesse dia, ao nível da rua, uma população de cerca de mil mulheres que confirma sua experiência coletiva numa cidade simbólica, porém temporária, de sua própria criação.

A atual migração para países desenvolvidos tem uma dinâmica bastante diferente das do passado, patrocinadas pela globalização e novas estruturas do desenvolvimento econômico. Os Estados Unidos, a União Europeia e os países do Oriente Médio, assim como lugares como Hong Kong e Singapura, passariam por grandes dificuldades econômicas se a mão de obra imigrante, legal ou ilegal, fosse retirada subitamente. Historicamente, poucas cidades conseguiram ignorar esse fenômeno. Em Hong Kong, por exemplo, antes da ocupação japonesa, a população residente de um milhão de habitantes aumentou em oitocentas mil pessoas no espaço de três anos, entre 1937 e 1940. Hoje, o mundo todo sofre o problema do migrante global e da oferta de espaços que reflitam tanto sua cultura como suas necessidades, fato exemplificado pela difícil questão do espaço para o migrante em Dubai. Devido à natureza extrema da situação, podemos aprender com uma imagem exagerada do que ocorre quando populações imigrantes reivindicam sobretudo espaço

Figura 9.8. Ocupação dominical do espaço público no distrito central de Hong Kong pela população filipina. Fonte: o autor.

Figura 9.9. Hong Kong: detalhe da fita usada, aos domingos, para evitar acesso à área de pedestres. Fonte: o autor.

Figura 9.10. Hong Kong: acesso normal à área de pedestres em dias de semana e proibido aos domingos por certas empresas do distrito central. Fonte: o autor.

público e acomodação residencial. O conceito de parque temático provavelmente descreve melhor o desenvolvimento em todo o Estado, não simplesmente suas tentativas de se tornar a maior atração turística do mundo. Entretanto, ilhas artificiais, hotéis de luxo, marinas, uma pletora de edifícios icônicos, vastos mercados de luxo, o edifício mais alto do mundo (Burj Khalifa Bin Zayid, projeto de Skidmore, Owings e Merrill) e os maiores parques temáticos só são possíveis através da exploração da mão de obra migrante e da constante pobreza de países como Índia, Sri Lanka, Paquistão e Filipinas. Para todos os efeitos, essa mão de obra não tem nenhum tipo de direito, e a única diferença entre a escravidão e as condições de vida desse contingente é que eles são pagos pelo seu trabalho, mesmo sendo muito mal pagos. Eles também estão banidos de ter acesso a espaços ambíguos devido ao racismo, à regulamentação e vigilância física ou à distância, já que muitos locais exigem transporte privado: "Os sombrios acampamentos nos arredores da cidade – onde os trabalhadores se amontoam (seis, oito, até doze pessoas em um quarto, em geral sem ar condicionado ou banheiros adequados) – tampouco fazem parte da imagem turística oficial de uma cidade de luxo, sem pobreza ou favelas" (Davis 2006b: 66).

Com a prioridade para espaços de consumo de luxo e turismo, a população imigrante de Dubai constitui 82% de sua população de 1,5 milhão de pessoas, habitando o que já foi citado como um "urbanismo transitório" (Elsheshtawy 2008)[14]. A maior parte dos trezentos mil trabalhadores da construção vive em campos de trabalho em áreas marginais e são levados ao trabalho pelos empregadores, e meio milhão de homens solteiros (casados ou não) vive na cidade. Observando que, em Dubai, um genuíno âmbito urbano é obviamente ausente, Elsheshtawy estudou quatro locais-chave, e o que se segue é um breve resumo do seu trabalho. Como se poderia esperar, os principais pontos que correspondem às necessidades de inter-relação social dos migrantes estavam concentrados em torno de importantes paradas de ônibus, circundadas por áreas de baixa renda que também tinham altos níveis de atividade comercial. Embora a mão de obra migrante seja o sangue da economia do país e os migrantes não tenham mais para onde ir, nos espaços públicos que habitam, tais como Al Sabkha e a praça Baniyas, onde "ficar por ali" é a principal atividade, há cartazes bem visíveis que informam que é proibido esperar. Nos mesmos locais, a natureza global da imigração é reforçada pelo alto nível de cibercafés, uso de telefones celulares e lojas de câmbio. Apesar da aparente necessidade de um tipo de trabalhador não disponível no mercado local, alguns enclaves foram criados, como os dos árabes apátridas. A subclasse do mundo árabe é acomodada em barracos metálicos chamados *bidoon*. Outra área é conhecida como Little Quiapo, em referência a um distrito comercial em Manilla. Elsheshtawy observa que todos esses locais mostram características comuns, como a predominância de usuários masculinos (exceto o distrito de Karama), a ausência de

14 Os dados populacionais são de 2008. A população atual ultrapassa os três milhões, mantida a mesma proporção de imigrantes. (N. da T.)

Tipologias

habitantes locais, a descrição de tais áreas como "autênticas", em contraste com os estéreis desertos dos centros de compras, e a ocupação de espaços incidentais que não foram planejados para os imigrantes. Esses espaços são também mais facilmente acessíveis durante o dia, mas à noite transformam-se em ambientes para atividades ilegais – prostituição, apostas, uso de drogas etc. Uma qualidade predominante exibida nesses espaços, um âmbito público invisível, é a associação com o lugar, a despeito da natureza transitória de seus ocupantes. Apesar de tudo isso, por meio dessa ocupação,

> uma forma sutil de resistência emerge, na qual os ajustes formais da cidade são rejeitados em favor de outro tipo de vida pública que permite que os migrantes se reúnam com seus compatriotas e exibam sua etnicidade. Esses elementos constituem, de fato, um aspecto significativo do transnacionalismo, pelo qual os imigrantes conseguem dar sentido a esses espaços ao navegar tanto pelo espaço local (a cidade) como pelo espaço global (seu país natal). (Elsheshtawy 2008: 985)

Embora, sem dúvida, Dubai seja um caso especial, ela realça a alteridade do espaço público e representa um desafio para os urbanistas ampliarem os conceitos tradicionais do âmbito público, sobretudo onde o multiculturalismo é um benefício reivindicado da estrutura social, como na Austrália, nos Estados Unidos e em outros países. Ainda que tanto a mão de obra migrante como imigrante e os ambientes que ela habita ao redor do mundo sejam deprimentes e desfavorecidos, eles representam acomodações de luxo para muitos moradores de favelas (geralmente urbanas) e para os despossuídos do mundo que ocupam os maiores espaços transitórios do planeta (geralmente em área rurais), e é a esses dois fenômenos que agora me volto.

Espaços de Favelas e Superfavelas

Em números aproximados, a população mundial já ultrapassa os sete bilhões de habitantes e a população mundial de favelados, um bilhão. É difícil entender a dura escala das favelas, mas retraduzindo, esse número é vinte vezes maior que toda a população da Espanha, ou 45 vezes a população da Austrália. Se, como urbanistas, ignorarmos o conceito de *favela como o outro*, então automaticamente excluiremos abrigos para cerca de 15% da população mundial – "Os moradores das favelas do novo milênio não são mais uns poucos milhares em algumas cidades em continentes de rápida industrialização. Incluem um em cada três moradores das cidades, um bilhão de pessoas, um sexto da população mundial" (<www.unfpa.org/>). Embora nossos projetos não se estendam aos ambientes das favelas, urbanistas na Índia, Bangladesh ou Etiópia, por exemplo, não podem negar que a população das favelas constitui, na maior parte dos casos, a influência predominante para a forma das cidades. Assim, elas constituem uma forma urbana significativa das cidades, quase erradicadas em algumas e praticamente dominantes em outras. Poucas cidades em países desenvolvidos podem dizer que erradicaram de vez o problema, e inúmeros termos disfarçam e incluem o conceito de "favela" como: comunidades desalojadas, áreas de invasão, áreas desvalidas etc., enquanto há países e regiões mantendo sua terminologia linguística particular – *colonias populares* (México), *pueblos jovenes* (Peru), *kampong* (Indonésia), *gececordas* (Turquia) – e até mesmo Paris conserva suas *bidonvilles* (cidades feitas de latas de lixo). Nas cidades ocidentais, no entanto, são menos relevantes quando consideramos a África e a Ásia. Na África, por exemplo, 99,4% da população da Etiópia são moradores de favelas; 98,5%, no Afeganistão e cerca de doze milhões em Mumbai (antiga Bombaim). As citações seguintes do texto apocalíptico de Mike Davis, *Planet of Slums* (Planeta de Favelas), indicam as dimensões do problema:

> Alcança-se um ponto sem retorno quando um exército de pessoas, esperando para ser incorporada como mão de obra, fica estigmatizada como uma massa permanentemente redundante, uma carga excessiva que não pode ser incluída agora ou no futuro, na economia e na sociedade.
>
> No geral, a classe global de trabalhadores informais (que se sobrepõe, mas não é idêntica à população das favelas) é em torno de um bilhão de pessoas, tornando-a, o que antes nunca se viu, a classe social que mais cresce na Terra.
>
> Até 2015, a África negra teria 332 milhões de moradores de favelas, um número que continuará a dobrar a cada 15 anos. (Davis 2006a: 198, 178, 19; ver também Davis 2004)

Ainda que os pesquisadores deem importante contribuição à conceituação e análise das favelas, a maior parte dos dados vem dos relatórios da agência Habitat, das Nações Unidas, em especial o *The Challenge of Slums and Slums of the World* (2003a, 2003b), *Cities Alliance for Cities Without Slums* (the World Bank/UNCHS [Habitat], 2000) e suas atualizações subsequentes. Entretanto, mesmo os dados são suspeitos, pelo simples fato de que não há uma definição universalmente aceita do fenômeno. A absoluta diversidade de regimes políticos, o capital fixo nos edifícios existentes, a geografia, o clima, os materiais disponíveis e outros fatores combinam--se para criar um problema desconhecido em outras tipologias urbanas. Como o indivíduo sabe que mora em uma favela? Os estudiosos vêm lidando com o problema há, pelo menos, cem anos, desde o surgimento da obra seminal de Engels *The Condition of the Working Class in England* (A Condição da Classe Trabalhadora na Inglaterra), em 1892. Também faz quase cinquenta anos que Charles Abrams escreveu seu clássico *Man's Struggle for Shelter in an Urbanising World* (A Luta do Indivíduo Por Moradia em um Mundo em Urbanização, 1964) e, mais recentemente, outras contribuições significativas, como as de Perlman (1976), Angotti

Tipologias

(1993), Seabrook (1996) e Breman (2003). Com certeza, Engels nunca se importou em definir o termo "favela" e foi direto das condições nas cidades às causas reais da exploração e da pobreza, e é claro que as definições de pobreza e favelas estão intimamente relacionadas. Em seu *Planet of Slums*, Mike Davis oferece uma tipologia da moradia em favelas (Davis 2006a: 30). Ele faz duas distinções geográficas básicas: a do centro, que chama de Metro Core, e a da periferia, dividindo cada uma delas em setores formais (F) e informais (I), acrescentando os campos de refugiados à periferia, como uma categoria à parte. A categoria centro (F) contém cortiços que incluem imóveis antes ocupados pela classe média e os construídos para os pobres, albergues etc. O setor informal inclui posseiros, autorizados ou não, bem como moradores de rua. A periferia (F) inclui aluguel privado e conjuntos habitacionais populares. A periferia (I) contém duas classes: primeiro, a que ele chama de "subdivisões piratas", ocupadas pelo proprietário ou por inquilinos, e posseiros, autorizados ou não, incluindo o lote e serviços públicos. Embora essa seja uma estrutura viável para começar, é problemática, pois ignora a multiplicidade de cenários econômicos e culturais existentes em todo o mundo. Portanto, para ser eficaz, qualquer aplicação desse sistema precisaria passar por um exame e adaptação bastante seletivos.

As favelas são caracterizadas por uma série de condições que variam em importância de lugar para lugar – insegurança da posse ou propriedade; ausência de serviços básicos como eletricidade, gás, água, saneamento básico, coleta de lixo, infraestrutura segura como vias públicas, calçadas, drenagem e espaços abertos; ausência de serviços sociais como postos de saúde, escolas, serviços de apoio para os idosos, e a presença do crime – extorsão, prostituição, gangues de rua, drogas e outros males. Nos casos piores, trabalho e prostituição infantil são comuns, bem como a venda de órgãos humanos em lugares como Manila, nas Filipinas, e Chennai (antiga Madras), na Índia. Em geral, são construídas nas piores áreas, sujeitas a deslizamentos de terra e a desastres naturais.

De modo geral, é inútil tentar chegar à definição absoluta de favela. Mesmo definições relativas tornam-se mais complexas pelo fato de que, dentro de muitas delas, há uma enorme variedade na renda e na qualidade do espaço habitacional, ou posse segura em algumas partes e nenhuma em outras, água encanada em alguns locais, mas ausência geral em outros lugares.

Em *The Return of the Slum* (O Retorno da Favela), Gilbert levanta a problemática da favela como uma questão semântica:

> A iniciativa "cidades sem favelas" retomou um termo antigo e perigoso do vocabulário do nosso *habitat*. O uso do termo "favela" vai recriar muitos dos mitos sobre os pobres, desconsiderados por anos de cuidadosa pesquisa... A campanha sugere que as cidades podem se livrar de vez das favelas, uma ideia totalmente inalcançável. O mundo também é perigoso porque confunde o problema físico com as características de seus moradores. (Gilbert 2007: 619)

As inquietações de Gilbert sustentam-se na aceitação generalizada de planejadores e governos locais de que a erradicação das favelas é uma parte necessária do desenvolvimento social, ignorando o fato de que, no processo de mudança, a infraestrutura social e econômica dos moradores é destruída e raramente substituída. Em muitos casos, a terra é simplesmente vendida pelo governo aos incorporadores. Uma vez que, como o âmbito público, as favelas representam uma barreira para a acumulação de capital proveniente da terra, essa prática permanece ativa. Gilbert vai além para ilustrar que muitas pesquisas demonstraram a capacidade das favelas de se transformar gradualmente em comunidades consolidadas e melhoradas, e que a campanha das Nações Unidas em prol das cidades sem favelas é uma "combinação de altruísmo genuíno e oportunismo burocrático [...] usando as manchetes para competir por financiamentos [...] uma vitória para a manchete e o pensamento dos tabloides" (Gilbert 2007: 710). Tanto Gilbert como Angotti (2006) atacaram a óbvia tendência de Davis pela hipérbole e pelo futuro apocalíptico que ele prevê. No entanto, muitas das afirmações de Davis – como "Na verdade, o conjunto de um bilhão de cidadãos que mora em favelas pós-modernas poderia olhar com inveja para as ruínas das robustas casas de terra de Çatal Huyuk, na Anatólia[15], erguidas nos primórdios da vida, há 9.000 anos" – não parecem mais fatalistas que a retórica atual sobre o aquecimento global, uma força que poderia aumentar até mesmo as previsões mais conservadoras sobre a moradia nas favelas, muito além de seu reconhecimento.

Conclusão

Começando com Çatal Huyuk, na Anatólia de 9.000 anos atrás, o projeto ou desenho urbano sempre fez uso de tipologias para catalogar as formas em ruas, praças, avenidas, bulevares, embarcadouros, arcadas e outros elementos. Com o tempo, a evolução ditou uma enorme variedade necessária em toda a gama formal, suficiente para pelo menos um pesquisador sugerir que todas as formas urbanas possíveis já existem (Krier 1979). Tudo o que temos que fazer é estar conscientes de cada terminologia e usá-la no projeto. Não é necessário, ou talvez nem mesmo seja possível, ter novas formas urbanas. Por outro lado, como princípio básico do projeto, sustento que as formas urbanas não surgem arbitrariamente pelo princípio da heureca. As tipologias evoluem junto com as exigências socioeconômicas. Para tomar um exemplo, talvez extremo, os campos de refugiados, agora abrigando milhões de pessoas, constituem uma nova forma urbana sem nenhuma referência histórica. Embora possamos discutir a ideia segundo a

15 Çatal Huyuk, na Anatólia, sul da atual Turquia, e Jericó, na Palestina, perto do rio Jordão, são as duas aglomerações urbanas mais antigas do mundo. (N. da T.)

qual, historicamente, as formas urbanas são adaptáveis a novas circunstâncias e, portanto, possuem grande capacidade em termos de conceitos de projeto, a evolução ainda tem um longo caminho pela frente e não temos ideia do que o futuro nos reserva, a não ser uma óbvia possibilidade de ecocídio. Contudo, não se pode negar que o crescimento das cidades está se transformando mais rapidamente do que nossa imaginação pode entender, e a ideia de espetáculo, trazida por Debord, uma previsão futurística há cerca de quarenta anos, já parece ultrapassada. Aliás, sua visão já é um modo de vida para muitos. Na sociedade do espetáculo, a ideia de que os interesses do capital correspondem às necessidades dos indivíduos já foi suficientemente persuasiva para permitir que uma agenda neocorporativista prossiga e impregne o Estado com suas ideologias e manifestos. Essas estratégias são difusas, e geralmente ocultas, indo do impacto direto do controle monopolista sobre os meios de comunicação de massa, e criando uma classe capitalista transnacional, à criação de marcas das cidades e à tematização do quinto espaço. Entretanto, se o âmbito público for dominado pelo neocorporativismo, este não recairá em algo tão primário quanto a venda do território, mas em uma estratégia multivalente que usa o Estado como mecanismo pronto para o processo de intercâmbio, em que os direitos são conferidos sem necessidade de propriedade. Além disso, muitas das violações propostas serão apoiadas pelo próprio público, e o acordo que permite certas formas de atividade cria precedentes para outras. Tudo isso assume certo nível de desenvolvimento. Em outras situações, o espaço da favela, o migrante global e os despossuídos do mundo estão gerando todo um novo vocabulário formal do espaço urbano.

10.
Pragmática

Nas palavras de Alfred Schutz, conceitos sociológicos são "constructos de segundo nível"; constructos de primeiro nível são aqueles através dos quais os atores sociais já pré-estruturaram o mundo social antes da investigação científica. Compreender este último é o ponto de partida para construir o anterior, o segundo nível.

THOMAS MCCARTHY

Introdução:
O Poder da Polêmica

Pode-se definir "pragmática" como o estudo da forma como a linguagem é utilizada para expressar aquilo que realmente se quer dizer em certas situações, dado que a palavra escrita pode sugerir algo diferente. Num contexto mais amplo, o *New Oxford Dictionary of English* define pragmatismo como "a doutrina que avalia afirmações somente por consequências práticas" ou, de outra forma, "pensar em resolver problemas de modo prático e sensato em vez de ter ideias e teorias fixas". Nos meus dois últimos volumes, concentrei-me nas duas influências mais pragmáticas sobre o projeto urbano. Primeiro, as profissões de *design* e sua ligação direta com o capital cultural, com foco na economia política da prática profissional (DC2; FOC 214-245). Segundo, a avaliação do ensino do conhecimento sobre projeto urbano no ensino superior (DC: 28). Mais importante foi também a ampla elaboração da tripla relação entre profissões, o arranjo institucional dentro das universidades e a efetiva transmissão e acumulação de capital cultural dentro dos currículos escolares (FOC: 10). O que não se explorou foi de onde a academia e as profissões extraíram suas ideologias. De onde se originaram as ideias?

Nenhum desses arranjos institucionais inventou-se por si próprio. Antes, derivaram de um longo período de gestação em que as ideias se condensaram o suficiente para que pudessem ser afirmadas com convicção, com a aspiração de que resultassem em alguma forma de ação social. Alguns tiveram vida curta. Outros duraram milhares de anos ou mais. Assim, considerando meu uso do termo "heterologia", que adotei como o "método por trás do método", precisamos buscar as origens da polêmica e do debate que têm fundamentado tanto a ação profissional quanto a academia. Nesse âmbito, ambos se unem em tramas de práticas que têm afetado coletivamente as profissões de projeto e sua base de conhecimento por pelo menos um século, e cujas fontes remontam a mais de dois milênios. Chamamos essas formas de conhecimento de *manifestos* – afirmações que foram herdadas ao longo do tempo a partir de uma variedade de fontes: comandos imperiais, ideologias políticas, instituições, indivíduos e uma miríade de movimentos sociais que partilharam a mesma filosofia e aspirações em relação a certas formas de opressão, estilo de vida, arte, religião, política e mudança social. É impossível dizer ao certo quando surgiram os manifestos como forma de prática social, já que sua formação claramente dependia de uma combinação de vários fenômenos – modos de produção, a forma do trabalho e do Estado, a natureza do governo, tipos de liberdade religiosa ou preconceitos, filosofias ou ideologias predominantes, conceitos de lei, punição e oportunidade. Assim, não podemos afirmar com convicção que "o primeiro manifesto foi publicado nesse momento particular". Mesmo uma breve investigação revela a complexidade do problema, já que manifestos podem ser encontrados em questões que variam da construção de sistemas políticos inteiros até a detalhada complexidade dos interesses individuais – manifestos sobre *blogging*, *Avant-Pop*, ciborgues, fractais, liberdade, cultura, *waffle*, Partido Comunista, arte folclórica, Mozilla, canibalismo e milhares de outros. Considerando-se essa diversidade, pode-se quase pensar em termos do manifesto dadaísta de Tristan Tzara, em 1918 (Caws, 2001: 5):

> Escrevo este manifesto e não quero nada. Digo, porém, certas coisas e, por princípio, sou contra manifestos, e também sou contra princípios.... Escrevo este manifesto para mostrar que se pode também realizar ações contrárias juntas, num único sopro fresco; também sou contra a ação; pela contínua contradição; pela afirmação também; não sou contra nem a favor e não explico, porque odeio o senso comum.

As origens da palavra "manifesto" estão nas palavras latinas *manifestus* (óbvio) e *manifestare* (tornar público), mas também na palavra "manus" (mão), implicando um documento escrito, e é definida no *New Oxford Dictionary of English* como "declaração pública de política e objetivos, especialmente publicada por um partido político ou candidato antes de eleições". Essa definição é extremamente limitada e foi reelaborada de várias maneiras, começando por suas origens com documentos legais e progredindo através de uma enorme variedade de interpretações, tais como "o manifesto foi, desde o início, e continua a ser, uma manipulação deliberada da opinião pública" e, em outro lugar, "o manifesto é um ato de *démesure* que ultrapassa o que é adequado, lúcido e literário" (Caws 2001: ix e xx). Novamente, temos a ideia de que um manifesto "é uma curiosa forma de arte, tal como o *haiku*, com suas próprias regras de brevidade, humor e *le mot juste*" (Jencks and Kropf 1997: 6). Assim, uma definição padrão de "manifesto" que adote tal diversidade de formas e também incorpore o fato de ser um evento evolutivo é uma tarefa um tanto assustadora, se não, no final, fadada à derrota. Provavelmente seria mais produtivo situar o manifesto como uma forma de ação social nas origens do capitalismo, o Iluminismo e a Idade da Razão, se, por nenhum outro motivo, o capitalismo oferecesse mais liberdade individual de expressão do que os modelos anteriores de produção e se a racionalidade, em certo grau, houvesse finalmente triunfado.

Essa opção, é claro, deixaria de fora declarações marcantes como a Magna Carta (1215), um documento que mudou para sempre o curso da história britânica e, por extensão, a de um terço do mundo, através do imperialismo britânico. A Magna Carta foi a origem da lei constitucional, tendo sido continuamente atualizada até boa parte do século XVIII. Também teve efeito significativo sobre a Constituição dos Estados Unidos. Não há dúvida, porém, que o século XX tornou-se a era dos manifestos, com uma profusão de manifestos em todas as áreas da atividade e do interesse humanos, com indivíduos, movimentos sociais e instituições de todos os tipos buscando se fazer ouvir e legitimados por quantos fosse possível. A crise da modernidade e a transição do capitalismo industrial para o comercial e informacional gerou conflitos bastantes para que todos participassem. No geral, entretanto, a era da razão também trouxe consigo a ideia de que a autoridade não diluída não era mais aceitável e que o poder político e econômico precisava ser entronizado com manifestos e sanção legal. Os limites da autoridade e os direitos e obrigações concomitantes, especialmente os direitos dos cidadãos, não eram mais uma questão de opinião, ou de vontade pessoal, mas eram concretos em texto e em leis. No entanto, a era da razão também acomodava novas formas de despropósitos. A legitimação do capitalismo, em termos de sua capacidade autorreguladora e de resolver uma gama inteira de problemas sociais que emergiram com a exploração do trabalho e da natureza, foi seriamente desafiada. Em outras palavras, as características estruturais do capitalismo permaneceram, com o Estado capitalista sendo incapaz de resolver suas contradições internas. Jürgen Habermas condensou os argumentos em seu *Legitimation Crisis* (A Crise de Legitimação no Capitalismo Tardio) e argumentou que o hiato não vinha de uma falta de crença no sistema. Era, porém, o "resultado de pessoas ainda crerem nas promessas dos manifestos políticos e se sentirem traídas quando estas não eram cumpridas" (Noble 2000: 212).

Não há campo da atividade humana que não tenha sido afetado por manifestos de algum tipo, seja por influência direta, seja por implicação. A filosofia, a ciência, a religião, a arte, a política e a cultura, todas foram alteradas (às vezes, violentamente) por manifestos que buscavam desafiar ou, de algum modo, alterar o curso da ordem estabelecida. Nessa medida, os manifestos são dialéticos, já que existem no espaço dinâmico entre teoria e prática, afetando ambos simultaneamente. Também constituem constructos ideológicos, se aceitarmos a ideia de que toda teoria é ideológica, já que se inicia com certos pressupostos fundamentais que são incompletos, envolvendo assim um comprometimento com ideias que são questionáveis e, portanto, passíveis de contestação. Mary Ann Caws, em seu livro *Manifestos* (2001), relaciona os manifestos aos "ismos" – em que declarações públicas eram feitas sobre algum novo movimento, como, por exemplo, os manifestos na arte que se relacionam ao impressionismo, cubismo, surrealismo, dadaísmo, vorticismo, suprematismo e incontáveis outros. A arquitetura também foi afetada por diversas escolas de pensamento – construtivismo, funcionalismo, brutalismo, neotradicionalismo, desconstrutivismo, neomodernismo, pós-modernismo, assim como outros "ismos" menos conhecidos, como ruidismo, acmeísmo, raionismo e outros. Muitos desses "ismos" estavam frequentemente aninhados em outros movimentos. A Bauhaus, uma das inspirações para todas as formas de projeto do século XX, é um bom exemplo. Dentro da ideologia mais abrangente de aprendizado baseado no artesanato e na relação professor-aluno, uma grande variedade de manifestos foi publicada por seus diretores durante o período de sua existência, já que cada um expressava sua própria orientação em relação às forças políticas e econômicas do momento. Apesar de identificarmos manifestos através do uso do sufixo "ismo", há muitas outras formas de manifesto que o omitem (Caws 2001). Embora o manifesto clássico seja um documento inspirador e polêmico que afirmava alguma nova ideologia, como "trabalhadores do mundo, uni-vos!", eles surgiam em várias formas, que incluíam estatutos, alianças, editos, mandatos, princípios e outros discursos. Parte do problema com todos eles, obviamente, é que com frequência expressam interesses estreitos, sectários. Assim, os manifestos tendem a ser autorreferentes. A ideologia de uma era ou de um movimento adotado sempre sintetiza uma diversidade de ideias e de princípios que não são necessariamente inclusivos ou politicamente corretos. Enquanto as profissões ambientais e a academia são afetadas de modo similar, o manifesto constitui evidência concreta das ideologias que constroem nossa visão de mundo cultural, nossas incumbências profissionais e as ideias transmitidas para a próxima geração de ideólogos.

O que os manifestos "significam" é um processo sujeito a um escrutínio enorme, más interpretações, manipulação e abuso, exemplificado no que poderiam ser os maiores manifestos de todos os tempos, a *Bíblia* e o *Alcorão*. Não somente esses textos foram uma obra em construção por séculos, como há tantas interpretações quanto indivíduos que creem neles. No processo de tentar criar certo tipo de ordem social (na qual todos acreditam na mesma ideologia, mas de formas distintas), eles foram também usados para criar vastas fortunas, mobilizar grandes exércitos, destruir outras civilizações, dominar populações, suprimir a investigação científica, reprimir a imaginação e solapar a democracia, confundindo crenças pessoais com as políticas da religião, do Estado e da vida social coletiva. Torna-se então difícil desembaraçar os objetivos pretendidos de um manifesto de suas consequências práticas, como, por exemplo, nas revoluções chinesa e russa. No fundo desse problema está a ideia de que a linguagem não é um simples meio de comunicação: tem manifestações políticas, devido à multiplicidade de significados que podem estar ligados à palavra escrita.

Jürgen Habermas usou o termo "comunicação distorcida" para se referir a essa característica da linguagem, sugerindo que a interpretação linguística era tão repleta de subjetividade que a linguagem era quase incapaz de transmitir o que podemos chamar de "a verdade" (Habermas 1970). Por exemplo, problemas semânticos dão muita margem à confusão e manipulação. Termos como "liberdade", "direito", "autonomia", "democrático" e "lei" nunca terão um significado uniforme e devem estar obrigatoriamente ligados a todo um sistema de pensamento sempre que empregados. Mesmo quando embutidos num estatuto ou código, eles continuam sujeitos à interpretação e possivelmente a significados que supostamente não deveriam conter. A vida política despende muito esforço tentando entender o que se quer dizer quando tais termos são usados como base para acordos. Portanto, manifestos são declarações altamente políticas e subjetivas sobre o mundo, e exigem que sejam desconstruídos dentro da economia política da época para que suas aspirações e futuros efeitos potenciais possam ser compreendidos.

Para demonstrar as influências heterológicas dos manifestos sobre as profissões ambientais e o projeto urbano, precisamos desconstruir algumas de suas características essenciais. Outros fatores precisarão ser levados em conta, bem além da mera reunião de documentos históricos, como nas principais fontes disponíveis hoje, tais como Jencks e Kropf (1997), Conrads (1970), Caws (2001) e o *site* <http://manifestos.net/>. Coletivamente, tais fontes contêm cerca de 680 manifestos, a maior parte sobre arte e arquitetura, com certa sobreposição. Mesmo estes são um fragmento do que está potencialmente disponível. Embora outros campos tenham sido incluídos, muitos manifestos das ciências sociais, da política etc. estão nitidamente ausentes. Embora eu já tenha afirmado que é extremamente difícil definir um manifesto, prefiro uma definição mais estreita que a utilizada por Caws. Muitas inserções no seu livro, em âmbito mais geral, são de grande insignificância e de tal variedade que não se consegue distinguir o manifesto de outras formas de escrita. Prefiro ver o manifesto como um texto cujo objetivo é, de algum modo, profundamente político em suas intenções, não obstante seu foco na arte, na arquitetura, na urbanização etc., tendo em mente o princípio de Habermas da comunicação distorcida. Assim, vou me concentrar naqueles que têm tais qualidades.

Linguagem e Comunicação

A linguagem e a comunicação não somente são fundamentais para as operações práticas do cotidiano das profissões como são centrais para qualquer análise sistemática da vida moderna. A atividade profissional no seu cotidiano é conduzida usando uma grande variedade de sistemas codificados – fala, programas de computador, desenhos, sexualidade, linguagem corporal etc. – como meios centrais de comunicação para as tarefas de lidar com clientes, negociar contratos, resolver disputas e conduzir o discurso entre equipe, gerentes, consultores e outros. Assim, os negócios operam de forma pragmática através da negociação em vários níveis e usando diversos meios, nos quais o conceito de linguagem reina supremo tanto na forma original como na aplicada. Entretanto, devido aos processos de educação socializada, indivíduos, famílias, empresas e outras formas de organização social comunicam-se usando a linguagem que presumivelmente tem significados padronizados, mas que, no entanto, em todos os casos os significados são aplicados a palavras entendidas individualmente. Em torno dessa ideia, os conceitos gêmeos de linguagem e fala são centrais para a evolução da sociedade e dos problemas gerados nesse percurso. Para perceber sua importância para o manifesto como "método", devemos nos voltar a alguns princípios teóricos ainda não discutidos.

O conceito da linguagem e seu papel na construção da vida social são importantes para a ideia de pragmática, tão importantes que Jürgen Habermas, figura proeminente da teoria social do século XX, devotou muitos dos seus escritos ao processo que ele chamou de *pragmática universal* (Habermas 1979). Habermas teve um papel fundamental no desenvolvimento da teoria crítica da Escola de Frankfurt, que procurava um casamento entre as ideias de Freud e as de Marx. Assim, Habermas apresentava um grande desafio à teoria social pré-existente: Marx, que afirmava que todas as relações sociais eram explicáveis em termos de forças produtivas, e Freud, que defendia que a mente inconsciente era onde a sociedade formava suas estruturas elementares. Habermas dizia que todos os processos sociais, incluindo os inconscientes de Freud, dependiam da linguagem, já que o pensamento e a comunicação entre as pessoas seriam impossíveis sem ela. Apesar de ter produzido uma forte crítica a Marx e Freud, Habermas permaneceu comprometido com os dois métodos de entender a sociedade e via sua própria obra como um processo de síntese e não de rejeição destes outros dois teóricos. Seu conflito com Marx era referente ao que Habermas considerava ser sua lógica circular e autorreferente, que vinha sendo atacada tanto pelo pensamento marxista como por outros campos:

> O mais interessante desses ataques rejeita o paradigma de produção de Marx por permanecer totalmente dentro do contexto do pensamento e da prática burgueses. Dessa perspectiva, a "ideologia produtivista" de Marx e a ideia marxista ortodoxa de história como um progresso não desafiam a atual ordem de exploração e alienação, mas a reforça. Uma teoria verdadeiramente radical

Pragmática   279

> irá conceber a transformação socialista como uma total ruptura com a con-
> tinuidade desumana da história como "progresso" e não como consumação
> dela. O projeto de Habermas era identificar os processos de uma compreen-
> são universal que estruturam o mundo conhecido – uma *pragmática universal*.
> (Roderick 1986: 152)

Assim, Habermas tentou deslocar a produção, como fundamento da economia e da sociedade, usando a comunicação, principalmente a linguagem e algumas
formas de gramática. Ele defendia que toda ação estratégica e os processos sociais
envolvidos, conflito, competição, argumentação e debate – todos buscando nivelar
o campo do entendimento –, eram dificultados e frequentemente impossibilitados
pela capacidade inerente da linguagem de ser distorcida. Isso ocorre em todos os
níveis de comunicação, desde a prática da ideologia como comunicação distorcida
em seu maior âmbito até o processo psicanalítico de terapia individual. Habermas
argumentava que pelo fato de o método adotado pela psicanálise (a cura pela fala)
estar ligado à fala e ser, portanto, totalmente dependente da linguagem, suas origens de fato deviam existir nas distorções linguísticas e nos significados ligados a
eles pelos indivíduos, um processo central aos métodos psicanalíticos pós-freudia-
nos adotados por Jacques Lacan. Na psicanálise lacaniana, a distinção saussuriana
entre *langue* (o sistema de formas que constitui a linguagem) e *parole* (o uso que o
indivíduo faz da linguagem e os significados ligados a ela) são mantidos, mas com o
imprimatur de que o inconsciente "é a soma dos efeitos da *parole* sobre um indivíduo"
(Turner 1996: 180). Assim, Habermas via a pragmática universal como o processo de
mediação entre o *self* e a sociedade, entre o mundo dos instintos e os modos de produção. Para ele, pois, a linguagem é a matriz da organização social, definindo tanto
os aspectos mentais como materiais de nossa existência. Apesar de sua capacidade
de distorção, a linguagem forma nossos pensamentos e nossa realidade. Ela também é montada em discursos específicos que refletem filosofias, interpretações da
história, sistemas de valor e outros modos de pensamento que delineiam a evolução
das estruturas sociais. Os manifestos, portanto, constituem uma forma específica de
prática discursiva, e embora não possamos confundir os termos "manifesto" e "discurso", há claramente uma sobreposição significativa na terminologia.

Na medida em que os manifestos são declarações de uma crença em algo, eles
também são sinônimos de certo tipo de poder e atração. Para Habermas, o discurso
politiza a linguagem como método de controle, persuasão, obrigação ou demanda
e a prende numa rede interligada de ideologias que são sinônimos de vida social.
A linguagem, como objeto da linguística, tem estruturas internas específicas que lhe
dão relativa autonomia e um sistema de regras que servem como meio para práticas discursivas. Portanto, a linguagem é um instrumento estratégico e um método
através do qual crenças são moldadas e manipuladas. Assim, a integração de discurso, linguagem e ideologia tem um papel dominante no controle social. Contudo,
as questões quanto à origem do poder e como ele age são fonte de muitos debates.
Estes são exemplificados pelas diferentes posições adotadas por Michel Foucault

e Michel Pêcheux. Ao discutir Foucault, Lukes aponta para o que ele chama de o "como" do poder, ou seja, a relação trilateral entre poder, direitos e verdade. O poder é delineado por regras (direitos), mas também está sujeito aos efeitos que ele transmite com base num conceito de "verdade". Ele observa que o poder não pode ser exercido e mantido sem a produção de discursos específicos e seu acúmulo ao longo do tempo. "No final fomos julgados, condenados, classificados, definidos em nossos empreendimentos, destinados a certo modo de viver ou morrer, como uma função de discursos verdadeiros, que são os portadores dos efeitos específicos de poder" (Lukes 1986: 230). O conceito de poder de Foucault não pode ser separado de sua fundamentação no conhecimento, daí seu uso preferencial da dupla poder/conhecimento. Tampouco pode ser separado dos métodos de subjugação que ele desencadeia. Estes são simultaneamente multivalentes, descentralizados e descontínuos, em que o campo social "é constituído por uma rede de tecnologias de poder que agem sobre o corpo" (Poster 1984: 52). Desse modo, Foucault resistia aos conceitos de poder como derivados de um conceito jurídico-liberal ou marxista, com base no poder de classe, que também rejeita um conceito de dominação derivado de uma ideia de trabalho enraizado na produção industrial e no sistema fabril. Para ele, a história não contém significado essencial, não é enraizada em sujeitos e não pode ser entendida em termos de conjunto de constructos totalizantes.

Por outro lado, Michel Pêcheux, num estudo clássico, *Language Semantics and Ideology* (Semântica da Linguagem e Ideologia, 1982), leva o conceito de discurso para o mesmo campo de análise, porém com premissas e conclusões totalmente diferentes. Ele sugere que, embora o sistema de linguagem seja o mesmo para todos, as pessoas não mantêm o mesmo discurso. Em contraposição a Foucault, ele sugere que cada processo discursivo está inscrito numa relação ideológica de classe, e parte para estabelecer uma teoria materialista do discurso. Como os significados são gerados a partir do contexto, e como esse contexto reflete a luta de classes dentro do capitalismo, os discursos estão embutidos e obtêm seu significado de uma classe particular, de uma fração de classe, instituição ou outra formação social que forma seu ambiente (ver também Bernstein 1973, 1977, Atkinson 1985). Pêcheux afirma que a linguagem mobiliza os significados que sustentam a dominação centrada na classe. Enquanto os significados recobrem claramente tanto os indivíduos como a sociedade, eles estão inseridos em ideologias que constituem práticas discursivas e reforçam o sistema de classe do qual depende o capitalismo. Enquanto Marx e Engels viam a linguagem puramente como um método de comunicação, Pêcheux sustentava que a linguagem permitia tanto a comunicação como a não comunicação. Como as formas controladoras do discurso refletem práticas de classe, dentro das quais o conflito endêmico entre classes está embutido, os discursos devem incorporar as contradições e antagonismos que apagam, assim como encorajam, a comunicação. Habermas claramente está no centro desse debate, e a única dimensão em comum é o poder do materialismo histórico como constructo intelectual contra quem os aríetes das filosofias alternativas se batem, frequentemente com grande autoridade e persuasão. Os manifestos incorporam uma grande gama de conceitos e ideias que refletem as considerações apontadas acima – ideologia, classe social, opressão, conflito e desejo – cujo significado embutido exige que seja desconstruído de modo a se poder acessar os significados ocultos. Além disso, os métodos de compreensão dos discursos não podem ser reduzidos a um único ponto de vista e, em vários graus, o entendimento oferecido por Marx, Foucault, Freud, Habermas e outros forma as tramas de práticas através das quais se pode entender os manifestos.

A forma como a linguagem se torna politizada é uma dimensão importante dos manifestos, e algumas observações potentes de Basil Bernstein (1973, 1977), Murray Edelman (1977), e Clark e Dear (1984) são úteis aqui. Com relação à retórica e ao texto, Bernstein distinguia entre pedagogias *visíveis* e *invisíveis*. As primeiras refletem um processo de regras explícitas e rígidas, enquanto na segunda os critérios são presumidos. "A pedagogia visível reflete uma hierarquia explícita, regras sequenciais explícitas e específicos critérios de avaliação explícitos. A pedagogia invisível reflete critérios de avaliação implícitos e específicos, sequenciamento implícito de regras e critérios implícitos" (Atkinson 1985). O discurso pedagógico pode ser montado a partir da mistura dos dois elementos, e Bernstein ainda refinou essa ideia sugerindo o discurso instrucional, que transmite competências, enquanto o último elemento transmite a ordem e identidade social. Edelman enfoca o uso da linguagem oficial das burocracias e das profissões sobretudo a partir da perspectiva de sujeitos ou populações de sujeitos. Através de sua análise da linguagem, ele desnuda os interesses ocultos e a duplicidade das organizações sociais em geral:

> Na política assim como na religião, o que for cerimonial ou banal fortalece crenças reconfortantes independentemente de sua validade, e desencoraja a investigação cética sobre questões perturbadoras. Do início da história escrita até os dias atuais, os governos obtiveram o apoio de grande número de cidadãos para políticas baseadas em delírios: crenças em bruxas, em inimigos internos e externos inexistentes, ou na eficácia de leis para regulamentar o poder privado, lidar com os destituídos, garantir direitos civis ou reabilitar criminosos, que muitas vezes tinham efeitos contrários aos desejados. Grande número de pessoas continua por muito tempo a se apegar a mitos, a justificá-los através de fórmulas que são repetidas em suas culturas, e a rejeitar informação em contrário, quando os mitos prevalecentes justificam seus interesses, papéis e ações passadas, ou aliviam seus medos. (Edelman 1977: 3)

Edelman se concentra na duplicidade da linguagem como usada por dirigentes governamentais e organizações profissionais, e os métodos que estes usam para capturar, manter e aumentar sua autoridade. Nessa medida, ele não examina a linguagem da resistência, mas as linguagens oficiais de persuasão e controle. Ele adentra, com certo detalhamento, a estruturação linguística dos problemas sociais, do imperialismo profissional e da linguagem da burocracia. Ele trata da ideia da assim chamada *opinião pública*, destacando que isso é algo que não pode existir, já que, como sabemos, existem vários *públicos*. O termo é útil somente para políticos que desejam legitimar sua postura através de uma audiência anônima cujo apoio não pode ser refutado. Edelman também se refere à obra de Bernstein em várias ocasiões, observando a utilidade de sua terminologia de linguagem formal categorizada por abstrações denotando coisas, e a linguagem pública como método de analisar as formas da linguagem política denotando processos. A primeira é demonstrada pela matemática e a segunda, pelas famosas "Fitas da Casa Branca", de Richard Nixon (Edelman 1977: 108). A estruturação linguística também tem impactos no modo como os debates são conduzidos. Além do uso específico de formas particulares de linguagem, as burocracias em geral e a burocracia de Estado em particular buscam restringir o debate de maneira que induzam os resultados antecipados, e muitos manifestos são escritos de modo que, em princípio, seguem as mesmas regras – se estiverem abertos à discussão, seria nos termos de referência daqueles que estão no comando. Clark e Dear (1984: 96) sugerem que esse processo é facilitado segundo três princípios fundamentais:

- controlar o acesso ao debate, já que, se não se fala a língua, não se pode participar do processo político;
- limitar a natureza do debate porque, na falta de certos conceitos e categorias, o discurso político em torno desses conceitos é limitado ou mesmo impossível;
- condicionar o julgamento de resultados políticos, já que tendemos a ver questões políticas em formas separadas, linguisticamente segmentadas.

Destaquei aqui a dimensão política da linguagem, pela simples razão de que, como regra geral e por sua própria natureza, todos os manifestos são políticos, quer sejam ou não, de fato, promovidos por governos, pelo setor privado, indivíduos ou grupos. Por sua vez, podem ser persuasivos, conflituosos, malignos, opressores, edificantes ou críticos, mas raramente serão neutros em sua intenção. Mesmo declarações básicas de direitos trazem em si a expectativa e a obrigação de que, no geral, as pessoas se conformem aos princípios do manifesto. Já discuti aqui o *flâneur* como, ao mesmo tempo, símbolo e ícone, incorporando uma constelação de problemas socioespaciais, de gênero e classe social até a configuração do âmbito público e do acesso a ele. O manifesto atende a uma função semelhante ao encapsular uma gama de contextos sociais politizados expressos no discurso, muitos dos quais têm relevância para a cultura e para o espaço e, assim, representam uma parte necessária da compreensão do urbanista (*designer*) sobre a dinâmica daqueles movimentos sociais. Após ter indicado algumas das correntes subjacentes que estruturam a operação do manifesto, volto-me para exemplos concretos de manifestos, destacados por seu impacto sobre a sociedade em geral e sobre o desenvolvimento urbano em particular.

Origens

Embora as constituições *qua* manifestos pareçam longe da prática do projeto urbano, elas são heterológicas à sua própria existência. Em *The Form of Cities*, sugeri que o objeto teórico do projeto urbano fosse a sociedade civil e seu objeto real fosse o âmbito público. Assim, a constituição real do âmbito público físico é central para a constituição política de sociedades e está no centro da prática do projeto urbano. Onde mais o cidadão tem direito de existir como público? Apesar dessa clara exigência, quase não há contexto institucional para a existência material delineada de um âmbito público em qualquer um dos grandes manifestos dos quais surgiram as nações. Na maior parte dos casos, o âmbito público físico é visto como um reflexo de outros direitos humanos, tais como *liberté, égalité* e *fraternité,* mas isso não está delineado. Presume-se que a fraternidade e a sororidade tenham um espaço para ocorrer, e de fato um âmbito público deve existir em alguma forma. Aqui, o conceito de Estado é problemático. Nas sociedades comunistas, como o Estado é, em teoria, propriedade do povo, o âmbito público coincide com as fronteiras nacionais. Nas sociedades capitalistas, baseadas em divisões de classe, não se pode ter um pressuposto tão simples, assim como tampouco se pode considerar tal pressuposto, hoje, em sociedades que foram socialistas. Quando um âmbito público é pressuposto e não delineado, o papel do Estado torna-se crítico, já que este tem vários graus de sustentação do setor privado e da força de trabalho, e influência sobre estes. Aqui, o âmbito público é negociado e não pressuposto como direito. Dada a ascensão do neocorporativismo de Estado na sociedade contemporânea, esse processo de negociação é problemático, devido ao enraizamento da influência do setor privado sobre a formação das políticas governamentais e à barreira à acumulação que o espaço público representa. O que se segue são alguns exemplos de manifestos adotados no estabelecimento de nações, junto com algumas das limitações que eles mantêm.

Uma origem inquestionável dos manifestos no mundo ocidental foi a Magna Carta (1215), também conhecida como a Grande Carta das Liberdades. Tendo passado por várias revisões durante o século XIII, sua versão de 1297 é a que foi legalmente utilizada na Inglaterra e no País de Gales. A Magna Carta estabeleceu o princípio do *habeas corpus* e o conceito de devido processo legal. E o mais importante: iniciou a constituição das terras comunais, e sua companheira menos conhecida, a Carta da Floresta, estabelecia, pela primeira vez, os direitos de subsistência dos pobres. A Magna Carta pode ser interpretada de duas maneiras: primeiro, os direitos eram dados pelos reis e atribuídos a pessoas comuns, mas, em segundo lugar, de fato tratava-se de pessoas defendendo seus direitos como cidadãos, um processo de "comunização" ou ação coletiva na sociedade feudal (Linebaugh 2008). Assim, ela representou o auge do estabelecimento daquilo que mais tarde foi chamado de "democracia". O princípio das terras comunais implicava direitos sobre a terra que não era de propriedade coletiva, e o termo "comum" era um conceito próximo da ideia de "valor de uso", como, por exemplo, o direito

ao acesso à terra ou seu uso para pastagens de animais na ausência de propriedade. Entretanto, o conceito de terras comunais provenientes da Magna Carta foi
gradualmente expandido nos últimos setecentos anos para incluir a ideia de um
regime de propriedade comum, sobretudo da terra como propriedade comum, mantida perpetuamente pelo Estado para o povo. Quando a Magna Carta foi redigida,
aplicava-se somente à Inglaterra e ao País de Gales, não se estendendo à Escócia
e à Irlanda, que tinham formas próprias de terras comunitárias, apesar de semelhantes entre si. A perda gradual desses direitos acelerou-se após 1945, quando:

> Após a Segunda Guerra Mundial, a maior parte das terras comunais de terras
> baixas foi abandonada porque os comuns, que poderiam encontrar trabalho
> mais bem remunerado em outros setores da economia, pararam, em grande
> parte, de exercer seus direitos. Quando *habitats* abertos não foram mais usados
> como pastagem, arbustos e depois densos bosques começaram a se desenvol-
> ver, perdendo a vegetação herbácea ou de charnecas que vinha ocupando a
> terra continuamente por muitos séculos. (<http//en.wikipedia.org/>)

A leitura desse *site* é extremamente esclarecedora quanto aos tipos específicos de direitos que as pessoas detinham antes do século XVII, em comparação com
seus direitos hoje. Nosso emprego atual da palavra "público", como em "espaço
público" e "âmbito público", são de fato adaptações do termo *common* originário
da Magna Carta, sete séculos atrás.

Como a América ainda não havia sido descoberta quando a Magna Carta foi
redigida, três outros grandes manifestos ou cartas de liberdade surgiram depois nos
Estados Unidos: A Declaração da Independência dos treze "Estados Unidos" em
relação à Grã-Bretanha, redigida por Thomas Jefferson (1776); a Constituição dos
Estados Unidos e a Declaração de Direitos (Bill of Rights), todos atuando juntos
como declarações sobre o que os cidadãos podem esperar em termos de direitos assim
como obrigações. A declaração de Jefferson contém as frases históricas: "Consideramos essas verdades como evidentes, que todos os homens são criados iguais, que são
dotados pelo seu Criador de certos direitos inalienáveis, que entre esses estão a Vida,
a Liberdade e a busca da Felicidade". A declaração também aceita a revolução social,
quando o povo, em face de absoluto despotismo "tem o direito, tem o dever, de abolir
tal governo e instituir novos guardiões de sua futura segurança". De fato, a Declaração
da Independência tem como alvo central e causa o fato de que "a história do atual Rei
da Grã-Bretanha é uma história de repetidas injúrias e usurpações, todas tendo como
objetivo o estabelecimento da tirania absoluta sobre estes estados". Onze anos após a
Declaração da Independência, foi estabelecida a Constituição dos Estados Unidos, em
1787. As emendas 11-17 à Constituição são conhecidas como Declaração de Direitos,
formada em 1789 e implementada em 1791. Paradoxalmente, a Declaração de Direitos dos Estados Unidos foi influenciada pela Declaração de Direitos inglesa, de 1689,
com direitos emanando do país que eles buscavam agora derrubar. Apesar do cuidado
ao se redigir esses três manifestos que formam a Constituição americana, é claro que

Pragmática

os elevados princípios que eles continham eram de difícil implementação, havendo muito desacordo sobre o conteúdo e a interpretação. Por exemplo, certos desacordos fundamentais entre estados do Norte e do Sul permaneceram na Constituição, em que a escravidão estava na ordem do dia desde 1619, resultando na Guerra Civil de 1861-1865. Mais atualmente, a Segunda Emenda – "o direito das pessoas de manter e portar armas" – agora significa que, de cada cem cidadãos, noventa possuem armas, criando o maior contingente de cidadãos fortemente armados do planeta. Da mesma maneira, a Quinta Emenda permite que um cidadão se recuse a testemunhar contra alguma acusação de crime, já que não pode ser obrigado a ser uma "testemunha contra si próprio". No entanto, de modo significativo para nossos objetivos, a mesma emenda também afirma que "a propriedade privada não será tomada para uso público sem justa compensação". Não somente a Constituição dos Estados Unidos foi elaborada em referência à lei inglesa, onde as terras comunitárias eram implícitas, mas muitos indivíduos sujeitos à Constituição do Novo Mundo estavam lá porque haviam sido expulsos da terra na Inglaterra. No entanto, ao contrário da Magna Carta, a Constituição dos Estados Unidos não contém proteção legal para terras comunais, embora o "espaço público" continue a ser uma forma geral de expressão. É claro que os manifestos, mesmo no nível mais alto, estão sujeitos a dificuldades operacionais significativas. Apesar de direitos existirem, adquiri-los ainda é problemático.

Do outro lado do espectro político, uma das obras mais controversas já escritas foi o Manifesto do Partido Comunista (1999, original de 1848), de Marx e Engels, que ameaçava todo o edifício da produção capitalista e por bons motivos. Dado o contexto da Revolução Industrial na Grã-Bretanha e a terrível miséria humana que gerou, o manifesto de Marx e Engels foi uma expressão necessária da indignação que sentiam com o que era claramente uma instituição iníqua baseada na violência e na miséria humana. A lógica da argumentação era clara e convincente, e era difícil resistir ao impulso para a revolução social. Trata-se de uma obra-prima na história dos manifestos, infelizmente aviltada *in extremis* pelas sociedades que pretenderam implementar seu mandato. Para colocar o Manifesto do Partido Comunista em seu contexto, podem bastar algumas citações referentes a *The Condition of the Working Class in England* (A Condição da Classe Trabalhadora na Inglaterra, 1973 [orig. 1892]), do texto de Engels de mesmo nome, principalmente referentes à "Inglaterra do Norte" (chamada pelos locais de Escócia). Parte da causa da abjeta decadência do ambiente construído de Edimburgo e Glasgow eram as altas densidades resultantes do uso de cortiços de até sete andares, enquanto na Inglaterra a moradia tendia a ser individual; como resultado: "Os pobres na Escócia, especialmente em Edimburgo e Glasgow, estão em pior situação do que em qualquer outra região dos três reinos". E mais:

> Os *wynds*[16] de Glasgow contêm uma população flutuante de 15 a 30.000 pessoas. Esse bairro consiste de estreitas vielas e pequenos largos, e no meio de cada um há uma montanha de dejetos... em alguns dos dormitórios,

16 Segundo o *Merriam-Webster Dictionary*, palavra escocesa para ruas estreitas e tortuosas. (N. da T.)

encontramos uma camada de seres humanos esticados no chão, muitas vezes, quinze a vinte, alguns vestidos, outros nus, homens e mulheres indiscriminadamente... Ninguém parecia se preocupar em limpar esses estábulos de Áugias, esse pandemônio, esse emaranhado de crime, sujeira e pestilência.

E em Edimburgo:

> À noite, galinhas se empoleiram nas colunas das camas; cães e cavalos partilham as moradias dos seres humanos e a consequência natural é um fedor chocante, com imundície e enxames de pragas. Nessa parte da cidade não há esgotos nem outra drenagem, nem mesmo privadas pertencentes às moradias. Consequentemente, todos os dejetos, lixo e excrementos de pelo menos 50.000 pessoas são jogados nas sarjetas todas as noites, de modo que, apesar de toda a varrição, uma massa de sujeira ressecada e vapores fétidos são criados. (Engels 1973: 68-69)

Não causa surpresa, portanto, que, após se virem em meio à mais espantosa exploração e miséria humana causadas por uma burguesia cujo único interesse era o lucro, eles buscassem uma forma alternativa de ordem social. Os seguintes princípios foram centrais ao manifesto como um todo:

1. abolição da propriedade da terra e aplicação de toda a renda da terra para propósitos públicos;
2. um pesado imposto de renda progressivo ou graduado;
3. abolição de todos os direitos de herança;
4. confisco de toda a propriedade de todos os emigrantes e rebeldes;
5. centralização do crédito nas mãos do Estado, por meio de um banco nacional com capital do Estado e monopólio exclusivo;
6. centralização dos meios de comunicação e transporte nas mãos do Estado;
7. extensão das fábricas e instrumentos de produção de propriedade do Estado; cultivo de terras abandonadas e melhoria do solo de acordo com um plano em comum;
8. iguais obrigações de todos para trabalhar. Estabelecimento de exércitos industriais, especialmente para a agricultura;
9. combinação de agricultura com indústrias de manufatura; gradual abolição de toda distinção entre cidade e campo com distribuição mais equitativa da população pelo país;
10. educação gratuita para todas as crianças em escolas públicas. Abolição do trabalho fabril infantil em sua forma atual. Combinação de educação com produção industrial etc.

Esse documento inspirou muitos outros manifestos, como o Manifesto da Internacional Comunista Para os Trabalhadores do Mundo (Leon Trótski 1919),

Pragmática

o Manifesto do Exército de Libertação Popular da China (Mao Tsé-Tung 1947) e alguns manifestos menos conhecidos, como o Manifesto do Comunismo Libertário (George Fontenis 1953), a Declaração dos Cidadãos da Rússia (Vladimir Lênin 1917) e outras contribuições individuais, como *A Sociedade do Espetáculo* (Guy Debord 1983 [orig. 1967]), sem mencionar os manifestos do Partido Trabalhista (Reino Unido), durante o último século. Na Rússia, a revolução de 1905 resultou em dois manifestos-chave, o Manifesto de Outubro (1905) e a Constituição Russa (1906). Apesar de prometer liberdade de religião, expressão, associação e reunião, o poder absoluto ainda estava com o tzar Nicolau II, e foi somente após a Segunda Revolução, mais comumente chamada de *Revolução de Outubro*, que os planos de Lênin para uma reconstrução socialista ganharam visibilidade. Os planos tiveram vida curta, já que a guerra civil se iniciou, terminando com o estabelecimento da União Soviética, em 1922, quando o leninismo foi revivido sob a égide de Joseph Stálin, um dos grandes assassinos em massa da história. Na história moderna, a influência do] foi descomunal, sendo trágica a enorme distância entre a teoria da democracia socialista e a realidade de sua aplicação por tiranos e ditadores. Todavia, o impacto geral tem sido imenso e, como veremos adiante, vários movimentos significativos na arte, na arquitetura e no urbanismo do século xx, como, por exemplo, a Bauhaus, o estabelecimento do Royal Town Planning Institute, os movimentos das Cidades Novas e da City Beautiful foram influenciados por princípios socialistas e, no caso da Bauhaus, pelo comunismo dos sovietes.

Todos os manifestos anteriormente citados que, a seu modo, procuravam fazer a sociedade avançar permaneceram arraigados a um sentimento nacionalista, apesar da expressa universalidade, por exemplo, do Manifesto Comunista. Foi apenas em 1948 que a Carta das Nações Unidas (cnu) foi estabelecida, e que a Declaração Universal dos Direitos Humanos (dudh) foi adotada pelas Nações Unidas após os horrores da Segunda Guerra Mundial. A intenção mais abrangente era ter uma declaração em que todos os países membros concordassem implicitamente com princípios comuns de justiça e governo. O sexagésimo aniversário do acordo ocorreu em 2008. A terceira parte do estabelecimento das Nações Unidas foi a criação da Carta Internacional dos Direitos Humanos (Internacional Bill of Human Rights), que continha dois acordos juridicamente vinculantes que entraram em vigência em 1966. No entanto, é claro que enormes barreiras ideológicas existem no mais alto nível; há uma Declaração Universal Islâmica de Direitos Humanos, estabelecida em 1980, para celebrar o começo do 15º século da era islâmica, assinada por 54 países muçulmanos. Ao contrário da versão islâmica, a dudh não tem signatários e não é vinculante sob a lei internacional. Os mais relevantes princípios da dudh são:

- direito à vida, liberdade e segurança da pessoa;
- direito à educação;
- direito a participar plenamente da vida cultural;
- direito de não ser torturado ou de sofrer tratamento cruel ou desumano;
- liberdade de pensamento, consciência e religião.

Urbanismo e os Manifestos

Há uma grande variedade de formas e conteúdo entre os manifestos na arte, na cultura e no urbanismo, e é impossível fazer justiça mesmo a apenas uma fração deles. Alguns exemplos no âmbito da cultura indicam essa complexidade – The Black Woman's Manifesto (O Manifesto da Mulher Negra; La Rue 1970); The Street is their Home: The Hobo's Manifesto (A Rua é Seu Lar: O Manifesto do Andarilho; Ward 1979); A Green Manifesto (O Manifesto Verde; Irvine e Ponton 1988), Reflective Teaching in the Postmodern World: A Manifesto for Education in Postmodernity (Ensino Reflexivo no Mundo Pós-Moderno: Um Manifesto Pela Educação na Pós-Modernidade; Parker 1997); The Politics of Subversion: A Manifesto for the Twenty-First Century (A Política da Subversão: Um Manifesto Para o Século XXI; Negri 1989); The Sustainable Cities Manifesto (O Manifesto das Cidades Sustentáveis; Yanarella e Levine 1992); Delirious New York: A Retroactive Manifesto for Manhattan (Nova York em Delírio: Um Manifesto Retroativo Para Manhattan; Koolhaas 1994), Manifesto for the Earth (Manifesto Para a Terra; Gorbachev 2006); Get to Work: A Manifesto for Women of the World (Ao Trabalho: Um Manifesto Para Mulheres do Mundo; Hirshman 2006); The Atheist Manifesto (O Manifesto Ateu; Onfray 2005); Fans of the World Unite: A (Capitalist) Manifesto for Sports Consumers (Fãs do Mundo, Uni-vos: Um Manifesto [Capitalista] Para os Consumidores de Esportes; Szemanski 2008); e também An Anti-Capitalist Manifesto (Um Manifesto Anticapitalista; Callinicos 2003). Raça, falta de moradia, educação, política, sustentabilidade, religião, esporte, anticapitalismo e outras facetas da cultura moderna estão todas representadas. Entretanto, nunca houve um período equivalente ao "grande momento dos manifestos" na arte, de 1909 a 1919, período que Mary Ann Caws chama de "os dez anos de gloriosa loucura", incluindo os manifestos que começam com o futurismo de Marinetti, passando pelo cubismo, colagem, raionismo, suprematismo, vorticismo, imagismo, dadaísmo, surrealismo e De Stijl (Caws 2001: xxii). Mais recentemente, a própria arquitetura viu vários manifestos com tamanho de livros sendo publicados (Allen 2003; Betsky e Adigard 2000). Embora estejamos preocupados com o projeto das cidades, os grandes movimentos na arte parecem estar em paralelo e acompanhar as mudanças sociais de modo mais imediato do que a arquitetura e o urbanismo. Além disso, esses movimentos da arte pareciam ser mais profundamente politizados, estridentes e engajados do que os escritos por arquitetos. A razão disso pode ser tão simples quanto parece: a prática da arquitetura está ideologicamente comprometida devido a suas conexões com o Estado e com o setor privado, que financiam a maior parte dos projetos. Além disso, uma vez expresso, um movimento na pintura e em outras formas de arte não tem o mesmo tempo de inércia quanto as mudanças no tecido urbano. Esse processo, porém, é mais integrado do que poderia parecer, dada a inter-relação entre arte e arquitetura, que é, ao mesmo tempo, complexa e duradoura, como demonstram os exemplos do construtivismo, De Stijl e da Bauhaus (FOC3: 60-63). Usarei esses três exemplos para mostrar a complexa inter-relação entre arte, cultura e mudança política, deixando suas implicações para a arquitetura e o ambiente construído para a secção seguinte. É importante aqui a inclusão do De Stijl. Embora este tenha influenciado e sido influenciado pelo construtivismo e pela Bauhaus, ele é significativo pela total exclusão de qualquer tipo de motivação social, um paradoxo porque, por um lado, ele foi influente no desenvolvimento da arte moderna e, por outro, era despido de qualquer consciência social. Assim, o De Stijl permanece suspenso numa corda bamba entre dois pilares, o do suprematismo e do construtivismo russos, e o da Bauhaus.

O Manifesto: 1900-1945

A profissionalização da arquitetura teve início no Reino Unido quando recebeu a Carta Régia (*Royal Charter*), em 1837. O primeiro nome foi Royal Institute of British Architects in London, depois abandonando, em 1892, a referência a Londres. O que precisamos ter em mente, então, quando investigamos manifestos em arquitetura, projeto urbano, planejamento urbano e paisagismo é que historicamente todas as quatro disciplinas estavam, no passado, reunidas sob o termo "arquitetura" e teriam emergido dela. Isso persistiu pelos séculos XIX e XX. Mesmo após a criação do Royal Town Planning Institute, em 1914, este ainda era dominado por arquitetos e assim permaneceu até o início dos anos 1970, quando o *town planing* (urbanismo), como ainda era chamado, foi rapidamente dominado pelas ciências sociais em resposta ao retumbante fracasso da arquitetura moderna em entender a urbanização para além de sua presença física. A arquitetura já havia, então, colonizado o projeto urbano e o planejamento urbano por um século e meio. Isso criou alguns problemas que ficarão bastante evidentes nos manifestos discutidos adiante.

As listas anteriores de referência de manifestos sofrem, todas, do mesmo problema, já que estes são listados cronologicamente, sem outra distinção ou organização, de acordo com algum sistema tipológico, como, por exemplo, em termos de respostas a políticas, tecnologias, estética, cultura etc. Ulrich Conrads cobre o período de 1903 a 1963. No geral, o século XX é cheio de detalhes significativos, e é interessante notar que aproximadamente a primeira metade do século é identificada por manifestos que surgem a partir de protestos ou comentários coletivos. A segunda metade do século retorna ao culto do arquiteto individual, e não há declarações coletivas incluídas, uma clara indicação da anarquia da pós-modernidade. Jencks e Kropf justificam a falta de solidariedade ou de resposta concreta a episódios sociais marcantes ao sugerir que houvesse algum *Zeitgeist* meio místico inerente aos manifestos, revelando um "sentimento de crise imediata" e "a sensação de catástrofe iminente" (Jencks e Kroft 1997: 12).

A partir do período *fin-de-siècle*, houve mais considerações materiais a serem feitas, com a população da Europa emergindo a duras penas de uma das mais tenebrosas eras na história da degradação e miséria ambientais. Nesse contexto, surgiram dois grandes movimentos, sendo o primeiro o das Cidades-Jardim e o segundo, o Arts and Crafts, ambos originários do último quarto do século XIX, com reverberações até o presente. A crescente terra arrasada da Revolução Industrial, mostrada acima, enfrentou várias formas de resistência, do feminismo ao capitalismo filantrópico. Também deu origem a uma das mais significativas influências do projeto urbano do século XX, o movimento das Cidades-Jardim, promovido por Ebenezer Howard. Seu manifesto *Tomorrow: A Peaceful Path to Real Reform* (Amanhã: Um Caminho de Paz Para uma Reforma Real, 1898) foi renomeado e publicado como *Garden Cities of Tomorrow* (Cidades-Jardim do Amanhã, 1902), iniciando um conceito que reverberaria por todo o século XX. A primeira nova cidade foi Letchworth (1904), perto de Londres, e a segunda a ser fundada foi Welwyn Garden City (1920), onde Howard viveu até sua morte, em 1928. Sua influência persistiu durante a reconstrução de Londres, após a Segunda Guerra Mundial, com o movimento das New Towns (Cidades Novas) e, finalmente, se transformando no New Urbanism e nos condomínios fechados de hoje. É importante lembrar que o interesse de Howard não era somente melhorar a saúde e o bem-estar gerais, mas era também politicamente motivado a descentralizar o poder, segundo suas crenças como socialista utópico.

O final do século XIX também originou o movimento Arts and Crafts na Inglaterra, cujos principais proponentes eram John Ruskin (um escritor) e Willian Morris (um escritor e *designer*, assim como um marxista e socialista revolucionário e figura de proa no movimento contra a guerra). Ambos propunham um renovado respeito por artes e artesanatos tradicionais como método de combater a alienação do trabalhador dos objetos de seu trabalho e contrabalançar a alienação associada à produção em massa. O manifesto de Morris foi chamado *To the Working Men of England* (Aos Trabalhadores da Inglaterra), uma diatribe significativamente influenciada por Marx. Além da arte e do artesanato, o movimento também permeava a arquitetura e logo expandiu-se para a América do Norte e o resto da Europa, influenciando arquitetos como Edward Lutyens, Frank Lloyd Wright e Charles Rennie Mackintosh, e movimentos como a Secessão de Viena, o De Stijl e o Art Nouveau. Entretanto, a influência do movimento Arts and Crafts sobre os projetos arquitetônico e urbano foi mais sentida na Alemanha do que em qualquer outro lugar.

A Bauhaus

O legado de William Morris expressou-se na Deutscher Werkbund (1906), cujos principais expoentes eram Henry van de Velde e Hermann Muthesius, sendo este último o encarregado da educação em projeto para o governo alemão. Em 1911, ele escreveu o primeiro manifesto da Werkbund, no qual ele protestava contra a pobreza da expressão arquitetônica como uma indicação da desesperança da cultura artística então prevalente. Muthesius via na produção em massa a promessa de uma padronização do bom gosto para combater a anarquia vigente. Enquanto Van de Velde defendia sua crença de que era necessário um retorno a formas medievais de construção e de projeto, através de habilidades baseadas no artesanato, Muthesius percebia que o caminho passava pela produção em massa, um conflito que iria se repetir posteriormente na Bauhaus. O primeiro manifesto da Staatliches Bauhaus (Bauhaus Estatal), em Weimar (1919-1924), foi escrito por seu diretor e fundador, Walter Gropius, e sua primeira linha era "O objetivo final de toda atividade plástica é a construção"[17], uma declaração que dispensa reiteração. Naquela época, Gropius permaneceu comprometido com o treinamento de artesãos, apesar de sua inclusão de cursos para aprendizes, assalariados e mestres juniores, e da orientação geral da Bauhaus no sentido da produção em massa. Foi bastante influenciado pelo expressionismo, cubismo e outros movimentos contemporâneos de arte. Por questões políticas, a Bauhaus mudou-se para Dessau, em 1925. Hannes Meyer assumiu a diretoria depois de Gropius em 1928. Meyer estava engajado no socialismo marxista, continuando uma tradição iniciada por Gropius e terminando com Mier van de Rohe, depois que Meyer foi substituído (ver FOC: 60-63). Além do futurismo e do De Stijl, descritos acima, uma influência marcante na Bauhaus (1919-1933) veio na forma da Escola de Arte e Técnicas do Estado Russo, chamada Vkhutemas, iniciada um ano mais tarde, em 1920. A Vkhutemas acomodava três grandes vetores da arquitetura moderna, o construtivismo, o racionalismo e o suprematismo; várias figuras icônicas da moderna arquitetura ensinavam na Vkhutemas, incluindo El Lissítzki, Kazimir Malevitch e Vladimir Tatlin. Dessa forma, além da influência do bolchevismo sobre os fundadores da Bauhaus, ela também sofreu forte influência da arte e da arquitetura de uma nova sociedade em construção. A derrota da Alemanha na Primeira Guerra Mundial, o liberalismo estabelecido pela República de Weimar e a cultura modernista estiveram na raiz do sucesso da Bauhaus.

Construtivismo

O construtivismo originou-se na Rússia em torno de 1913, com o artista russo Vladimir Tatlin, no período entre as duas revoluções russas. Ainda havia alguma liberdade de expressão artística e, desde então, o movimento tem tido influência na arquitetura e no projeto urbano. Como seu nome sugere, o construtivismo se refere a ideias inter-relacionadas de tecnologia de máquinas, estrutura e desenvolvimento social. O método adotado foi a politização da arte, direcionada para a mudança social e econômica como objetivo primário. O construtivismo russo de Tatlin cresceu a partir do futurismo russo, o qual, por sua vez, foi influenciado

17 Conforme tradução disponível em: <https://www.goethe.de/>. Acesso em: 26 maio 2020. (N. da T.)

pelo futurismo da Itália, e a ele se sobrepõe. Marinetti escreveu o *Manifesto Futurista*, em 1909, atacando o neoclassicismo como "aquele florescimento idiota de estupidez e impotência", e declarou que ele desprezava:

1. toda a pseudoarquitetura de vanguarda, austríaca, húngara, alemã e americana;

2. toda a arquitetura clássica, solene, hierática, cenográfica, decorativa, monumental, bonita e agradável;

3. o embalsamamento, a reconstrução e a reprodução de antigos monumentos e palácios;

4. linhas perpendiculares e horizontais, formas cúbicas e piramidais que são estáticas, solenes, agressivas e absolutamente excluídas de nossa sensibilidade totalmente nova;

5. o uso de materiais maciços, volumosos, duráveis, antiquados e caros. (<www.unknown.nu/>)

Entretanto, a Rússia adotara seu próprio futurismo, mais adequado às demandas sociais do regime pós-1917. Assim como o construtivismo, o futurismo da Itália se centrava em traços sociotécnicos – construção, tecnologia, voo, velocidade e industrialização, mas sem as restrições impostas pela rígida ideologia dos soviéticos. A diferença entre os dois movimentos é bem expressada, por um lado, na escultura *Unique Forms of Continuity in Space* (Formas Únicas de Continuidade no Espaço), de Umberto Boccioni (Figura 10.1), e a Torre de Tatlin (Figura 10.2) ou na arquitetura futurista de Antonio Sant'Elia (Figura 10.3) e na de Kazimir Malevith, cuja arte é normalmente classificada de *suprematismo*. Entre outros artistas da mesma orientação estão Alexander Rodchenko e El Lissítzki, assim como Naum Gabo e Antoine Pevsner, que escreveram seu Manifesto Realista, de 1920. Este foi posteriormente visto por Stálin como burguês, já que ele considerava que o movimento estava insuficientemente alinhado com a promoção do proletariado, resultando em sua condenação, em 1935, por suas supostas tendências reacionárias. Entretanto, a clara orientação do construtivismo, com sua necessidade inerente de conectar a arte com a vida social coletiva, transparece na quinta e na sexta tese desse manifesto. "A arte, sempre ligada à vida no momento de mudança do sistema político (mudança no consumidor-coletivo) e estando separada do coletivo na pessoa do artista, atravessa uma revolução aguda. Uma revolução que fortalece o impulso da invenção. A invenção é sempre o trabalhar de impulsos do coletivo e não do indivíduo" (Caws 2001:401).

Embora as intenções do construtivismo sejam genuínas e focadas no social, existia um abismo entre a arquitetura e o urbanismo construtivista e sua aplicação a qualquer propósito social (Collins 1998). Assim, o ano de 1935 marcou o final simbólico de seu desenvolvimento na Rússia, talvez daí até o século XXI. Aproximadamente no mesmo período, outra influência significativa sobre a arte e a arquitetura surgiu na Holanda, com o nome de De Stijl.

Figura 10.1. Umberto Boccioni: Formas Únicas de Continuidade no Espaço, 1913. Fonte: ⓒ Creative Commons.

Figura 10.2. Projetada por Vladimir Tatlin para comemorar a Terceira Internacional do Partido Comunista (1919). Foi projetada para ter quatrocentos metros de altura e desenhada no estilo construtivista. Nunca foi construída. Fonte: ⓒ Creative Commons.

Figura 10.3. Futurista italiano Antonio Sant'Elia. Visão de uma Nova Cidade. Fonte: ⓒ Creative Commons.

De Stijl

O movimento De Stijl originou-se em Leyden, na Holanda, em 1918, sob a liderança de Theo van Doesburg, e deveu sua ascensão, em grande parte, à política holandesa, já que a Holanda permaneceu neutra no período de 1914-1918, podendo continuar suas tradições sem ser perturbada pelos horrores da Primeira Guerra Mundial. Em contraste com outros manifestos da época, De Stijl não tinha uma agenda social e manteve-se como uma ideologia estética um tanto isolada e introvertida, cujas figuras centrais eram um marceneiro chamado Gerrit Rietveld (Figura 10.4), o *designer* e crítico Theo van Doesburg e o pintor Piet Mondrian. O manifesto de Van Doesburg, *Towards a Plastic Architecture* (Por uma Arquitetura Plástica, 1924), demonstra facilmente o seu impacto sobre a Bauhaus, que era simpática à sua estética. Van Doesburg e Mondrian escreveram vários manifestos próprios, mas o manifesto coletivo do De Stijl foi publicado em 1918. O manifesto de Van Doesburg enfocou a construção em si e suas propriedades – elementar, econômica, funcional, amorfa, aberta e anticúbica eram alguns dos adjetivos usados para gerar uma arquitetura dentro da qual "a matemática euclidiana não terá mais utilidade" (Conrads 1970: 78). Piet Mondrian se preocupava com o que De Stijl chamava de neoplasticismo na pintura, com suas preocupações focadas na alienação do homem em relação à natureza, a base universal da emoção estética e a ideia da arte como uma forma de expressão puramente "plástica". Assim, embora De Stijl não tivesse o desenvolvimento social como preocupação significativa, ainda assim se engajava na relação da arte com o crescimento da conscientização.

Durante os últimos anos da Bauhaus e o declínio de De Stijl e do construtivismo russo, um momento histórico ocorreu em 1928, quando um grupo de arquitetos (incluindo Meyer) reuniu-se na Suíça para discutir as ideias coletivas de Le Corbusier (um arquiteto profissional) e Sigfried Giedion, um importante historiador e autor do icônico texto *Space, Time and Architecture* (1941). Considerando sua prolífica produção, Le Corbusier era ele próprio um movimento e já havia escrito um importante ensaio sobre urbanismo (*town planning*), em 1925. O encontro deu origem a um dos mais importantes eventos arquitetônicos do século XX, chamado CIAM – Congrès Internationaux d'Architecture Moderne (Congressos Internacionais de Arquitetura Moderna), uma organização que montaria o cenário para alguns dos mais importantes debates sobre arquitetura e urbanismo no século XX. Nada semelhante aconteceu desde então: "Por trinta anos ele permaneceu como o meio para um intercâmbio mundial de ideias. Foram os Congressos CIAM que deram perspectiva aos objetivos do 'urbanismo'" (Conrads 1970: 109). O manifesto produzido a partir da conferência original da CIAM foi chamado de "Declaração de Saraz", que foi pioneira em três sentidos. Primeiro, era internacional, de fato global em seu alcance, respondendo às condições sociais de uma época numa tentativa de criar uma consciência de arquitetura e urbanismo na primeira era das máquinas. Em segundo lugar, tirou a arquitetura do âmbito do gosto

Figura 10.4. O espírito do De Stijl: a cadeira vermelho-azul, de Gerrit Rietveld, 1923. Fonte: ⊜ Creative Commons.

pessoal e de monopólios estéticos e a levou para o âmbito da produção, sendo a declaração dividida em quatro itens-chave: o sistema econômico geral; urbanismo; arquitetura e opinião pública; e arquitetura e suas relações com o Estado. Em terceiro lugar, era antiacademia e pró-estatismo – "Os arquitetos modernos, tendo a firme intenção de trabalhar conforme os novos princípios, consideram as academias oficiais e seus métodos, que tendem ao esteticismo e ao formalismo, como instituições que bloqueiam o progresso" (Conrads 1970: 112). Ao todo, onze conferências CIAM foram realizadas em países europeus, a última sendo em Otterlo, na

Holanda, para desarticular a organização. A mais famosa dessas reuniões foi em 1933, na Itália, e tinha como tópico principal a ideia de *cidade funcional,* posteriormente incluída numa cópia, fortemente alterada por Le Corbusier, do que viria a ser conhecida como A Carta de Atenas (1942). Foi a primeira vez na história moderna que se chegou a um acordo internacional sobre planejamento e construção das assim chamadas cidades racionais, um processo que teria certa demanda com o final da Segunda Guerra Mundial, três anos mais tarde.

O Manifesto: Pós-1945

As heterologias anteriores à Segunda Guerra Mundial podem, assim, ser caracterizadas pela certeza do futuro, grande esperança, possibilidades, consciência social e a polêmica estridente dos movimentos, instituições e ação coletiva; são impulsionadas por grande dose de várias formas de ideologias revolucionárias socialistas. O período pós-guerra tem inclinações muito diferentes. O legado de duas guerras mundiais (uma nuclear), um período de rápida expansão populacional e o crescimento de cidades, de convulsões sociais e políticas maciças, globalização e os efeitos difusos da internet, tudo isso afetou os manifestos do final do século xx. O que foi mais marcante no período anterior à Segunda Guerra Mundial na arquitetura/urbanismo, porém, foi uma tendência de indivíduos e firmas falarem por um movimento, como porta-vozes. Na segunda parte do século xx, os indivíduos tenderam a falar por si, e minha própria preferência é pela integração de ideais sociais e manifestos derivados, uma abordagem mais politicamente engajada ao urbanismo do que o que se seguiu. Após a guerra, nunca houve algum equivalente a Werkbund, De Stijl, Bauhaus, Vkhutemas ou CIAM, e a natureza em si da pós-modernidade, depois de 1975, parecia apreciar sua própria dissonância. Mesmo as categorias propostas por Jencks e Kropf são maculadas por inconsistências, assim como as relativas a arquitetos individuais, alguns dos quais poderiam aparecer em várias delas ao mesmo tempo (Christopher Alexander, Peter Eisenman, John Hejduk etc.). Somente no final do século um movimento mais importante surgiu na forma do Novo Urbanismo, com uma carta ratificada por seus membros em 1996, possivelmente em resposta à crise, como tantos outros manifestos (ver Figura 10.5). Desta vez, as crises percebidas eram a erosão da comunidade e a necessidade de práticas construtivas sustentáveis em todos os níveis, do planejamento à construção.

Em sua obra *Theories and Manifestoes of Contemporary Architecture* (Teorias e Manifestos da Arquitetura Contemporânea), Charles Jencks e Karl Kropf propõem cinco principais tipologias: pós-moderno; ecologia pós-moderna; tradicional; moderno tardio e novo moderno (Jencks e Kropf 1997: índice). Em resumo, a arquitetura tradicional usa as formas clássicas e métodos vernaculares de construção para

Introdução à Carta do Novo Urbanismo

O Congresso Para o Novo Urbanismo vê o recuo dos investimentos nos centros urbanos, a proliferação da expansão urbana, a crescente segregação por raça e renda, a deterioração ambiental, a perda de terras agrícolas e áreas naturais e a erosão do patrimônio construído da sociedade como um desafio inter-relacionado para a construção das comunidades.

Defendemos a restauração dos centros urbanos e cidades existentes dentro de regiões metropolitanas coerentes, a reconfiguração dos subúrbios em comunidades de bairros verdadeiros e distritos diversos, a conservação de ambientes naturais e a preservação do nosso legado arquitetônico construído.

Reconhecemos que as soluções físicas em si não resolvem problemas sociais ou econômicos, mas tampouco a vitalidade econômica, a estabilidade da comunidade e a saúde ambiental podem ser sustentadas sem um arcabouço físico coerente e encorajador.

Advogamos a reestruturação das políticas públicas e o desenvolvimento de práticas que apoiem os seguintes princípios: os bairros devem ser diversificados no uso e na população; as comunidades devem ser projetadas para o pedestre, transporte público e também automóveis; as cidades devem ser conformadas por espaços públicos e instituições comunitárias fisicamente definidos e universalmente acessíveis; localidades urbanas devem ser rodeadas pela arquitetura e pelo paisagismo que celebrem a história local, o clima, a ecologia e a prática construtiva.

Representamos uma ampla base de cidadãos, composta de líderes do setor privado e do público, ativistas comunitários e profissionais multidisciplinares. Estamos comprometidos em reestabelecer a relação entre a arte de construir e de fazer comunidades, através de planejamentos e projetos com participação dos cidadãos.

Dedicamo-nos a resgatar nossos lares, quarteirões, ruas, parques, bairros, distritos, cidades, regiões e o ambiente.

Afirmamos os seguintes princípios para orientar a política pública, a prática de desenvolvimento, planejamento e projeto urbanos.

Figura 10.5. Introdução à Carta do Novo Urbanismo. Fonte: O Congresso do Novo Urbanismo.

recriar o passado como um contexto desejável para o presente. De algumas maneiras, o estilo era excessivamente político, no sentido de que a alienação do trabalho utilizando métodos e materiais de construção modernos era invertido. Um retorno a formas artesanais de construção *reemancipava* os trabalhadores, devolvendo-lhes os objetos de seu trabalho e orgulho na sua obra. Esse gênero é adotado, por exemplo, por Christopher Alexander, Léon Krier, Quinlan Terry e o Príncipe de Gales. O escritório de Terry se especializa em construção tradicional de alta qualidade, continuando uma tradição iniciada por Raymond Erith, em 1928. A *arquitetura moderna tardia* toma os aspectos técnicos do modernismo em novos âmbitos de extravagância e expressão do modernismo, como o grupo Archigram, Alison e Peter Smithson, e Peter Eisenman. A *nova arquitetura moderna* "é desconstrutivista em formas e ideias modernas, hermética na codificação, muitas vezes fragmentada e dissonante na forma, autocontraditória por intenção, anti-humanista e espacialmente explosiva" (Jencks e Kropf 1997: 10). A *arquitetura pós-moderna* é uma forma verdadeiramente híbrida que toma emprestado indiscriminadamente das três formas anteriores e as junta para dar significados que, de outra forma, ficariam ocultos. Constrói significados e não tradições, como mostram Bernard Tschumi, Zaha Hadid e Thom Mayne, do Morphosis. A *ecologia pós-moderna*, novamente, começa antes de sua própria definição, com Ian McHarg e sua obra seminal *Design with Nature*, e foca primariamente no casamento dos princípios ecológicos e sustentáveis com formas de expressão pós-moderna. Em certo grau, esse é o campo dos arquitetos paisagistas como McHarg e Anne Whiston Spirn, mas outros como Ken Yeang estão abrindo novas possibilidades com a "arquitetura bioclimática" de arranha-céus.

Os autores definem essas categorias não como períodos evolutivos (diacrônicos), mas como tipos distintos que, com frequência, se sobrepuseram no período pós-guerra. Curiosamente, dado que Charles Jencks é um coeditor e a pessoa que, de fato, inventou o termo "pós-moderno", eles incluem manifestos de uma gama inteira de arquitetos, começando em 1955 com James Stirling, dezessete anos antes que o pós-modernismo fosse canonizado pelo próprio Jencks, em 1972. O título do livro também levanta a questão de saber se a teoria é um manifesto ou vice-versa e, para isso, não há uma resposta fácil. Vale a pena considerar, no entanto, que uma teoria pode se tornar um manifesto, dependendo da extensão em que ela tenta politizar suas possibilidades, como, por exemplo, ao exortar outros a se unir a algum tipo de movimento. Um manifesto raramente é uma teoria, todavia uma teoria supostamente pode fundamentar os melhores manifestos.

O período imediatamente posterior à guerra na Europa enfocou naturalmente a retificação da destruição de suas principais cidades, já que Londres, Coventry, Birmingham e outras exigiam grandes reconstruções. Mas foi somente dez anos após o final da guerra que os primeiros manifestos surgiram, para protestar contra os detritos restantes, assim como contra o legado das paisagens decadentes da Revolução Industrial. Estes vieram na forma de dois números especiais da revista *Architectural Review*, intitulados *Outrage* e *Counter Attack* (1956), manifestos que deram início a uma campanha pública para corrigir a paisagem urbana, com títulos indicativos da polêmica que traziam. O urbanismo modernista enfrentava graves conflitos e vinha sendo atacado "de fora" por várias figuras notáveis que não eram arquitetos por formação. Kevin Lynch, um planejador que havia estudado com Frank Lloyd Wright, em dado momento fez avanços significativos na polêmica emocional de *Outrage* e *Counter Attack* (Nairn 1955, 1956), com seu texto *The Image of the City* (A Imagem da Cidade, 1960). Jane Jacobs, que não tinha formação profissional, escreveu uma das obras mais memoráveis do urbanismo do século xx, *The Death and Life of Great American Cities* (em português, Morte e Vida de Grandes Cidades, 1961). Christopher Alexander, cujo artigo *A City is Not a Tree* (Uma Cidade Não é uma Árvore, 1965) teve um impacto revolucionário, formou-se primeiramente como matemático. Embora seja errado descrever esses textos como manifestos, mesmo assim eles permaneceram como *stellae* no desastre do urbanismo modernista, tanto na teoria como na prática. Tiveram efeitos semelhantes sobre a mudança na consciência em relação aos projetos arquitetônico e urbano, que se afastava da forma e voltava-se para a sociedade. De fato, foi o próprio Jencks quem afirmou em sua definição de arquitetura pós-moderna:

> Sem dúvida, a arquitetura moderna, como um campo teórico sério, acabou – ninguém mais acredita nela após vinte anos de ataque –, mas ela continua, por falta de alternativa, como uma prática real. A única forma de exterminar o monstro é achar uma besta substituta e, definitivamente, o "pós-modernismo" não serve para esse trabalho. Precisamos de uma nova forma de pensar, um novo paradigma com base numa teoria ampla, que tenha um amplo consenso. (Jencks e Kropf 1997: 6)

A década de 1970 foi o período no qual a pós-modernidade se originou, recebeu um nome e se desenvolveu como um movimento significativo. Apesar de sua importância para a arquitetura do século xx, uma abordagem óbvia à arquitetura e ao projeto urbano pós-modernos foi um evento raro, com exceção de alguns testemunhos pessoais de arquitetos individuais. Dentre os mais conhecidos estão Venturi, Brown e Izenour em *Learning from Las Vegas* (Aprendendo Com Las Vegas, 1972); *The Language of Postmodern Architecture* (A Linguagem da Arquitetura Pós-Moderna, 1977), de Jencks; *Collage City* (Cidade Colagem, 1981), de Rowe and Koetter; *Urban Space* (Espaço Urbano, 1975), de Rob Krier; e *Architecture and Utopia* (Arquitetura e Utopia, 1976), de Manfredo Tafuri, embora isso não faça justiça a muitos dos bons textos do período, como, por exemplo, os de Aldo Rossi, Leon Krier, Joseph Rykwert, Giancarlo de Carlo e outros. Destes, destacaria os títulos de Manfredo Tafuri e Rowe e Koetter como chegando mais próximo da minha definição de manifesto. Ambos lançam um sério ataque ao lugar social da arquitetura. O único movimento que se destaca nesse período, por toda a década de 1970, é o dos *Archives d'Architecture Moderne* (aam), formado por um grupo de arquitetos europeus (Krier 1978). Seus interesses foram coletivamente expressos num documento chamado Declaração de Bruxelas, de 1978, e os seus promotores

Pragmática 301

mais importantes foram Maurice Culot e Leon Krier, cujo manifesto se expressa melhor assim:

> Denunciamos a arquitetura e o urbanismo funcionalistas porque destruíram a cidade europeia em resposta às exigências de propósitos industriais capitalistas públicos e privados; condenamos igualmente a aquiescência de arquitetos e suas organizações profissionais em aceitar as condições de produção, uma atitude que contribuiu substancialmente para a situação; consideramos que a única forma possível para a reconstrução da cidade europeia é o desenvolvimento de uma força de trabalho com melhor qualidade profissional e a rejeição de métodos industriais desenvolvidos somente para o lucro de seus promotores. (Jencks e Kropf 1996: 177)

A Declaração de Bruxelas foi um manifesto coletivo antimoderno, buscando o retorno à cidade europeia tradicional. Duas publicações-chave que expandem o manifesto básico do grupo foram *Rational Architecture* (Arquitetura Racional, 1978) e *The Reconstruction of the City* (A Reconstrução da Cidade, 1975). Como no início dos anos 1980, um retorno às tradições urbanas europeias estava sendo promovido, um novo manifesto começava a tomar forma, pedindo um retorno às cidades pequenas dos Estados Unidos, na forma de Seaside, na Flórida, em 1982 (Katz 1994). Seaside foi um modelo para um tipo de utopia, com base em arquitetura e padrões de vida tradicionais, mas também, até certo ponto, refletia o que Kenneth Frampton chamaria de "regionalismo crítico", em seu próprio manifesto de 1983. Pouco depois de Seaside ser construída, um manifesto de projeto urbano foi proposto por dois acadêmicos seniores dos Estados Unidos, Allan Jacobs e Donald Appleyard. O manifesto foi escrito como reação aos movimentos das Cidades Novas e Cidades-Jardim no Reino Unido, assim como a Carta de Atenas e o CIAM da Europa. Em contraste com os documentos altamente politizados dos estudiosos europeus, o manifesto de Jacobs e Appleyard era um documento singularmente pouco focado, apesar de muito bem-intencionado. Ele vagueia, sem fundamentação teórica, por um texto liberal impotente, cheio de banalidades e desconectado de qualquer causa social. Assim, um conjunto de "problemas para o moderno projeto urbano" começa com ambientes habitacionais pobres, gigantismo e perda de controle, privatização em larga escala e perda da vida pública; depois, passa por "fragmentação centrífuga", terminando em distanciamento e desenraizamento profissionais. Sustentada pela semiologia e outros temas abstratos, muito da arquitetura tornou-se uma busca diletante e narcisista, em que "A retração da profissão de planejamento para dentro do modismo, sob influência positivista das ciências sociais, a deixou incapaz de resistir a pressões da economia capitalista" (Jacobs e Appleyard 1987: 114-115). O documento está cheio de frases açucaradas como: "Edifícios tendem a ser ilhas, grandes ou pequenas. Podem ser colocados em qualquer lugar. Visto de uma perspectiva externa, o edifício, como o mundo de arte que deveria ser, está onde pode ser visto e admirado. E, como é grande, pode ser visto à distância (numa escala consistente com um automóvel em movimento)" (Jacobs e Appleyard 1987: 113).

Esse tipo de sensação de vazio, por dez páginas de um texto com letras miúdas, é exatamente o motivo de o projeto de desenho urbano ser uma disciplina que permaneceu em uma autoimposta idade da pedra desde a Segunda Guerra Mundial.

A Carta do Novo Urbanismo, por sua vez, ainda é o manifesto mais recente. Ela aborda o projeto urbano diretamente, e é um documento totalmente diferente. Ratificada por seus membros em 1996, foi adotada por centenas, se não milhares, de escritórios ambientais por todo o mundo, e foi traduzida para várias outras tipologias étnicas e culturais, tanto nos Estados Unidos como em outros locais (FOC: 122-126). O Congresso Para o Novo Urbanismo não se limita a ter apenas arquitetos entre seus membros, mas abrange uma ampla variedade de grupos profissionais comprometidos com a ideologia geral. O primeiro parágrafo da carta declara: "O Congresso Para o Novo Urbanismo vê o desinvestimento nos centros urbanos, a proliferação da expansão urbana sem sentido, a crescente segregação por raça e renda, a deterioração ambiental, a perda de terras agrícolas e áreas naturais e a erosão do patrimônio edificado da sociedade como um desafio inter-relacionado para a construção das comunidades" (<www.cnu.org/charter>).

Apesar de reconhecer que "soluções físicas, por si sós, não vão resolver os problemas sociais e econômicos", as respostas permanecem firmemente no âmbito do projeto físico, com o anúncio de políticas em três níveis – "a metrópole, a cidade e a cidade pequena; o bairro, o distrito e o corredor; o quarteirão, a rua, o edifício". Na medida em que qualquer manifesto pode produzir mudanças, a Carta do Novo Urbanismo avança como um documento coerente. Embora tenha atraído muitas críticas, isso pode ser visto de forma positiva, já que o mesmo ocorre com as melhores ideias. Conquanto as limitações do Novo Urbanismo sejam evidentes, é um avanço significativo em relação a qualquer coisa originária da profissão de planejamento, em que a dependência de mecanismos de controle de desenvolvimento e programas de projeto obviamente falharam em controlar a forma e o projeto/desenho das cidades de maneira significativa.

Conclusão

O planejamento urbano e os movimentos sociais urbanos têm equivalências em monumentos e manifestos. Como o planejamento urbano despolitiza o conflito urbano e é, portanto, suspeito em suas estratégias, assim também a representação da história social, em monumentos erigidos pelo Estado e pelo setor privado, precisa ser interrogada quanto a seu real significado. Assim, como os movimentos sociais urbanos representam as necessidades diretas dos indivíduos para o planejamento de ações, os manifestos fazem exigências semelhantes ao

Estado e a outros cidadãos por maior reconhecimento. O planejamento urbano e os monumentos urbanos são, em suma, dimensões ideologicamente impulsionadas na construção do espaço social. Por outro lado, os movimentos sociais urbanos e manifestos, que às vezes são a mesma coisa, são uma expressão direta das demandas de vários públicos por mudança social. O projeto urbano está inextricavelmente preso nessa teia de relações. Nossa capacidade de implementar nossa missão – a tentativa simbólica de expressar um significado urbano aceito em certas formas urbanas – depende totalmente de nossa disposição de escavar a arqueologia dos significados que jazem sob a expressão superficial da forma urbana. Aqui, a linguagem e sua dinâmica são ferramentas cruciais. As heterologias dominantes na codificação do significado simbólico estão associadas a vários teóricos sociais contemporâneos, tais como Bernstein, Pêcheux, Lacan e Foucault, mas o principal nessa questão foi Jürgen Habermas, cujos conceitos de pragmática universal e comunicação distorcida reinam supremos. Apesar de várias heterologias auxiliarem na desconstrução de significados simbólicos no ambiente construído, deve-se notar que esse processo não é linear, mas cíclico. A compreensão que vem da desconstrução torna-se o conhecimento complexo exigido para infundir o espaço urbano com estruturas de significado simbólico que melhorem a vida social. Esse processo não necessariamente produzirá um bom projeto, mas o efeito geral dessa compreensão é exemplificado pela análise de Le Corbusier de seu próprio sistema de proporções, chamado Modulor (1980). Quando questionado se o Modulor iria garantir uma boa arquitetura, ele respondeu que não, não garantiria. Mas iria tornar mais difícil fazer uma má arquitetura.

Posfácio

A progressão realizada desde o livro *The Form of Cities* (A Forma das Cidades) até este representa uma transição da teoria para método ou, mais precisamente, metamétodo, usando um conceito básico derivado de Michel de Certeau, o da "heterologia". O termo parece confuso por não ser de uso corrente, apesar de sua simplicidade essencial. Pelo fato de os termos "método" e "metodologia" serem com frequência (e erradamente) entrelaçados, e o conceito de metamétodo ou heterologia parecer cada vez mais impenetrável, recentemente usei uma analogia do *The Guardian Weekly* para melhor elucidar o último termo. A cada dois meses, o jornal tem uma sessão sobre aprendizado de inglês. Para ensinar ou aprender inglês é evidente que a estrutura e a forma da língua devem ser comunicadas com as várias técnicas disponíveis; as diferenças entre sintaxe, semântica e semiótica devem ser compreendidas, e os problemas de dialetos, escrita, discurso etc., revelados. É similar ao projeto urbano convencional, no qual as relações materiais prevalecem. A maior parte da secção, no entanto, concentra-se inteiramente em "outro" sistema de conhecimento que fundamenta esses métodos e tecnologias básicos, e seu contexto social. Alguns artigos incluem, por exemplo, a contribuição do multilinguismo à criatividade; a relação entre linguagem política e governo; os graus de inglês na zona do euro; a avaliação da fluência linguística por computadores; a relação entre racismo e dialetos; e muitos outros temas. Dito simplesmente, os últimos são heterológicos em relação aos primeiros (métodos e técnicas), oferecendo percepções e uma base crítica para todo o universo de fluência linguística. O projeto urbano convencional é caracterizado pelo primeiro grupo e o Novo Projeto Urbano, pelo último. Portanto, o projeto urbano tradicional representa um estágio evolutivo de desenvolvimento que sobreviveu ao seu uso, embora a nova heterologia fosse redefinir e absorver o conhecimento convencional, em vez de eliminá-lo. Felizmente, a mudança de paradigma exigida na conscientização do projeto urbano vem pouco a pouco tomando forma, ao menos nos últimos dez anos, embora tenha permanecido insuficientemente formulado para transformar-se no discurso predominante.

Este livro completa uma trilogia iniciada em 2002. A tarefa à qual me propus era delinear um campo unificado para o projeto urbano. Correta ou incorretamente, senti que a disciplina estava em estado de total dissolução. Definições desgastadas pelo tempo, ausência de teoria significativa, uma dependência total do determinismo físico, o culto a personalidades e não a princípios, e uma posição estagnada na cultura da educação ambiental, tudo contribuindo para sua dissolução. Que o projeto urbano fosse ainda visto como uma colônia compartilhada entre arquitetura e planejamento urbano, prestes a ser saqueada à vontade pelos recursos que pudesse oferecer, parecia ser a raiz de seu declínio. Por um lado, os sistemas de planejamento do Estado são forçados a ver o projeto urbano em relação à *raison d'etre* desses sistemas, a saber, as leis urbanísticas, sem as quais eles não poderiam sobreviver. Nesse contexto, o projeto urbano não pode ser inerentemente definido; ele existe apenas na medida em que tem um papel na regulamentação das práticas de planejamento do Estado, isto é, na gestão da acumulação de capital da terra e seu papel, cada vez mais marginal, na reprodução social. Isso está, de fato, internalizado no projeto urbano como função das regulamentações de controle e diretrizes de projeto que, em muitos casos, são escritas pelo próprio setor privado. Por outro lado, a capacidade de projetar e construir edifícios permitiu que a profissão arquitetônica reivindicasse soberania, não só sobre as construções individuais, mas também sobre as demais formas construídas da cidade em sua totalidade. Evidentemente, isso incluiu o projeto do desenho urbano. Em linhas gerais, a arquitetura existe como prática de monopólio dentro da estrutura geral da empresa capitalista. Assim, para atuar dentro dessas regras, o projeto urbano tem que estar vinculado ao projeto arquitetônico, produto com assinatura de arquitetos, escritórios, corporações e legislação de apoio; e com uma crescente estrutura de classe própria e multinacional. Somente a partir da insistência dos arquitetos de que o projeto implica tanto autoria como propriedade, o projeto urbano pode permanecer dentro da sua alçada e como mercadoria.

Com o tempo, a apropriação conjunta do projeto urbano, pelos dois processos, deixou-o, como na maioria das colônias, com a identidade brutalizada, os recursos dilapidados e sua capacidade de reconstrução seriamente minada. Percebi que

Posfácio 307

aquelas ideias muito elogiadas (dizendo que o projeto urbano não exige uma profissão exclusiva e que o sistema aberto de participação nesse tipo de projeto [de
vale tudo!], na verdade, enriqueceu a "disciplina") eram consequência de oportunismo e preguiça intelectual. Nada disso parecia acrescentar. Além disso, tais
ideologias generosamente democráticas e licenciosas levaram o projeto urbano
quase ao colapso em termos de sua coerência e integridade. A posição tradicional
dominante parecia ter atingido seu nadir.

Como na maior parte dos ambientes pós-coloniais, as antigas ideologias devem
ser rejeitadas e novas normas estabelecidas. Assim, senti que o único modo de seguir
adiante era reconstruir o projeto de desenho urbano como um *campo de conhecimento*
independente, um campo que exigisse uma séria catarse e uma reconstituição das
normas habituais. O terceiro milênio exige mais do que o segundo. Claramente,
era uma tarefa que teve de reconhecer as realidades da interdisciplinaridade e a
necessária diluição de fronteiras das disciplinas ambientais. No entanto, não vi
essa situação como uma licença para continuar a definir o projeto urbano como
um satélite da arquitetura, do planejamento urbano e, em menor grau, do paisagismo. Se as fronteiras não estavam nítidas, o projeto urbano deveria começar em
uma posição de igualdade, não de inferioridade. A partir desse ponto, o problema
transformou-se em descobrir "qual é essa posição".

Para responder essa pergunta, eu precisava começar de forma mais ou menos
livre do peso da história passada. A modificação gradual não estava funcionando e
uma mudança de paradigma era necessária. O primeiro passo, portanto, foi repen-
sar o problema desde seus princípios originais, em vez de rastrear novamente a
chamada "história" de uma disciplina fragmentada que parecia ter um grau de
relevância cada vez menor. Esse esforço foi auxiliado pelo fato de ter completado
meu doutoramento na London School of Economics and Political Science (Escola
de Economia e Ciências Políticas de Londres). No processo, minha mente girou
180º em relação às minhas qualificações acadêmicas e profissionais "tradicionais"
em arquitetura, planejamento e projeto urbano e sou muito grato a essa experiência. Em vez de me prender à solidão do próprio interesse profissional, sentia-me
capaz de desenvolver um novo olhar sobre como é que o campo material do projeto urbano se transforma, a partir do campo das relações humanas, usando as
percepções possibilitadas pela economia política, pela teoria crítica, pela geografia
humana e pelos estudos culturais. Daquela perspectiva, nada parecia como sempre tinha sido. Em *Designing Cities* (Projetando Cidades), portanto, delineei um
novo arcabouço teórico para o projeto urbano, ilustrado por uma série de artigos
dessas disciplinas. Entre a dezena de leituras, ou mais, que se seguiram sobre projeto urbano até hoje, esta é a única a apresentar uma estrutura teórica ampliada e
organizada já desde o início, em vez de deixar o leitor inventar sua própria estrutura. O livro foi estruturado com base em dez categorias, com exemplos de vários
autores escrevendo a partir do interior desses paradigmas. Como resultado, um
arcabouço teórico com peças específicas, como num jogo de montar, constituiu
meu esboço inicial, a ser elaborado nos dois volumes subsequentes. A distinção

fundamental no texto era que as forças sociais e econômicas geraram uma economia política do espaço que, por sua vez, configurava a forma das cidades e o campo que chamamos de projeto de desenho urbano.

Claramente, o projeto urbano e o de arquitetura não eram a mesma coisa. Em sua totalidade, as cidades nunca são "projetadas" por alguém e, para aquelas que *supostamente* foram projetadas, em geral, isso se limita a uma composição organizacional básica (em geral, infraestrutura). Na sequência, essas concepções iniciais são completadas por infinitas intervenções humanas dissonantes (por exemplo, Paris, Camberra, Brasília, Cumbernauld etc.) que, raramente, estão de acordo com o plano original de seu autor. Evidentemente, muitos dos ambientes celebrados como perfeitos exemplos de projeto urbano não têm criadores óbvios, desde as cidades italianas nas colinas da Úmbria e as ilhas Cíclades gregas, às cidades medievais reveladas por Camillo Sitte e aos incríveis povoados de adobe da África, como Kano, na Nigéria, ou Saná, no Iêmen. Uma das mais famosas e mais aclamadas obras-primas, inclusive pelos arquitetos, é a praça São Marcos em Veneza, que levou seiscentos anos para se desenvolver. Paris, uma das mais belas cidades do mundo, também é uma obra prima do desenho urbano, com uma magnífica arquitetura monumental, e digo que não há nenhuma relação entre ambas. Paris foi criada com base na sobreposição da infraestrutura esquemática de um tirano (Napoleão III) e de um demagogo (barão Haussmann) por cima da cidade medieval. A justificativa tinha pouco a ver com a estética e muito a ver com o fato de que a economia francesa estava indo mal, enquanto a Inglaterra, sua concorrente, progredia. A circulação de mercadorias em Paris, no caos das ruas e vielas medievais, estava quase interrompida. A nova Paris, e sua arquitetura residencial que define os grandes bulevares, desenvolveu-se com base em simples regras sobre a altura das edificações, estilos arquitetônicos predominantes, uso de materiais (pedra, ardósia e madeira) e as práticas culturais dos franceses. Logo, Paris não foi "projetada" como resultado de qualquer plano controlado de arquitetura; foi a consequência da economia política da época; e as árduas discussões de projeto como "desenho urbano" e de projeto como "arquitetura" exigem um pouco mais de elaboração.

Em algum lugar, escrevi que todas as cidades, grandes ou pequenas, são de alguma maneira projetadas pela ação humana e, de forma geral, mantenho essa posição em relação ao projeto urbano. Embora essa afirmação pareça bastante genérica a ponto de transformar o projeto urbano em algo totalmente indefinido, espero ter sido bastante explícito no meu trabalho anterior para não ser mal-entendido. Na trilogia, o foco sempre incidiu sobre como os problemas de projeto urbano são abordados, como são constituídos e como as respostas são organizadas, não como são construídos. Além disso, embora uma série de diferentes decisões seja tomada pelos indivíduos, pelo Estado, pelo setor privado e outros, como os movimentos sociais urbanos, isso não significa, em absoluto, que o processo seja caótico, aleatório ou necessariamente fora de controle. Tampouco sugere que o processo de projeto esteja ausente. Muito pelo contrário. Mesmo no âmbito dos mais necessitados das cidades, as favelas, as ocupações e os campos de refugiados

Posfácio

são "projetados" ou "desenhados", com base no medo, na corrupção, nos recursos disponíveis, na conveniência, nas relações sociais, na defesa e em outros fatores. Um bom urbanista entenderia o porquê disso e, talvez, pudesse ver a futilidade de traçar um plano arquitetônico para resolver o problema, ainda que um plano pré-concebido pudesse ser a resposta correta em diferentes circunstâncias. O modo como surgem as características de um "projeto" maduro, portanto, depende da resolução de múltiplos fatores ao longo do tempo e não pode ser definido por um único conceito saído de uma prancheta.

Tal abordagem, generalizável para a criação de espaços e lugares nas cidades, coloca-se em oposição frontal à prática convencional. Ela contraria a ideia de que o projeto urbano é domínio exclusivo da profissão arquitetônica, incluindo a ideia de que todos os outros aspectos do desenvolvimento global, embora interessantes, não são apontados como atividades de projeto. Essa posição tem pouco a ver com a imaginação arquitetônica tradicional, ou mesmo com os procedimentos burocráticos da prática de planejamento, mas muito a ver com a forma com que as estruturas socioespaciais surgem e são transformadas ao longo do tempo. Inevitavelmente, o projeto urbano e a evolução urbana possuem uma coincidência necessária, uma relação que o projeto arquitetônico não pode acomodar. Na verdade, essa necessidade de ver *evolução* e *projeto* como forças em oposição não é simplesmente um ponto de discussão; constitui uma construção ideológica necessária na sobrevivência da profissão arquitetônica. De mais a mais, a propriedade do desenho urbano só pode ser perpetuada se essa posição for mantida. Assim, existem diferenças singulares entre arquitetura e projeto urbano em relação à aceitação e/ou reconhecimento da existência de quatro processos integrados, a saber: projeto, evolução, preconcepção e controle. Como existem no ponto em que projeto arquitetônico e projeto de desenho urbano se separam, tais ideias carecem de maior elaboração.

Para a maioria dos arquitetos, *projeto* pressupõe desenvolver algum plano ou conceito previamente concebido do que deve ser construído ou como as pessoas devem viver. A palavra-chave aqui é "preconcebido". Assim, há um hiato real no léxico arquitetônico, já que os termos "preconcepção" e "evolução" estão em oposição direta. O projeto arquitetônico é a forma terrena de dizer "projeto inteligente", porque implica um criador com um plano final que antecipa, e então rege, a atividade humana. A evolução, nesses termos, dura tanto quanto o edifício leva para ser construído. Portanto, edifícios isolados, fruto de um projeto arquitetônico, devem necessariamente ser concebidos como totalidades, sem nenhuma perspectiva de evolução, a não ser a da decadência. Como extensão dessa ideia, porque o projeto de desenho urbano é composto de edifícios, ele também deveria ter alguém responsável pelo projeto e deveria ser concebido como arquitetura de grande escala, embora o projeto urbano se concentre no âmbito público, não na arquitetura em si. Portanto, a natureza inerente do projeto de *arquitetura* nega os conceitos de transformação, tão vitais ao projeto *urbano*. Contudo, a maioria dos arquitetos reconhece que existem outras formas de projeto, desde que o conceito de evolução seja colocado de lado. Isso causa um entrelaçamento do projeto de arquitetura com o projeto do produto, embora na escala física mais ampla, refletindo o mesmo conceito de *Weltanschauung* (cosmovisão) como projeto, seja de um relógio, um automóvel, uma peça de mobiliário, um avião etc. e, às vezes, incorporando tecnologias derivadas dessas disciplinas. Mesmo com esses simples fatos, é óbvio que existem graves questões quanto à possibilidade de qualquer discussão sobre o projeto urbano como um processo evolutivo e decisivo no projeto das cidades.

Nesse paradigma, também é nítido que a preconcepção e o controle são obrigatórios. Como a característica predominante do projeto arquitetônico é o controle, é inevitável que a *evolução do espaço urbano* seja vista como um processo aleatório com resultados imprevisíveis e que, por essa razão, não pode, de forma nenhuma, constituir um projeto. Além disso, essa posição é sustentada pelo fato de a evolução urbana ser um processo por acréscimo, envolvendo uma infinidade de indivíduos, organizações e fatores dissonantes, cujas ações são, em teoria, imprevisíveis. *Ipso facto*, como o projeto depende de certezas dentro desse paradigma, o projeto urbano não pode ter nada a ver com a evolução urbana. A suposição inexorável, portanto, é que o projeto urbano é arquitetura de grande escala e deve submeter-se à autoria individual. Portanto, aprisionados dentro desses conceitos dúbios, de criação e de controle, os arquitetos confundem projeto de arquitetura com projeto de desenho urbano e são pegos em um nó górdio de sua própria criação.

No entanto, o método de desatar o nó é simples. Ele apenas exige reconhecer que *projeto de arquitetura* lida com objetos (edifícios), e *projeto urbano* lida com espaços e lugares – o âmbito público, um domínio que não pode ser concebido como evento único, mas que pode, no entanto, incorporar todos os tipos de projetos físicos. Da mesma forma, o projeto urbano refere-se, fundamentalmente, a processos de transformação. Por algum acidente da história, os edifícios isolados podem, por exemplo, sofrer transformações em seu uso, mas quase nunca isso é parte do projeto original. Se tomarmos o espaço urbano como um todo, é paradoxal que a transformação da forma construída, uma consequência acidental do desenvolvimento social e inesperada em projetos individuais, tenha tido um papel mais importante no projeto das cidades que a autoria combinada das criações individuais arquitetônicas. Por exemplo, em Edimburgo, onde fiz a faculdade, toda a Cidade Nova georgiana passou por grandes transformações de uso que jamais fizeram parte de seu conceito residencial original. O projeto de desenho urbano, em seu cerne, lida, basicamente, com crescimento e mudança. A evolução é inerente. É pena que alguns arquitetos não gostem de ver o termo "projeto" usado de forma mais geral, um sistema do qual nossa trilogia tentou se libertar.

Ainda que seja inegável o fato de o projeto de arquitetura ser uma parte do espaço urbano em transformação, o projeto urbano continua como um fenômeno, estejam os arquitetos presentes ou não. Isso não significa que temos que acreditar em um "projeto inteligente", onde a evolução é vista como tendo um criador, mas se a evolução, como sugerido, deve ser eliminada do processo do projeto urbano como "não projeto", então ficamos com um corolário absurdo – que todo projeto de desenho urbano deve ser concebido e construído por um "arquiteto-projetista". Dez mil anos de evolução urbana contradizem essa ideia. Infelizmente, a resistência de muitos arquitetos a conceitos de projeto urbano, além daqueles da preconcepção, controle e propriedade, é um dos fatores que limitam uma conscientização teoricamente robusta e convincente sobre o projeto urbano. Na verdade, é tentador retirar da arquitetura em sua totalidade a ideia do projeto urbano, substituindo-a por uma terminologia mais apropriada – *projeto do desenho urbano*. Como fiz em *The Form of Cities*, é possível, então, movimentar-se sem amarras para redefinir a disciplina, deixando essa cegueira ideológica para trás.

Compreender a economia política do espaço, usada em vários níveis nos três volumes da trilogia, é fundamental para a compreensão dos processos aparentemente caóticos, aleatórios e distintos de desenvolvimento e projeto urbano. Desse ponto inicial, o campo do projeto urbano pode acessar teorias sociais importantes e fugir do determinismo físico predominante e, ainda, das ideologias de projeto presentes nas disciplinas ambientais. Assim, as relações preexistentes podem ser reestruturadas, e novas formas de respeito surgem entre as disciplinas fundamentadas nos conhecimentos e nas responsabilidades redefinidos. Como embasamento necessário para o Novo Projeto Urbano, exige-se uma boa compreensão sobre a maneira como o espaço procede de modos específicos de produção, com suas estruturas inerentes de relações sociais e propriedade, ideologias e história, bem como das lutas étnicas, de classe e de gênero que conformam o âmbito urbano. As estruturas espaciais produzidas desse jeito transformam-se, diariamente, para acomodar influências ambientais e sociais traumáticas ou incrementais, resultando no projeto das cidades. Para um projeto urbano reconstruído, é axiomático que o processo educacional dos urbanistas deva ser radicalmente diferente daquele dos arquitetos. Inclui projeto, mas não se trata somente disso.

Diante da minha própria narrativa, preciso esclarecer meu grande compromisso e respeito para com a ciência e a arte da arquitetura. Na vida pessoal, viajei pelos quatro continentes para visitar obras-primas históricas e contemporâneas de arquitetura, e sempre fico admirado com a magnitude e o gênio exibidos pela imaginação arquitetônica. Mas esse não é o ponto. A profissão arquitetônica suporta o peso da responsabilidade em seu papel de guardiã do conhecimento sobre projeto urbano, como fez com o planejamento urbano até o início dos anos 1970, quando foi suplantada pelas ciências sociais. Ao gerar uma nova teoria, o melhor da antiga deve ser trazido à discussão, e muito disso é representado no discurso dominante da arquitetura em relação ao projeto urbano. Não há dúvida de que precisamos dos melhores arquitetos que a sociedade possa formar para reproduzir uma grande arquitetura, como uma das características predominantes das grandes cidades. No entanto, quando o Novo Projeto Urbano ganhar impulso, o espaço que ocupa irá ampliar-se sobre o território de outras disciplinas ambientais, à medida que ocorre a descolonização. Isso significa que arquitetos irão se concentrar naquilo que fazem melhor – projetar edifícios; que planejadores farão o que fazem melhor – implementar políticas estaduais e nacionais; e que paisagistas continuarão a reforçar a

paisagem urbana inserindo a natureza (agora concebida como uma indústria mul-
tibilionária de serviços) no espaço urbano. Embora o nome permaneça o mesmo,
haverá um âmbito do projeto que reivindica seu próprio território, e esse é o Novo
Projeto Urbano.

Finalmente, no projeto urbano como na ciência, prevalece a tese de Heisen-
berg que diz que tudo muda no ato da observação, tanto o observador como o
observado. Não há dúvida de que isso aconteceu comigo no processo de finali-
zar três livros integrados. Na verdade, um volume adicional poderia ser escrito
sobre cada uma das categorias que usei para delinear o campo do projeto urbano,
e estou ciente de que mais um texto precisa ser concluído, sobre estudos de caso
que aprofundem práticas em cada dimensão. Embora esteja convencido de que a
abordagem geral aqui delineada seja válida e necessária, também reconheço que
aqui foram esboçados apenas contornos irregulares de um campo para o projeto
(do desenho) urbano. Concordo que isso poderia ter sido feito de uma infinidade
de outras maneiras. Se tivesse que recomeçar, talvez eu fizesse as coisas de outro
modo. Além disso, estou consciente das limitações desta trilogia, apesar das mil
páginas envolvidas na discussão. Minha esperança é que outros aceitem o desafio
de destruição criativa que todo novo conhecimento demanda e aperfeiçoem esta
minha contribuição um tanto especulativa.

Alexander Cuthbert
Gandapura, Bali, junho 2010.

Bibliografia

ABEL, C. [2003]. *Sky High: Vertical Architecture*. London: The Royal Academy of Arts.

ABRAMS, C. [1964]. *Man's Struggle for Shelter in an Urbanising World*. Cambridge: MIT Press.

ADAMS, A.; TANCRED, P. [2000]. *Designing Women: Gender and the Architectural Profession*. Toronto: University of Toronto Press.

ADORNO, T.; HORKHEIMER, M. [1979]. *The Dialectic of Enlightenment*. London: Verso. (Publicado originalmente como *Dialektik der Aufklärung*. Amsterdam: Querido, 1947.)

AGREST, D.; CONWAY, P.; WEISMAN, L. (eds.) [1996]. *The Sex of Architecture*. New York: Harry N. Abrams.

AKKERMAN, A. [2006]. Feminism and Masculinity in City-Form: Philosophical Urbanism as a History of Consciousness. *Human Studies*, v. 29, n.2.

AL HINDI, K.F.; STADDON, C. [1997]. The Hidden Histories and Geographies of Neotraditional Town Planning: The Case of Seaside, Florida. *Environment and Planning D: Society and Space*, v. 15, n. 3.

ALBIN, S. [2003]. *The Art of Software Architecture: Design Methods and Techniques*. Hoboken: Wiley.

ALEXANDER, C. [1964]. *Notes on a Synthesis of Form*. Cambridge: Harvard University Press.

_____. [1973]. A City Is Not a Tree. In: THACKARAY, J. (ed.). *Design After Modernism*. London: Thames and Hudson.

_____. [1977]. *A Pattern Language*. Oxford: Oxford University Press.

ALEXANDER, C. e POYNER, B. [1967]. *The Atoms of Environmental Structure*. London: Ministry of Public Buildings and Works.

ALEXANDER, E.R. [2000]. Rationality Revisited: Paradigms in a Postmodernist Perspective. *Journal of Planning Education and Research*, v. 19, n. 3.

ALLEN, J. [2003]. *Parasite Paradise: A Manifesto for Contemporary Architecture*. Rotterdam: NAI Publishers.

ALONSO, W. [1965]. *Location and Land Use*. Cambridge: Harvard University Press.

ALTHUSSER, L. [1965]. *For Marx*. London: Allen Lane.

_____. [1984]. *Essays on Ideology*. London: Verso.

ALTHUSSER, L.; BALIBAR E. [1970]. *Reading Capital*. London: New Left.

ANDREW, C.; MILROY, B.M. (eds.) [1988]. *Life Spaces, Gender, Household, Employment*. Vancouver: University of British Columbia Press.

ANGOTTI, T. [1993]. *Metropolis 2000: Planning, Poverty and Politics*. New York: Routledge.

_____. [2006]. Apocalyptic Anti-Urbanism: Mike Davis and his Planet of Slums. *International Annual Review of Sociology*, v. 19, n. 3.

ANTHONY, K.H. [2001]. *Designing for Diversity. Gender, Race and Ethnicity in the Architectural Profession*. Urbana: University of Illinois Press.

APPLEYARD, D.; LYNCH, K.; MYER, J. [1964]. *The View from the Road*. Cambridge: MIT Press.

ARATO, A.; Gebhart, E. [1982]. *The Essential Frankfurt School Reader*. New York: Continuum.

ARDENER, S. (ed.) [1981]. *Women and Space*. London: Croom Helm.

ARENDT, H. [1958]. *The Human Condition*. Chicago: Chicago University Press.

ARRIGHI, G. [1994]. *The Long Twentieth Century*. London: Verso.

ASHCROFT, B.; AHLUWALIA, P. [1999]. *Edward Said: The Paradox of Identity*. London: Routledge.

ASIHARA, Y. [1983]. *The Aesthetic Townscape*. Boston: MIT Press.

ATKINSON, P. [1985]. *Language, Structure and Reproduction*. London: Methuen.

AUDIRAC, I.; SHERMYEN, A.H. [1994]. An Evaluation of Neo-Traditional Design's Social Prescription: Postmodern Placebo or Remedy for Suburban Malaise? *Journal of Planning Education and Research*, v. 13, n. 3.

AZARAYAHU, M. [1986]. Street Names and Political Identity: The Case of East Berlin. *Journal of Contemporary History*, v. 21, n. 4.

_____. [1996]. The Power of Commemorative Street Names. *Environment and Planning D: Society and Space*, v. 14, n. 3.

BACON, E. [1965]. *The Design of Cities*. New York: The Viking.

BAKKER, N.; DUBBELING, S.; SABEL KOSCHELLA, U.; GUNDEL, S.; ZEEUW, H. (eds.) [2000]. *Urban Agriculture in the Policy Agenda*. The German Federation for International Development. Feldalig: DSE.

BALABEN, O. [1995]. *Politics and Ideology: A Philosophical Approach.* London: Avebury.

BALLARD, J.G. [1973]. *Crash.* London: Vintage.

____. [2006]. *Kingdom Come.* London: Harper Collins.

BANAI, R. [1996]. A Theoretical Assessment of "Neotraditional" Settlement Form by Dimensions of Performance. *Environment and Planning B: Environment and Design,* v. 23, n. 2.

____. [1998]. The New Urbanism: An Assessment of the Core Commercial Areas with Perspectives from (Retail) Location and Land-Use Theories, and the Conventional Wisdom. *Environment and Planning B: Environment and Design,* v. 25, n. 2.

BANNERJEE, T.; SOUTHWORTH, M. (eds.) [1990]. *City Sense and City Design: The Writings and Projects of Kevin Lynch.* Cambridge: MIT Press.

BARNACLE, R. [2001]. *Phenomenology.* Melbourne: RMIT University Press.

BARNETT, J. [1974]. *Urban Design as Public Policy: Practical Methods for Improving Cities.* New York: The Architectural Press.

BARON-COHEN, S. [2004]. *The Essential Difference.* London: Penguin.

BAUDRILLARD, J. [1981]. *For a Critique of the Political Economy of the Sign.* St Louis: Telos.

____. [1990]. *Cool Memories.* London: Verso.

____. [1996]. *Cool Memories II.* Cambridge: Polity.

____. [1997]. *Cool Memories III: Fragments.* London: Verso.

BAUM, A.; EPSTEIN, Y. [1978]. *Human Response to Crowding.* New York: Halstead.

BOURDIEU, P. [2000]. *Pascalian Meditations.* Cambridge: Polity.

BOWLBY, S.; LEWIS, J.; MCDOWELL, L;. FORD, J. [1989]. The Geography of Gender. In: PEET R.; THRIFT, N. (eds.). *New Models in Geography.* London: Routledge.

BOYER, M.C. [1983]. *Dreaming the Rational City: The Myth of American City Planning.* Cambridge: MIT Press.

____. [1994]. *The City of Collective Memory.* Cambridge: MIT Press.

BOYLE, D. [2003]. *Authenticity: Brands, Fakes, Spin, and the Lust for Real Life.* London: Flamingo.

BOYS, J. [1985]. Women and Public Space. In: Matrix (ed.). *Making Space: Women and the Man-made Environment.* London: Pluto.

BRACKEN, I. [1981]. *Urban Planning Methods: Research and Policy Analysis.* London: Methuen.

BREMAN, J. [2003]. *The Labouring Poor in India.* Oxford: Oxford University Press.

BRESSI, T.W. [1994]. Planning the American Dream. In: KATZ, P. *The New Urbanism.* New York: McGraw--Hill Education.

BRITZ, R. [1981]. *The Edible City.* Los Angeles: Kaufmann.

BRIZENDINE, L. [2006]. *The Female Brain.* New York: Morgan Road.

BROWER, S. [2002]. The Sectors of the Transect. *The Journal of Urban Design,* v. 7, n. 3.

BROWNE, J. (ed.) [2007]. *The Future of Gender.* Cambridge: Cambridge University Press.

BROWNE, K.; LIM, J.; BROWN, G. (eds.) [2007]. *Geographies of Sexualities.* Aldershot: Ashgate.

BUBNER, R. [1988]. *Essays in Hermeneutics and Critical Theory.* New York: Columbia University Press.

BURGESS, E.W. [1925]. The Growth of the City. In: PARK, R.E.; BURGESS, E.W.; MCKENZIE, R. (eds.). *The City: Suggestions of Investigation of Human Behaviour in the Urban Environment.* Chicago: University of Chicago Press.

BURKE, G. [1976]. *Townscapes.* London: Penguin.

CALHOUN, C. (ed.) [1992]. *Habermas and the Public Sphere.* Cambridge: MIT Press.

CALLINICOS, A. [2003]. *An Anti-Capitalist Manifesto.* Oxford: Blackwell.

CAMUS, A. [1965]. *The Plague.* New York: McGraw-Hill.

____. [2000]. *The Rebel.* London: Penguin.

____. [2006]. *The Fall.* London: Penguin.

CANNADINE, D. [2002]. *What is History Now?* Hampshire: Palgrave McMillan.

CANOVAN, M. [1983]. A Case of Distorted Communication: A Note on Habermas and Arendt. *Political Theory,* v. 2, n. 1.

CASEY, E.S. [1997]. *The Fate of Place: A Philosophical History.* London: California University Press.

CASTELLS, M. [1976]. Is There an Urban Sociology? In: PICKVANCE, C. (ed.). *Urban Sociology: Critical Essays.* London: Tavistock. (Chapter 1.)

____. [1977]. *The Urban Question.* London: Arnold.

____. [1983]. *The City and the Grassroots: A Cross-Cultural Theory of Urban Social Movements.* Berkeley: University of California Press.

_____. [1990]. *The Shek Kip Mei Syndrome: Economic Development and Public Housing in Hong Kong and Singapore*. London: Pion.

_____. [1996]. *The Rise of the Network Society*. Oxford: Blackwell.

_____. [1997]. *The Power of Identity*. Oxford: Blackwell.

_____. [1998]. *End of Millennium*. Oxford: Blackwell.

_____. [2000]. Toward a Sociology of the Network Society. *Contemporary Sociology*, v. 29, n. 5.

CAWS, M.A. (ed.) [2001]. *Manifesto: A Century of Isms*. Lincoln: University of Nebraska Press.

CELIK, Z., FAVRO, D.; INGERSOLL, R. (eds.) [1994]. *Streets: Critical Perspectives on Public Space*. Berkeley: University of California Press.

CENZATTI, M. [1993]. *Los Angeles and the L.A. School: Postmodernism and Urban Studies*. Los Angeles: Los Angeles Forum for Architecture and Urban Design.

CERVERO, R. [1998]. *The Transit Metropolis: A Global Inquiry*. Washington: Island Press.

CHALMERS, A.F. [1999]. *What is This Thing Called Science?* Indianapolis: Hackett.

CHAPIN, S.; KAISER, E.J. [1979]. *Urban Land Use Planning*. Urbana: University of Illinois Press.

CHAPLIN, S. [2003 (orig. 2000)]. Heterotopia Deserta: Las Vegas and Other Places. In: CUTHBERT, A. (ed.). *Designing Cities: Critical Readings in Urban Design*. Oxford: Blackwell.

CHILDE, V.G. [1935]. *Man Makes Himself*. London: Watts.

CHMIELEWSKA, E. [2005]. Logos or the Resonance of Branding: A Close Reading of the Iconosphere of Warsaw. *Space and Culture*, v. 8, n. 4.

CINAR, A.; BENDER, T. (eds.) [2002]. *Imaginaries: Locating the Modern City*. Minneapolis: University of Minnesota Press.

CLARK, G.L.; DEAR, M. [1984]. *State Apparatus: Structures and Language of Legitimacy*. London: Allen and Unwin.

CLARKE, P.W. [1989]. The Economic Currency of Architectural Aesthetics. In: DIANI, M.; INGRAHAM, C. (eds.). *Restructuring Architectural Theory*. Evanston: Northwestern University Press.

CLARKE, V. A; PEEL, E. (eds.) [2007]. *Out in Psychology: Lesbian, Gay, Bisexual, Trans and Queer Perspectives*. Chichester: Wiley.

COHEN, G.A. [1978]. *Karl Marx's Theory of History*. Oxford: Clarendon.

COLLINS, G.R.; Collins, C.C.C. [1986]. *Camillo Sitte: The Birth of Modern City Planning*. New York: Dover.

COLLINS, P. [1998]. *Changing Ideals in Modern Architecture 1750–1950*. Montreal: McGill/Queens University Press.

COLOMINA, B. (ed.) [1992]. *Sexuality and Space*. New York: Princeton Architectural Press.

COMTE-SPONVILLE, A. [2005]. *The Little Book of Philosophy*. London: Vintage.

CONRADS, U. [1970]. *Programs and Manifestos on 20th Century Architecture*. Cambridge: MIT Press.

CONZEN, M.P.; GREENE, R.P. [2008]. All the World Is Not Los Angeles or Chicago: Paradigms, Schools, Archetypes and the Urban Process. *Urban Geography*, v. 29, n. 2.

COSGROVE, D. [1984]. *Social Formation and Symbolic Landscape*. Madison: University of Wisconsin Press.

CROSS, N. (ed.) [1984]. *Developments in Design Methodology*, Chichester: Wiley.

CUFF, D. [2003]. Immanent Domain: Pervasive Computing and the Public Realm. *Journal of Architectural Education*, v. 57, n. 1.

CULLEN, G. [1961]. *The Concise Townscape*. London: The Architectural Press.

CULLER, J. [1976]. *Saussure*. Glasgow: Collins.

CUTHBERT, A.R. [1984]. Conservation and Capital Accumulation in Hong Kong. *The Third World Planning Review*, v. 6, n. 1.

_____. [1995]. The Right to the City: Surveillance, Private Interest and the Public Domain in Hong Kong. *Cities*, v. 12, n. 5.

_____. (ed.) [2003]. *Designing Cities: Critical Readings in Urban Design*. Oxford: Blackwell.

_____. [2006]. *The Form of Cities: Political Economy and Urban Design*. Oxford: Blackwell.

_____. [2007]. Urban Design: Requiem for an Era – Review and Critique of the Last 50 Years. *Urban Design International*, v. 12, n. 4.

CUTHBERT, A.R.; MCKINNELL, K. [1997]. Ambiguous Space, Ambiguous Rights? Corporate Power and Social Control in Hong Kong. *Cities*, v. 12, n. 5.

DALTON, L.C. [1986]. Why the Rational Paradigm Persists: The Resistance of Professional Education and Practice to Alternative Forms of Planning. *Journal of Planning Education and Research*, v. 15, n. 4.

DANDENEKER, C. [1990]. *Surveillance, Power and Modernity*. New York: St Martin's.

DAVIS, D.E. [2005]. Cities in Global Context: A Brief Intellectual History. *International Journal of Urban and Regional Research*, v. 29, n. 1.

_____. [1990]. *City of Quartz*. London: Verso.

_____. [2004]. Planet of Slums. *New Left Review*, v. 26, n. 1.

_____. [2006a]. *Planet of Slums*. London: Verso.

_____. [2006b]. Fear and Money in Dubai. *New Left Review*, v. 41, n. 1.

DAVISON, G. [2005]. Australia: The First Suburban Nation. *Journal of Urban History*, v. 22, n. 1.

DAWKINS, J.; SEARLE, G. [1995]. *The Australian Debate on Urban Consolidation 1985–1994: A Selective Bibliography*. Sydney: Faculty of Architecture, Design and Building, University of Technology.

DAY, K. [1997]. Better Safe than Sorry? Consequences of Sexual Assault Prevention for Women in Urban Space. *Perspectives on Social Problems*, v. 9.

_____. [1999]. Embassies and Sanctuaries: Women's Experiences of Race and Fear in Public Space. *Environment and Planning D: Society and Space*, v. 17.

_____. [2000]. The New Urbanism and the Challenges of Designing for Diversity. *Journal of Planning Education and Research*, v. 23, n. 1.

DE BEAUVOIR, S. [1972]. *The Second Sex*. Harmondsworth: Penguin.

DE BOTTON, A. [2002]. *The Art of Travel*. London: Penguin.

_____. [2004]. *Status Anxiety*. London: Hamish Hamilton.

DE CANTE, L. [2008]. *Heterotopia and the City: Public Space in a Post Civil Society*. Oxford: Routledge.

DE CERTEAU, M. [1984]. *The Practice of Everyday Life*. Berkeley: University of California Press.

_____. [1988]. *The Writing of History*. New York: Columbia University Press.

_____. [1993]. Walking in the City. In: DURING, S. (ed.). *The Cultural Studies Reader*. London: Routledge.

DEAR, M. [2000]. *The Postmodern Urban Condition*. Oxford: Blackwell.

_____. [2002]. Los Angeles and the Chicago School: Invitation to a Debate. *City and Community*, v. 1, n. 1.

_____. [2003]. The Los Angeles School of Urbanism: An Intellectual History. *Urban Geography*, v. 24, n. 6.

DEAR, M.; DISHMAN, J.D. (eds.) [2002]. *From Chicago to L.A.: Making Sense of Urban Theory*. Thousand Oaks: Sage.

DEAR, M.; FLUSTY, S. [1998]. Postmodern Urbanism. *Annals of the Association of American Geographers*, v. 88.

DEBORD, G. [1983 (orig. 1967)]. *The Society of the Spectacle*. London: Practical Paradise.

DEL CERRO, G. [2007]. *Bilbao: Basque Pathways to Globalisation*. London: Elsevier.

DELAFONS, J. [1998]. Democracy and Design. In: SCHEER, B.; PREISER, W.F.E. (eds.). *Design Review: Challenging Urban Aesthetic Control*. New York: Chapman and Hall.

DEMETERIO, F.P.A. [2001]. *Introduction to Hermeneutics*. Manila: Department of Philosophy and Human Resource Development, San Beda College. Disponível em: <www.geocities.com>.

DENNIS, R. [2004]. Slums. In: HARRISON, S.; PILE, S.; THRIFT, N. (eds.). *Patterned Ground: Entanglements of Nature and Culture*. London: Reaktion.

DIAZ, O.F;. FAINSTEIN, S. [2009]. The New Mega-Projects: Genesis and Impacts. *International Journal of Urban and Regional Research*, v. 32, n. 4.

DIESENDORF, M. [2005]. Growth of Municipalities: A Snapshot of Sustainable Development in China. In: HARGROVES, C.; SMITH, M. *The Natural Advantage of Nations*. London: Earthscan.

DOUGLAS, M.; HO, K.C.; OOI, G.L. [2008]. *Globalisation, the City and Civil Society in Pacific Asia: The Social Production of Civil Spaces*. London: Routledge.

DOWNEY, J.; MCGUIGAN, J. (eds.) [1999]. *Technocities*. Thousand Oaks: Sage.

DRUCKER, S.J.; GUMPERT, G. (eds.) [1997]. *Voices in the Street: Explorations in Gender, Media and Public Space*. Cresskill: Hampton.

D'SOUZA, A.D.; MCDONOUGH, T. [2006]. *The Invisible Flâneuse*. Manchester: Manchester University Press.

DUANY, A. [2000]. A New Theory of Urbanism. *The Scientific American*, v. 283, n. 6.

_____. [2002]. Introduction to the Special Issue: The Transect. *The Journal of Urban Design*, v. 7, n. 3.

DUANY, A.; TALEN, E. (eds.) [2002]. The Transect. *The Journal of Urban Design*, v. 7, n. 3. (Edição especial.)

DUANY, A.; PLATER-ZYBERK, E.; SPECK, J. [2000]. *Suburban Nation: The Rise of Sprawl and the Decline of the American Dream*. New York: North Point.

DUANY, Plater-Zyberk and Co. [2000]. *The Lexicon of the New Urbanism*. C3.1–C3.2.

DUNLEAVY, P. [1981]. *The Politics of Mass Housing in Britain 1945–75*. Oxford: Clarendon.

DURING, S. (ed.) [1993]. *The Cultural Studies Reader*. London: Routledge.

EAGLETON, T. [1990]. *The Ideology of the Aesthetic*. Oxford: Blackwell.

EASTERLING, K. [2005]. *Enduring Innocence: Global Architecture and Its Political Masquerades*. Cambridge: MIT Press.

EATON, R. [2001]. *Ideal Cities*. New York: Thames and Hudson.

Bibliografia 319

ECO, U. [1986]. *Travels in Hyper-reality*. London: Picador.

EDELMAN, B. [1977]. *Political Language: Words that Succeed, Policies that Fail*. New York: Academic.

EICHLER, J. (ed.) [1995]. *Change of Plans: Towards a Non-Sexist Sustainable City*. Toronto: Garamond.

ELLIS, C. [2002]. The New Urbanism: Critiques and Rebuttals. *The Journal of Urban Design*, v. 73, n. 3.

ELSHESHTAWY, Y. [2008]. Transitory Sites: Mapping Dubai's "Forgotten" Spaces. *International Journal of Urban and Regional Research*, v. 32, n. 4.

EMBONG, A.R. [2000]. Globalisation and Transnational Class Relations: Some Problems of Conceptualisation. *The Third World Quarterly*, v. 21, n. 6.

ENGELS, F. [1973 (orig. 1892)]. *The Condition of the Working Class in England*. London: Lawrence and Wishart.

ERAN, B.J.; SZOLD, T.S. [2005]. *Regulating Place: Standards and the Shaping of Urban America*. London: Routledge.

EVANS, G. [2003]. Hard Branding the City: From Prado to Prada. *International Journal of Urban and Regional Research*, v. 27, n. 2.

FAINSTEIN, S.S. [2002]. One Year On: Reflections on September 11th and the "War on Terrorism" – Regulating New York City's Visitors in the Aftermath of September 11th. *International Journal of Urban and Regional Research*, v. 26, n. 3.

_____. [2009]. Mega-Projects in New York, London and Amsterdam. *International Journal of Urban and Regional Research*, v. 32, n. 4.

FAINSTEIN, S.S.; SERVON L.J. [2005]. *Gender and Planning: A Reader*. New Jersey: Rutgers University Press.

FALCONER, A.K. [2001]. The New Urbanism: Where and for Whom? Investigation of a New Paradigm. *Urban Geography*, v. 22, n. 3.

FANN, K.T. [1969]. *Wittgenstein's Conception of Philosophy*. Berkeley: University of California Press.

FANON, F. [1965]. *The Wretched of the Earth*. London: Macgibbon and Kee.

_____. [1967]. *Black Skin, White Masks*. New York: Grove.

FARR, D. [2008]. *Sustainable Urbanism: Urban Design with Nature*. Hoboken: Wiley.

FAUQUE, R. [1986]. For a New Semiological Approach to the City. In: GOTTDIENER, M.; ALEXANDROS P.; LAGOPOULOS A. *The City and the Sign: An Introduction to Urban Semiotics*. New York: Columbia University Press.

FERNANDEZ-ARMESTO, F. [2002]. *The World, a History*. Upper Saddle River: Prentice Hall. V. 1.

FEYERABEND, P. [1975]. *Against Method*. London: Verso.

_____. [1987]. *Farewell to Reason*. London: Verso.

_____. [1995]. *Killing Time: The Autobiography of Paul Feyerabend*. Chicago: University of Chicago Press.

FISHMAN, R. [1987]. *Bourgeois Utopias: The Rise and Fall of Suburbia*. New York: Basic Books.

FLETCHER, Sir B. [1961 (orig. 1897)]. *A History of Architecture on the Comparative Method*. London/New York: B.T. Batsford/C. Scribner's Sons.

FLORIDA, R. [2003]. *The Rise of the Creative Class*. Melbourne: Pluto.

_____. [2005]. *The Flight of the Creative Class*. New York: Harper Collins.

FLYVBJERG, B. [2005]. Machiavellan Megaprojects. *Antipode*, v. 37, n. 1.

FLYVBJERG, B., BRUZELIUS, N.; ROTHENGATTER, W. [2003]. *Megaprojects and Risk: An Anatomy of Ambition*. Cambridge: Cambridge University Press.

FOGELSON, R.E. [1986]. *Planning the Capitalist City: The Colonial Era to the 1920's*. Princeton: Princeton University Press.

FORD, L.R. [1999]. Lynch Revisited: New Urbanism and Theories of Good City Form. *Cities*, v. 16, n. 4.

FOUCAULT, M. [2002 (orig. 1966)]. *The Order of Things: Archaeology of the Human Sciences*. London: Routledge.

FRAMPTON, K. [2000]. The Status of Man and the Status of his Objects: A Reading of the Human Condition. In: HAYS, M. (ed.). *Architecture Theory Since 1968*. Cambridge: MIT Press.

FRANCK, K.; PAXSON, L. [1989]. Women and Urban Public Space. In: ALTMAN, I.; ZUBE, E. (eds.). *Public Spaces and Places*. New York: Plenum.

FRANKEL, B. [1983]. *Beyond the State*. London: Macmillan.

FRANKLIN, B.; TAIT, M. [2002]. Constructing an Image: The Urban Village Concept in the U.K' *Planning Theory*, v. 1, n. 3.

FRASER, N. [1990]. Rethinking the Public Sphere: A Contribution To Actually Existing Democracy. *Social Text*, v. 25/26, n. 1.

FRERS, L.; MEIER, L. (eds.) [2007]. *Encountering Urban Places: Visual and Material Performances in the City*. Aldershot: Ashgate.

FRITZSCHES, P. [2004]. *Stranded in the Present*. Cambridge: Harvard University Press.

FUKUYAMA, F. [2006]. *The End of History and the Last Man*. New York: The Free Press.

FULBROOK, M. [2002]. *Historical Theory*. London: Routledge.

FULTON, W. [1996]. New Urbanism as Sustainable Growth? A Supply Side Story. *Environment and Planning D: Society and Space*, v. 15, n. 3.

GADAMER, H.G. [1989]. *Truth and Method*. New York: Crossroad.

GANS, H. [2005 (orig. 1962)]. Urbanism and Suburbanism as Ways of life. In: LIN, J.; MELE, C. (eds.). *The Urban Sociology Reader*. London: Routledge.

GARDE, A. [2004]. New Urbanism as Sustainable Growth: A Supply-Side Story and its Implications for Sustainable Growth. *Journal of Planning Education and Research*, v. 24, n. 2.

GARDINER, C.B. [1989]. Analysing Gender in Public Places: Rethinking Goffman's Vision of Everyday Life. *American Sociologist*, v. 20, n. 1.

GARREAU, J. [1991]. *Edge City: Life on the New Frontier*. New York: Anchor.

GEARY, D. [1998]. *Male, Female: The Evolution of Human Sex Differences*. New York: The American Psychological Association.

GEDDES, P. [1997 (orig. 1915)]. *Cities in Evolution: An Introduction to the Town Planning Movement and the Study of Civics*. London: Routledge.

GEIST, J.F. [1985]. *Arcades. The History of a Building Type*. New York: Oxford University Press.

GIBBERD, F. [1953]. *Town Design*. New York: Praeger.

GIBSON-GRAHAM, J.K. [1996]. *The End of Capitalism (As We Knew It): A Feminist Critique of Political Economy*. Oxford: Blackwell.

GIDDENS, A. [1974]. *Positivism and Sociology*. London: Heinemann.

GIEDION, S. [1941]. *Space, Time and Architecture*. Cambridge: Harvard University Press.

GILBERT, A. [2007]. The Return of the Slum: Does Language Matter? *International Journal of Urban and Regional Research*, v. 31, n. 4.

GINDROZ, R. [2003]. *The Urban Design Handbook: Techniques and Working Methods*. New York: W.W. Norton.

GIRARDET, H. [1999]. *Creating Sustainable Cities*. Dartington: Green Books.

GLEBER, A. [1999]. *The Art of Taking a Walk; Flânerie, Literature, and Film in Weimar Culture*. Princeton: Princeton University Press.

GOAKES, R.J. [1987]. *How to Design the Aesthetics of Townscape*. Brisbane: Boolarong.

GOLANYI, G.S. [1996]. Urban Design Morphology and Thermal Performance. *Atmospheric Environment*, v. 30, n. 3.

GOMEZ, M.V.; GONZALEZ, S. [2001]. A Reply to Beatriz Plaza's "The Guggenheim Bilbao Museum Effect". *International Journal of Urban and Regional Research*, v. 25, n. 4.

GOODCHILD, B. [1997]. *Urban Planning*. Malden: Blackwell Science.

GOODE, T. [1992]. Typological Theory in the United States. *The Journal of Architectural Education*, v. 46, n. 1.

GORBACHEV, M.S. [2006]. *Manifesto for the Earth: Action Now for Peace, Justice and a Sustainable Future*. Forest Row: Clairview.

GORDON, D.L.A.; TAMMINGA, T. [2002]. Large Scale Traditional Neighbourhood Development and Pre-Emptive Ecosystem Planning: The Markham experience. *Journal of Urban Design*, v. 7, n. 3.

GOSLING, D. [2003]. *The Evolution of American Urban Design: A Chronological Anthology*. Hoboken: Wiley-Academy.

GOSPODINI, A. [2002]. European Cities in Competition and the "Uses" of Urban Design. *Journal of Urban Design*, v. 7, n. 1.

GOTTDIENER, M. [1977]. *Planned Sprawl: Private and Public Interests in Suburbia*. Beverly Hills: Sage.

_____. [1985]. *The Social Production of Urban Space*. Austin: University of Texas Press.

_____. [1986]. Recapturing the Centre: A Semiotic Analysis of the Shopping Mall. In: GOTTDIENER, M.; ALEXANDROS P.; LAGOPOULOS A. (eds.) [1986]. *The City and the Sign: An Introduction to Urban Semiotics*. New York: Columbia University Press.

_____. [1994]. *The New Urban Sociology*. New York: McGraw-Hill.

_____. [1995]. *Postmodern Semiotics*. Oxford: Blackwell.

_____. [1997]. *The Theming of America: Dreams, Visions and Commercial Spaces*. Boulder: Westview.

GOTTDIENER, M.; KLEPHART, G. (eds.) [1991]. The Multinucleated Metropolitan Region. In: KLING, R.; SPENCER, O.; POSTER, M. (eds.). *Postsuburban California: The Transformation of Orange County since World War II*. Berkeley: University of California Press.

GOTTDIENER, M.; ALEXANDROS P.; LAGOPOULOS A. (eds.) [1986]. *The City and the Sign: An Introduction to Urban Semiotics*. New York: Columbia University Press.

GOTTDIENER, M.; COLLINS, C.; DICKENS, D. [1999]. *Las Vegas: The Social Production of the All-American City*. Malden: Blackwell.

Bibliografia

GOTTMANN, J. [1961]. *Megalopolis: The Urbanised North-Eastern Seaboard of the United States*. New York: Twentieth Century Fund.

GRAHAM, G. [1997]. *Philosophy of the Arts: An Introduction to Aesthetics*. London: Routledge.

GRANT, J. [2002]. Exploring the Influence of New Urbanism. *Journal of Planning Education and Research*, v. 20, n. 3.

_____. [2005]. *Planning the Good Community: New Urbanism in Theory and Practice*. London: Routledge.

_____. [2008]. Planning the New Community: The New Urbanism in Theory and Practice. *Planning Theory*, v. 7, n. 1.

GRANT, L.; WARD, K.B.; RONG, X.L. [1987]. Is There an Association between Gender and Methods in Sociological Research? *American Sociological Review*, v. 52, n. 6.

GRAY, J. [2002]. *Straw Dogs*. London: Granta.

GREED, H. [1994]. *Women and Planning: Creating Gendered Realities*. London: Routledge.

GREENBERG, M. [2003]. The Limits of Branding: The World Trade Center, Fiscal Crisis and the Marketing of Recovery. *International Journal of Urban and Regional Research*, v. 27, n. 2.

GUHATHAKURA, S. [1999]. Urban Modelling and Contemporary Planning Theory: is There a Common Ground? *Journal of Planning Education and Research*, v. 18, n. 4.

GUTKIND, E.A. [1964]. *The International History of City Development* (8 vols). New York: The Free Press of Glencoe.

GWYTHER, G. [2004]. Paradise Planned: Community Formation and the Master Planned Estate. *Urban Policy and Research*, v. 23, n. 1.

HAAS, T. (ed.) [2008]. *The New Urbanism and Beyond: Designing New Cities for the Future*. New York: Rizzoli.

HABERMAS, J. [1970]. Towards a Theory of Communicative Competence. *Inquiry: An Interdisciplinary Journal of Philosophy*, v. 13, n. 1.

_____. [1971]. *Towards a Rational Society*. London: Heinemann.

_____. [1972]. *Knowledge and Human Interests*. Cambridge: Polity.

_____. [1979]. *Communication and the Evolution of Society*. Toronto: Beacon.

_____. [1989]. *The Structural Transformation of the Public Sphere*. Cambridge: Polity.

HACKING, I. [1983]. *Representing and Intervening: Introductory Topics in the Philosophy of Natural Science*. Cambridge: Cambridge University Press.

HAGGERTY, E.H.; MCGARRY, M. (eds.) [2007]. *A Companion to Lesbian, Gay, Bisexual, Transgender and Queer Studies*. Oxford: Blackwell.

HALL, K.; PORTERFIELD, G. [2000]. *Community by Design: New Urbanism for Suburbs and Small Communities*. New York: McGraw-Hill.

HALL, P. [1982]. *Great Planning Disasters*. Harmondsworth: Penguin.

_____. [1988]. *Cities of Tomorrow: An Intellectual History of Urban Planning and Design in the Twentieth Century*. Cambridge: Basil Blackwell.

_____. [1998]. *Cities in Civilization*. London: Weidenfeld and Nicholson.

HALL, S.; GIEBEN, B. (eds.) [1992]. *Formations of Modernity*. Cambridge: Polity.

HALPRIN, L. [1966]. *Freeways*. New York: Reinhold.

HAMM, B.; PANDURANG, K.M. (eds.) [1998]. *Sustainable Development and the Future of Cities*. London: Intermediate Technology Publications.

HAMMOND, M.; HOWARTH, J.; KEAT, R. (eds.) [1991]. *Understanding Phenomenology*. Oxford: Blackwell.

HANSON, J. [2003]. *Decoding Home and Houses*. Cambridge: Cambridge University Press.

HARAWAY, D.J. [1991]. *Simians, Cyborgs, and Women. The Reinvention of Nature*. London: Routledge.

_____. [1993]. A Cyborg Manifesto. In: DURING, S. (ed.). *The Cultural Studies Reader*. London: Routledge.

HARDING, S.G. (ed.) [1987]. *Feminism and Methodology*. Bloomington: Indiana University Press.

HARDING, S.G. [1991]. *Whose Science, Whose Knowledge? Thinking for Women*. Ithaca: Cornell University Press.

_____. [1998]. *Is Science Multicultural?: Postcolonialisms, Feminisms and Epistemologies*. Indianapolis: Indianapolis University Press.

_____. (ed.) [2004]. *The Feminist Standpoint Reader: Intellectual and Political Commentaries*. London: Routledge.

HARDT, M.; NEGRI, A. [2000]. *Empire*. Cambridge: Harvard University Press.

_____. [2005]. *Multitude*. London: Penguin.

HARGROVES, C.; SMITH, M. [2005]. *The Natural Advantage of Nations*. London: Earthscan.

HARLOE, M.; ISSACHAROFF, R.; MINNS, R. [1974]. *The Organisation of Housing*. London: Heinemann.

HARRILL, R. [1999]. Political Ecology and Planning Theory. *The Journal of Planning Education and Research*, v. 19, n. 1.

HARRIS, C.D.; ULLMAN, E.L. [1945]. The Nature of Cities. *Annals of the American Academy of Political and Social Science*, v. 242.

HARRIS, N. [1990]. *The End of the Third World*. London: Penguin.

HARTSOCK, N.C.M. (ed.) [1991]. *The Feminist Standpoint Revisited, and Other Essays*. Oxford: Westview.

HARVEY, D. [1973]. *Social Justice and the City*. London: Arnold.

_____. [1979]. Monument and Myth. *Annals of the Association of American Geographers*, v. 68, n. 3.

_____. [1982]. *The Limits to Capital*. Oxford: Blackwell.

_____. [1985]. *The Urbanisation of Capital*. Oxford: Blackwell.

_____. [1989]. *The Condition of Postmodernity*. Oxford: Blackwell.

_____. [2003]. *The New Imperialism*. Oxford: Oxford University Press.

_____. [2007]. *Spaces of Global Capitalism: Towards a Theory of Uneven Geographical Development*. London: Verso.

HASHIMOTO, K. [2002]. The New Urban Sociology in Japan: The Changing Debates. *Journal of Planning Education and Research*, v. 26, n. 4.

HAWKEN, P.; LOVINS, A.; LOVINS, L. [1999]. *Natural Capitalism: The Next Industrial Revolution*. London: Earthscan.

HAY, I. (ed.) [2005]. *Qualitative Research Methods in Human Geography*. South Melbourne: Oxford University Press.

HAYDEN, D. [1976]. *Seven American Utopias: The Architecture of Communitarian Socialism 1790–1975*. Cambridge: MIT Press.

_____. [1980]. What Would a Non-Sexist City be Like? Speculations on Housing, Urban Design and Human Work. In: STIMPSON, C.; DIXLER, E.; NELSON, M.; YATRAKIS, K. (eds.). *Women and the American City*. Chicago: Chicago University Press.

_____. [1981]. *The Grand Domestic Revolution: A History of Feminist Designs for American Homes, Neighbourhoods and Cities*. Cambridge: MIT Press.

_____. [1984]. *Redesigning the American Dream: The Future of Housing, Work and Family*. New York: W.W. Norton.

_____. [2003]. *Building Suburbia: Green Fields and Urban Growth 1820–2000*. New York: Pantheon.

HAYLES, K. [1999]. *How We Became Posthuman. Virtual Bodies in Cybernetics, Literature, and Informatics*. Chicago: Chicago University Press.

HAYLLAR, B.; Griffin, T.; Edwards, D. (eds.) [2008]. *City Spaces, Tourist Places: Urban Tourism Precincts*. Oxford: Butterworth-Heinemann.

HAYS, M. (ed.) [2000]. *Architecture Theory since 1968*. Cambridge: MIT Press.

HEBBERT, M. [2005]. Street as a Locus of Collective Memory. *Environment and Planning D: Society and Space*, v. 23, n. 4.

HEGEL, G.W.F. [1977]. *The Phenomenology of Spirit*. Oxford: Oxford University Press.

HEIDEGGER, M. [1952]. *Being and Time*. New York: Harper.

HEINICH, H. [1988]. The Pompidou Centre and its Public: The Limits of a Utopian Site. In: LUMLEY, R. (ed.). *The Museum Time Machine*. London: Comedia.

HELD, D. [1980]. *Introduction to Critical Theory: Horkheimer to Habermas*. Berkeley: University of California Press.

HESSE-BIBER, S.; GILMARTIN, C.; LYDENBERG, R. (eds.) [1999]. *Feminist Approaches to Theory and Methodology: An Interdisciplinary Reader*. Oxford: Oxford University Press.

HIGHMORE, B. [2006]. *Michel de Certeau: Analysing Culture*. London: Continuum.

HILBERSEIMER, L. [1955]. *The Nature of Cities*. Chicago: Paul Theobald.

HILLIER, W.; HANSON, J. [1984]. *The Social Logic of Space*. Cambridge: Cambridge University Press.

HILLIER, W.; LEAMAN, A. [1976]. Space Syntax. *Environment and Planning B*, v. 3, n. 2.

HINES, M. [2004]. *Brain Gender*. Oxford: Oxford University Press.

HIRSHMAN, L.R. [2006]. *Get to Work: A Manifesto for Women of the World*. New York: Viking.

HOME, R. [1989]. *Planning around London's Megaproject: Canary Wharf and the Isle of Dogs*. Oxford: Butterworth.

HOWARD, E. [1898]. *Tomorrow: A Peaceful Path to Real Reform* (1898). Reeditado como *Garden Cities of Tomorrow* (1902). Editora original desconhecida.

HOYER, M. [2008]. See Why McNeil's So Hot Right Now. *The Sunday Telegraph*, Sydney, 15 June.

HOYT, H. [1933]. *One Hundred Years of Land Values in Chicago: The Relationship of the Growth of Chicago to the Rise of Its Land Values, 1830–1933*. Chicago: University of Chicago Press.

_____. [1939]. *The Structure and Growth of Residential Neighborhoods in American Cities*. Washington: United States Federal Housing Administration.

HUANG, E.; YEOH, S. (eds.) [1996]. Gender and Urban Space in the Tropical World. *Singapore Journal of Tropical Geography*, v. 17, n. 2. (Themed issue.)

HUANG, M. [1996]. *Walking Between Slums and Skyscrapers*. Washington: University of Washington Press.

HUDSON, B.M. [1979]. Comparison of Current Planning Theories: Counterparts and Contradictions. *Journal of the American Planning Association*, v. 45, n. 4.

Bibliografia

HULSER, K. [1997]. Visual Browsing: Auto Flâneurs and Roadside Ads in the 1950's. In: LANG, P.; MILLER, T. (eds.). *Suburban Discipline*. New York: Princeton Architectural Press.

HUSSERL, E. [1969]. *Ideas: General Introduction to Pure Phenomenology*. London: Allen and Unwin.

HUXLEY, A. [1960]. *Brave New World*. London: Chatto and Windus.

HUXLEY, M. [1988]. Feminist Urban Theory: Gender, Class and the Built Environment. *Transition*, Winter.

_____. [2000]. The Limits to Communicative Planning. *Journal of Planning Education and Research*, v. 19, n. 4.

ILLICH, I. [1983]. *Gender*. London: Marion Boyers.

INCE, M. [2003]. *Conversations with Manuel Castells*. Chichester: Wiley.

IRAZABAL, C. [2007]. Kitsch is Dead, Long Live Kitsch: The Production of Hyperkitsch in Las Vegas. *Journal of Architectural and Planning Research*, v. 24, n. 3.

IRVINE, S.; PONTON, A. [1988]. *A Green Manifesto: Policies for a Green Future*. London: Optima.

ISAACS, R. [2000]. The Urban Picturesque: An Aesthetic Experience of Urban Pedestrian Places. *Journal of Urban Design*, v. 5, n. 2.

JACOBS, A.; APPLEYARD, D. [1987]. A Manifesto. *American Planning Association Journal*, November.

JACOBS, J. [1961]. *The Death and Life of Great American Cities*. New York: Random House.

JAEKEL, M.; VAN GELDERMALSEN, M. [2006]. Gender Equality and Urban Development: Building Better Communities For All. *Global Urban Development Magazine*, v. 2, n. 1.

JEFFERSON, C.; ROWE, J.; BREBBIA, C. (eds.) [2001]. *Street Design and Management*. Southampton: WIT Press.

JELLICOE, S.; JELLICOE, J. [1987]. *The Landscape of Man: Shaping the Environment from Prehistory to the Present*. London: Thames and Hudson.

JENCKS, C. [1977]. *The Language of Postmodern Architecture*. London: Academy.

_____. [1993]. *Heteropolis: Los Angeles, the Riots, and the Strange Beauty of Heteroarchitecture*. New York: St Martin's.

_____. [2005]. *The Iconic Building: The Power of Enigma*. London: Francis Lincoln.

JENCKS, C.; KROPF, K. (eds.) [1997]. *Theories and Manifestos of Contemporary Architecture*. Chichester: Wiley.

JENCKS, C.; SUDJIC, D. [2005]. Can We Still Believe in Iconic Buildings? *Prospect*, June.

JENKINS, B. [2006]. The Dialectics of Design. *Space and Culture*, v. 9, n. 2.

JENKS, J.; WILLIAMS, B.; BURTON, W. (eds.) [1996]. *The Compact City: A Sustainable Urban Form?* London/Melbourne: Spon.

JENKS, M.; BURGESS, R. [2000]. *Compact Cities: Sustainable Urban Form in Developing Countries*. London: Spon.

JENKS, M.; DEMPSEY, N. (eds.) [2005]. *Future Forms and Design for Sustainable Cities*. Oxford: The Architectural Press.

JENSEN, O.B. [2007]. Cultural Stories: Understanding Urban Branding. *Planning Theory*, v. 6, n. 3.

JOHNS, E. [1965]. *British Townscapes*. London: Arnold.

JOHNSON, N. [1994]. Cast in Stone: Monuments, Geography and Nationalism. *Environment and Planning D, Society and Space*, v. 14, n. 1.

JOHNSON, P. [1984]. *Marxist Aesthetics: The Foundations Within Everyday Life for an Emancipated Consciousness*. Boston: Routledge and Kegan Paul.

JONES, J.C. [1992(1970)]. *Design Methods: Seeds of Human Futures*. Hoboken: Wiley-Interscience.

JORDANOVA, J.L. [2000]. *History in Practice*. New York: Oxford University Press.

JOYCE, J. [1960(Orig. 1922)]. *Ulysses*. London: Bodley Head.

_____. [1992(Orig. 1939)]. *Finnegan's Wake*. London: Penguin

KAGAN, R. [2008]. *The Return of History and the End of Dreams*. New York: Knopf.

KATZ, C. [2006]. Power Space and Terror: Social Reproduction and the Built Environment. In: LOW, S.; SMITH, N. *The Politics of Public Space*. London: Routledge.

KATZ, P. [1994]. *The New Urbanism*. New York: McGraw-Hill.

KAYDEN, J.S. [2000]. *Privately Owned Public Space*. Hoboken: Wiley.

KEIL, R. [1998]. *Los Angeles: Globalisation, Urbanisation and Social Struggles*. Hoboken: Wiley.

KENNICOTT, P. [2007]. The Meaning of a Marker for 100 Million Victims. *The Washington Post*, June 13.

KIMMEL, M.S. [2008]. *The Gendered Society*. Oxford: Oxford University Press.

KIMURA, D. [1993]. *Neuromotor Mechanisms in Human Communication*. New York: Oxford University Press.

_____. [1999]. *Sex and Cognition*. Cambridge: MIT Press.

KING, A. [2004]. *Spaces of Global Cultures: Architecture, Urbanism, Identity*. London: Routledge.

KING, A.D. [1990]. *Urbanism, Colonialism and the World Economy: Cultural and Spatial Foundations of the World Urban System*. London: Routledge.

KITCHEN, P. [1975]. *A Most Unsettling Person: An Introduction to the Ideas and Life of Patrick Geddes*. London: Gollancz.

KLEIN, H. [2007]. *Project Planning*. Zurich: Birkhauser.

KNAAP, L.; HOPKINS, D.; KIERAN, P. [1998]. Do Plans Matter? A Game-Theoretic Model for Examining the Logic and Effects of Land Use Planning. *Journal of Planning Education and Research*, v. 18, n. 1.

KOGLER, H.H. [1996]. *The Power of Dialogue: Critical Hermeneutics after Gadamer and Foucault*. Cambridge: MIT Press.

KOHN, M. [2004]. *Brave New Neighbourhoods: The Privatisation of Public Space*. London: Routledge.

KOLSON, K. [2001]. *Big Plans: The Allure and Folly of Urban Design*. Baltimore: Johns Hopkins University Press.

KOOLHAAS, R. [1994]. *Delirious New York: A Retroactive Manifesto for Manhattan*. New York: Monacelli.

KORN, A, [1953]. *History Builds the Town*. London: publisher unknown.

KOSTOFF, S. [1991]. *The City Shaped*. London: Thames and Hudson.

_____. [1992]. *The City Assembled*. London: Thames and Hudson.

KRAMPEN, M.K. [1979]. *Meaning in the Urban Environment*. London: Pion.

KRIER, L. [1975]. *The Reconstruction of the City*. Brussels: Archives d'Architecture Moderne.

_____. [1978]. *Rational Architecture: The Reconstruction of the European City*. Brussels: Archives d'Architecture Moderne.

_____. [1985]. *Houses, Palaces, Cities*. London: Academy/St Martin's.

_____. [1979]. *Urban Space*. New York: Rizzoli.

KUHN, T. [1962]. *The Structure of Scientific Revolutions*. Chicago: University of Chicago Press.

KUMIC, I. [2008]. *Revealing the Competitive City: Spatial Political Economy and City Brands*. (Doctoral Thesis) Faculty of Architecture, Design and Planning, The University of Sydney, Australia.

KUNDERA, M. [1985]. *The Unbearable Lightness of Being*. London: Faber and Faber.

LA RUE, L. [1970]. The Black Movement and Women's Liberation. *The Black Scholar*, v. 1, n. 7.

LAGOPOULOS, A. [1986]. Semiotic Urban Models and Modes of Production. In: GOTTDIENER, M.; ALEXANDROS P.; LAGOPOULOS A. (eds.) [1986]. *The City and the Sign: An Introduction to Urban Semiotics*. New York: Columbia University Press.

LAMARCHE, F. [1976]. Property Development and the Economic Foundation of the Urban Question. In: PICKVANCE, C. (ed.). *Urban Sociology*. London: Methuen.

LANDRY, C. [2000]. *The Creative City*. London: Earthscan.

LANG, J. [2005]. *Urban Design: A Typology of Procedures and Products*. New York: Elsevier.

LANG, J.T. [1994]. *Urban Design the American Experience*. New York: Van Nostrand.

LANG, R.; LEFURGY, J.; NELSON, A.C. [2006]. The Six Suburban Eras of the United States. *Opolis*, v. 2, n. 1.

LASH, S. [2002]. *Critique of Information*. London: Sage.

LATHAM, R. [2001]. A Journey Towards Catching Phenomenology. In: BARNACLE, R. *Phenomenology*. Melbourne: RMIT Press.

LATHER, P.A. [2007]. *Getting Lost: Feminist Efforts toward a Double(d) Science*. Albany: State University of New York Press.

LAUGIER, M.A. [1985 (orig. 1763)]. *Essay on Architecture*. New York: Hennessy and Ingalls.

LAUREL, B. (ed.) [2003]. *Design Research: Methods and Perspectives*. Cambridge: MIT Press.

LAY, J. [2004]. *After Method: Mess in Social Science*. London: Routledge.

LE CORBUSIER [1980]. *Modulor 1 and Modulor 2*. Cambridge: Harvard University Press.

LECHTE, J. [1994]. *Fifty Key Contemporary Thinkers from Structuralism to Postmodernity*. London: Routledge.

LEFEBVRE, H. [1976]. *The Survival of Capitalism: Reproduction of the Relations of Production*. London: Alison and Busby.

_____. [1991 (orig. 1974)]. *The Production of Space*. Oxford: Blackwell.

LEHRER, U.; LAIDLEY, J. [2009]. Old Mega-Projects Newly Packaged? Waterfront Redevelopment in Toronto. *International Journal of Urban and Regional Research*, v. 32, n. 4.

LESLIE, D.; REIMER, S. [2003]. Gender, Modern Design and Home Consumption. *Environment and Planning D: Society and Space*, v. 21, n. 2.

LEWIS, J. [2002]. *Cultural Studies: The Basics*. Thousand Oaks: Sage.

LEY, D.; OLDS, K. [1988]. Landscape as Spectacle: World Fairs and the Culture of Heroic Consumption. *Environment and Planning D: Society and Space*, v. 6, n. 2.

LIGHT, A.; SMITH, J. (eds.) [2005]. *The Aesthetics of Everyday Life*. New York: Columbia University Press.

LIN, J.; MELE, C. (eds.) [2005]. *The Urban Sociology Reader*. London: Routledge.

Bibliografía

LINEBAUGH, P. [2008]. *The Magna Carta Manifesto: Liberties and Commons for All*. Berkeley: University of California Press.

LIPPA, R. [2002]. *Gender, Nature, Nurture*. Mahwah: Lawrence Erlbaum.

LITTLE, J.; PEAKE, L.; RICHARDS, P. [1988]. *Women in Cities: Gender in the Urban Environment*. New York: New York University Press.

LLOSA, M.V. [2003]. *The Way to Paradise*. London: Faber and Faber.

LOEVINGER, R.; RAHDER, B.L.; O'NEILL, K. [1998]. Women and Planning: Education for Social Change. *Planning Research and Practice*, v. 13, n. 2.

LOFLAND, L. [1998]. *The Public Realm: Exploring the City's Quintessential Social Theory*. New Jersey: Transaction.

LONDON PLANNING Aid Service [1987]. *Planning for Women: An Evaluation of Consultation in Three London Boroughs*.

LOW, S. [2000]. How Private Interests Take Over Public Space. In: LOW, S.; SMITH, N. *The Politics of Public Space*. London: Routledge.

LOW, S.; SMITH, N. (eds.) [2006]. *The Politics of Public Space*. Oxford: Routledge.

LUCARELLI, M. [1995]. *Lewis Mumford and the Ecological Region: The Politics of Planning*. New York: Guildford.

LUKES, S. [1986]. *Power*. New York: New York University Press.

LYNCH, K. [1960]. *The Image of the City*. Cambridge: MIT Press.

____. [1971]. *Site Planning*. Cambridge: MIT Press.

____. [1981]. *A Theory of Good City Form*. Cambridge: MIT Press.

LYON, D. [2003]. Technology vs "Terrorism": Circuits of City Surveillance since September 11th. *International Journal of Urban and Regional Research*, v. 27, n. 3.

LYOTARD, J.F. [1991]. *Phenomenology*. New York: State University of New York Press.

MACGREGOR, S. [1995]. Deconstructing the Man-Made City: Feminist Critiques of Planning Thought and Action. In: EICHLER, J. (ed.). *Change of Plans: Towards a Non-Sexist Sustainable City*. Toronto: Garamond.

MACKENZIE, S. [1988]. Building Women Building Cities: Towards Gender Sensitive Theory in Environ Mental Disciplines. In: ANDREW, C.; MILROY, B. (eds.). *Life Spaces: Gender, House hold, Employment*. Vancouver: University of British Columbia Press.

____. [1989]. Women in the City. In: PEET, R.; THRIFT, N. (eds.). *New Models in Geography*. London: Winchester.

MCCANN, E.J. [1995]. Neo-Traditional Developments: The Anatomy of a New Urban Form. *Urban Geography*, v. 16, n. 2.

MACCANNELL, D. [1992]. The Vietnam Memorial in Washington DC. In: MACCANNELL, D. *Empty Meeting Grounds*. London: Routledge.

MCCARTHY, J. [2006]. Regeneration of Cultural Quarters: Public Art for Place Image or Place Identity? *Journal of Urban Design*, v. 11, n. 2.

MACAULEY, D. [2000]. Walking the City: Peripatetic Practices and Politics. *Capitalism, Nature, Socialism*, v. 11, n. 1.

MCCLUSKEY, J. [1979]. *Road Form and Townscape*. London: The Architectural Press.

MCDONOUGH, W.; BRAUNGART, M. [1998]. The Next Industrial Revolution. *The Atlantic Monthly*, v. 282, n. 4.

MCHARG, I.L. [1969]. *Design with Nature*. Garden City: The Natural History Press.

MCKEOWN, K. [1987]. *Marxist Political Economy and Marxist Urban Sociology: A Review and Elaboration of Recent Developments*. Basingstoke: Macmillan.

MCLOUGHLIN, J.B. [1970]. *Urban and Regional Planning: A Systems Approach*. London: Faber and Faber.

____. [1991]. Urban Consolidation and Urban Sprawl: A Question of Density. *Urban Policy and Research*, v. 9, n. 3.

MCNEILL, D. [2005]. In Search of the Global Architect: The Case of Norman Foster (and Partners). *International Journal of Urban and Regional Research*, v. 29, n. 3.

____. [2007]. Office Buildings and the Signature Architect: Piano and Foster in Sydney. *Environment and Planning A*, v. 39, n. 2.

____. [2008]. *The Global Architect: Firms, Fame and Urban Form*. London: Routledge.

MCNEILL, D.; TEWDWR-JONES, M. [2003]. Architecture, Banal Nationalism and Reterritorialisation. *International Journal of Urban and Regional Research*, v. 27, n. 3.

MADSEN, K. (ed.) [1994]. Women, Land, Design. *Landscape Journal*, v. 13, n. 2. (Themed Issue.)

MAIRET, P. [1957]. *Pioneer of Sociology: The Life and Letters of Patrick Geddes*. London: Lund Humphries.

MAKAROVA, E. [2006]. The New Urbanism in Moscow: The Redefinition of Public and Private Space. Paper presented at the Annual Meeting of the American Sociological Association, Montreal Convention Center, Montreal, Quebec, Canada. University of Virginia: Department of Sociology.

MANDELBAUM, S.J.; MAZZA L.; BURCHELL, R.W. (eds.) [1996]. *Explorations in Planning Theory*. New Jersey: Rutgers, State University of New Jersey.

MARCH, L. [1976]. A Boolean Description of a Class of Built Forms. In: MARCH, L. (ed.). *The Architecture of Form*. Cambridge: Cambridge University Press.

MARCH, L.; STEADMAN, P. (eds.) [1971]. *The Geometry of Environment*. London: Methuen.

MARCUSE, H. [1978]. *The Aesthetic Dimension: Toward a Critique of Marxist Aesthetics*. Boston: Beacon.

MARCUSE, P. [1962]. *Eros and Civilisation: A Philosophical Enquiry into Freud*. New York: Vintage Books.

_____. [1968]. *Negations: Essays in Critical Theory*. New York: Beacon.

_____. [2006]. Security or Safety in Cities? The Threat of Terrorism After 9/11. *International Journal of Urban and Regional Research*, v. 30, n. 4.

MARCUSE, P.; VAN KEMPEN, R. (eds.) [2000]. *Globalising Cities: A New Spatial Order?* Oxford: Blackwell.

MARSHALL, R. [2003]. *Emerging Urbanity: Global Urban Projects in the Asia Pacific Rim*. London: Spon.

MARSHALL, S. (ed.) [2003]. New Urbanism. *The Journal of Urban Design*, v. 29, n. 3. (Themed issue.)

MARSHALL, S. [2009]. *Cities, Design and Evolution*. London: Routledge.

MARTIN, L.; MARCH, L. (eds.) [1972]. *Urban Space and Structures*. Cambridge: Cambridge University Press.

MARTIN, R.; MARDEN, T. [1999]. Food for Urban Spaces. *International Planning Studies*, v. 4, n. 3.

MARX, K. [1959]. *Capital* (V. 3). London: Lawrence and Wishart.

MARX, K.; ENGELS, F. [1999 (orig. 1872)]. *The Communist Manifesto with Related Documents*. Boston: Bedford/ St Martin's.

MASSEY, D. [1984]. *Spatial Division of Labour: Social Structures and the Geography of Production*. London: Methuen.

_____. [1994]. *Space, Place and Gender*. Chichester: Wiley.

MAZLISH, B. [1994]. The "Flâneur": From Spectator to Representation. In: TESTER, K. (ed.). *The Flâneur*. London/New York: Routledge.

MELLER, H.E. [1990]. *Patrick Geddes: Social Evolutionist and City Planner*. London: Routledge.

MENDEZ, M. [2005]. Latino New Urbanism. Building on Cultural Preferences. *Opolis*, v. 1, n. 1.

MERLEAU-PONTY, M. [1962]. *Phenomenology of Perception*. London: Routledge.

MERRIFIELD, A. [2002]. *Metromarxism*. London: Routledge.

MILIBAND, R. [1973]. *The State in Capitalist Society*. New York: Basic Books.

MILICEVIC, A.S. [2001]. What Happened to the New Urban Sociology? *International Journal of Urban and Regional Research*, v. 25, n. 4.

MILLER, D.W. [2000]. The New Urban Studies. Disponível em: <https://www.chronicle.com/>. Acesso em: 7 maio 2021. Research and Publishing section: A15.

MILLET, J.M. (ed.) [2004]. *Research Methods: A Qualitative Reader*. Upper Saddle River: Prentice Hall.

MILLETT, K. [1971]. *Sexual Politics*. London: Rupert Hart-Davis.

MINCA, C. [2001]. *Postmodern Geography: Theory and Praxis*. Oxford: Blackwell.

MITCHELL, D. [2003]. *The Right to the City: Social Justice and the Fight for Public Space*. New York: Guilford.

MITRASINOVIC, M. [2006]. *Total Landscape, Theme Parks, Public Space*. New York: Ashgate.

MODLICH, R. [1994]. Women Plan Toronto. *Women and Environments*, v. 14, Spring.

MOHOLY-NAGY, S. [1968]. *The Matrix of Man*. London: Pall Mall.

MOLOTCH, H. [2002]. Schools Out: A Response to Michael Dear. *City and Community*, v. 1, n. 1.

MOLOTCH, H.; MCCLAIN, N. [2003]. Dealing with Urban Terror: Heritages of Control, Varieties of Intervention, Strategies of Research. *International Journal of Urban and Regional Research*, v. 27, n. 3.

MOOR, M.; ROWLAND, M. [2006]. *Urban Design Futures*. Abingdon: Routledge.

MORGAN, G. (ed.) [1983]. *Beyond Method*. Beverly Hills: Sage.

MORRIS, A.E.J. [1979]. *History of Urban Form: Before the Industrial Revolutions*. London: Godwin.

MOSER, C.; LEVI, C. [1986]. A Theory and Methodology of Gender Planning: Meeting Practical and Strategic Gender Needs. *World Development*, v. 17, n. 1.

MOUGEOT, J.A. (ed.) [2000]. *Agropolis: The Social, Political and Environmental Dimensions of Urban Agriculture*. London: Earthscan.

MOUGEOT, J.A. [2006]. *Growing Better Cities*. Ottawa: The International Development Centre.

MOUGHTIN, J.C. [2004]. *Urban Design: Green Dimensions*. Boston: The Architectural Press.

MOUGHTIN, J.C.; OC, T.; TIESDELL, S. [1995]. *Urban Design: Ornament and Decoration*. Oxford: The Architectural Press.

MOUGHTIN, J.C.; CUESTA, R.; SARRIS C.A.; SIGNORETTA, P. [2003]. *Urban Design, Method and Techniques*. Oxford: The Architectural Press.

MULVEY, L. [1996]. *Fetishism and Curiosity*. Bloomington: Indiana University Press.

_____. [2006]. *Death 24x a Second: Stillness and the Moving Image*. London: Reaktion.

Bibliografia

MUMFORD, L. [1938]. *The Culture of Cities*. Basingstoke: Macmillan.

____. [1952]. *Art and Technics*. New York: Columbia University Press.

____. [1961]. *The City in History*. New York: Harcourt, Brace and Jovanovitch.

____. [1962 (orig. 1922)]. *The Story of Utopias*. New York: Viking.

____. [1965]. Utopia, the City and the Machine. In: MANUEL, F.E. (ed.). *Utopias and Utopian Thought*. Boston: Houghton Mifflin.

MUNRO, M. [2005]. Does it Pay to Maintain New Urbanist Infrastructure? A Fiscal Comparison of Alternative Community Forms. *Plan Canada*, v. 44, n. 1.

NAIRN, I. (ed.) [1955]. Outrage. *The Architectural Review*, v. CXVII, n. 702 (Special issue.)

____. (ed.) [1956]. Counter Attack. *The Architectural Review*, v. CXX, n. 719. (Special Issue.)

NASH, C. [1993]. Renaming and Remapping. *Feminist Review*, v. 44, n. 1.

NEGRI, A. [1989]. *The Politics of Subversion: A Manifesto for the Twenty-First Century*. Cambridge: Polity.

NEGT, O.; Kluge, A. [1993]. *Public Sphere and Experience: Toward an Analysis of the Bourgeois and Proletarian Public Spheres*. Minneapolis: University of Minnesota Press.

NEUMAN, W.L. [2003]. *Social Science Methods: Qualitative and Quantitative Approaches*. Boston: Allyn and Bacon.

NEWMAN, P. [2006]. The Environmental Impact of Cities. *Environment and Urbanization*, v. 18, n. 2.

NEWMAN, P.; Kenworthy, J. [1989]. *Cities and Automobile Dependence*. Aldershot: Gower.

____. [1999]. *Sustainability and Cities: Overcoming Automobile Dependence*. Washington: Island Press.

____. [2006]. Urban Design to Reduce Automobile Dependence in Centres. *Opolis*, v. 2, n. 3.

NIGHTINGALE, A. [2006]. The Nature of Gender: Work, Gender and Environment. *Environment and Planning D: Society and Space*, v. 24, n. 2.

NOBLE, T. [2000]. *Social Theory and Social Change*. Basingstoke: Palgrave.

NORBERG-SCHULZ, C. [1965]. *Intentions in Architecture*. Cambridge: MIT Press.

____. [1971]. *Existence Space and Architecture*. London: Studio Vista.

____. [1979]. *Genius Loci*. New York: Rizzoli.

____. [1985]. *The Concept of Dwelling*. New York: Rizolli.

____. [1988]. *Architecture, Meaning and Place*. New York: Rizzoli.

O'CONNOR, J. [1971]. *The Fiscal Crisis of the State*. New York: St Martin's.

O'NEILL, P. [2002]. Taking the "Flâneur" for a Spin to the Suburbs: The Auto-Flâneur and a Way Of Looking at the Subject in Suburban Culture. Disponível em: <www.slashseconds.org>. Acesso em: 9 maio 2021.

OLDS, K. [2001]. *Globalisation and Urban Change: Capital, Culture and Pacific Rim Mega-Projects*. Oxford: Oxford University Press.

OLOFSSON, J. [2008]. Negotiating Figurations for Feminist Methodologies: A Manifest for the Fl@neur. *Graduate Journal of Social Science*, v. 5, n. 1.

OLSEN, D.J. [1986]. *The City as a Work of Art: London, Paris, Vienna*. New Haven: Yale University Press.

ONFRAY, M. [2005]. *The Atheist Manifesto*. Melbourne: University of Melbourne Press.

ORR, D. [2002]. *The Nature of Design: Ecology, Culture, and Human Intention*. Oxford: Oxford University Press.

ORUETA, F.D.; FAINSTEIN, S. [2008]. The New Mega-Projects: Genesis And Impacts. *International Journal of Urban and Regional Research*, v. 32, n. 4.

ORWELL, G. [1992 (orig. 1933)]. *Nineteen Eighty-Four*. New York: Knopf.

OXMAN, R. [1987]. *Urban Design Theories and Methods*. Sydney: University of Sydney, Department of Architecture.

PARFECT, M.; POWER, G. (eds.) [1997]. *Planning for Urban Quality: Urban Design in Towns and Cities*. London: Routledge.

PARKER, S. [1997]. *Reflective Teaching in the Postmodern World: A Manifesto for Education in Postmodernity*. Buckingham: The Open University Press.

PARKHURST, P. [1994]. The "Flâneur" on and off the Streets of Paris. In: TESTER, K. (ed.). *The Flâneur*. London: Routledge.

PARSONS, D. [2000]. *Streetwalking the Metropolis: Women, the City and Modernity*. Oxford: Oxford University Press.

PEARSALL, J. (ed.) [2001]. *The New Oxford Dictionary of English*. Oxford: Oxford University Press.

PÊCHEUX, M. [1982]. *Language Semantics and Ideology*. London: Macmillan.

PEREZ-GOMEZ, A. [2000]. Introduction to Architecture and the Crisis of Modern Science. In: HAYS, M.K. *Architecture Theory since 1968*. Boston: MIT Press.

PERLMAN, J. [1976]. *The Myth of Marginality*. Berkeley: University of California Press.

PERRY, B.; HARDING, A. [2002]. The Future of Urban Sociology: Report of Joint Sessions of the British and American Sociological Associations. *International Journal of Urban and Regional Research*, v. 26, n. 4.

PHILLIPS, D.L. [1973]. *Abandoning Method*. San Francisco: Jossey-Bass.

PICKFORD, R.W. [1972]. *Psychology and Visual Aesthetics*. London: Hutchinson.

PICKVANCE, C. (ed.) [1976]. *Urban Sociology: Critical Essays*. London: Methuen.

PLATT, R. (ed.) [1994]. *The Ecological City*. Amherst: University of Massachusetts Press.

PLAZA, B. [1999]. The Guggenheim-Bilbao Museum Effect: A Reply to Maria V. Gomez "Reflective Images: The Case of Urban Regeneration in Glasgow and Bilbao". *International Journal of Urban and Regional Research*, v. 23, n. 3.

_____. [2006]. Return on Investment of the Guggenheim Museum Bilbao. *International Journal of Urban and Regional Research*, v. 30, n. 2.

_____. [2008]. On Some Challenges and Conditions for the Guggenheim Museum Bilbao to Be an Effective Economic Re-Activator. *International Journal of Urban and Regional Research*, v. 32, n.2.

POPPER, K.R. [1957]. *The Poverty of Historicism*. London: Routledge and Kegan Paul.

_____. [1959]. *The Logic of Scientific Discovery*. London: Hutchison.

PORTEOUS, D.J. [1996]. *Environmental Aesthetics: Ideas, Politics and Planning*. London: Taylor and Francis.

PORTES, A.; Stepick, A. [1993]. *City on the Edge: The Transformation of Miami*. Berkeley: University of California Press.

POSTER, M. [1986]. *Foucault, Marxism and History*. Cambridge: Polity.

POULANTZAS, N. [1973]. The Problem of the Capitalist State. In: URRY, J.; WAKEFORD, J. (eds.). *Power in Britain*. London: Heinemann.

POULER, P.J. [1994]. Disciplinary Society and the Myth of Aesthetic Justice. In: SCHEER, B.; PREISER, W.F.E. (eds.). *Design Review: Challenging Urban Aesthetic Control*. New York: Chapman and Hall.

POWELL, R. [1994]. *Rethinking the Skyscraper: The Complete Architecture of Ken Yeang*. London: Thames and Hudson.

PRESON, J.M. [1998]. Science as Supermarket: "Post-Modern" Themes in Paul Feyerabend's Later Philosophy of Science. *Studies in the History and Philosophy of Science*, v. 29, n. 1.

PREZIOSI, D. [1979a]. *The Semiotics of the Built Environment*. Indiana: Indiana University Press.

_____. [1979b]. *Architecture, Language and Meaning: The Origins of the Built World and Its Semiotic Organization*. The Hague: Mouton.

QUON, S. [1999]. Planning for Urban Agriculture: A Review of the Tools and Strategies for Urban Planning – Cities Feeding People. Report 28. Ottawa: The International Development Research Centre.

RAO, V. [2006]. Slum as Theory. The South/Asian City and Globalization. *International Journal of Urban and Regional Research*, v. 30, n. 1.

RAPHAEL, M. [1981]. *Proudhon, Marx, Picasso: Three Essays in Marxist Aesthetics*. London: Lawrence and Wishart.

RAPPOPORT, A. [1977]. *Human Aspects of Urban Form*. Oxford: Pergamon.

REEVES, D. (ed.) [2003]. *Gender Mainstreaming Toolkit*. London: The Royal Town Planning Institute. Disponível em: <www.rtpi.org.uk>. Acesso em: 9 maio 2021.

REGISTER, R. [2002]. *Building Cities in Balance with Nature*. Berkeley: Berkeley Hills Books.

RELPH, E. [1976]. *Place and Placelessness*. London: Pion.

RENDELL, J.; PENNER, B.; BORDEN, I. [2000]. *Gender, Space, Architecture*. London: Routledge.

REPS, J.W. [1965]. *The Making of Urban America*. Princeton: Princeton University Press.

RICOEUR, P. [1981]. *Hermeneutics and the Human Sciences*. Cambridge: Cambridge University Press.

RIEGL, A. [1982 (orig. 1903)]. The Modern Cult of Monuments: Its Character and its Origin. *Oppositions*, v. 25, n. 1. (Ed. bras.: *O Culto Moderno dos Monumentos: Sua História e Suas Origens*. São Paulo: Perspectiva, 2014.)

RIFKIND, J. [1995]. *The End of Work: The Decline of the Global Work-Force and the Dawn of the Post-Market Era*. New York: G.P. Putnam's Sons.

RITCHIE, B.W. [2008]. Contribution of Urban Precincts to the Economy. In: HAYLLAR, B.; GRIFFIN, T.; EDWARDS, D. (eds.). *City Spaces, Tourist Places: Urban Tourism Precincts*. Oxford: Butterworth-Heinemann.

ROBERTS, M. [1997]. Future Cities, Past Lives: Gender and Nostalgia in Three Contemporary Planning Visions'. *Planning Practice and Research*, v. 12, n. 2.

_____. [1998]. Urban Design, Gender and the Future of Cities. *The Journal of Urban Design*, v. 3, n. 2.

ROBERTS, M.; GREED, C. [2001]. *Approaching Urban Design: The Design Process*. Harlow: Longman.

ROBINSON, J. [2002]. Global and World Cities: A View from off the Map. *International Journal of Urban and Regional Research*, v. 26, n. 3.

RODERICK, R. [1986]. *Habermas and the Foundations of Critical Theory*. New York: St Martin's.

ROME, A. [2001]. *The Bulldozer in the Countryside: Suburban Sprawl and the Rise of American Environmentalism*. New York: Cambridge University Press.

ROSENEAU, H. [1983]. *The Ideal City*. London: Methuen.

ROTHMAN, H. [2002]. *Neon Metropolis: How Las Vegas Started the Twenty-First Century*. New York: Routledge.

ROTHSCHID, J. (ed.) [1999]. *Design and Feminism: Re-Visioning Spaces, Places and Everyday Things*. New Jersey: Rutgers University Press.

ROWE, C.; KOETTER, F. [1978]. *Collage City*. Cambridge: MIT Press.

ROWEIS, S.T. [1983]. The Professional Mediation of Territorial Politics. *Environment and Planning D, Society and Space*, v. 1, n. 3.

RTPI Working Party [1985]. *Women and Planning in Scotland*. London: Royal Town Planning Institute.

RUCHELMAN, L.I. [2000]. *Cities in the Third Wave: The Technological Transformation of Urban America*. Chicago: Burnham.

RUDDOCK, S. [1996]. Constructing Difference in Public Spaces: Race, Class and Gender as Interlocking Systems. *Urban Geography*, v. 17, n. 2.

RUDOFSKY, B. [1969]. *Streets for People*. Garden City: Doubleday.

RUTHEISER, C. [1997]. Beyond the Radiant Garden City Beautiful: Notes on the New Urbanism. *City and Society*, v. 91, n. 1.

RYKWERT, J. [1976]. *The Idea of a Town: The Anthropology of Urban Form in Rome, Italy and the Ancient World*. London: Faber and Faber. (Ed. bras.: *A Ideia de Cidade: A Antropologia da Forma Urbana em Roma, Itália e no Mundo Antigo*. São Paulo: Perspectiva, 2006.)

SAAB, J.A. [2007]. Historical Amnesia: New Urbanism and the City of Tomorrow. *Journal of Planning History*, v. 6, n. 3.

SAARIKOSKI, H. [2002]. Naturalized Epistemology and Dilemmas of Planning Practice. *Journal of Planning Education and Research*, v. 22, n. 1.

SAID, E. [1978]. *Orientalism*. London: Routledge and Kegan Paul.

SANDER, C. [2003]. *Migrant Remittances to Developing Countries: A Scoping Study*. London: Bannock Consulting.

SANDERCOCK, L.; FORSYTH, A. [1992]. A Gender Agenda: New Directions for Planning Theory. *Journal of the American Planning Association*, v. 58, n. 1.

SARASWATI, T. [2000]. *Modernisation, Issues of Gender and Space*. Jogyakarta: Jurusan Teknik Arsitektur, Facultas Teknik Sipil dan Perencanaan, Universitas Kristen Petra.

SARTRE, J.P. [1949]. *Nausea*. Norfolk: New Directions.

_____. [1992]. *Being and Nothingness: A Phenomenological Essay on Ontology*. New York: Washington Square.

SASSEN, S. [1991]. *The Global City*. New York/London/Tokyo/Princeton: Princeton University Press.

_____. [2000]. *Cities in the World Economy*. Thousand Oaks: New York Press.

SATTERTHWAITE, D. (ed.) [1999]. *Sustainable Cities*. London: Earthscan.

SAUNDERS, P. [1976]. *Urban Sociology: Critical Essays*. London: Methuen.

_____. [1986]. *Social Theory and the Urban Question*. London: Hutchinson.

SAYER, A. [1976]. A Critique of Urban Modelling. *Progress in Planning*, v. 6, n. 3.

_____. [1984]. *Method in Social Science*. London: Hutchinson.

SCHEER, B.C.; PREISER, W.F.E. [1994]. *Design Review: Challenging Aesthetic Control*. New York: Chapman and Hall.

SCHORSKE, C.E. [1981]. *Fin-de-Siècle Vienna*. New York: Vintage.

SCHOTTLER, P. [1989]. Historians and Discourse Analysis. *History Workshop Journal*, v. 27, n. 1.

SCOTT, A.J. [1980]. *The Urban Land Nexus and the State*. London: Pion.

_____. [1993]. *Technopolis: High Technology Industry and Regional Development in Southern California*. Berkeley: University of California Press.

_____. [2000]. *The Cultural Economy of Cities*. London: Sage.

SCOTT, A.J.; ROWEIS, S.T. [1977]. Urban Planning in Theory and practice: A Reappraisal. *Environment and Planning D: Society and Space*, v. 9, n. 4.

SCOTT, A.J.; SOJA, E.W. [1986]. Los Angeles: Capital of the Late 20th Century. *Environment and Planning D: Society and Space*, v. 4, n. 3.

SCOTT, J. [1999]. *Gender and the Politics of History*. New York: Columbia University Press.

SCRUTON, R. [1974]. *Art and Imagination*. London: Methuen.

_____. [1979]. *The Aesthetics of Architecture*. Princeton: Princeton University Press.

SEABROOK, J. [1996]. *Cities of the South*. London: Verso.

SEARLE, G.H. [2007]. Sydney's Urban Consolidation Experience: Power, Politics and Community. Research Paper 12, Urban Research Program, Griffith University, Urban Research Program, Griffith University, Brisbane.

SEBALD, W.G. [1995]. *The Rings of Saturn*. London: The Harvell.

SENDICH, E. [2006]. *Planning and Urban Design Standards*. Hoboken: Wiley.

SENNET, R. [1986]. *The Fall of Public Man*. London: Faber and Faber.

SERRES, M.; LATOUR, B. [1995]. *Conversations on Science, Culture and Time*. Ann Arbor: University of Michigan Press.

SHARPE, W.; WALLOCK, L. [1994]. Bold New City or Build Up "Burb": Redefining Contemporary Suburbia. *American Quarterly*, v. 46, n. 1.

SHORT, C.R. [1982]. *Housing in Britain*. London: Methuen.

SILVERMAN, D. [2001]. *Interpreting Qualitative Data: Theory and Method in Qualitative Research*. Thousand Oaks: Sage.

SIMKIN, C.G.F. [1993]. *Popper's Views on Natural and Social Science*. New York: Leiden.

SIMMEL, G. [2000 (orig. 1903)]. The Metropolis and Mental Life. In: MILES, M.; HALL, T.; BORDEN, I. (eds.). *The City Cultures Reader*. London: Routledge.

SIMON, H. [1969]. *The Sciences of the Artificial*. Cambridge: MIT Press.

SITTE, C. [1945 (orig. 1889)]. *The Art of Building Cities: City Building According to its Artistic Fundamentals*. New York: Reinhold.

SKLAIR, L. [2002]. *Globalisation: Capitalism and its Alternatives*. Oxford: Oxford University Press.

SKLAIR, L. [2005]. The Transnationalist Capitalist Class and Contemporary Architecture in Globalising Cities. *International Journal of Urban and Regional Research*, v. 29, n. 3.

SKLAIR, L. [2006]. Do Cities Need Icons: Iconic Architecture and Capitalist Globalisation. *City*, v. 10, n. 1.

SLATER, D.C.; MORRIS, M. [1990]. A Critical Look at Neo-Traditional Town Planning. PAS Memo.

SLATER, P. [1977]. *The Origins and Significance of the Frankfurt School: A Marxist Approach*. London: Routledge.

SMITH, D. [2001]. *Transnational Urbanism*. Oxford: Blackwell.

SMITH, N. [1996]. *New Urban Frontier: Gentrification and the Revanchist City*. London: Routledge.

_____. [2002]. New Globalism, New Urbanism: Gentrification as Global Urban Strategy. *Antipode*, v. 34, n. 3.

SMITH, P. [1974]. *The Dynamics of Urbanism*. London: Hutchinson.

_____. [1976]. *The Syntax of Cities*. London: Hutchinson.

SOJA, E.W. [1986]. Taking Los Angeles Apart: Some Fragments of a Critical Human Geography. *Environment and Planning D: Society and Space*, v. 4, n. 3.

_____. [1996]. *Thirdspace: Journeys to Los Angeles and Other Real-and-Imagined Places*. Oxford: Blackwell.

_____. [2000]. *Postmetropolis*. Oxford: Blackwell.

SORENSEN, A.; MARCOTULLIO, P.; GRANT J. (eds.) 2004]. *Perspectives on Managing Urban Regions*. Aldershot: Ashgate.

SORKIN, M. (ed.) [1992]. *Variations on a Theme Park: The New American City and the End of Public Space*. New York: Harper Collins.

SPAIN, D. [1992]. *Gendered Spaces*. Chapel Hill: University of North Carolina Press.

SPRIEREGEN, P. [1965]. *Urban Design: The Architecture of Towns and Cities*. New York: McGraw-Hill.

STANLEY, B. [2005]. Middle-East City Networks and the New Urbanism. *Cities*, v. 22, n. 3.

STEADMAN, P. [2001]. Binary Encoding of a Class of Rectangular Built-Forms. Proceedings'. Paper presented at the 3rd International Space Syntax Symposium, Atlanta, GA: 1–15 September.

STEADMAN-JONES, G. [1981]. Utopian Socialism Reconsidered. In: SAMUEL, R. (ed.). *People's History and Socialist Theory*. London: Routledge and Kegan Paul.

STEIN, S.; HARPER, T.L. [2003]. Power, Trust, and Planning. *Journal of Planning Education and Research*, v. 23, n. 2.

STEPHENSON, B. [2002]. The Roots of the New Urbanism: John Nolen's Garden City Ethic. *The Journal of Planning History*, v. 1, n. 2.

STEPHENSON, N. [1992]. *Snow Crash*. London: Penguin.

STEVENS, Q.; DOVEY, K. [2004]. Appropriating the Spectacle: Play and Politics in a Leisure Landscape. *Journal of Urban Design*, v. 9, n. 3.

STILLWELL, F. [2002]. *Political Economy: The Contest of Economic Ideas*. Melbourne: Oxford University Press.

STRETTON, H. [1970]. *Ideas for Australian Cities*. Melbourne: Georgian House.

_____. [1996]. Density, Efficiency and Equality in Australian Cities. In: JENKS, M.; BURTON, E.; WILLIAMS, K. (eds.). *The Compact City: A Sustainable Urban Form?* London: Spon.

SUDJIC, D. [1991]. *The Hundred Mile City*. New York: Andre Deutsch.

SULAIMAN, A.B. [2002]. The Role of Streets in Creating the Sense of Place of Malaysian Cities. Apresentado no simpósio Grandes Ruas Asiáticas em Espaço Público, 25–26 julho 2002. NUS Singapura.

Bibliografia

SUTTON, S. [1996]. Resisting the Patriarchal Norms of Professional Education. In: AGREST, D.; CONWAY, P.; WEISMAN, L. (eds). *The Sex of Architecture*. New York: Abrams.

SWYNGEDOUW, E. [1996]. The City as Hybrid: On Nature, Society and Cyborg Urbanisation. *Capitalism, Nature, Socialism*, v. 7, n. 2.

SWYNGEDOUW, E.; MOULAERT, F.; RODRIGUEZ, A. [2002]. Neoliberal Urbanisation in Europe: Large Scale Urban Redevelopment Projects and the New Urban Policy. In: BRENNER, N.; THEODORE, N. (eds.). *Spaces of Neoliberalism: Urban Restructuring in North America and Europe*. Oxford: Blackwell.

SZELENYI, I. [1983]. *Urban Inequalities under State Socialism*. Oxford: Oxford University Press.

SZEMANSKI, R. [2008]. *Fans of the World Unite: A (Capitalist) Manifesto for Sports Consumers*. Stanford: Stanford Economics and Finance.

TAFURI, M. [1976]. *Architecture and Utopia: Design and Capitalist Development*. Cambridge: MIT Press.

_____. [1980]. *Theories and History of Architecture*. New York: Harper and Rowe.

TALEN, E. [2000]. New Urbanism and the Culture of Criticism. *Urban Geography*, v. 21, n. 4.

_____. [2002a]. Help for Urban Planning: The Transect Strategy. *Journal of Urban Design*, v. 7, n. 3.

_____. [2002b]. The Social Goals of New Urbanism. *Housing Policy Debate*, v. 13, n. 1.

_____. [2006]. *New Urbanism and American Planning: The Conflict of Cultures*. London: Routledge.

_____. [2008]. New Urbanism, Social Equity, and the Challenge of Post-Katrina Rebuilding in Mississippi. *Journal of Planning Education and Research*, v. 27, n. 3.

TARKOVSKY, A. [1986]. *Sculpting in Time*. London: Bodley Head.

TAYLOR, B. [1981]. Socialist Feminism, Utopian or Scientific. In: SAMUEL, R. *People's History and Socialist Theory*. London: Routledge and Kegan Paul.

TAYLOR, N. [1999]. The Elements of Townscape and the Art of Urban Design. *Journal of Urban Design*, v. 4, n. 2.

TAYLOR, P.J.; DERUDDER, B.; SAEY, P.; WITLOX, F. (eds.) [2007]. *Cities in Globalisation: Practices, Policies and Theories*. London: Routledge.

TESTER, K. (ed.) [1994]. *The Flâneur*. London: Routledge.

THERBORN, G. [1980]. *The Ideology of Power and the Power of Ideology*. London: Verso.

THOMAS, R. (ed.) [2003]. *Sustainable Urban Design: An Environmental Approach*. London: Spon.

THOMPSON, J.B. [1981]. *Critical Hermeneutics: A Study in the Thought of Paul Ricoeur and Jürgen Habermas*. New York: Cambridge University Press.

THOMPSON, E.P. [1963]. *The Making of the English Working Class*. London: Gollancz.

THOMPSON, H. [2000]. The Female Impressionist as "Flâneuse". Disponível em: <https://prizedwriting.ucdavis.edu/>. Acesso em: 9 maio 2021.

TIESDELL, S. [2002]. The New Urbanism and English Residential Design Guidance: A Review. *Journal of Urban Design*, v. 7, n. 3.

TISDELL, C. [2010]. World Heritage Listing of Australian Natural Sites: Effects on Tourism, Economic Value and Conservation. *Working Papers on Economics, Ecology and the Environment*. Paper n. 72. Australia: The University of Queensland.

TISDELL, C.; WILSON, C. [2012]. *The Economics of Nature Based Tourism and Conservation*. Cheltenham: Edward Elgar.

TOLBA, M.K.; ABDEL-HADI, A.; SOLIMAN, S. [2006]. Space and Memory in Contemporary Gated Communities: The New Urbanist Approach. Environment Health and Sustainable Development. 11–16. IAPS 19 Conference Proceedings. Vienna Agreement on Monuments 1973.

TROY, P. [1996]. *The Perils of Urban Consolidation*. Sydney: The Federation.

_____. [2004]. The Structure and Form of the Australian City: Prospects for Improved Urban Planning. Griffith University, Urban Policy Program. Issues Paper n. 1.

TUGNUTT, A.; ROBERTSON, M. [1987]. *Making Townscape*. London: Mitchell.

TUNNARD, C. [1953]. *The City of Man*. New York: Charles Scribners.

_____. [1963]. *Man-Made America: Chaos or Control?* New Haven: Yale University Press.

TURNER, B.S. [1996]. *The Blackwell Companion to Social Theory*. Cambridge: Blackwell.

_____. [2000]. *The Blackwell Companion to Social Theory*. Oxford: Blackwell.

UNITED NATIONS–Habitat [2003a]. *The Challenge of Slums: Global Report on Human Settlements*. Nairobi: UN.

_____ [2003b]. *Slums of the World: The Face of Urban Poverty in the New Millennium*. Nairobi: UN.

VALENTINE, G. [1990]. Women's Fear and the Design of Public Space. *Built Environment*, v. 16, n. 2.

_____. [1995]. Out and About: Geographies of Lesbian Landscapes. *International Journal of Urban and Regional Research*, v. 19, n. 1.

VAN MELIK, R.; VAN AALST, I.; VAN WEESP, J. [2007]. Fear and Fantasy in the Public Domain: The Development of Secured and Themed Urban Space. *Journal of Urban Design*, v. 12, n. 1.

VÁZQUEZ, A.S. [1973]. *Essays in Marxist Aesthetics*. London: Monthly Review Press.

VENTURI, R.; BROWN, D.S.; IZENOUR, S. [1972]. *Learning from Las Vegas*. Cambridge: MIT Press.

VICINO, T.V.; HANLON, B.; SHORT, J.R. [2007]. Megalopolis 50 Years On: The Transformation of a City Region. *International Journal of Urban and Regional Research*, v. 31, n. 2.

VIJOEN, A. et al. [2005]. *Continuous Productive Urban Landscapes*. Burlington: The Architectural Press.

VOLK, L.; ZIMMERMAN, K. [2002]. American Households On (and Off) the Urban to Rural Transect. *Journal of Urban Design*, v. 7, n. 3.

VON ANKUM, K. [1997]. *Women in the Metropolis: Gender and Modernity in Western Culture*. Berkeley: University of California Press.

WALKOWITZ, D.J.; KNAUER, L.M. (eds.) [2004]. *Memory and the Impact of Political Transformation in Public Space*. Durham: Duke University Press.

WALLERSTEIN, I. [1974, 1980, 1988]. *The Modern World System*. New York: Academic. (3 v.)

WALTON, J. [1993]. Urban Sociology: The Contribution and Limits of Political Economy. *The Annual Review of Sociology*, v. 19, n. 2: 301–20.

WARD, J. [1979]. *The Street is Their Home: The Hobo's Manifesto*. Melbourne: Quartet Australia.

WARNER, M. [1985]. *Monuments and Maidens: The Allegory of the Female Form*. London: Picador.

_____. [2002]. *Publics and Counterpublics*. London: Zone.

WATSON, B.G.; BENTLEY, I. [2007]. *Identity by Design*. Oxford: Elsevier.

WATSON, S. [1988]. *Accommodating Inequality: Gender and Housing*. Sydney: Allen and Unwin.

WEBB, M. [1990]. *The City Square*. London: Thames and Hudson.

WEBER, R. [1995]. *On the Aesthetics of Architecture: A Psychological Approach to the Structure and the Order of Perceived Architectural Space*. Brookfield Aldershot: Avebury.

WEDDLE, S. (ed.) [2001]. Gender and Architecture. *Journal of Architectural Education*, v. 55, n. 2. (Themed issue.)

WEINBERG, D. [2002]. *Qualitative Research Methods*. Malden: Blackwell.

WEISMAN, L. [1992]. *Discrimination by Design: A Feminist Critique of the Man-Made Environment*. Urbana: University of Illinois Press.

WELTER, V.M. [2006]. *Biopolis: Patrick Geddes and the City of Life*. Cambridge: MIT Press.

WHITE, E. [2001]. *The Flâneur*. London: Bloomsbury.

WILLIAMS, M.; BURTON, E.; JENKS, M. (eds.) [2000]. *Achieving Sustainable Urban Form*. London: Spon.

WILSON, E. [1995]. The Invisible "Flâneur". In: WATSON, S.; GIBSON; K. (eds.). *Postmodern Cities and Spaces*. Oxford: Blackwell.

WIRTH, L. [1938a]. Urbanism as a Way of Life. In: LEGATES, R.L.; STOUT, F. [1996]. *The City Reader*, London: Routledge.

_____. [1938b]. Urbanism as a Way of Life. *The American Journal of Sociology*, v. 44, n. 1.

WITTGENSTEIN, L. [1970]. *Zettel*. Berkeley: University of California Press.

_____. [1974]. *Philosophical Grammar*. Oxford: Blackwell.

WOLCH, J. [1996]. Zoopolis. *Capital, Nature, Socialism*, v. 7, n. 2.

_____. [2002]. Anima urbis. *Progress in Human Geography*, v. 26, n. 6.

WOLFF, J. [1985]. The Invisible "Flâneuse": Women and the Literature of Modernity. *Theory, Culture, Society*, v. 2, n. 1.

_____. [1981]. *The Social Production of Art*. London: Macmillan.

WORLD BANK/UNCHS (Habitat) [2000]. *Cities Alliance for Cities without Slums*. Disponível em: <www.citiesalliance.org>. Acesso em: 9 maio 2021.

YAKHLEF, A. [2004]. Global Brands as Embodied "Generic Spaces": The Example of Branded Chain Hotels. *Space and Culture*, v. 7, n. 2.

YANARELLA, E.J.; LEVINE, R.S. [1992]. The Sustainable Cities Manifesto: Pretext, Text and Post-Text. *Built Environment*, v. 18, n. 4.

YANG, M.M. (ed.) [1999]. *Women's Public Sphere in Transnational China*. Minneapolis: University of Minnesota Press.

YEANG, K. [1987]. *Tropical Urban Regionalism: Building in a South-East Asian City*. Singapore: Concept Media.

_____. [1994]. *Bioclimatic Skyscrapers*. London: Ellipsis.

_____. [1995]. *Designing with Nature: The Ecological Basis for Design*. New York: McGraw-Hill.

Bibliografia

____. [1996]. *The Skyscraper Bioclimatically Reconsidered. A Design Primer*. Chichester: Wiley.
____. [2002]. *Reinventing the Skyscraper: A Vertical Theory of Urban Design*. Chichester: Wiley-Academy.
YEUNG, Y.M.; LI, X. [1999]. Bargaining with Transnational Corporations: The Case of Shanghai. *International Journal of Urban and Regional Research*, v. 23, n. 3.
ZETTER, R.; WATSON, G. [2006]. *Designing Sustainable Cities in the Developing World*. Aldershot: Gower House.
ZIS, A. [1977]. *Foundations of Marxist Aesthetics*. Moscow: Progress.
ZUKIN, S. [1995]. *The Culture of Cities*. Oxford: Blackwell.

Índice Remissivo

Referências de página em *itálico* indicam ilustrações e tabelas relevantes.

AAM – *Archives d' Architecture Moderne* 300.
Abel, Chris 189, *190*.
abordagem tipológica, S. Moholy-Nagy 46–50, *48–52*.
Abu Simbel, Egito 114, *115*.
Acrópole, Atenas *126*.
Adorno, Theodor 17, 63, 102.
Aesthetics of Architecture, The, R. Scruton 207, 209.
agricultura, conceito de cidade comestível 191–194, *193*.
Alexander, Christopher 197, 226, 229.
aluguel de habitação social 93–94, 96.
ambiente, e estética 205–206.
ambientes temáticos 81, *251*, 251–254, *265*.
âmbito público invisível 262–267, *265*.
ameaça terrorista 101, 261.
analogia biológica, L. Mumford 46.
androcentrismo 17, 152, 157, 160–162.
Annales, Escola dos 37.
Anthony, Kathryn 161–162.
Appleyard, Donald 301–302.
áreas de ocupação 93, 308.
arquitetos 48, 54–55, 129–130, 162.
arquitetura 77, 78, 288–289, 297–299, 306–307, 309–310, 310–312.
 arte e 62–63, 65–66, 206–207, 289–288.
 espaço de fluxos e 241, *242–243*.
 icônica 254.
 racionalista 225–230, *227*.
 semiótica e 210–213, *212–214*.
 sexualização de edifícios na 209–210.
Arquitetura e Utopia, M. Tafuri 54–55.
arranha-céus. *Ver* grandes edifícios.
arte 62–63, 65–66, 215–216, 217.
 formas de 206–207, 209.
 movimentos de 55, 288–289.
 União Soviética e 215–216, *216*.
arte pública 111–112.
Arts and Crafts 290.
Austin, Alice Constance 147.
Austrália 68, 169–171.
autocentauro 160.

Basílica do Sacré Coeur 120, *121*.
Baudelaire, Charles 156.
Baudrillard, Jean 36, 53, 108.
Bauhaus 64, 65–66, 226, 276, 290–291.
Beauvoir, Simone de 18.
Beirute 80.
beleza e estética 206.
Benjamin, Walter 17, 63, 156.
Berlim 121–122, *185*, 246, *247*.
Bernstein, Basil 280–281, 282.
biomimetismo 175.
Bismarck, estátua de, em Berlim 122.
Bloch, Marc 37.

Boccioni, Umberto 293.
Bourdieu, Pierre 152.
bricolage 50–53.
Britz, Richard 191–194, *193*, 201.
Brizendine, Loann 150.
bulevar de Champs-Élysées, Paris 121.
Burgess, Ernest 67, *68*.
burguesia 102–103, 116.

Camberra 47, *52*.
Camboja, deslocamento social 103.
câmeras de circuito fechado (CCTV), espaços públicos 261–262.
capital
 ideologia e 87–89.
 política urbana e 89–91.
 privado 244–245, 250.
capital imobiliário 90.
capitalismo 44–45, 54–55, 71, 217, 280, 285. *Ver também* produção de mercadoria.
 consumo / centros de compra e 158, 159–160.
 economia política espacial e 82–85, *83*.
 espaço público e 100–105.
 globalização e 238–244, *242–243*.
 mercantilização da cultura e 107–109.
 natural 172–177, *174, 176*, 200.
 patriarcal 18, 161.
 renda e 91–94, 96–99.
capitalismo natural 172–177, *174, 176*, 200.
capital privado 244–245, 250.
capital simbólico 129, 132–133.
capital social, tipos de 90.
cariátides, Acrópole, Atenas 124, *126*.
Castells, Manuel 20–23, 71, 84–85, 199, 235.
 espaço de fluxos 241, *242–243*.
Catedral de São Paulo, Londres, área da 220.
categorias históricas 39.
Caws, Mary Ann 276.
Centro de Compras de West Edmonton, Winnipeg 247, *249*.
Centro de Convenções Lille Grand Palais, de R. Koolhas 242.
cérebro *versus* mente, gênero 149–151.
Cervero, Robert 171–172.
Chaplin, Sarah 252–253.
China 121–122, 147, *176, 177. Ver também* Hong Kong.
CIAM Congrès Internationaux d'Architecture Moderne (Congressos Internacionais de Arquitetura Moderna) 295.
cidade comestível, conceito de 191–194, *193*.
Cidade Destruída, A, Ossip Zadkine 113.
Cidades-Jardim, movimento das 133, *134*, 149, 290.
ciência 10–15, *12*, 17, 23–24, 221. *Ver também* ciências sociais.
 e conexão natural/social 15–19.

e patriarcado 151–152.
ciências sociais 15–23, 31–32, 55.
cinestesia 156, 206, 222.
Cities in Evolution, P. Geddes 130–131, *131–145*, 196.
City Beautiful, movimento 133–134.
City in History, The, L. Mumford 43–46.
classe. *Ver* classe social.
classe social 85, 91, 92, 94, 99, 285–286.
 dominação centrada em classe e 280.
 marcando a cidade 257–258.
 moradores de favelas e 267–270, 285–286.
 trabalho migrante e 262–267, *265*.
Classificação de Monumentos de Viena 114.
cobertura, grandes edifícios 186–188.
Collage City, C. Rowe e F. Koetter 50–54.
colonialismo, monumentos 117–118, 122.
compras e centros de compras 158, *159*–160.
comunicação 205–206, 278–282.
 distorcida 277.
 eletrônica 240–241.
comunicação eletrônica 240–241.
comunidade(s) 171, 233–234.
 autênticas 133–135.
 conceito de cidade comestível e 191–194, *193*.
 Novo Urbanismo e 133–135.
 organização biótica e 67, 67–70.
 socialismo utópico e 141–149, *145–146*.
comunidades autênticas 134–135.
comunismo 65, 147–149, 285–287.
conceito de comunidade biótica 67, 67–70.
Concept of Dwelling, The, C. Norberg-Schulz 77.
Concise Townscape, The, G. Cullen 218–225, 219–220.
conjunto Hufeisensiedlung, Berlim, B. Taut 185, *185*.
Conrads, Ulrich 66.
conservação, e monumentos 117.
consolidação urbana 168–172.
Constituição dos Estados Unidos 284–285.
construtivismo 15, *16*, 66, 291–292, *293*.
consumo
 coletivo 21, 99.
 compras e 158, *159*–160.
 conteúdo, segundo G. Cullen 221–222.
contextualismo 61–62, 217–225, 219–220, 224, 225.
controle de pedestres 261.
 trabalho migrante e 263–264, *265*, 266–267.
corpo como objeto mercantilizado 217.
corporações, globais/transnacionais 238–244, *242–243*.
corporativismo
 espaço ambíguo 259–262.
Cullen, Gordon 218–225, 219–220.
Cyborg Manifesto, D. Haraway 154–155.

darwinismo 35, 67.
Davis, Mike 169, 253, 266, 268–269, 270.
De Certeau, Michel 38, 39–40, 40, 155.
Dear, Michael 73–75.
Debord, Guy 249–250.
Declaração da Independência dos EUA 284.
"Declaração de Saraz" 295.
Declaração Universal dos Direitos Humanos – DUDH 259–260.
Delafons, John 231–232.
densidades 158–159. *Ver também* densidade urbana.
densidade urbana 168, 169–171, 180, 200–201.
   forma e 181–186, *182–185*.
   Novo Urbanismo e 195, *199*.
desenvolvimento de área 223, *224*.
Design with Nature, I. McHarg 177–181, *179*, 196–197.
De Stijl, movimento 295–297, *296*.
Dewey, John 67.
diferenças de sexo, cérebro/mente 139–141.
direitos 104–105.
diretrizes de projeto 230–234.
discurso, e linguagem 279–281.
discurso pedagógico 281.
"doença" e urbanização 179–181.
Doxiadis, Constantinos 237.
Duany, Andrés 130–133, *132*, 196–199, *199*.
Dubai 247, *248*, 253, 264–267.
Dynamics of Urbanism, The, P. Smith 223.

ecologia 177–181, *179*.
ecologia humana 70–71.
economia política 15, 81–85, *83*, 140, 205, 240.
   do espetáculo 249–250.
   gênero e 153–154.
   linguagem e 281–282.
ecotorres 187–189, *190*.
Edelman, Murray 281.
educação, e mulheres 155.
Eichler, Margrit 164.
Einstein, Albert 9, 11.
elementos da forma urbana 223.
Elsheshtawy, Yasser 266.
emancipação 141, 143, 144, 147. *Ver também* feminismo.
empirismo (positivismo) 11–12, 13, 15, 16.
Engels, Friedrich 285–286.
epistemologias 34.
Escócia *112*, 144, *145*, 285–286.
Escola de Arquitetura de Cambridge 182.
Escola de Los Angeles 67, 72–75.
Escola de Pesquisa Social de Frankfurt 17, 63–65, 208.
Escola de Sociologia de Chicago 67–70, *68–69*, 73.
Escola de Viena 61–63.
escritórios da West 57th Street, Nova York *243*.
esferas contrapúblicas 102, 103, 105.
esferas privadas 153.
espaço/âmbito doméstico *148*, 158, 162–163.
"espaço dos fluxos" 240–241, *242–243*.
espaço icônico 254–258.
espaço(s) 88, 242–244. *Ver também* geometrias formais; espaços públicos/âmbitos/esferas.
   ambíguo(s) 259–267, *265*.

âmbitos/esferas de 99, 99–105, *104*.
diferenças de gênero e 151.
doméstico(s) *148*, 157–158, 162–163.
icônico(s) 254–258.
espaços ambíguos 259–262, *265*.
espaços/esferas/âmbitos públicos 99–105, *104*, 136–137, 153–154, 249, 255. *Ver também* monumentos.
   como espaços ambíguos 259–262.
   flânerie e mulheres e 155–160, *159*, 206.
   Magna Carta e 283–284.
   trabalho migrante e 262–267, *265*.
espaços genéricos, marcas como 242.
espaço social 87–88.
espetáculo, conceito 246–254, *247–249*, *251*. *Ver também* espaço icônico.
Estado 100–101.
   planejamento urbano e 82–85, *83*, 94–99, *95–96*.
Estados Unidos *123*, 124, 160, 169, 178–180, 211, *212*, 301.
   comunidades ideais e 146, 147–149.
   Constituição dos 284–285.
   controles estéticos e 231–232.
   Escola de Los Angeles 67, 72–75.
   Nova York *183*, 184, *243*.
   Novo Urbanismo e 130, 133, 135–136.
estética psicanalítica 208.
estilo e forma, Novo Urbanismo 135.
estruturalismo 208–217, *212–214*, *216*.
estruturalista, funcionalismo 225.
estudos diacrônicos/sincrônicos 40.

Fainstein, Susan 246–247.
falanstérios 143.
fatos, conceito 34–35.
Fauque, Richard 80.
favelas 267–270, 285–286.
fazendas solares urbanas 192, *193*.
Feiras Mundiais 250.
feminismo 17–19, 139–141, 144, 151–155, 165.
fenomenologia 16, 75–78. *Ver também* hermenêutica.
   estética e 205.
fetichismo 57, 209–217, 255.
fetichismo da mercadoria 57, 255.
Feyerabend, Paul 11, 14.
filosofia, definições 59–60.
flânerie 155–160, *159*, 206.
forma(s)
   densidade urbana e 181–186, *182–185*.
   elementos de forma, urbanos 222–225.
   forma e estilo, Novo Urbanismo 135.
   formas ortogonais 46, *49*, *51*.
   geometrias formais 181–186, *182–185*.
Formas Únicas de Continuidade no Espaço, U. Boccioni *293*.
Foucault, Michel 36, 252, 279–280.
Fourier, Charles 142–143.
Frank Gehry 258.
Freud, Sigmund 35, 63–65, 208–210, 278.
funcionalismo 61, 211, 225, 226.
futurologia 56–57.

Geddes, Patrick 44, 130–131, *131*, 196.
gênero, e monumentos 124–127, *126*.
Genius Loci, C. Norberg-Schulz 76–78.

geometrias formais 181–186, *182–185*.
Gilbert, Alan 269–270.
Gilman, Charlotte Perkins 149.
globalização 35–36, 238–244, *242–243*.
   espaço icônico e 254–258.
   trabalho migrante e 262–267, *265*.
Gottdiener, Mark 79–81, *80*.
grandes edifícios ou arranha-céus 94, 171, *183*, 200.
   e planejamento do entorno 184–186, *190*.
   e prédios com pátios internos 184, *184–185*.
   e sexualização 209–210.
   e sustentabilidade 186–189, *190*.
Gray, John 36–37.
Greed *30*.
Greed, Clara 27–28.
Gropius, Walter 65–66, 291.

Habermas, Jürgen 16–17, 63, 101–102, 275, 280–281.
   e pragmática universal 278–279.
"habitar", definição de C. Norberg-Schulz 77–78.
Haraway, Donna 152, 154–155.
Hardt, Michael 239.
Harvey, David 23, 45, 84, 88, 95, 97–98.
Haussmann, barão 119.
Hawken, Paul 172, 173.
Hayden, Dolores 141, 146, 149, 163–164.
Hayllar, Bruce 223.
Hegel, G.W.F. 71.
Heidegger, Martin 17, 76.
hermenêutica 13, 15–18.
heterologia, conceito e definição 2.
heterotopias 252–253.
Highmore, Ben 1, 39, 40, 107.
Hipódamo de Mileto 41.
historiografia 38–39.
Holanda, De Stijl 295, *296*, 297.
Holl, Steven 241.
Holocausto 63.
Hong Kong 93, 96, 117, 122, 260.
   população filipina em 264, *265*.
Howard, Ebenezer 133, *134*, 149, 290.
Hoyt, Homer 67, *69*.
Hungria, monumentos 118.

Idade da Razão 275.
ideologia(s) 19, 54–55, 57, 225. *Ver também* manifestos, neocorporativismo, Novo Urbanismo.
   Bauhaus 65–66.
   monumentos e 109–118, *110*, *112–115*, *117*.
   política urbana e 89–91.
   racionalista 226.
   sistema ideológico do capital 87–89.
   teorias do Estado e 81–85, *83*.
ideologia soviética 65–75.
Illich, Ivan 139, 153.
Iluminismo 35, 64.
Image of the City, K. Lynch 222, 224.
Índia, práticas sustentáveis *176*, 177.
Iniciativa Eurofem 163.
instalações coletivas. *ver* vida comunitária.
interesses corporativos, espaço público 103–104.
interpretativismo 13, 16.
Itália, futurismo 292, *293*, *294*.

Índice Remissivo

Jacobs, Allan 301.
Jencks, Charles 297–301.
Jordanova, Ludmilla 38–40.
Joyce, James 157.

Katz, Peter 130.
Kluge, Alexander 99, 102, 103, 120.
Knauer, Lisa 123, *125*.
Koetter, Fred 50–54.
Koolhaas, Rem *242*.
Krampen, Martin 211–213, *213–214*.
Kropf, Karl 297–301.
Kropotkin, Peter 45.
Kyoto, cidade real de 47, *51*.

Lacan, Jacques 279.
Lagopoulos, Alexandros P. 80.
Lamarche, François 92.
Lang, Jon 28, *30–31*, 246.
Las Vegas *251*, 251–254.
Le Corbusier 186–187, 295–297, 303.
Lefebvre, Henri 71, 87–88.
leninismo 287.
linguagem 278–282, 305.
   "comunicação distorcida" e 277.
   novos termos para forma urbana e 74.
   semântica, Norberg-Schulz 76–77.
   semiótica e 78–81.
Lin, Maya *123*.
Londres *119*, 220, 246, *248*.
Los Angeles 169.
lugar, G. Cullen 221, 222.
Lynch, Kevin 222–223, 223–225.

Machu Picchu 46, *48*.
Magna Carta 275, 283.
Manhattan 184.
Manifesto do Partido Comunista 285–287.
Manifesto Futurista 292, *293*, *294*.
manifestos 274–277, 279, 281–282, 288–289, 302.
   1900-1945 289–297, *293–294*, *296*.
   origens dos 283–287.
   pós-1945 297–302, *298*.
Manneken Pis, Bruxelas *120*.
marcas/*brands* 108–109, 242.
   criando marcas para a cidade/*branding* 137, 250–252, 254–256, 257–258.
March, Lionel 182, *182–185*.
Marcuse, Herbert 63.
Marinetti, Filippo 292.
Markelius, Sven *148*.
Martin, Leslie *182*, 182–184, *184–185*.
marxismo 14, 18, 20, 23, 55, 63–64, 74, 142.
   estética marxista 215–217, *216*.
marxismo-leninismo 287.
Marx, Karl 35, 91, 92, 102, 110, 278.
   economia política marxista 81–85, *83*.
   Manifesto Comunista 285–286.
materialismo científico 14.
materialismo histórico 14, 35, 45, 140, 280.
Matrix of Man, The, S. Moholy-Nagy 46–50, *48–52*.
McHarg, Ian 177–181, *179*, 196–197.
McLoughlin, Brian 25, 170.
"megalópoles", conceito 236, 237.
megaprojetos 244–254, *247–249*, *251*.

Melbourne *68*.
memoriais de guerra 122–123, *123*.
Memorial ao Exército Soviético, Budapeste *117*.
Memorial aos Veteranos do Vietnã, Washington DC *123*.
mente *versus* cérebro, e gênero 149–151.
mercantilização da cultura 107–109.
metáfora, L. Mumford 46.
método hipotético-dedutivo 11–13, *12*.
método intuitivo *219–220*, 221–222.
metodologias realistas 15, *16*.
Meyer, Hannes 65, 291.
Mies van der Rohe, Ludwig 65, 66, *183*, 212.
Millett, Kate 18.
modernismo/modernidade 37, 40, 257, 299.
modo de produção doméstico 18, 21, 143, 149, 153.
Moholy-Nagy, Sibyl 46–50, *48–52*.
Mondrian, Piet 295.
monumento a Sir Walter Scott, Edimburgo *112*.
monumento a Vittorio Emanuele II, Roma 112, *114*.
monumentos 109–118, *112–115*, *117*, 137, 302–303.
   projeto urbano e 118–127, *119–123*, *125*.
Moore, Charles 211, 212.
Morris, William 65, 290.
morte e transfiguração 110.
Moughtin, Cliff 27–28, 29.
movimentos sociais urbanos 85, 302–303.
mulheres 18, 109, *110*, 147, 161–164, 210. *Ver também* emancipação; feminismo.
   mente *versus* cérebro e 149–151.
   monumentos e 124, *126*.
   opressão no espaço urbano e 155–160, *159*.
Mulvey, Laura 18.
Mumford, Lewis 41, 43–46, 56, 236–237.
Museu Guggenheim Bilbao, F. Gehry 258.
Muthesius, Herman 290–291.
Myrdal, Villa *148*.

nacionalismo, Sitte *62*.
Negri, Antonio 238–239.
Negt, Oskar 99, 102, 103, 120.
neocorporativismo 238–239, 242–244.
   espaço icônico e 254–258.
neurose, e estética 208.
New Lanark, Escócia 144, *145*.
Newman, Peter 172.
nomes de ruas como ação política 121–122.
Norberg-Schulz, Christian 75–78.
Notes on a Synthesis of Form, C. Alexander 226.
Nova Orleans 211, *212*.
Novas Comunidades, movimento das 133–134.
Nova York 112, *183*, 184, *243*.
Novo Urbanismo 127–136, *131*, *132*, *134*, 137, 171, 234.
   carta do *298*, 302.
   densidade urbana e 195–200, *199*.

ocupações geomórficas 46, 47, *48*.
Oloffson, Jennie 158.
O'Neill, Paul 157, *159*, 160.
opinião pública 281.
orientação sexual 153.
ortogonais, formas 46–47, *49*, *51*.
Owen, Robert 142, 144, *145*.

papéis sexuais 144, 147.
Paris 70–72, 119, 120, 121, 156, 308.
Park, Robert 67–70.
pátios internos, prédios com *184–185*, 184–186.
patologia, e urbanização 178–181.
patriarcado 18, 147, 152, 153–154, 161.
patrimônio da humanidade, sítios 114–116, *115*.
Pattern Language, A, C. Alexander 197.
Pavilhão Barcelona *212*.
Pêcheux, Michel 280.
Pequena Sereia, A, Copenhague *112*, 125.
pesquisa interdisciplinar 38.
Peter Smith 229.
Piazza D'Italia, Nova Orleans, C. Moore 211, *212*.
planejamento do entorno 184–186, *190*.
planejamento policêntrico 47, *52*.
planejamento urbano e o Estado 82–85, *83*, 94–99, *95–96*.
plano axial e monumentos 118–119.
pobreza 263–262, 285–286.
poder/conhecimento 279–280.
polêmica. *Ver* manifestos.
política urbana 87, 89–91.
Popper, Karl 13–14, 24–25.
população. *Ver* densidade urbana.
populações
   moradores de favelas e 267–270.
   trabalho migrante e 262–267, *265*.
pós-história, conceito 36.
positivismo (empirismo) 11–13, 15, 16.
pós-modernismo 35–36, 129–130, 297–299, 300.
   Ver também globalização.
   arquitetura icônica e 256–258.
   como fetiche 209–210.
   comunicação eletrônica e 240.
   megaprojetos e 244–254, *247–249*, *251*.
   semiótica e 78–81, 210–213, *212–214*.
   posse de propriedade 103.
Pouler, Patrick 209–210, 232, 233.
praça Tiananmen, Pequim 121.
pragmática universal 279.
prédios com pátios internos 184, *184–185*.
Preziosi, Donald 211.
processo científico de projeto 28, *29*.
processo natural 178, *179*.
produção de alimentos 189, 191–194, *193*.
produção de mercadoria *80*, 80–81, 93, *95*, 96, 98, 217, 243, 245.
   espaço ambíguo e 259–262.
   estética e 204.
produto interno bruto – PIB 35–36.
progresso e história 35–37.
projeto urbano
   classificação 246.
   definição 21.
   heterologias 23–31, *26*, *29–32*.
   psicanálise 63, 279.
Public Sphere and Experience, O. Negt e A. Kluge 102, 103.

queer, estudos 153.
quinto espaço 99, 99–105, *104*. *Ver também* monumentos.

racional abrangente, modelo 27.

racionalidade científica 24–31, 26, 29–31, 32, 226–230, 227.
racionalidade técnica, Escola de Frankfurt 64.
racionalismo, e estética 225–230, 227–298.
racionalismo intuitivo 226, 226–228.
reestruturação espacial, Escola de Los Angeles 74–75.
regulação controlada por erro 25, 26.
regulamentação, estética 230–234.
Reichstag, edifício do, Berlim 247.
relações sociais 127–128.
religião, e mulheres 155.
renda 91–94, 96–99.
Ricoeur, Paul 16.
Riegl, Alois 116.
Rietveld, Gerrit 296.
Rise of the Network Society, The, M. Castells 240–241, 242–243.
Ritchie, Brent 223, 224.
Roberts, Marion 27–28, 30.
Roma 114, 124, 237.
Rothko, Mark 206–207.
Rowe, Colin 50–54.
Roweis, Shoukry 26, 181.
Ruchelman, Leonard 56.
rural versus urbano 21–22.
Ruskin, John 290.
Rússia 147–149, 287.
    construtivismo 291–292, 293.

Saint Simon, Henri de 142.
Saltaire, vila de, West Yorkshire 144, 145–146.
Sant'Elia, Antonio 294.
Saussure, Ferdinand de 210–213, 212–214.
Sayer, Andrew 17, 19, 26.
Schleiermacher, Friedrich 17.
Schlemmer, Oskar 66.
Scott, Allen 26, 97, 181.
Scruton, Roger 207, 209.
Seagram, edifício, Nova York, L. Mies van der Rohe 183.
Seaside, Florida 301.
semiótica 78–81, 80.
    estética e 205, 210–213, 212–214.
Semper, Gottfried 226.
sentidos e estética 205–206.
Serra, Richard 127.
setor privado, e o âmbito público 104, 259–260, 264, 265.
sexualização de edifícios 209–210.
Sydney 68.
signos, e cultura 107–109.
simbolismo fálico 210.

simbolismo urbano. Ver monumentos.
Simon, Herbert 228.
sincrônicos/diacrônicos, estudos 40.
Singapura 96.
sintaxe 78.
sistemas proporcionais 226, 227.
Sitte, Camillo 62.
Sklair, Leslie 256–257.
Smith, Neil 102, 127–128.
Smith, Peter 223.
socialismo 45–46, 65–66.
socialismo utópico 141–149, 145–146.
Society of the Spectacle, The, G. Debord 249–250.
sociologia urbana 19–23, 23, 24.
Stálin, Joseph 292.
Steadman, Philip 182, 183.
Stretton, Hugh 170.
Structural Transformation of the Public Sphere, The, J. Habermas 101.
suburbanização 168–172.
Sunderland 69.
sustentabilidade 27, 169–172.
    arranha-céus e 186–189, 190.
    capitalismo natural e 172–177, 174, 176.
    cidade comestível, conceito e 191–194, 193.
Sydney 250.

Tafuri, Manfredo 50, 54–55, 57.
Tarkovsky, Andrei 207.
Tatlin, Vladimir 120, 291, 293.
Taut, Bruno 185.
tempo, passagem do 40.
teoria concêntrica 46, 49, 67, 68.
teoria crítica, Escola de Frankfurt 63, 64.
teoria da evolução 35.
teoria da hierarquia 228.
teoria dos sistemas 25.
teoria e história 34, 38–39.
teoria setorial 67, 69.
Teotihuacan 46, 49.
terra 96–97, 171.
    renda 91–94, 96–99.
terra para habitação, densidade 171.
terras comunitárias, princípios 283–284.
textos, ambiente construído como 16–17, 211–213.
Tilted Arc, escultura, R. Serra 112.
tornar a cidade verde 194.
Touraine, Alain 71–75, 85.
townscape/paisagem urbana, tradição da 218–225, 219–220, 235–236.
trabalho
    feminino não remunerado 18, 149.

mais-valia e 90–91.
migratório 262–267, 265.
trabalho migrante 262–267, 265.
transporte público 171–172.
transporte urbano, problema do 98.
Tristan, Flora 141, 142.
Troy, Patrick 170–171.

Ulisses, James Joyce 157.
União Soviética 216.
Unidade de Habitação, Le Corbusier 186.
urbanismo privatizado 239.
urbanismo tecnológico 56.
urbanismo transitório 266.
urbanização 72, 149, 175, 178–181. Ver também urbanização capitalista.
urbanização capitalista 89, 96–97, 131, 161, 168, 181–182, 195–196.
utopismo 51–53, 54–55, 55, 200, 301. Ver também Novo Urbanismo.
    capitalismo natural e 172–177, 174, 176, 200.
    cidade comestível, conceito e 191–194, 193.

vale, secção do 130, 131, 133, 196–197.
valor simbólico 108–109.
Van Doesburg, Theo 295.
Vargas Llosa, Mario 141.
Vázquez, Adolfo Sánchez 215–216.
"verdade", conceito 35.
Vertical Architecture Studio (VAST) 189, 190.
vida comunitária 144–149, 148.
Viena 46, 49.
vigilância eletrônica 261–262.
vigilância, espaços públicos 261.
Visão de uma Nova Cidade, A. Saint'Elia 294.
visão serial, G. Cullen 219, 221, 222.
Vkhutemas 291.

Wagner, Otto 61, 62–63.
Walkowitz, Daniel 123, 125.
Warner, Michael 102, 104.
Washington DC 123, 179–180.
Weber, Max 64.
Wittgenstein, Ludwig 59, 60.
Woolf, Virginia 162.
Wren, Christopher 119.

Yakhlef, Ali 242.
Yeang, Ken 188–189.

Zadkine, Ossip 113.
ZAS Architect 247, 248.
zonas de transecção 131–133, 132, 196–200, 199.

Ilustrações e Tabelas

Ilustrações

1.1 Modelo do processo científico.
1.2 Regulação controlada por erros, de McLoughlin.
1.3 O processo científico do projeto.
1.4 O processo integrado de projeto.
1.5 Estratégia e justificativa de projeto de área urbana.
1.6 Um modelo do processo racional de projeto.
1.7 Os passos principais de um projeto urbano *all-of-a-piece*.
1.8 Natureza hierárquica percebida do meio ambiente construído.
2.1 Exemplo de assentamento geomórfico. Machu Picchu.
2.2 Exemplo de planejamento concêntrico: Viena, 1860.
2.3 Exemplo de assentamento ortogonal-conectivo. Teotihuacan.
2.4 Exemplo de planejamento ortogonal-modular: a cidade real de Kyoto, 792 d.C.
2.5 Exemplo de planejamento polinuclear: o plano original de Camberra (Austrália) de 1918.
3.1 Modelo de zona concêntrica de crescimento urbano de Burgess, 1925.
3.2. A teoria concêntrica de crescimento urbano de Burgess aplicada a Sydney e Melbourne.
3.3 A teoria de setores de Hoyt para crescimento urbano.
3.4 A teoria de setores de Hoyt e sua aplicação a Sunderland.
3.5 A decomposição semiótica do ambiente construído.
3.6 Classificação ideológica das teorias do Estado.
4.1 Produção de mercadoria: um esquema simples das inter-relações entre capital, trabalho e terra.
4.2 O planejamento e o Estado moderno.
5.1 Monumento às Mulheres da Segunda Guerra. Escultura adjacente à Downing Street, Londres.
5.2 Escultura A Pequena Sereia, na entrada do porto de Copenhague, Dinamarca.
5.3 Monumento a *sir* Walter Scott, Edimburgo, Princess Street.
5.4 Escultura de Ossip Zadkine, A Cidade Destruída, Roterdã.
5.5 Monumento a Vittorio Emanuele II, Roma.
5.6 Grande Templo de Abu Simbel, Egito.
5.7 Memorial do exército soviético, praça Principal, Budapeste, Hungria.
5.8 Projeto de Christopher Wren para a reconstrução de Londres após o Grande Incêndio de 1666.
5.9 Manneken Pis, Bruxelas: simbólico de várias lendas belgas.
5.10 Basílica de Sacré Coeur, Paris. Monumento construído sobre local associado ao martírio de S. Denis, santo patrono de Paris.
5.11 Estátua de Bismark, Berlim.
5.12 Memorial do Vietnam, Washington, DC, projetado por Maya Lin.
5.13 Erecteion da Acrópolis em Atenas, mostrando as cariátides como pilares (do grego Καρυάτιδες (*karyatides*) significando "donzela de Karyai").
5.14 Perfil original do vale de Patrick Geddes com ocupações associadas.
5.15 Protótipo de Ebenezer Howard para a cidade-jardim.
6.1 Impressão artística de New Lanark, uma comunidade industrial modelo, construída pelo utópico Robert Owen na Escócia, em 1785.
6.2 Vista das entradas dos fundos de casas na vila Saltaire, West Yorkshire, 1833.

6.3 Vista sobre a fábrica, vila Saltaire, West Yorkshire 1833.
6.4 A casa coletiva de S. Markelius e A. Myrdal, Estocolmo, 1935.
6.5 Projeto de K. Ivanov, F. Terekhtin e P. Smolin para habitação comunitária com alimentação coletiva, 1924.
6.6 A *flanêuse*: espaço público e o duplo padrão masculino.
7.1 Matriz de McHarg de recursos compatíveis.
7.2 Faixas de densidade populacional como função da taxa de ocupação.
7.3 Análise das propriedades formais do edifício Seagram, Nova York. Arquiteto: Mies van der Rohe.
7.4 Os 49 pavilhões com taxa de ocupação de 50%. Forma genérica dos pavilhões e sua antiforma; antiforma do pavilhão na mesma escala, com o mesmo volume construído no mesmo local; alturas na proporção ~3:1.
7.5 A figura mostra (a) edifício em forma de pavilhão e (b) e (c), edifícios com pátios, nos quais são equivalentes as várias maneiras de utilizar a área – taxa de ocupação, potencial construtivo e coeficiente de aproveitamento. Para o mesmo número de pavimentos, nos três tipos, o total construído será o mesmo.
7.6 Exemplo de planejamento do perímetro, ou desenho urbano: o Projeto Hufeisensiedlung de Bruno Taut, em Berlim, 1925-1930.
7.7 Exemplos de arquitetura urbana integrada gerando produção de energia e alimentos. Vertical Architecture Studio (VAST) sob a direção de Chris Abel na Faculdade do Ambiente Construído da Universidade de Nova Gales do Sul, Sydney.
7.8 Quadra solar urbana, de Richard Britz.
7.9 A transecção do Novo Urbanismo.
8.1 O Pavilhão de Barcelona, de Mies van der Rohe.
8.2 A Piazza D'Itália em Nova Orleans, de Charles Moore. Um exemplo supremo do uso da semiótica no urbanismo pós-moderno.
8.3 A estrutura semiótica de conotação arquitetônica. Nessa estrutura o universo do significado ajusta-se ao do significante, no qual dois tipos de fachada se opõem.
8.4 A estrutura semiótica hipotética entre o nível do significado, a saber, as atividades em grupos pequenos e em grupos grandes que definem as funções sociais dos edifícios (à direita) e o nível do significante, ou seja, características da construção dos edifícios (à esquerda).
8.5 Cinco estágios sucessivos em formação de "supersigno" numa fachada arquitetônica.
8.6 Exemplo de arte do realismo socialista soviético: cartaz.
8.7 Exemplo dos princípios de visão serial.
8.8 Quatro esquemas da área da catedral de São Paulo, em Londres.
8.9 Estratégia sugerida para desenvolvimento turístico de área urbana.
8.10 Sistemas proporcionais usados em formas históricas de projeto arquitetônico: períodos grego clássico e gótico.
9.1 Rem Koolhaas: Centro de Convenções Grand Palais de Lille.
9.2 Steven Holl: escritórios na West 57th Street, Nova York.
9.3 O edifício recuperado do Reichstag, em Berlim.
9.4 A London Eye.
9.5 Projeto da orla de Dubai, avaliado em 1,2 bilhões de dólares canadenses pelo escritório Z.A.S Architects Inc.
9.6 Centro de Compras em West Edmonton, Winnipeg, Canadá.
9.7 Uma Las Vegas com nova temática, voltada ao público familiar, com simulacros da torre Eiffel e do Panteão de Roma.
9.8 Uso dominical do espaço público pela população filipina num distrito central de Hong Kong.
9.9 Hong Kong: detalhe da fita usada para impedir o acesso dominical à rede de áreas para pedestres.
9.10 Hong Kong: acesso normal à área de pedestres em dias úteis, proibido aos domingos por algumas empresas do distrito central.
10.1 Umberto Boccioni: *Unique Forms of Continuity in Space*, 1913.

10.2 Torre nunca construída e concebida por Vladimir Tatlin para comemorar a Terceira Internacional do Partido Comunista (1919). Foi projetada no estilo construtivista para ter quatrocentos metros de altura.
10.3 Futurista italiano Antonio Sant'Elia: *Vision for a New City*.
10.4 O Espírito do De Stijl: a cadeira Red and Blue, de Gerrit Rietveld, 1923.
10.5 Introdução à carta do Novo Urbanismo.

Tabelas

1.1 Escolhas entre questões metodológicas: realismo e construtivismo.
2.1 Trinta histórias clássicas sobre projeto urbano.
4.1 A relação do público com o privado.
5.1 Exemplos de monumentos, sua localização e representação.
5.2 Descrição de zonas com transecção (cortes diagramáticos do território).
7.1 Programas de projeto que destacam a diferença entre projetos industriais, eficientes e sustentáveis.
7.2 Princípios de projeto sustentável para Goa 2100.

UMA TRILOGIA DO PROJETO URBANO
PANORAMA GERAL DA OBRA

	Designing Cities Orientação/Fontes	**A Forma das Cidades** Teoria	**Compreendendo as Cidades** Método
INTRODUÇÃO	Crítica do arcabouço teórico e definições convencionais propostas.	Problemas e questões teóricas. Ciência e lógica.	Propostas para uma metametodologia do projeto urbano
TEORIA	Mudança política e social. Desenvolvimento do capitalismo. Pós-modernismo/ forma.	Crítica detalhada da teoria convencional. Benefícios da economia política espacial. Globalização.	Teoria: Método: Heterologia. As ciências naturais versus as sociais. Projeto "urbano".
HISTÓRIA	Espaço e sociedade. A paisagem urbana. Forma urbana e projeto urbano.	O que é história. Teoria materialista da história. Cronologias, tipologias, utopias fragmentos.	História e progresso. Escrevendo a história. Protótipos convencionais. História do futuro.
FILOSOFIA	Justiça social. O fenômeno do lugar. Semiótica e significado.	Paradigmas – Viena, Frankfurt, Chicago, Paris. Semiótica, fenomenologia, economia política marxista.	Metamétodo – Viena, Frankfurt, Chicago, Paris, Los Angeles.
POLÍTICA	Espaço público. O significado da construção. Democracia/espaço.	Ideologia e poder, planejamento urbano, o âmbito público.	Ideologia e política. Renda da terra. O estado. Planejamento urbano. O âmbito público.
CULTURA	Espaço urbano/cenário cultural. Consumo/ o âmbito público.	Modernismo. Pós-modernismo, autenticidade, simbolismo. O Novo Ruralismo/ urbanismo.	Capital, cultura, signo. O simbólico urbano. Monumentos. O Novo Urbanismo. Criando uma marca (**branding**).
GÊNERO	Símbolos de gênero. Cidades não sexistas. A paisagem urbana.	Gênero e sociedade. Patriarcado, capital. Espaço com gênero. Gênero e projeto urbano.	O nexo histórico. Método feminista. **Flanêrie**. Gênero e projeto urbano.
MEIO AMBIENTE	Sustentabilidade, conservação, patrimônio. Zoópolis.	Natureza, desenvolvimento e a cidade. Cidades sustentáveis. Projeto urbano sustentável.	Capitalismo pré-existente e natural. Densidade urbana e forma. A cidade comestível.
ESTÉTICA	Teoria estética e ideologia, artefatos como arte. "Arte pública".	Objetos/experiência. Forma urbana. Contextualismo. Racionalismo. Capital simbólico.	Produção estética/ julgamento. Freud, Saussure, Marx. Regulamentação e projeto.
TIPOLOGIAS	Arquitetura, natureza e racionalismo. Forma(s) Urbana(s).	Taxonomia, tipologia, morfologia, sistema. Tipologias sociais e formais.	Globalização, megaprojetos e o espetáculo. Espaço icônico e neocorporativismo.
PRAGMÁTICA	Profissões de projeto. Conhecimento prescrito. Tipologias de pesquisa.	Capital Cultural. Intervenção profissional. Sistemas de conhecimento. Espaço. Educação.	O poder da polêmica. Manifestos pré- e pós- 1945. Urbanismo e manifestos.

Agradecimentos

Quero agradecer a todos os que contribuíram para o meu projeto. Como os três volumes devem muito à tradição da economia política, fundamental nesse aspecto é o peso de uma instituição como a London School of Economics and Political Science, que assumiu um risco considerável ao permitir que um arquiteto fizesse lá seu doutorado. Muitos estarão totalmente alheios à sua influência neste texto, já que são os teóricos com os quais tanto aprendi, e espero que minha contribuição seja um pequeno testemunho de sua influência. Incluiria Allen Scott, Manuel Castells, Jean Baudrillard, Marc Gottdiener, Rob Krier, Tariq Ali, Franz Fanon, Roland Barthes, Pierre Bourdieu, Manfredo Tafuri, Aldo Rossi, Neil Smith, Charles Jencks, Mike Dear, Mark Poster, Michel Foucault e incontáveis outros.

A maioria deles estabeleceu, para o pensamento crítico, padrões de excelência aos quais apenas posso almejar. A imaginação de romancistas também me levou longe e encontrei grande conforto e inspiração nas obras de George Sebald, Tim Winton, Salman Rushdie, Don Dellilo, Elfriede Jelinek, Pat Barker, Gabriel García Márquez, Mario Vargas Llosa, Ian Rankin e muitos outros grandes amigos que nunca encontrei. Ao término dos dois primeiros volumes desta trilogia, tive um apoio profissional da maior qualidade do pessoal da Blackwell's em Oxford, com grande tradição em publicações acadêmicas.

Também quero agradecer aos colegas da Universidade de Nova Gales do Sul pelos muitos anos de controle de qualidade sobre o que continua a ser, em minha opinião, um dos mais exemplares programas de pós-graduação em projeto urbano – graças aos professores Jon Lang, James Weirick, dr. Bruce Judd e o falecido Paul Reid. Mais perto de casa, uma duradoura amizade com os professores Jeff Henderson, Harry Dimitriou, Nick Miles, Jamie Simpson, Mike Cuthbert, Keith McKinnell, Michael Bounds, Chris Abel, John Zerby e Lance Green me levaram longe.

Além deles, várias pessoas tiveram um papel crucial na produção do texto final e, por isso, agradeço a Alex Hollingsworth, Louise Fox, Emma Brown e Siobhan Greaney da Routledge e, ainda, Rosie White e Louise Smith da Florence Production. Agradeço também a Jules e Ange, Sophia e Sarah Kirby pelo apoio e amizade durante um período difícil, e a Jim e Sandra Bagnall simplesmente por serem quem são. Por fim, meus sinceros agradecimentos a três pessoas muito especiais, cuja generosidade de espírito nunca poderei retribuir. Ao dr. Philip van Zanden, sem o qual este livro nunca ficaria pronto. Seu cuidado e atenção com meu bem--estar são insuperáveis. A minha grande amiga sufi, doutora Jean Cavendish, pela vida exemplar que leva e ainda à minha bela esposa Ayu, uma benção de Bali. Vale aqui uma advertência habitual em relação ao texto – todos os erros e omissões são de minha total responsabilidade.

Alexander Cuthbert,
Gandapura, Bali, outubro de 2010.

Este livro foi impresso na cidade de São Bernardo do Campo,
nas oficinas da Paym Gráfica e Editora, para a Editora Perspectiva